文化的视野：

秦

统一问题的再研究

陆青松 著

陕西新华出版传媒集团

三秦出版社

图书在版编目（CIP）数据

文化的视野:秦统一问题的再研究/陆青松著. —
西安:三秦出版社，2017.10
ISBN 978 - 7 - 5518 - 1515 - 4

Ⅰ. ①文… Ⅱ. ①陆… Ⅲ. ①文化史 - 研究 - 中国 -
秦代 Ⅳ. ①K233.03

中国版本图书馆 CIP 数据核字(2017)第 174813 号

文化的视野:秦统一问题的再研究

陆青松 著

出版发行	陕西新华出版传媒集团 三秦出版社
社 址	西安市北大街 147 号
电 话	(029)87205121
邮政编码	710003
印 刷	西安市商标印刷厂
开 本	787mm×1092mm 1/16
印 张	22.75
字 数	400 千字
版 次	2017 年 10 月第 1 版
	2017 年 10 月第 1 次印刷
标准书号	ISBN 978 - 7 - 5518 - 1515 - 4
定 价	150.00 元
网 址	http://www.sqcbs.cn

序

陆青松博士的这部著作，从文化的角度探讨了秦国之所以能在战国诸雄争霸的斗争中终成统一大业的原因。关于秦统一的原因，史学界以往多侧重于政治、法律和军事制度等方面的考察。但是，政治、法律和军事制度背后的区域性的、族团的、传统的文化背景与思想基础，可能是更深刻的原因。秦在统一过程中，攻城略地后要统治六国故地及少数民族地区的民众，也必然不会忽视精神的、文化的统治，否则难以治民。但这些问题，以往虽亦有学者论及，却一直缺少系统的、专门的研究。这部著作对这些问题作了系统性地研究，取得了重要的学术价值，其主要见解已归纳于书末的结语之中。

本书所取得的主要学术成绩与创新之处，可以归纳为以下几个方面：

本书构建了研究秦统一文化因素的主题框架，即从五大方面去考察：第一，秦人传统观念对秦政治、军事、经济制度的影响；第二，秦与六国在文化方面的差异所造成对统一事业产生的重要影响；第三，秦如何兼采战国诸子学术精华来构筑其有利于统一的统治秩序；第四，秦如何改造自己传统的礼仪文化借以调整适应统一要求的君臣关系；第五，秦对本土与新占领区域基层社会的文化改造与文化融合。在这个框架中，第一、二方面都是讲秦人与秦地传统文化（精神、习俗、民风等）之独特性与其对统一事业的潜在影响；第三、四方面则是在精神层面、思想层面讲如何吸收新的学术文化因素，如何因势利导来改造旧有的不适应统一的传统礼仪，强化秦国的君主权力与地缘因素。这些讲的都是对秦人自身的改造，并偏重于社会中上层；第五方面则是重在考察秦如何对新占领区通过改造、交融实现与异区域、异族群在文化上的统一。这五个方面，又可以划分为上面三大板块，从而为此课题构建了较为科学的研究框架，对于今后更深入的从史学角度研究类似课题，探讨文化与社会的关系也有启示意义。

作者在对上述几个层面作具体考察时，有自己独立的学术见解，尤其是在论证秦之传统观念对统一作用时尤其突出。例如，作者不仅分析了秦人传统观念中所谓的"国家至上"观念在秦国法律制度、经济制度中的表现，同时又说明了此种观念如何强化了秦国的法制建设与以"公"为中心的道德观念，使国家得以控制与垄断社会财富的分配，由此种观念角度来阐述秦国的法律与经济制度特征，解析相当深刻。又如，作者将开放与务实精神亦纳入秦人传统观念中，认为秦国引进列国人才与仕进制度都体现了其开放性，保证了秦统一的人才需要，是秦政治活动中的体现。又如，在探讨秦与东方列国文化差异时，深入具体地分析了列国区域文化特征，包括民风与习俗特征，说明列国崇尚个体自由，不重视国家秩序，这些均与秦的国家至上观念、富国而不盈民的经济思想、"霸道"的政治文化特征形成明显差别，并因而反映到国家制度上，终于影响了秦与六国之历史命运，所论较深刻，也多有作者独到之处与新意。

在论述传入秦国的几种主要诸子学说对促进秦统一作用时，先作横向研究，一一论证了法、纵横、墨、兵、儒、道、阴阳等学说传入秦国的过程与其对秦国政治思想发生的影响。然后在小结中，又对这一问题作了纵向的考察，将诸子学说对秦统一事业之影响分作三个阶段，阐述了各个阶段主要有何种学说对秦的经济、政治、军事制度发生了影响及其效果。这种从横、纵两个层面来对这一问题作研究，在深度上与宏观视野上都有超出前人之处，也是可以充分肯定的。

本书专辟一章讨论秦的礼仪文化之变化。通过考证秦在营国制度（都城布局与礼制建筑之规划）、陵寝与祭祀制度以及其他君主礼仪制度方面对传统礼制所进行的改革，说明了这些改革对强化君主权力，加速秦国社会的进一步以地缘因素取代血缘因素，适应统一需要的作用。以往论秦改革的论著多忽视秦的礼制改革及其意义，本章所论有作者的独到之处。

关于秦对所占领之六国故地进行文化改造的文字资料是较缺乏的。本书从多角度、多方面收集资料，并对传世文献和出土的简牍资料、考古资料作了较为细致的分析。例如利用楚地出土秦简牍资料，分析秦在楚地推行秦户籍与乡里制度，改造楚地旧有民俗，推行法治，扩大秦的宗教思维的影响，在文字的使用上推行"书同文"与规范用语，亦即在新占领区域推行秦地葬俗等等，类似的研究有助于真实地、具体地阐明秦统一六国过程中对基层社会的文化措施，体会到在秦占领区域中文化的"交融"对于秦统一成功的重要作用。

除上述所取得的学术成绩与创新之处外，在研究方法上，本书较好地体现了多学科交叉的研究方法，在较充分地利用历史文献资料以及出土文献资料（主要是简牍）的基础上，还较多地利用了田野考古发掘资料。在进行文献史学研究的同时，也较为恰当地运用了考古学的研究与分析方法，从而使本书对秦统一文化原因的探讨既丰满又深刻。

本书尽管在博士论文的基础上，根据专家意见和新发现的资料做了进一步的修改和补充，但还只是有待于进一步深化的阶段性成果，对一些问题的研究还要做更深入的工作。比如在"臣礼"变革的研究中，可以对秦国社会中不同阶层与等级制度的变化如何体现在礼仪文化上做更深入的研究。同时，本书对于考古发掘资料还需进一步结合传世文献，以揭示出更多有价值的历史信息。相信作者能在书稿出版后，继续关注田野考古与新发现的出土文献，倾听同行专家学者的意见，随时改订自己的某些认识，并有更多的新成果问世。

朱凤瀚

2017 年 9 月于北京大学

目　录

绪　论

第一章　秦人传统观念对秦国制度的影响

第四章　礼仪文化的演变：秦国君臣关系的解读

第五章　关陇与六国故地的文化改造与融合

第六章　秦与巴蜀戎狄的文化融合和秦多民族帝国的形成

结　语 …………………………………………………………… 311

图表目录

绪　　论

　　"秦王扫六合，虎视何雄哉！"早在献公时期，秦国国势一改躁公以来百年混乱之局面，渐趋稳定，重新确立了东进战略，揭开了统一六国的序幕。战国中期以后，随着商鞅变法在秦国的成功，秦国的国力大增，不断地向东方和南方扩张，先后攻占巴蜀、三晋、荆湘大地，进而扫荡燕齐地区。经过六代秦君的努力，最终统一六国；与此同时，通过与戎狄族群的接触和文化交流，秦把部分戎狄族群的活动区域也纳入了其统治范围内，一个统一的多民族的秦帝国渐趋形成。

　　关于秦帝国统一的进程以及意义的研究可谓成果累累。然而这些成果或侧重于商鞅变法对秦统一的作用，或侧重于军事上和策略上的成功，而忽视了文化因素在秦统一过程中的作用问题，进而对秦文化在中国历史上的地位问题做出了较低的评估，但是文化因素在秦完成和巩固统一的过程中所起到的作用却是不容忽视的。本书试图以文献资料和考古资料为考察对象，通过分析传统观念、区域文化差异对制度的影响，梳理学术文化、礼仪文化、基层社会文化和少数民族（或族群）的文化变迁等问题，来探寻秦献公至秦始皇时期秦何以迅速统一六国并扩大其统治区域的原因①，这将有利于进一步深入探讨秦文化在历史上的地位问题。

---

　　① 秦统一六国的发端，引征文献，当在孝公即位之后，如贾谊《过秦论》："秦孝公据崤、函之固，……有席卷天下，包举宇内，囊括四海之心"。战国时期，秦国再次东进始于与三晋争夺河西之地。而河西之地的争夺，对秦的统一进程具有重大意义。再次东进的序幕是由秦献公揭开的，因此笔者在本书中将秦开始统一六国的时间定于献公时期。秦对一些少数民族或族群的统治，是在长期的发展和统一过程中逐步完成的，而这一过程开始于春秋时期，因此这一部分的内容，则根据论述的需要将时间提前至春秋早期。

第一节　本课题的研究意义

从文化的视角去研究秦统一，有以下几方面的意义：

首先，有助于正确评价秦文化的历史地位。

秦帝国虽然是个短命的王朝，然而在中国历史上却有着极其特殊和重要的历史地位：秦的统一不仅标志着战国时代的终结和汉代文明的开启，而且开辟了中国古代历史的新纪元，历代王朝皆无可与之比拟者。秦以后两千多年的制度和文化，从正反两方面都可以在秦朝制度和文化中寻到它的根基和因子。秦之所以能够统一六国，在于其制度上的先进性，它开启了大统一王朝的模式。如中央与地方行政体制，后世历代王朝的行政制度均可从中找到渊源，而秦制度的形成又与自身的文化特征有着密切的关系。从思想上看，秦王朝的"文化专制"首开后世王朝"统一思想"政策之先河，其历史经验教训当为后世王朝所借鉴。然而自秦以来，秦文化的地位问题却并未能得到正确和充分的认识。随着考古资料和出土文献的不断发现，近年来开始有"重估秦文化"的呼声，而且也取得了不少的成果，为秦文化的研究开辟了新的道路。从考古资料和出土文献来看，历代确实对"秦"的研究存在着误区。秦帝国在中国历史上的地位到底该如何评价，需要从政治、经济、文化等多个方面给予考察，才能得到一个比较客观的定位。

其次，有利于探讨文化对国家统一所发挥的作用。

消除地域差别、有一个较为统一的思想，这是秦汉帝国构建国家文化所要面临的一个重要课题，"当秦对各国蚕食鲸吞之后，各国属地纷纷落入秦的版图，行政区域的归并与新设、各国原有文化的融合，都是秦国军事行动之外的当务之急。"① "统一思想"也是继秦汉帝国之后的，在经历了长期分裂之后重新完成统一的王朝（如隋唐王朝）所要面临的问题。然而就这一问题，秦汉帝国所面临的任务则远比后来王朝艰巨得多。这一任务，由秦首开

---

① 陈昭容：《秦"书同文字"新探》，《历史语言研究所集刊》第 68 本第 3 分册，1997年，第 606 页。

其端，西汉接其踵，在吸收秦朝成败的经验教训的基础上，于汉武帝时期终于完成汉文化的构建①。秦汉两个王朝为统一文化的建设，均付出了艰辛的探索和努力。在秦汉王朝文化逐步统一的进程中，政治和文化又是相互促进的两个因素：政治统一是文化统一的基础，而文化上的统一可以推动政治的进一步深化。从这个意义上讲，秦汉帝国文化走向统一的过程反映了秦汉帝国国家政治和社会逐步统一的历史进程。我们正是要从秦统一过程中文化发展的角度来探讨文化在国家统一中的作用，以期深入理解帝制时代初期国家的特征。

其三，有利于理解统一的多民族国家形成的过程。

文化是维系民族的基础，只有文化才能最终凝聚起民族之间的团结和统一。秦朝是一个统一的多民族国家，是中华民族形成的重要时期。在建立和巩固统一多民族国家的过程中，一些少数民族或族群吸收相对先进的秦文化，逐步融入了秦文化圈。此外，秦国实行的民族政策也发挥了重要作用。我们可以从这两个方面，来探讨秦朝何以能够建立起多民族统一国家的原因，这样更有利于深入探讨中华民族的形成。

第二节　相关研究成果述评

根据本书所要研究的内容，相关研究成果可分为以下六个方面：

一、秦国制度的研究

有关秦制的研究，历代学者均倾注了大量的精力，可谓成果显著。历代学者关于秦制的研究，重要的莫过于明代学者董说的《七国考》②，保存了有关秦国制度的资料。今人缪文远对《七国考》作了补订，提高了《七国考》的利用

---

① 诸种考古学资料表明，直到汉武帝时期，中国南北各地所呈现出的文化面貌才趋向一致，形成了完整形态的汉文化。可参见徐苹芳《考古学上所见秦帝国的形成与统一》，《台大历史学报》第二十三期。战国晚期至汉武帝时期，思想领域内所发生的"道术为天子合"之趋势，也充分表明了秦汉时期意识形态领域内的统一趋势。相关成果可参见雷戈《道术为天子合：后战国思想史论》（河北大学出版社，2008年）和《秦汉之际的政治思想与皇权主义》（上海古籍出版社，2006年）两书。

② ［明］董说：《七国考》，中华书局，1956年。

价值。清代学者孙楷根据历代史料汇集成《秦会要》①一书，集中了秦制研究的重要资料。近人马非百纂《秦集史》②一书，将秦制分为地理、职官、教育等志，对相关资料的出处做了说明，亦可成为秦制研究的参考资料。

秦简牍资料的出土，尤其是云梦、龙岗、里耶和岳麓等秦简牍的发现和公布，为探寻秦制提供了新的资料和新的研究视角。云梦秦简的内容主要是法律文书，因此学术界对云梦秦简的研究主要集中在法律制度方面。中国大陆、台湾以及日本学者在这方面已经取得了大量的研究成果，大大地丰富了学术界对于秦律的认识和理解。③尽管里耶秦简的发掘至今不过十余年光景，

① [清] 孙楷：《秦会要》，上海古籍出版社，2004 年。
② 马非百：《秦集史》，中华书局，1982 年。
③ 大陆的研究有：黄展岳《云梦秦律简论》较早地从通观的角度论述了秦简的法律性质，指出了研究的思路，是早期秦简研究中的重要论文；刘海年《秦律刑罚考析》一文对秦律中的刑罚作了细致深入的研究，对后来的刑罚研究影响很大；于豪亮《秦王朝关于少数民族的法律及其历史作用》则探讨了秦《属邦律》的性质及作用；高恒《秦律中"隶臣妾"问题探讨》《秦律中的刑徒及其刑期问题》等文章的发表则在学术界引起了关于"隶臣妾"身份问题和秦刑徒刑期问题的大讨论。台湾研究秦律的代表性论著有：邢义田《秦汉的律令学——兼论曹魏律博士的出现》《从安土重迁论秦汉时代的徙民与迁徙刑——附论：论迁徙刑之用与肉刑之不复》和杜正胜《从肉刑到徒刑——兼论睡虎地秦简所见古代刑法转变的信息》等论文；著作有傅荣珂《睡虎地秦简刑律研究》（商鼎文化出版社，1992 年），全书共包括："睡虎地秦简概述""秦简刑律之历史渊源""秦简刑律内容考述""秦律对汉律之影响""结论"五部分，着重于把前人成果系统化。日本学者对秦简的研究有：大庭修《云梦出土竹书的概况》一文论述了出土秦律的分类及性质、竹书秦律名、秦律的释文问题、竹书秦律的年代，竹书秦律的意义，他首先认为《封诊式》并不同于汉代的"比"而是"爰书"，认为秦律的年代始于商鞅变法，到秦始皇执政时期。江村治树在《关于云梦睡虎地出土秦律的性质》中认为秦律原是秦旧有领土里面内史辖区的律，《秦律十八种》则是县与都官管理条文的组合，《效律》来源于秦早已存在管理物资的各种律。因此，完整的秦律包含有年代不同的律文，既有不经改订保留下来的古律，也包含商鞅变法后新加的律。池田雄一在《湖北睡虎地秦律——从王家法到国家法》中认为秦律有可能是秦征服楚之前在关中制定。山明在《秦代审判制度的复原》中认为审判制是国家权力的行使及运作的具体体现，反映着国家的形成与发展的轨迹。堀毅的《秦汉法制史论考》（北京法律出版社，1988 年）一书，由《秦汉刑名考》《秦汉宽刑考》《秦汉盗律考》《秦汉赋律考》等十一篇论文组成，该书的重要贡献之一是指出了《汉旧仪》所载秦制的刑名与秦律多有不同，却与《汉书·刑法志》相同，由此认为《汉律》存在着文帝改革前的《汉旧律》和改革后的《汉新律》两个阶段的结论。此书的得失，高敏撰有《评 [日] 堀毅〈秦汉法制史论考〉》（收入《简帛研究》第二辑，法律出版社，1988 年），可参看。《前近代中国的刑罚》（京都大学，1996 年）一书收有《秦汉二十等爵与刑的减免》《秦汉时代的赎刑》等多篇研究秦律的论文。工藤元男 1998 年出版了《睡虎地秦简与秦代国家和社会》，认为：秦在推进中央集权化过程中采取的是松缓现实的法治主义，并有容忍当地社会习俗的倾向。

且资料尚未完全公布，但学者们通过对公布的行政文书、户籍简和其他方面的简牍之研究，已经在许多方面取得了进展，大大地加深了对秦制度的研究，如文书制度、徭役制度以及地方基层行政管理等。①

高敏根据秦简资料，在《云梦秦简初探》② 一书中，对秦的官制、土地制度、徭役制度、赐爵制度、租税制度、官吏考核制度、罪犯审讯制度、工匠培训制度、户籍制度、上计制度、仕进制度、以及仓库的类型、结构、设置、封堤、管理制度，由官府禀衣、廪食、传食等制度和管理、财经出纳的预算、决算等制度进行了深入的研究。其中许多见解已在学术界成为了共识。

裘锡圭的《啬夫初探》③ 是研究秦代基层社会官制的重要论文。

张金光的《秦制研究》④ 是对秦朝（包括秦国）制度研究成果的总结，以传世文献和出土文献为考察对象，分别对秦的土地制度、户籍制度、乡里制度、徭役制度等进行了考察，并提出了自己的见解，是目前研究秦朝制度的一部极为重要的著作。

此外，与本书相联系的，还有秦宗法制度的研究，比较有代表性的文章有刘芳的《试论商鞅变法对秦宗法观念的影响》、唐群的《从秦统一六国看宗法制的作用》和贺润坤的《论秦的宗法制：兼谈胡亥篡位与秦朝灭亡的根本原因》，⑤ 三篇文章分别就宗法制度在秦国各个时期的演变与作用进行了探讨。

王绍东在《论商鞅变法对秦文化传统的顺应与整合》⑥ 一文中，揭示了秦地传统和思想观念与战国中期以后秦国制度变革之间的关系，指出商鞅变法改造和整合了秦国的文化传统，发扬了能够服务于新制度的内容，使新制度和秦文化结合起来共同推动了秦国社会历史的发展。

---

① 里耶秦简的价值以及相关的研究成果可参见沈颂金《湘西里耶秦简的价值及其研究》，《中国史研究综述》2003 年第 8 期；伍成泉《近年来湘西里耶秦简研究综述》，《战国史研究动态》2007 年第 8 期。

② 高敏：《云梦秦简初探》，河南人民出版社，1981 年。

③ 裘锡圭：《啬夫初探》，载《云梦秦简研究》，中华书局，1981 年。

④ 张金光：《秦制研究》，上海古籍出版社，2004 年。

⑤ 刘芳：《试论商鞅变法对秦宗法观念的影响》，《先秦史与巴蜀文化论集》，历史教学社，1995 年；唐群：《从秦统一六国看宗法制的作用》，《秦陵秦俑研究动态》1995 年第 4 期；贺润坤：《论秦的宗法制：兼谈胡亥篡位与秦朝灭亡的根本原因》，《文博》1990 年第 5 期。

⑥ 王绍东：《论商鞅变法对秦文化传统的顺应与整合》，《内蒙古大学学报》（人文社会科学版）2002 年第 5 期。

二、秦与六国制度差异与区域文化比较的研究

秦与六国制度的差异，学术界给予了较多的关注：

官爵制度上，秦国与六国不同。蒙文通在其《儒学五论·秦之民族》一文中指出，秦爵二十级，不同于中原各国。秦国中央及地方百官之职名和品秩，亦不同于关东六国。"自《春秋》所见列国官爵，皆同周制。独秦楚二国，不与相同。曰'二百石'，曰'二千石'，事则尤异。"①

经济制度上，秦与东方六国在工商管理思想和政策上存在着差异。张弘、宋慧在《试论战国时期的工商管理思想与工商管理政策》② 一文中认为秦国的工商制度的指导思想是韩非的工商管理思想，特点是从政治目的出发，要求工商业的发展无条件地服从政治的需要。齐国的工商指导思想是在重视工商业发展的基础上，强调国家对社会经济的调控。在这两种思想的指导下，战国各个国家所实行的工商管理政策分为截然不同的两种类型：一是东方六国，实行较为放任的工商管理政策；二是秦国，实行抑制私营工商业发展的管理政策。

在法律方面，秦楚法律比较研究是学术界关注的热点，这与战国法律文献出土少，且出土文献多是秦律、楚律有关。重要的论文有《楚秦起诉制度比较研究》③《楚秦诉讼管辖和强制措施之比较研究》④《楚秦刑事诉讼证据比较研究》⑤《楚秦审判法律制度比较研究》⑥ 和《道异风同：楚秦法律的社会文化背景——秦楚法律比较研究之一》⑦。前四篇就秦楚法律的各个环节做了较为详尽的比较，最后一篇探讨的是秦楚法律产生差异的文化原因。

涉及制度差异的论著还有：

---

① 蒙文通：《秦代之社会》，见《儒学五论》之"附录"，广西师范大学出版社，2007年。
② 张弘、宋慧：《试论战国时期的工商管理思想与工商管理政策》，《济南大学学报》（社会科学版）2002年第6期。
③ 刘玉堂、贾济东：《楚秦起诉制度比较研究》，《中南民族大学学报》（人文社会科学版），2004年第2期。
④ 贾继东：《楚秦诉讼管辖和强制措施之比较研究》，《法商研究》1997年第3期。
⑤ 刘玉堂、贾济东：《楚秦刑事诉讼证据比较研究》，《湖北大学学报》（哲学社会科学版）2004年第2期。
⑥ 刘金华：《楚秦审判法律制度比较研究》，《荆州师范学院学报》1996年第6期。
⑦ 刘玉堂、贾济东：《道异风同：楚秦法律的社会文化背景——秦楚法律比较研究之一》，《长江大学学报》（社会科学版）2004年第1期。

　　池桢的《静静的思想之河——战国时期国家思想研究》① 以"安全的获得""经济资源的形成和有效调动""法的创建和完善"和"权力中央化的完成"四个标准探讨了战国七雄的国家形态，并对造成国家之间制度差异的原因作了较为深入的分析。

　　梁云的《战国时代的东西差别——考古学的视野》② 一书，以考古发掘资料为基础，从五个方面对战国时代秦国与东方六国的制度差异进行了考察。

　　作为先秦时期区域文化研究的重要内容——秦文化研究，经过史学界、考古学界以及相关学科专家之努力，已经积累了相当丰富的成果。与本书相关的研究成果是秦文化与其他区域文化的比较研究：

　　秦与齐文化的比较研究　周振鹤的《春秋战国时期齐秦文化的差异》③一文，从政治制度、经济思想、学术文化、宗教文化、宗教信仰和风俗习尚五个方面对齐秦文化的差异作了分析。周新芳、叶明芹在《齐文化与秦文化之比较》④ 一文中，指出齐、秦两国文化属于两种类型不同的异质文化，齐偏功利，秦重战功；齐人治，秦法治；在经济、文化、风俗等理念上也存在着巨大的差异。同时二者也存在着文化的同质性，从整体而言，二者均属于顽强进取的文化类型；从质的方面看，两国文化都注重务实。纵观东周，最早称霸的齐却被后起的秦国所吞灭，文化因素在历史发展过程中起了至关重要的作用。邱文山等人所著的《齐文化与先秦地域文化》⑤ 一书的第七章从文化渊源、自然环境、形成背景、政治制度、经济思想、军事思想、习俗和文化特征等方面对齐、秦文化的异同作了深入的研究。

　　秦与三晋文化的比较研究　赵化成在《秦统一前后秦文化与列国文化的碰撞及融合》一文中认为："秦文化与三晋文化从大文化方面看，属于同质的文化。其区别于崇尚老庄、淫祀鬼神、追求浪漫的楚文化；也不同于信奉孔孟、讲究礼仪、拘泥传统的齐鲁文化。总之，从某种角度来说，战国中期

　　① 池桢：《静静的思想之河——战国时期国家思想研究》，郑州大学博士学位论文，2004 年。
　　② 梁云：《战国时代的东西差别——考古学的视野》，文物出版社，2008 年。
　　③ 参见周振鹤《中国历史区域文化研究》，复旦大学出版社，1997 年。
　　④ 周新芳、叶明芹：《齐文化与秦文化之比较》，《齐鲁学刊》2003 年第 5 期。
　　⑤ 邱文山、张玉书、张杰、于孔宝：《齐文化与先秦地域文化》，齐鲁书社，2003 年。

以降的秦文化差不多是三晋文化在秦地的延伸与发展。"① 此外，还有学者对秦、晋法家文化之间的差异进行了分析，如胡克森的《秦、晋法家文化之比较》② 一文，认为三晋能产生法家理论家，但变法不彻底；秦在法家理论方面无建树，但改革却能成功。其原因在于三晋文化有深厚的人道主义、道德观念和自由主义背景，而秦国人民的素质低下，故无法将感性知识上升为理论层面。

学术界关注最多的是**秦与楚文化的比较研究**。胡克森的《秦、楚文化对战国至秦汉统一格局影响之比较研究》③ 一文，认为秦国在战国时期的兼并战争中胜出，完成了其大刀阔斧的基本统一框架，开辟了千古一帝的君主专制政权；而楚却能够在灭国十多年之后，痛定思痛，奋发有为，实现凤凰涅槃式的角色转换，完成了精雕细刻的最后统一程序，建立起长达400余年的刘汉王朝。秦、楚两国之所以在统一中居于不同的历史地位，原因在于不同的文化背景。张正明的《秦与楚》一书，是秦楚政治文化史研究上的一部力作。作者认为"对华夏民族性格倾向的成型起决定作用的，一为楚，二为秦。……楚，用兵通常量民力而为；秦，用兵通常疲民力以逞。楚，学术昌明，艺术璀璨，而且，如荆门郭店出土的楚简所显示的，对学派无门户之见，兼容而并包之；秦，如荀卿所云，'无儒'，亦即没有学术，没有学者。"④

三、秦国的学术文化研究

对于这一问题的关注，是从二十世纪八十年代开始的。秦学术文化的研究成果如下：

近年来所发表的关于研究秦学术史的专篇论文，基本上涵盖了秦地儒、

---

① 赵化成：《秦统一前后秦文化与列国文化的碰撞及融合》，宿白主编：《苏秉琦与当代中国考古学》，科学出版社，2001年。
② 胡克森：《秦、晋法家文化之比较》，《邵阳学院学报》（社会科学版）2008年第1期。
③ 胡克森：《秦、楚文化对战国至秦汉统一格局影响之比较研究》，《武汉大学学报》（人文科学版）2008年第5期。
④ 张正明：《秦与楚》，华中师范大学出版社，2007年，第3页。

道、墨、兵、阴阳等诸家学说的发展情况。① 作为融汇诸子学说的著作——《吕氏春秋》的研究，也是秦国学术文化研究的重点，学术界就《吕氏春秋》与各家学说之间的关系也作了深入的探讨。②

在关注诸子学说与秦政关系的论文之外③，还需关注的是何炳棣在清华大学的演讲——《国史上的"大事因缘"解谜——从重建秦墨史实入手》。④ 该演讲是在重建秦墨史实的基础上，全面论述墨家在秦国的活动和贡献，得出了"秦国由弱变强非因商鞅，实是墨者功劳"的结论。尽管这一观点还有待于进一步的商榷，但该文得出的有关"墨家入秦始于秦献公"的结论，则为我们全面深入地研究墨家在秦统一事业中的贡献提供了重要的参考价值。

此外，史党社、田静在《秦与三晋学术的关系——以〈尉缭子〉〈韩非子〉为例》⑤ 一文中，以法家学说和兵家为例，论述了秦与三晋在学术方面的交流，对于我们研究秦国学术文化多有启发。

研究秦国学术文化的相关著作有：南京大学中国思想家研究中心组织编纂的《中国思想家评传》系列丛书，涉及秦国学术的思想家有商鞅、荀子、墨子、吕不韦和韩非等，丛书对五人的学说及其活动轨迹作了全面的

---

① 这些研究成果有熊铁基《秦代的道家思想》，《秦文化论丛》（第三辑），西北大学出版社，1994 年；刘宝才《秦代政治文化思想》，《文博》1990 年第 3 期；谭前学《秦始皇为何不焚"卜筮"之书》，《秦汉史论丛》（第七辑），中国社会科学出版社，1998 年；张铭洽《秦代"以吏为师"政策的历史考察》，《陕西历史博物馆馆刊》（第五辑），西北大学出版社，1998 年；张文立《秦之道家》，《秦汉史论丛》（第八辑），云南大学出版社，2001 年；张文立《秦时的阴阳五行学说》，黄留珠主编：《西北大学史学丛刊》（第四辑），三秦出版社，2001 年；张文立《荀子论秦之"所短"》，《秦陵秦俑研究动态》2002 年第 1 期等。

② 重要的论文为修建军发表的一系列文章：《〈吕氏春秋〉与〈荀子〉思想主体之比较——兼议学派归属性的一般问题》，《管子学刊》1994 年第 3 期；《〈吕氏春秋〉与阴阳家》，《管子学刊》1995 年第 3 期；《〈吕氏春秋〉与墨学》，《齐鲁学刊》1995 年第 4 期；《超越传统的尝试：〈吕氏春秋〉与法家》，《管子学刊》1998 年第 2 期；《〈吕氏春秋〉与道家析论》，《管子学刊》2000 年第 3 期；《〈吕氏春秋〉之于名家评析》，《齐鲁学刊》2001 年第 5 期。

③ 臧知非：《〈韩非子〉与秦代政治新探》，《陕西历史博物馆馆刊》（第 7 辑）；《〈墨子〉、墨家与秦国政治》，《秦汉文化比较研究——秦汉兵马俑比较暨两汉文化研究论文集》，三秦出版社，2002 年。

④ 该文发表在《光明日报》2010 年 6 月 3 日第 10 版。

⑤ 史党社、田静：《秦与三晋学术的关系——以〈尉缭子〉〈韩非子〉为例》，《秦文化论丛》（第十一辑），三秦出版社，2003 年。

论述。① 郑良树在《商鞅及其学派》② 一书中，从分析《商君书》的文本入手，在前人研究的基础上对《商君书》各篇的作者和著述时代作了细密的考察，证明了《商君书》是由商鞅及在秦国的商鞅学派完成的，并对商鞅学派在秦国的发展轨迹作了动态的考察。陈奇猷在《吕氏春秋新校释》一书中，逐一指出了《吕氏春秋》各篇文章的学派倾向，大大促进了《吕氏春秋》与各派学说关系的研究。台湾学者余宗发的《先秦诸子在秦地之发展》③ 一书，从诸子学说何以能在秦地传播、诸子学说在秦地的发展以及影响等方面全面论述了诸子学说在秦地的传播和融合。张文立、宋尚文的《秦学术史探赜》④ 则以专题的形式，论述诸子学说在秦地传播发展的过程以及秦各种学术发展的情况。

四、秦人礼俗的研究

礼仪制度的研究　秦有无"礼"的问题是历代学者争论较多的话题，西汉初年，贾谊在其《治安策》中指出"商君遗礼义，弃仁思，并心于进取，行之二岁，秦俗日败"。⑤ 宋代学者王应麟在编纂《玉海》时，收集历代礼制，有"虞礼""周礼""鲁礼"，却不收"秦礼"。反对意见以司马迁、杜佑为代表，他们保存了关于"秦礼"的文献，如《史记·礼书》："至秦有天下，悉内六国礼仪，采择其善，虽不合圣制，其尊君抑臣，朝廷济济，依古以来。"《通典·卷四十一·礼序》也有类似的记载："秦平天下，收其仪礼，归之咸阳，但采其尊君抑臣，以为时用。"

当代学者持秦有礼的观点，以陈戌国为代表。他在《秦汉礼制研究》一书中专辟《秦朝礼仪》一章，征引大量资料，批驳"秦朝无礼"之说，并指出秦礼对于三代古礼既有革新，又有因袭；秦朝礼仪虽较先秦礼制有较大革新，但两者也并非全无关联，秦礼对于先秦礼的因袭不仅仅是古礼

---

①　郑良树：《商鞅评传》，南京大学出版社，1998 年；孔繁：《荀子评传》，南京大学出版社，1997 年；洪家义：《吕不韦评传》，南京大学出版社，1995 年；施觉怀：《韩非评传》，南京大学出版社，2002 年；邢兆良：《墨子评传》，南京大学出版社，1993 年。

②　郑良树：《商鞅及其学派》，上海古籍出版社，1989 年。

③　余宗发：《先秦诸子在秦地之发展》，文津出版有限公司，2006 年。

④　张文立、宋尚文：《秦学术史探赜》，陕西人民出版社，2004 年。

⑤　《汉书·贾谊传》。

名称的沿用。这一观点的提出，无疑为我们复原和研究秦礼制的演变过程提供了立论的依据。

把秦国礼制研究引向深入的是考古发掘。经过几十年的努力，考古工作者在秦国墓葬发掘、都城遗址勘探、秦公陵园的钻探等方面取得了重大成果，为探讨秦国的丧葬制度、营国制度和陵寝制度积累了丰富的地下资料，逐步填补着秦国礼制研究资料上的空缺。这些考古发掘报告发表在各种文物与考古的专业期刊之中，也有部分报告已结集出版。①

近年来秦国礼制研究的成果，绝大部分是在考古发掘资料的基础上得到的。如在营国制度方面，有徐卫民的《秦都城研究》②、王学理的《秦都咸阳》③ 和杨宽的《中国古代都城制度史研究》④。陵寝制度研究，有徐卫民的《秦公帝王陵》⑤ 和杨宽的《中国古代陵寝制度史》⑥；中型墓葬的研究，有滕铭予的《秦文化：从封国到帝国的考古学观察》⑦。关于用鼎制度，则有梁云的《周代用鼎制度的东西差别》⑧，作者以大量的考古发掘资料为基本依据，细致深入地分析了秦国与东方列国在各个时期用鼎制度上的差别，揭示了用鼎制度在东、西方由兴盛到衰亡的不同演变轨迹。这是揭示秦用鼎制度发展演变的一篇力作。

秦人社会习俗文化研究　概括地说，目前秦人的社会习俗研究成果可以分为以下几个方面：

1. 有关秦地社会资料的搜集。近年来结集出版的考古报告《塔儿坡秦墓》《店子秦墓》《任家咀秦墓》《西安北郊秦墓》和《西安南郊秦墓》以及相关的

① 已经结集出版的考古报告有咸阳市文物考古研究所编著《塔儿坡秦墓》，三秦出版社，1998 年；陕西省考古研究所编著《秦始皇帝陵园考古报告》（1999、2000、2001—2003），分别由科学出版社 2000、2006、2007 年出版；陕西省考古研究所编著《陇县店子秦墓》，三秦出版社，1998 年；陕西省考古研究所编著《宝鸡建河墓地》，陕西科学技术出版社，2006 年；陕西省考古研究所编著《西安北郊秦墓》，三秦出版社，2006 年；《云梦睡虎地秦墓》编写组编著《云梦睡虎地秦墓》，文物出版社，1981 年；咸阳市文物考古研究所编著《任家咀秦墓》，科学出版社，2005 年。
② 徐卫民：《秦都城研究》，陕西人民教育出版社，2000 年。
③ 王学理：《秦都咸阳》，陕西人民出版社，1985 年。
④ 杨宽：《中国古代都城制度史研究》，上海古籍出版社，1993 年。
⑤ 徐卫民：《秦公帝王陵》，中国青年出版社，2002 年。
⑥ 杨宽：《中国古代陵寝制度史》，上海古籍出版社，1985 年。
⑦ 滕铭予：《秦文化：从封国到帝国的考古学观察》，学苑出版社，2002 年。
⑧ 梁云：《周代用鼎制度的东西差别》，《考古与文物》2005 年第 3 期。

考古简报，不仅丰富了礼制的研究资料，也增加了战国中期以后关陇地区平民的墓葬资料，对于研究关陇地区社会习俗的演变提供了大量考古学上的依据。

2.《日书》的研究。《日书》是出土秦简的重要内容，保存有各阶层、民众的衣食住行以及民间禁忌等多方面的内容，因此引起了学者们的极大重视，取得了丰硕的成果。关注点较多的是睡虎地秦简《日书》，曾宪通、李学勤、林剑鸣、刘乐贤、贺润坤等学者对此均有论文进行论述。① 比较重要的专著有刘乐贤的《睡虎地秦简日书研究》②，他根据照片对校释文，改正错误，补充注释，广泛征引与数术有关的资料，对《日书》的数术涵义加以阐释，并探讨了睡虎地秦简《日书》的年代、内容与性质、《日书》甲种与乙种的关系、《日书》所见秦楚社会现象、祭祀活动、所反映的阴阳五行学说、原始疾病观念以及《日书》与古代神话传说的研究等问题，创获甚多，是秦简出土以来第一部全面系统研究《日书》的著作。田静、史党社的《论秦人对天或上帝的崇拜》③ 一文，通过对文献和出土《日书》的整理，对秦人的鬼神观，特别是下层民众的鬼神观进行了梳理，指出秦人的鬼神体系是由上帝、自然神和祖先神构成，并就三者的地位进行了分析。日本学者工藤元男在睡虎地秦简《日书》和《语书》的对比研究的基础上，发现墓主人生活的时代

---

① 相关成果有曾宪通《秦简〈日书〉岁篇讲疏》，见《楚地出土文献三种研究》，中华书局，1993 年；李学勤《睡虎地秦简〈日书〉与楚、秦社会》，《江汉考古》1985 年第 4 期；《日书》研读班《日书：秦国社会的一面镜子》，《文博》1986 年第 5 期；李晓东、黄晓芬：《从〈日书〉看秦人鬼神观及秦文化特征》，《历史研究》1987 年第 4 期；林剑鸣《秦汉政治生活中的神秘主义》，《历史研究》1991 年第 4 期；刘乐贤《睡虎地秦简日书的内容、性质及相关问题》，《中国社会科学院研究生院学报》1993 年第 1 期；《睡虎地秦简〈日书〉"反支篇"及其相关问题》，《简帛研究》（第 1 辑），法律出版社，1993 年；《睡虎地秦简日书〈诘咎篇〉研究》，《考古学报》1993 年第 4 期；《睡虎地秦简"四法日"小考》，《考古》1993 年第 4 期；《睡虎地秦简日书"玄戈篇"新解》，《文博》1994 年第 4 期；《睡虎地秦简日书"人字篇"研究》，（《江汉考古》1995 年第 1 期；《睡虎地秦简〈日书〉中的"往亡"与"归忌"》，《简帛研究》（第 2 辑），法律出版社，1996 年；王子今《睡虎地秦简〈日书〉所见行归宜忌》，《江汉考古》1994 年第 2 期；《睡虎地〈日书〉甲种〈稷辰〉疏证》，《简帛研究 2001》，广西师范大学出版社，2000 年；《睡虎地秦简〈日书〉甲种疏证》，湖北教育出版社，2002年。贺润坤《从云梦秦简〈日书〉看秦民间的灾变与救灾》，《江汉考古》1994 年第 2 期；吴小强《秦简〈日书〉与秦汉社会的生命意识》，《广州师范学院学报》1997 年第 1 期；王志平《睡虎地〈日书·玄戈篇〉探源》，《文博》1999 年第 5 期等等。

② 刘乐贤：《睡虎地秦简日书研究》，台北文津出版社，1994 年。

③ 田静、史党社：《论秦人对天或上帝的崇拜》，《中国史研究》1996 年第 3 期。

"正好相当于秦统治体制的转换期"①，秦在江陵地区的统治政策经历了宽容到一元化的过程。这就为我们进一步研究江陵地区习俗的变迁开启了新的研究思路。

其次是放马滩秦简《日书》的整理与研究，孙占宇的《放马滩秦简日书整理与研究》② 一文，对《日书》进行了编联，并就《日书》涉及的建除、葬日、记式、律数等问题做了研究。此外，其他学者就释文、各篇的命名以及与睡虎地秦简《日书》内容的比较等问题亦有论述。③

3. 商鞅变法与秦地习俗演变的关系。梁云通过秦地日用陶器的变化探讨了商鞅变法对秦地习俗的演变作用。④ 此外，王绍东的《论商鞅变法对秦文化传统的顺应与整合》一文对商鞅变法与秦地习俗演变之间关系，亦有深入的探讨。

五、秦与六国地区基层社会文化的融合

臧知非在《周秦风俗的认同与冲突——秦始皇"匡饬异俗"探论》⑤ 一文中，通过对《史记·货殖列传》和《汉书·地理志》等文献资料的梳理，归纳了战国时期各地的习俗差异，就秦始皇"匡饬异俗"以及产生的效果做出了自己的结论：认为秦始皇的政策效果不明显，但是对于缩小区域差异还是起到了一定的作用。然而从制度和物质文化等层面来看，秦与六国文化的融合则比较明显，赵化成的《秦统一前后秦文化与列国文化的碰撞及融合》⑥ 一文，从考古学的角度，就秦与列国文化的交流问题及其对汉文化的影响作了总体上的论述。

---

① 工藤元男著，广濑薰雄、曹峰译：《睡虎地秦简所见秦代国家与社会》，上海古籍出版社，2010 年，第 362 页。

② 孙占宇：《放马滩秦简日书整理与研究》，西北师范大学博士学位论文，2008 年。

③ 相关论文有何双全《天水放马滩秦简甲种〈日书〉考述》，见甘肃文物考古研究所编著《秦汉简牍论文集》，甘肃人民出版社，1989 年；王辉《〈天水放马滩秦简〉校读记》，简帛网 2010 年 7 月 28 日；宋华强《放马滩秦简〈日书〉识小录》，简帛网 2010 年 2 月 14 日；程少轩、蒋文《略谈放马滩简所见三十六禽（稿）》，复旦大学出土文献与古文字研究中心网 2009 年 11 月 11 日等。

④ 参见梁云《战国时代的东西差别——考古学的视野》第一章的小结部分。

⑤ 臧知非：《周秦风俗的认同与冲突——秦始皇"匡饬异俗"探论》，《秦文化论丛》（第十辑）。

⑥ 赵化成：《秦统一前后秦文化与列国文化的碰撞及融合》，载《苏秉琦与当代中国考古学》，科学出版社，2001 年。

　　墓葬资料为文化融合提供了极为详尽的证据。在六国故地的秦人墓中有当地文化的因素，而当地的土著居民的墓葬亦有秦文化的因素。不少学者就这些现象进行了深入的探讨，对于研究战国中期以后秦文化的走向以及六国故地社会的秦文化认同问题具有重要的意义。

　　三晋、两周地区　通过几十年的考古发掘，考古工作者在洛阳地区和山西侯马地区①、河南陕县②发现了具有典型秦文化特征的墓葬，已被认定为秦人的墓葬。此外，在这些地区也发现了具有秦文化因素的墓葬，但由于其反映的当地文化因素较之秦文化因素更为明显，因此被认定为当地原著居民的墓葬。不少学者就这些现象进行了深入的探讨，如张剑的《洛阳秦墓的探讨》③、刘曙光的《三门峡上村岭秦人墓的初步研究》④和胡永庆的《论三门峡秦人洞室墓的年代》⑤等论文。陶正刚、范宏、郭宏的《公元前三世纪后秦文化对山西的影响》一文，从墓葬形制、葬式、随葬器物等方面分析了秦文化对山西地区墓葬的影响，指出"秦占领魏地，今山西南部，带来了秦国特有的文化习俗、经济生产、日常生活用品等方方面面，改变了山西延续了一个世纪的生产、生活方式、风俗和习俗"。⑥

　　楚地　楚地可以分为江汉地区和湖南地区。

　　江汉地区发现的秦人墓，分布在云梦、江陵、宜昌、襄阳和麻城等地。在该地区内发现的龙岗和睡虎地秦简，也有助于我们了解秦人在这一地区内的治理情况。相关的考古报告发表在《江汉考古》《文物》和《考古学报》等期刊上。重要的研究文章有陈平的《浅谈江汉地区战国秦汉墓的分期和秦墓的识别问题》⑦、陈振裕的《略论湖北秦墓》⑧和日本学者松崎恒子的《从湖北秦墓看秦的统一和战国传统文化的融合》⑨。前两篇对江汉地区秦墓的特征做了极其细致的分析和研究，对于当地秦人墓的辨认具有重要的参考作用，后一篇

---

　　① 山西省考古研究所：《侯马乔村墓地》，科学出版社，2004 年；山西省考古研究所侯马工作站：《山西侯马市虒祁墓地的发掘》，《考古》2004 年第 4 期；《侯马虒祁东周至汉代墓地》，《中国考古学年鉴 2004》文物出版社，2005 年，第 129 页。

　　② 中国社会科学院考古研究所：《陕县东周秦汉墓》，科学出版社，1994 年。

　　③ 张剑：《洛阳秦墓的探讨》，《考古与文物》1999 年第 5 期。

　　④ 刘曙光：《三门峡上村岭秦人墓的初步研究》，《中原文物》1985 年第 4 期。

　　⑤ 胡永庆：《论三门峡秦人洞室墓的年代》《中原文物》2001 年第 3 期。

　　⑥ 陶正刚、范宏、郭宏：《公元前三世纪后秦文化对山西的影响》，《秦文化论丛》（第九辑），西北大学出版社，2002 年。

　　⑦ 陈平：《浅谈江汉地区战国秦汉墓的分期和秦墓的识别问题》，《江汉考古》1983 年 3 期。

　　⑧ 陈振裕：《略论湖北秦墓》，《文博》1986 年第 4 期。

　　⑨ 松崎恒子：《从湖北秦墓看秦的统一和战国传统文化的融合》，《中国史研究》1989 年第 1 期。

就秦人墓所反映的文化交流和融合等问题进行了一些探索。此外，睡虎地秦简中的《日书》部分、九店楚简《日书》也是研究秦楚社会习俗冲突和融合的资料，学者们就秦楚两地《日书》的差异等问题也做出了深入的探讨。①

　　湖南地区发现的秦人墓分布在溆浦马田坪墓地、汨罗山墓地、长沙、衡阳和常德等地。② 贺刚的《论湖南秦墓、秦代墓与秦文化因素》③ 以考古资料为基础，探讨了秦、楚文化在湖南地区融合的历史过程，对秦文化在湖南地区的传播及其影响作了详尽的梳理。宋少华的《湖南秦墓初论》以1992年（含1992年）以前出土的考古资料为基础，探讨了秦文化在湖南地区的传播以及与楚文化融合的过程。④ 高至喜的《论湖南秦墓》⑤ 也可以帮助我们了解秦在湖南地区的统治情况。此外，里耶秦简也为我们研究秦在湖南地区的统治提供了资料，但资料尚未全部公布，所以还有待于全部公布后才能对此问题进行全面研究。

　　燕齐地区　秦与燕齐地区文化融合的研究，限于考古资料，大部分需要借助于文献资料。燕地只有《史记·货殖列传》记载燕俗的资料，齐地尚有秦刻石、《史记·封禅书》部分资料可以作为研究。此外，临淄商王墓地⑥出土了一些具有秦文化特征的器物，为秦文化在齐地的传播提供了例证，但资料有限，尚难以开展此项研究。

六、少数民族和秦文化的碰撞、交流与融合

　　巴蜀文化和秦文化的碰撞与融合是学者最为关注的课题，取得了不少成果。王子今的《秦兼并蜀地的意义与蜀人对秦文化的认同》⑦ 一文，通过文

---

　　① 刘信芳：《秦简中的楚国〈日书〉试探》，《文博》1990年第4期；《九店楚简日书与秦简日书比较研究》，《第三届国际中国古文字学研讨会论文集》，问学社有限公司，1997年；《秦简〈日书〉与〈楚辞〉类征》，《江汉考古》1990年第1期等。
　　② 相关考古报告有湖南省博物馆等《湖南溆浦马田坪战国西汉墓发掘报告》，《湖南考古辑刊》（第2辑）；《汨罗县东周、秦、西汉、南朝墓发掘报告》，《湖南考古辑刊》（第3辑）。
　　③ 贺刚：《论湖南秦墓、秦代墓与秦文化因素》，《湖南考古辑刊》（第5辑）。
　　④ 宋少华：《湖南秦墓初论》，《中国考古学会第七次年会论文集》，文物出版社，1992年。
　　⑤ 高至喜：《论湖南秦墓》，见《商周青铜器与楚文化》，岳麓书社，1999年。
　　⑥ 临淄博物馆、齐故城博物馆：《临淄商王墓地》，齐鲁书社，1997年。
　　⑦ 王子今：《秦兼并蜀地的意义与蜀人对秦文化的认同》，《四川师范大学学报》（社会科学版）1998年第2期。

献资料勾勒了秦、蜀文化融合的历史。通过这一历史过程，我们可以看到秦文化和蜀文化的若干特质，以及各有特色的区域文化在战国秦汉时代趋于一统的历史走势。而把这一问题引向深入的是考古资料的增加，如具有典型秦文化因素的器物——釜是通过巴蜀地区传入秦地，并通过秦人传入其他地区的，这一现象已在考古学界形成共识。《什邡城关战国秦汉墓地》① 对什邡市城关镇发掘的战国早期至西汉中期的 98 座墓葬进行了分类和分期，对研究秦占领成都平原后的考古学文化面貌具有重要的价值。

近年来的三峡考古工作为我们探讨秦、巴文化关系提供了重要的考古资料，国务院三峡工程建设委员会办公室、国家文物局编著的《峡江地区考古学文化的互动与诸要素的适应性研究》② 第二章正是在三峡考古工作成果的基础上，全面地论述了战国晚期峡江地区秦、巴、楚文化演变以及融合的过程。

戎狄文化与秦文化的关系是学者比较关注的课题。刘雨涛在《秦与华夏文化》③ 一文中，对秦文化和戎狄文化之间的关系做出了总体性的归纳，指出秦之文化是西戎文化，与华夏文化不同。秦统一中国，实际上是西戎民族进入中原并加入到中华民族的伟大行列，同时也必然是西方戎狄文化传入、渗透到中原和华夏文化的大破坏。秦汉以后的中国文化不再是先秦的原始的华夏文化的延续。胡克森在《融合：春秋至秦汉时期从分裂走向统一的文化思考》④ 一书中，对戎狄文化和秦文化的关系多有阐述。认为商鞅变法之所以成功，在于秦国充分发挥了西戎文化的优点；并指出，秦朝的帝制具有浓厚的戎狄文化特色。

田亚岐在《东周时期关中秦墓所见"戎狄"文化因素探讨》⑤ 一文中，就关中地区秦墓所出现的"戎狄"文化因素进行了归纳和探讨，通过对关中地区秦墓葬中有关"戎狄"文化材料的分析和认识，我们能够进一步了解东周时期秦文化的形成过程、特征以及秦文化本身所包含的多种文化因素。

---

① 四川省文物考古研究所、德阳市文物考古所、什邡市博物馆：《什邡城关战国秦汉墓地》，文物出版社，2006 年。

② 国务院三峡工程建设委员会办公室、国家文物局编著：《峡江地区考古学文化的互动与诸要素的适应性研究》，科学出版社，2009 年。

③ 刘雨涛：《秦与华夏文化》，《孔子研究》1985 年第 6 期。

④ 胡克森：《融合：春秋至秦汉时期从分裂走向统一的文化思考》，人民出版社，2010 年。

⑤ 田亚岐：《东周时期关中秦墓所见"戎狄"文化因素探讨》，《文博》2003 年第 3 期。

　　许多学者还就具体的文化现象对秦与戎狄文化的关系作了比较深入的探讨。如斯维至在《神仙思想与兵马俑所见的羌戎文化》①中认为兵马俑反映了羌人灵魂不灭的思想和其他羌戎文化的特点；赵斌在《咸阳塔儿坡战国秦墓出土骑马俑族属考辨》②中认为塔儿坡28057号墓所出土的两件骑马俑反映了先秦戎狄民族集团的特征。此外，西安北郊秦墓所出土的具有北方鄂尔多斯草原民族风格的铜牌饰，也在某些方面反映了北方民族与秦文化交流的历史。③目前考古工作者正在进行甘肃张家川回族自治州马家塬战国遗址的发掘工作，为深入探讨秦与戎狄文化之间的关系提供了更多考古资料上的新证据。④

　　综上所述，针对以上六个方面的问题，学术界已经取得的研究成果主要有：

　　第一，秦国制度的研究，历来是学术界研究的焦点。尤其睡虎地等大批秦简的出现，给秦国制度的研究提供了更多的资料。确实，学术界也通过对出土文献的研究，大大地推动秦国制度变化的研究。而且，学术界还出现了从文化角度对秦国制度进行研究的趋势。

　　第二，学者们在对秦与其他六国制度差异进行研究的同时，也从区域文化的角度对造成国家之间制度差异的原因作了探讨。

　　第三，在秦地学术文化研究方面，学者们注意到了诸子学说在秦地的传播和发展情况、学者的活动以及与政治的关系问题。如法家是战国中期以后秦国学术发展的主导思想，研究法家学说在秦国发展的轨迹，对于理解学术与政治的关系意义重大。郑良树从分析《商君书》各篇的作者入手，并结合秦国的发展历史，全面考察了商鞅学派思想在秦国发展的轨迹，这无疑为我们深入研究战国中期以后秦国学术与社会、政治的相互关系提供了有力的证据。这表明，研究者遵循了"研究思想史必须注意时代背景"的原则，注意从时代背景（"语境"）来分析各派学说中的"文本"，有利于更加深入地理

①　斯维至：《神仙思想与兵马俑所见的羌戎文化》，《陕西师范大学学报》（哲学社会科学版）1994年第2期。
②　赵斌：《咸阳塔儿坡战国秦墓出土骑马俑族属考辨》，《考古与文物》2002年第4期。
③　具体内容可参见陕西省考古研究所《西安北郊秦墓》，三秦出版社，2006年。
④　部分发掘成果见甘肃省文物考古研究所、张家川回族自治县博物馆《2006年度甘肃张家川回族自治县马家塬战国墓地发掘简报》，《文物》2008年第9期；早期秦文化联合考古队、张家川回族自治县博物馆《张家川马家塬战国墓地2008～2009年发掘简报》，《文物》2010年第10期；早期秦文化联合考古队、张家川回族自治县博物馆《张家川马家塬战国墓地2008～2009年发掘简报》，《文物》2012年第10期。

解学术与政治的关系。

第四，"秦礼的有无"是学术界长期争论的话题，在相关的考古资料未发现之前，学者只是就传世文献来展开争论。近年来的考古发掘为秦礼的存在提供了有力的证据，学者们根据考古发掘资料，并结合传世文献开始对秦礼的各项内容进行复原，取得了不少的成就，大大地促进了学术界对战国至秦代礼制的了解。

第五，多年的考古发掘使得学者们对于先秦时期各个地区的文化特征有了明确的认识，为辨明各地区内的墓葬、器物的文化归属提供了依据。学者们通过文化归属的分析，对于各地区秦文化的发展传播以及与当地文化的关系进行了探讨，这些探讨有利于深入了解秦在各地的统治状况。

第六，学术界不仅从宏观上关注少数民族对于秦文化的形成和发展的影响，也从具体方面探讨了秦文化面貌中的少数民族文化因素。此外，学者们还就考古发掘资料探讨了巴蜀地区对于秦统治的认同，为研究秦在少数民族地区的统治以及中国多民族国家形成的进程提供了新的视角和方法。

第三节 本书研究主旨

通过对相关专题研究成果的回顾，笔者发现以下几个问题，学术界还存在着一些不足之处：

第一，学者们虽然对秦国制度，尤其是战国中期以后制度变化给秦地社会带来的"突变"给予了极大的关注，但在制度"突变"的分析中，就传统文化和思想观念对"突变"的作用却没有给予足够的重视，相关成果较少。

第二，尽管学者们从区域文化的角度对造成国家间制度差异的原因做出了探讨，但探讨的仍然不够。区域文化和制度上的差异对秦统一造成了什么影响，需要作进一步的研究。

第三，秦国的学术文化，还有许多亟待解决的问题。在研究诸子学说在秦地传播和演变轨迹的同时，应把重点放在法家学说以外的学说对秦完成和巩固统一所产生的作用这一问题上。由于秦国的统一事业在各个阶段对各派学说的需求是不同的，因此各个学派在秦统一事业的各个阶段中，其影响和作用，需要结合具体的历史环境，才能做出正确的评价。而这一点，恰恰是学术界忽视的问题。

第四，尽管现在对于秦礼的研究逐渐重视起来，但尚有许多问题没有得到解决。如学术界对秦朝各种礼仪制度进行了还原，却缺乏对商鞅变法至秦统一前这一时段礼仪制度演变的研究。此外，秦地礼仪制度的发展与秦国中央集权政治的演进过程有无联系以及礼仪制度在秦统一中的作用问题，也应该得到充分的重视和研究。

第五，学者们研究的重点偏向于六国故地内秦文化出现的新特点，但受考古资料和文献资料的限制，各地的秦文化研究呈现出不平衡的现象，需要新的考古资料来改善这一情况。此外，在研究战国中期以后秦文化在六国故地的流向问题时，学术界侧重对文化冲突的研究，而忽视了研究秦文化在六国故地所产生的认同感与向心力，从而低估了秦文化在统一六国和巩固统一中所发挥的作用。

第六，在探讨少数民族与秦文化的交流问题上，秦吸收少数民族文化方面的研究成果较多。除巴蜀地区外，在少数民族吸收秦文化方面的研究则相对薄弱。此一情况的出现，与考古资料缺乏，无法进行更深入的研究有关。此外，少数民族文化被秦文化吸收后对秦帝国统一局面的形成产生了什么样的作用，也需要深入的探究。

本书针对以上六点不足之处，将正文分为六章，希望取得一些突破或进展。第一章通过剖析秦地传统思想观念与战国中期以后制度变革的关系，对秦统一的制度原因作进一步的探讨，以加深秦国制度的理解。第二章通过探讨秦与东方六国文化差异对制度差异的影响，以深入理解区域文化对统一的作用，并在此基础上认识文化是如何适应"统一"这一大的历史背景，完成统一的。第三章以秦国的统一事业的三个阶段为主线，论述战国中期以后各个学派在三个阶段是如何对秦统一事业产生影响的。第四章以秦国的"礼制变革"为出发点，探讨礼仪文化与秦国政治权力结构的关系，进而探讨秦国君臣关系演变对秦统一所产生的作用。第五章考察战国中期以后，发生在关陇地区和六国故地基层社会中的文化变迁，并在此基础上深入探讨基层社会文化变迁对秦统一所产生的作用。第六章探讨的则是巴蜀文化和纳入秦统治范围内的戎狄文化，与秦文化之间的交流。以此为基础，来探讨秦多民族帝国形成的文化原因。最后综合五章的研究成果，来总结秦帝国统一和实现对六国故地、巴蜀戎狄地区统治的文化因素。

第四节　相关概念的阐释

为行文方便，笔者需要对以下几个概念做出阐释：

一、"文化"概念及其相关理论

目前流行的文化定义可以分为广义上和狭义上的文化：广义上的文化定义是指人类在社会历史实践中所创造的物质财富和精神财富的总和①。狭义的文化定义则仅指社会的意识形态以及与之相适应的制度和组织机构。而作为意识形态的文化，是一定社会的政治和经济的反映，又作用于一定社会的政治和经济。

本书所论述的"文化"，既与现在的文化定义有相通之处，又有别于现在意义上的文化。本书所论述的"文化"要从文化的类型、地域性、层次上和时代性四个方面去把握其内涵。

首先是**文化的类型**，农业文化与游牧文化是古代世界文化的两大类型，农业文化是在农业生产的基础上建立起来的文化，游牧文化则是在农耕地区以外，以游牧为生的"族群"② 所创造出来的文化，他们以部落为单位，小者数十人，大者以百千计，两种文化把世界分成了农耕和游牧两大地带。两种文化的差异可以从社会经济、生活方式、宗教信仰等方面区分开来：如在经济上，游牧族群用牛、羊、驼、马计量财产之多少；农耕民族以农产品为

---

① 这个广义的文化定义来源于英国人类学家爱德华·泰勒在《原始文化》一书对文化的阐释，见张连树译本，上海文艺出版社，1982 年，第 1 页。

② "族群"一词是"ethnicgroup"的汉语译词。在 20 世纪 30 年代以后，人类学家用这一概念来研究人类社会文化差异。有关"族群"的定义不少于二十种，可参见孙九霞《试论族群与族群认同》，《中山大学学报》1998 年第 2 期。本书所说的"族群"采用的是林耀华的观点，"族群专用于共处于同一社会体系中，以起源和文化认同为特征的群体"（见林耀华：《民族学研究》，中国社会科学出版社，1985 年，第 56 页）。"族群"的含义可大可小，大可指华人族群、族别，小可指某某人和某类小群体（见石亦龙：《Ethnicgroup 不能作为"民族"的英文对译》，《世界民族》1999 年第 4 期）。

主，以粮食计量财产之多少。在生活方式上，游牧族群被发左衽、短服骑射；丧葬用土、洞穴或天葬、鸟葬等。农耕社会的人们束发右衽、长服驾车；丧葬用土葬、置棺椁，并有礼仪繁重、哭丧时长、祭祀以时等特点。从宗教信仰来看，游牧族群重巫术，有神筮、马卜；农耕人群龟卜蓍筮。[①] 春秋战国时期，战国七雄所创造的区域文化和西南地区的巴蜀文化均属于农耕文化的范畴，而西北和北方的"戎狄"文化则又可分为半农半牧和游牧两种文化类型。

其次是**地域性**。春秋战国时期争霸的历史所造成的一个重要结果就是农耕文化圈不同地区文化的差异，因为不同地区土著文化以及周文化与各地土著文化融合的程度不同，而形成了数个亚文化区域。[②]

再次是**层次性**。上文所说的服饰、语言、宗教信仰和社会经济都是文化的内容。国内外的大多数学者认为文化可以分为物质层次、制度层次、风俗习惯层次和思想价值层次四个层次。本书把文化分为物质文化、制度和心理文化三个层面：物质文化是指人类创造的种种物质文明，也可称之为**物质产品**，包括交通工具、日常生活用品等，服饰也可列为此类，即文化的物质层次。制度指生活制度、家庭制度、社会制度等，即文化的**制度层次**。心理文化指思维方式、宗教信仰、审美情趣、民间风俗等，由于社会活动是形成心理文化的主要推动力，因此本书将心理文化称之为**社会心理**，为文化的风俗习惯和思想价值层次。物质文化是一种可见的显性文化；后两者属于不可见的隐性文化，是进行各种文化行为的制衡因素。在这三个方面中，物质文化内容可以从考古资料中直接地反映出来，而制度文化和心理文化也可以部分地通过文献资料和考古资料反映出来。

最后是**时代性**。本书所论述的"文化"的时间界限是东周到西汉武帝时期。汉武帝时代是中国最重要的历史时期：从考古学文化来看，汉武帝前后

---

① 文化上的差别可参见王玉哲《论先秦的"戎狄"及其与华夏的关系》，《南开学报》1955 年第 1 期；项英杰《游牧文明与农耕文明——对游牧文化的再认识》，此文载牛森主编《草原文化研究资料选编》（第二辑），内蒙古教育出版社，2005 年。

② 关于农耕文化圈中的文化亚区，不少学者对其进行了划分。如李伯谦将西周后期至春秋末年将中原青铜文化体系划分为六个文化亚区，见李伯谦《中国青铜时代文化结构研究》，科学出版社，1998 年，第 9 页。李学勤把商周青铜器文化划分为七个文化圈，见李学勤《东周与秦代文明》，文物出版社，1984 年，第 11 页。

是中华文明发展的新时期。① 从思想史和制度史的研究来看，汉武帝前后所发生的一系列变化也能说明汉武帝时期是中华文化发展的新时期。

总而言之，**本书所论述的"文化"的具体含义是：东周至汉武帝时期，由农耕世界和周边大大小小的游牧族群所创造出的能反映他们行为方式、价值观念和思维方式的物质产品、制度以及风俗、思想的总和。**②

现代意义上的文化所具有结构和功能等特征，同样适用于本书所界定的"文化"功能。从结构上来说，文化是一个复杂的整体，它包括知识、信仰、艺术、道德、法律、风俗以及其他作为社会一分子所习得的任何才能与习惯。从其功能上看，文化具有满足需要、凝聚、规范和调控等功用，它们分别对文化起作用，但有时也会形成合力，对文化的发展起着推动和阻碍的作用。凝聚功能来自于相同的思维模式、相同的道德规范、相同的价值观念和相同的语言与风俗习惯所产生的认同力量。规范功能主要是指文化所具有的约束作用。一般而言，文化体系中的价值观念、道德观念等规范着人的社会行为，制约着人的所有活动。调控功能，是说文化在族群内部可以使每一个族群成员经常处于平衡和张弛有致的生活状态中，从而从生理和心理上得到文化认同的轻松感。从外部来看，由于文化有排他性特点，所以每种文化对于其他文化的宽容一般都有"度"，即不危及自身文化的存在和发展为前提。而在一定的宽容度中，文化自身带有自动的调控能力，如吸纳不同的文化为自身文化的发展和创造服务等。文化交往越频繁，调控功能则越显得重要。一旦超越了"度"，文化的调控就有可能由国家权力或政治介入，给予强行的规范。③

在本书所要探讨的这些文化中，它们同样具有凝聚、规范和调控功能，是分析区域文化整合的重要手段。尤其在春秋战国这一历史大背景下，在相

---

① "我们认为中国的早期文明的下限应该在汉武帝前后。汉代初年，历史虽然进入了一个新的王朝时期，但原有的文化因素和社会风尚还在延续，到了汉武帝前后才真正以全新的面目呈现出一个新的阶段"，见李学勤、范毓周主编的《早期中国文明》系列学术丛书，前言第 3 页，江苏教育出版社。

② 以上文化概念的阐释，主要参考了以下论著：［英］特瑞·伊格尔顿著、方杰译《文化的观念》，南京大学出版社，2003 年；庄锡昌、顾晓鸣、顾云深《多维视野中的文化理论》，浙江人民出版社，1987 年。

③ 以上文化功能的分析，参考了以下论著：绫部恒雄、周星《文化人类学的十五种理论》，贵州人民出版社，1989 年；陈建宪《文化学教程》，华中师范大学出版社，2004 年。

当长的一段时间内，兼并战争使得一些区域相对统一，区域文化在各个区域内的人民之中，其凝聚力以及规范功能相对固定。因此各种文化在接触中，不同避免地会发生冲突。即使统一局面形成以后，任何一种文化都可能在短时间内从根本上战胜其他文化。但是文化的调控功能，又可以使各种区域文化在一定的"度"中进行交流，从而达到融合。秦献公至秦始皇前期，在没有超越"度"的前提下，文化整合得以正常进行。所以文化功能分析，无疑会对秦国的文化整合以及秦实际控制范围的研究大有裨益。

二、"秦文化"的概念

目前的学术界，对秦文化的概念和内涵存在着诸多分歧。秦文化来源的多元性、时间上的漫长性、地域上的广阔性以及秦文化的创造者——"秦人"含义具有模糊性等特点，决定了秦文化界定上的困难。界定"秦文化"，必须通盘考虑，既要有时空意识，又要把握住"秦人"的本质含义以及秦文化的来源。

1946 年，陈秀云首先对"秦文化"的来源进行了探讨。在《秦族考》一文中，陈氏有专节探讨"秦文化之构成"，认为秦文化原是"承袭夏、商、周以来的文化，构成略有地方色彩而富有中原气息的'中国本位'文化"。[①]并从音乐、诗歌、文字诸方面论述了秦文化的构成。陈氏只提出了"秦文化"一词，但并没有对"秦文化"的概念做出解释，故而其说只是涟漪，并没在学界引起轰动。二十世纪八十年代以后，秦文化研究逐步走向繁荣，相继有林剑鸣、黄留珠、葛剑雄、王学理、梁云和滕铭予等人对秦文化的概念进行过诠释。[②] 在这些诠释中，以下三种意见最具代表性：

其一为葛剑雄的观点。

葛氏根据秦国建国——建立帝国——灭亡的历史进程，对秦文化的概念

---

① 此文转载自康世荣主编《秦西垂文化论集》，文物出版社，2005 年。
② 相关阐释参见林剑鸣《从秦人价值观看秦文化的特点》，《历史研究》1987 年第 3 期；黄留珠《秦文化概说》，《秦文化论丛》（第五辑），西北大学出版社，1996 年；葛剑雄《移民与秦文化》，《秦文化论丛》（第三辑），西北大学出版社，1994 年。王学理、梁云《秦文化》，文物出版社，2001 年；滕铭予《秦文化：从封国到帝国的考古学观察》，学苑出版社，2003 年，第 4 页。

进行了界定。葛氏认为秦文化至少有以下四种含义：秦人文化、秦国文化、秦朝文化和秦地文化。"秦人文化"是以文化的载体为划分标准的，即指秦人所拥有的文化。秦人文化虽曾随着秦人的扩散而扩大，但除了个别特殊情况，其比较稳定的范围基本上限于"秦国"这一比较稳定的疆域之内。"秦国文化"是以文化的地域范围为划分标准的，即指在"秦国"的疆域内存在过的文化。"秦朝文化"是指在秦朝的疆域内存在过的文化。在秦朝疆域内，不仅关东六国的文化已经都包括在内，就是南越、西南夷的文化也已有相当一部分包括在内了。秦朝文化可以看成是华夏各族和居于秦长城以南的戎、狄、羌、氐、蛮、夷、越等各族文化的总和。"秦地文化"是指在秦地存在的文化。秦地概念有广义和狭义之分，广义所称的秦地即《汉书·地理志》所载的地域，狭义的秦地一般指三辅和天水、陇西、安定、北地、上郡与西河等郡。

其二是王学理与梁云两人的观点。

秦文化是指存在于一定时间、分布于一定空间，主要由秦族秦人及相关人群创造和使用的有自身特点的考古学文化遗存。它包括目前所发现的遗迹和遗物的总和及其所反映的物质和精神两方面的内容。

其三为滕铭予的观点。

从时间上可以早到商代晚期，晚到西汉初年。从范畴上看，早于秦国存在以及作为秦国、秦王朝主体族群的嬴秦族，在其生息、活动所至范围里，创造、使用、遗留至今并已被科学的考古工作所发现的古代遗存，以及那些在秦的发展过程中由于各种原因被纳入秦国或秦王朝统治范围的、与嬴秦族有着密切关系，并基本接受嬴秦族文化的其他人群，在同样的时期，同样的地域里所使用的，与秦文化面貌相同或相近的古代遗存，都属于"秦文化"范畴。

以上三种观点，均是从时间、空间、文化的来源以及创造者对"秦文化"进行界定的。要理解"秦文化"，关键还是要理清"创造者"——"秦人"的构成。雍际春对各个时期"秦人"的构成作了如下梳理：

自夏商至西周时期的"秦人"，一般是指族称意义上的秦人，亦即后来秦人中的主体和核心部分；自春秋至战国时期的"秦人"，一般是指秦国人，即既包括前一时期的秦人，也包含通过征服与拓展疆域而汇入秦国的其他部族，如"周余民"和戎狄等；秦朝时期的"秦人"，则是其疆域内所有居民与部族的通称。①

通过雍氏的梳理，我们可以知道秦人的构成过程大致经历了以下过程：西周中期，一支嬴姓的宗族（还应包括附属的人群），因为其首领非子养马有功而被周天子封于"秦"，便以所封之地"秦"作为自己的族群名，并不断地繁衍壮大。"族称意义上的秦人"，指的就是这支具有血缘关系的嬴姓宗族组织及其后裔，也就是上文所说的"嬴秦族"或"秦族秦人"。此后，"嬴秦族"逐渐强大并建立诸侯国后，又不断地吸收其他族群，形成了春秋以后的"秦人"，但"嬴秦族"仍是"秦人"的主体和核心部分，而且始终是秦文化的主体或核心拥有者。无论秦文化如何演变、转型或重建，也不论秦文化是否为众多居民和民族所享用，"嬴秦族"是秦文化控制者和引导者的地位却从未改变过。

笔者基本同意学者有关考古学意义上的"秦文化"概念的认识，并结合相关文献的记载，把本书所探讨的"秦文化"定义为：**从西周中期到西汉初年，由"嬴秦族"及纳入到秦国（广义上的秦国包含秦朝）统治范围内的相关人群在其生息、活动所至范围里，创造、使用和遗留至今以及文献所记载的，能反映嬴秦族文化特点的遗址遗物以及制度、风俗习惯的总和。**

三、秦人墓、秦墓与秦代墓

在下面的行文中，还提到"秦人墓""秦墓"和"秦代墓"三个不同的概念：

秦人墓　指的是族称意义上的"秦人"（即"嬴秦族"），在关中及其他地区死亡之后所埋葬的遗迹。它存在于统一之前和统一之后，大约在西汉中晚期秦文化完全汉化后，秦人墓便不复存在。

秦墓　它包含了上面所说的"秦人墓"，还包含了受秦文化影响而具有秦文化因素的墓，其存在时间与秦人墓相同。战国中期以后秦墓的埋葬习俗

① 雍际春：《秦文化与秦早期文化概念新探》，《西安财经学院学报》2007年第4期。另外，史党社：《秦关北望——秦与戎狄文化的关系研究》（复旦大学博士学位论文，2008年）第一章就"秦人"的概念以及"秦人"的建构过程也进行了详细的论述，可参看。

主要特征表现为：葬式以屈肢葬为主，并有部分直肢葬；墓葬形制关陇地区以洞室墓为主，关东地区以竖穴墓为主；随葬陶器的基本组合为釜、罐、瓮和茧形壶等。本书采用的"秦墓"概念，指的是受秦文化影响而具有秦文化因素的非秦人墓。

秦代墓 专指公元前221年秦始皇统一六国至公元前206年子婴出降秦亡这段时间的墓，包含了这一时期不同民族和不同文化属性的墓葬。不仅包含有上面的秦人墓、秦墓，也包含有生活在秦朝疆域内的六国后裔、巴人、蜀人等居民与族群，在这一时期埋葬的墓，但他们未必采用前两种墓的埋葬风格。[①]

四、血缘与地缘

血缘和地缘概念渗透到社会的各个方面，在政治上可以划分为血缘政治（即宗法与政权相结合）和地缘政治，在社会结构上可以划分为血缘为基础的社会组织和以地缘为基础的社会组织。春秋战国时期，政治和社会组织以血缘为纽带逐渐向地缘为纽带进行转化，政治权力按人的功劳能力进行分配为主，血缘亲疏降居次要地位；社会组织按照地域划分居住区，而非以血缘进行组织，当然不排除同姓居住在一起的现象，但已不是主要居住形式。

---

① 有关"秦人墓""秦墓"和"秦代墓"概念的区分，亦参见的论著有：中国社会科学院考古研究所《中国考古学·秦汉卷》，中国社会科学出版社，2010年，第143页；贺刚《论湖南秦墓、秦代墓与秦文化因素》，《湖南考古辑刊》（第5辑）；宋少华《湖南秦墓初论》，《中国考古学会第七次年会论文集》，文物出版社，1992年。

第一章 秦人传统观念对
秦国制度的影响

制度变革是传统习惯、观念、行为准则以及社会规范等多种因素影响的结果。集体意识、秦人的务实开放以及功利主义的价值观，作为秦地最核心的传统观念，对战国中期以后的制度变革产生了重要的影响。秦国的执政者以法家学说为指导思想，充分吸收了秦地的传统观念，实现了传统观念和社会变革之间的有效接轨。通过制度变革，秦国增强了其制度的先进性，传统观念亦由此得到了强化，为秦统一六国奠定了坚实的基础。

第一节 秦人传统观念对秦国制度的影响

集体意识、开放和务实精神以及功利主义价值观作为秦人的传统观念，是残酷的生存环境和军事斗争的产物。战国中期以后，这些观念不仅在经济、仕进和军事制度中得到充分的体现，而且通过制度得到了强化。

一、集体意识观念

集体意识的形成，首先是地理环境影响的结果。"地理者，建国之第一要素。凡文化，风俗，政治，军事，皆与有密切之关系者也。以文化言之，则利于交通，以其易于输进文明也。以军事言之，则利于险阻，以其便于进取退守也。"① 地理环境影响着人类的经济生活，进而影响文化的发展。不同的地理环境决定了经济生产方式，如平原河谷地带往往以农耕经济为主，高山草原地带以游牧经济为主，湖海地带以商业经济为主。而不同的经济方式又造就了不同的意识特征：商业经济、游牧经济容易形成以国君、贵族等个人利益为出发点的个人意识，而农耕经济容易造就以国家利益为重的国家与集体意识。秦人自建国以来，就接受了西周遗留下来的农耕区和先进的农耕技术，从而为秦国集体意识的形成提供了经济基础。

其次是建国以来坎坷的发展经历彰显了秦人的集体意识。秦襄公因护驾周平王东迁被恩准建国，虽被赐予"岐丰之地"，但此地已为戎人所占领。处在这种建国环境之中的秦人必须团结在一起，杀出一条血路来。经过八十多年的浴血奋战，秦人团结一致，终于在关中驱除戎人而稳定下来。在此后的发展中，秦国数度面临绝境，均能化险为夷，秦人的集体意识均发挥了重要作用。充满着激昂慷慨、同仇敌忾气氛的《诗经·秦风·无衣》篇就是秦人集体意识的彰显。在长期恶劣的环境中生存和斗争下，集体意识逐渐深入秦人的心中。

（一）公法：法律制度中的集体意识观念

战国中期以后，集体意识一经与法家思想结合，国家至上观念得以彰显，对战国中期以后的制度建设产生了重要影响。集体意识表现在"公"上，与"法"在理论上是互相定义、相互规定和互相体现的，即：立法的动机是以"公"的角度为出发点，"法令行则私道废"；作为社会公认的客观标准——法，能够有效克服由私心、私欲和私利所带来的各种政治弊病和社会问题。因此，法的最终目的就是为了维护"公"的利益。

商鞅变法以前，法治思想尚未构成秦文化的主要特征。商鞅变法以后，法家思想在秦国全面贯彻，不仅体现在具体的法律、条令和规章上，也体现在社会生活中。在法家的眼中，国家政治生活制度化，各项事业在相应的规范下有条不紊地开展，必将带来国家的稳定和繁荣。在长期的法律实践中，秦国最终形成了"一，法律应是行政之基本依据；二，法律应是官员之必习

① 麦孟华：《商君评传》，见石磊、董昕：《商君书译注》，黑龙江人民出版社，2003年，第169页。

技能；三，法律应该经布达而成为民众之常识"① 的局面。通过法律的实践，国家至上观念日益深入于秦国制度之中。

法律是行政的基本依据，因此法律是秦制度建设的重点。《法经》被商鞅改之为律，而被创造性地运用在秦国的各项制度的建设之中。在百余年的时间里，秦国的法律随着社会的发展而不断变化着，除了在内容更新之外，也在体系上得以完善。出土文献为我们深入研究秦国的法律体系提供了更多的材料。

已公布的里耶秦简中出现了秦令与"律令"的字样：

（1）令曰：恒以朔日上所买徒隶数。　J1（8）154 正面

（2）令曰：传送委输，必先悉行城旦舂、隶臣妾、居赀赎责（债）。急事不可留，乃兴繇（徭）。　J1（16）6 正面

（3）令曰：移言。　J1（16）9 正面

（4）其以律令从事，报之。当腾，（腾）。　J1（9）1 背面

（5）以律令从事报之。　　　　J1（9）2 - 6 背面

（6）乡啬夫以律令从事。　　　J1（9）984 背面②

以上所引的六条简文可分为两类：

（1）—（3）条可归为第一类，是相关"令"的内容。第（1）条涉及了奴隶买卖的内容：定期于每月初一上报奴隶的买入数量；第（2）条是征发徭役的注意事项：运输任务，一定先要尽量使用城旦舂、隶臣妾和居赀赎债之类的人员，任务紧急而不能滞留的情况下，才允许征发徭役。第（3）条是户籍的有关规定：（人口迁徙）需移交相关簿籍并上报。

（4）—（6）条可归为一类。有关第 4 条"腾"的解释，李学勤、胡平生、马怡和湖南省文物考古研究所编著的《湘西里耶秦代简牍选释》皆训为腾③，但解释不尽相同，李学勤认为"当腾腾"连读；胡氏和马氏读作"当

---

① 阎步克：《士大夫政治演生史稿》，北京大学出版社，1996 年，第 233 页。

② 湖南省文物考古研究所等：《湖南龙山里耶战国—秦代古城一号井发掘简报》，《文物》2003 年第 1 期。

③ 李学勤：《初读里耶秦简》，《文物》2003 年第 1 期；胡平生：《读里耶秦简札记》，http：//www.bsm.org.cn，2003 年 10 月 23 日；马怡：《里耶秦简选校》，http：//www.bsm.org.cn，2005 年 11 月 24 日；湖南省文物考古研究所：《湘西里耶秦代简牍选释》，《中国历史文物》2003 年第 1 期。

腾（謄），腾（謄）”，应理解为“应当謄写的，謄写下来。”《选释》认为：
“旧以第二‘腾’字属下读，非是。疑‘腾’字为‘謄’，是抄录的意思；第
二个‘腾’字读为本字，是传送的意思。”王焕林认为：“当腾腾”应读为
“当朕，朕”，意思是“该封，封”，在此处当是封存发往阳陵县的债券。① 三
条简文表达的内容相同：即按相关律令条文办事和回复结果。

新公布的岳麓秦简《律令杂抄》在初步清理之后，令名多达二十余种：

内史郡二千石官共令、内史官共令、内史仓曹令、内史户曹令、
内史旁金布令
四谒者令、四司空共令、四司空卒令
安□居室居室共令、□□□又它祠令、辞式令
尉郡卒令、郡卒令、廷卒令、卒令
县官田令、食官共令、给共令、赎令
迁吏令、捕盗贼令、挟兵令、稗官令②

由于岳麓秦简“令”的简文未全部公布③，故无法对以上二十种令名所
涉及的内容一一详考，但其大概的内容可以做如下推论：第一行的“内史”
为郡名，而不是中央机构。④ 该行所列令名是内史郡各个机构的行政法规。
第二行涉及的可能是有关谒者、司空的法规；第三行则无法推知。第四、五
行分别涉及的是郡、县各级机构的行政法规。最后一行则是有关官吏任用、
捕盗、军事方面的法规。

文献记载，秦的法律之中只有“律”，但通过里耶秦简和岳麓秦简，我
们发现秦的法律体系中除了“律”之外，还有“令”，是“律”的补充。秦
“令”和后来历朝法律中的“令”一样，主要是政府各级部门的行政法规。

行政法规的出现，为各级官吏提供了行动准则，对于国家机器的正常运
转提供了保证。秦国法律所包含的律、令以及具有司法解释功能的《法律答

---

① 王焕林：《里耶秦简校诂》，岳麓书社，2007 年，第 131 页。

② 陈松长：《岳麓书院所藏秦简综述》，《文物》2009 年第 3 期。

③ 《岳麓书院藏秦简》（四）整理出了内史户曹令和内史郡二千石官共两种令文，其余
令文尚未公布。

④ 关于“内史”职能的变迁，日本学者工藤元男有详细的论述，可参看工藤元男《睡
虎地秦简所见秦代国家与社会》第一章，上海古籍出版社，2010 年。

问》等内容，涉及政治、经济制度的方方面面，维护了国家的利益和社会的
稳定。"《秦律》的律篇之多，篇中的律条之细，充分说明了《秦律》的指导
思想是企图把社会的各个侧面，以及每个侧面的细部都纳入法律范围，而不
应有不利于社会和危害社会的行为遗脱于法律制裁之外。"① 行政法规的建
立，体现了行政对国家利益的保护。

吏的培养受到秦国的高度重视。《史记·张释之列传》："秦以任刀笔吏
之吏，……陵迟而至于二世，天下土崩。"由于法律是官员之必习技能，因而
学吏之风大盛，并伴随有一整套对学吏弟子的管理、培养及任用等方面的立
法。睡虎地秦简《内史杂》中规定："非史子也，勿敢学学室"。② 学徒经过
一定时期的学习，考核合格，即可以从事佐史一类的工作，政府给以广阔的
出路。"下吏能书者，毋敢从史之事""侯（候）、司寇及群下吏毋敢为官府
佐、史及禁苑宪盗"③。秦国重视官吏的法律学习，在品行上要求各级官吏能
够为公不为私，这样在执行法令时，才能忠于职守，严格遵守法令和法规，
杜绝各行其是的现象，从而达到维护公共利益的目的。这与《语书》所提出
的"良吏"必须"有公心"的要求是一致的。

为此，秦国对吏的任用有着严格的规定，睡虎地秦简《置吏律》规定：
"不得除其故官佐、吏以之新官"④，即行政官员在晋升或者调离时，不许带
旧属官吏上任；《置吏律》还规定"任废官者为吏，赀二甲"⑤，被废黜的官
吏不得再次起用。这两项规定，旨在防止因官吏之间的关系过密而形成党羽，
并做出危害国家利益和中饱私囊的行为来。

秦国又通过"吏"，将法律达布于民并成为民众的常识，国家至上和
"公"的观念得以传播到基层的每个公民之中，由此实现了国家与社会的接
轨以及国家对个人的统治关系。当法治思想逐步深入基层社会的时候，以
"公"为中心的价值和道德观念得到了加强，人们只能在法律的范围之内追
求财富名利，谨守秩序。人们也只有在满足了国家利益的前提下，才能够获
得私利。

① 吴树平：《竹简本〈秦律〉的法律观及其前后的因革》，《秦汉文献研究》，齐鲁书社，
1988 年，第 87 页。
② 睡虎地秦墓竹简整理小组编：《睡虎地秦墓竹简》，文物出版社，1990 年，第 63 页。
③ 睡虎地秦墓竹简整理小组编：《睡虎地秦墓竹简》，第 63 页。
④ 睡虎地秦墓竹简整理小组编：《睡虎地秦墓竹简》，第 56 页。
⑤ 睡虎地秦墓竹简整理小组编：《睡虎地秦墓竹简》，第 79 页。

（二）利出一孔：经济制度中的集体意识观念

集体意识在经济制度中表现为"利出一孔"，体现了秦人的国家至上观念。《商君书·弱民》云："利出一孔，则国多物。""孔"是途径的意思。对于"利出一孔"的理解，多数注家所给予的注解是："给予利禄赏赐只能有一条途径，那就是从事耕战"。秦国在统一之前实行的旨在控制民众谋生手段为目的经济制度，其表现出来的国家至上观念，正是"利出一孔"在经济制度上的集中反映。

1. 国家对农民和农业生产的控制

国家对农民的控制是通过向民众授田的方式实现的。战国中期以后，土地国有制度在秦国得以确立。原来乡邑的土地转归国家政府所有，统由国家制土分民，建立户籍制度，按户计口授田。凡在户籍上正式立户通名者，皆有权接受国家授予的田宅。"四海之内，丈夫女子皆有名于上，生者著，死者削。"① 这样国家就通过严密的户籍制度，把土地与生产者结合起来。农民被牢固地控制在了土地之中，而不得从事其他行业。在生产过程中，政府比较注意维持必备的生产条件和履行经济职能，如规整亩畎、兴修水利工程等。睡虎地秦简亦多次提到百姓"假公器"，可见政府还会借给农民必要的农具以帮助他们进行农业生产。

在普遍授田制实行的同时，政府还直接控制经营面积广大的耕地作为国营农耕地，其经营和管理以及收入分配统一由中央的内史来统摄。云梦睡虎地出土的《仓律》共二十六条，有五条涉及了国营耕地方面的立法，内容涉及耕种、收获、收益的保存管理以及种子的留存等方面。国有耕地由政府组织"隶臣田者"这样的刑徒来统一耕作，并发给口粮。"隶臣田"口粮的标准是："以二月月禀二石半石，到九月尽而止其半石。"② 即2—9月，每月的口粮是2.5石，合每日8.3升；其余时间为每月2石，合每日6.66升。由此推知，刑徒的生存也是由国家控制着。

作为秦国最基层的社会单位——邑乡，其牧场可分为三种，即政府禁苑、国营牧场和供乡邑居民共同使用的山林。其中前两项由国家直接掌握和经营，虽然后一项供乡邑居民使用，用来备樵采渔猎，以补生计之不足，但政府有

① 《商君书·境内》。
② 睡虎地秦墓竹简整理小组编：《睡虎地秦墓竹简》，第32页。

着严格的"四时之禁"和行政控管。所以,在牧业方面,国家同样控制着民众的谋生渠道。

以上事实,充分说明了秦国的国家政府完全控制着土地的所有权,由此也就控制了与土地所有权相应的一切利益。在这样的机制下,国家再把从土地得到的收益,根据爵秩进行社会财富的再分配。作为爵的获得途径——耕战,成为人民生存与发展的保障。

2. 国家对工商业的管理与控制

秦国虽然承认私营工商业,但通过行政、法律等非经济的手段控制了关键性的商品流通领域,并通过一系列的措施旨在改变农工商者的职业比例,以保证耕战政策的顺利实行。

秦国通过盐铁专卖政策、垄断粮食价格和扩大国营经济在工商业中的份额,从而在工商业方面控制了国家的经济命脉,加强了政府对百姓谋生手段的控制。

"盐铁之利,二十倍于古。"[①] 秦国加强了盐铁资源的管理:中央有少府,"掌山海池泽之税,以给共养"[②]。秦简中的"左采铁""右采铁"以及从封泥中发现的"铁市丞""西采金"等均是管理采矿冶铁的铁官。从大量封泥中发现的"西盐""江左盐丞""江右盐丞"(图1-1-1)等职官,当是秦国派驻地方上的盐官。

1.铁市丞印　　2.西采金印　　3.西盐　　4.江左盐丞　　5.江右盐丞

图1-1-1　秦封泥所见盐铁职官

(摘自周晓陆、路东之《秦封泥集》)

秦国对粮食贸易的控制,实行"使商无得籴,农无得粜"[③] 的国家垄断

---

① 《汉书·食货志》。

② 《汉书·百官公卿表》。

③ 《商君书·垦令》。

粮食经营的政策，并提高粮食价格。即"欲农富其国者，境内之食必贵……食贵则田者利，田者利则事者众"①。这样既可以增加农民的收入，又可以加重靠籴粮生活的工商业者的消费负担。

除了铁盐专卖和垄断粮食价格之中，秦国还设立了纺织、采金等官方的手工业机构，以提高国营经济在整个工商业中的份额。封泥的出土，为这方面的研究提供了重要的资料。从封泥中发现的"栎阳左工室丞""咸阳工室丞""左织缦丞""邯郸造工""右织"（见图1-1-2），均属于官方手工业方面的官职。

1.栎阳左工室丞　　2.咸阳工室丞　　3.左织缦丞　　4.邯郸造工　　5.右织

图1-1-2　秦封泥所见手工业职官

（摘自周晓陆、路东之《秦封泥集》）

秦国又通过加重工商业者负担等方式，调节农商的收入和就业方向。具体办法主要有三：一是"重关税之赋"，提高商业税收，分割私营商业的利润。商鞅主张"不农之征必多，市利之租必重"，以使"市利尽归于农"②。二是严令商人及其家属服徭役，其奴仆也要载入户籍，依次应役。即"以商之口数使商，令人厮、舆、徒、童者必当名"，以造成"农逸而商劳"③的声势，抑商劝民。三是对工商业者实行人身歧视政策。如睡虎地秦简《司空律》规定："居赀赎债欲代者，耆弱相当，许之。作务及贾而负债者，不得代。"④甚至对"事末利"者实行收孥之法。

由此可见，秦国的经济制度明显表现出国家利益至上的特征，并通过经济和政治法律相结合的手段，意在千方百计地控制百姓的谋生渠道和垄断社

---

① 《商君书·外内》。

② 《商君书·外内》。

③ 《商君书·垦令》。

④ 睡虎地秦墓竹简整理小组编：《睡虎地秦墓竹简》，第51页。

会财富的分配，从而达到驱使民众一心从事耕战之目的。

二、开放与务实精神

秦人的开放和务实同样是秦国在长期的历史发展过程中对自然和社会环境选择的结果。吸收外来文化和引进外来人才，不仅表现了秦地传统思想观念中的开放胸襟，更是务实精神的表现。

秦在建国之前，就在一定程度上吸收了夏、商、周文化和西戎文化。这一时期秦人对西戎文化的吸收最为突出，以致"戎化"，被视为西戎族的一支。建国之后，又在礼仪制度、文字、农业、手工业、文学和音乐等方面大量吸收了周文化，并在此基础上创造了具有地方特色的秦文化。出于争霸的需要，穆公时期，秦国又大量吸收了西戎文化，对秦国军事实力的提升和霸业产生了重要影响。战国时期，秦除了吸收法家文化外，又吸收了纵横家、兵家和墨家等诸子学说。秦国对多种文化的吸收，造就了秦国开放的文化政策。开放性的文化，使得秦人从来不排斥任何形式的外来文明，总是能够以开拓者的姿态将各诸侯国各阶层民众的智慧化为己用，从而为自身的发展注入了无穷的精神动力。

但开放不等于不加选择的吸收，实用主义则是选择文化的立足点。如：秦国自建国之日起，就不得不与戎狄进行殊死搏斗以争夺生存的土地，严酷的战争环境要求国君必须勇猛，而且善于决断。领袖年纪过小，能力过差，都会导致战争的失败。因此，秦人在大规模吸收周文化的同时，并没有实行严格的嫡长子继承制度，而嫡长子继承制度是周文化的核心。由此可见，秦人在吸收周人文化的标准是实用标准。

（一）不却众庶：仕进制度的开放与务实

秦国历来注重引进人才，这促使各国有志之士争相西来，以求在秦国实现自身的价值。秦穆公时期是秦国人才引进的第一个高峰期，穆公在位时期，得到了东方人百里奚、蹇叔、由余、丕豹、公孙支等贤臣的辅佐，并在戎人由余的帮助下取得了"称霸西戎"，并国二十的辉煌战果，促成了秦穆公的"霸业"。

尽管穆公时期的秦国在外来人才的引进上不遗余力，但穆公的个人因素在人才引进中起到了决定性的作用。秦国对外来人才的引进标准并没有在制度上加以规范化，所以这一时期的用人政策还属于临时性的措施。这种临时性的措施，在穆公逝世之后，受到了极大的干扰。贵族势力曾一度抬头，左右着秦国的政局和君主的废立。直到惠文王之后，"以客出仕"的入仕途径才在秦国得到规范，客卿制度的建立，并与军功爵和封君制度挂钩，标志着秦任用外来人才的政策纳入了制度化的范畴，选拔的标准实现了透明化，大大方便了人才的选拔。

李斯在《谏逐客书》中是这样评论秦国的用人政策的：

> 是以太山不让土壤，故能成其大；河海不择细流，故能就其深；王者不却众庶，故能明其德。①

"不却众庶"准确地表现了秦国仕进制度的开放与务实性，仕进制度的开放和务实性又具体表现在"以客出仕"和封君制度之中：

1. 从"以客出仕"看秦国仕进制度的开放性

苏轼总结宋以前的历代仕进之不同时，指出：

> 三代以上出于学，战国至秦出于客，汉以后出于郡县吏，魏晋以来出于九品中正，隋唐至今出于科举。②

这里所说的"出于客"，即是以客出仕的意思，在这方面，秦国最具代表性。

"客"者，宾客之意也。对于任何一个诸侯国来说，凡是外来者，均可以看作是广义上的"客"。处于争霸的需要，春秋战国时期的各诸侯国引进了外来人才以服务于本国，出现了"以客出仕"的高潮。

通过战国文献的考察，秦"以客出仕"存在着两种基本的形式，一是由客直接拜为主持国政的大臣。商君即是通过这种方式，拜为左庶长，并主持变法事宜的。

第二种形式是由客先拜为客卿，然后升迁成为卿。周制规定，凡天子、

---

① 《史记·李斯列传》。
② ［宋］苏轼：《论养士》，见《苏文忠公全集》卷五。

诸侯所属的高级长官均称为卿。《礼记·王制》："大国三卿，皆命于天子；次国三卿，二卿命于天子，一卿命于其君；小国二卿，皆命于其君。"又，"诸侯之上大夫卿"。注："上大夫曰卿"。有些特殊的官职，虽不在卿之数，却居卿之位，即所谓的"客卿"。如《左传·桓公十七年》："天子有日官，诸侯有日御。日官居卿以底日，礼也。"杜预《集解》云："日官，天子掌历者，不在六卿之数，而位从卿，故言居卿也。"春秋时期，这种现象很普遍，叫作"散位从卿者"①。秦及其他诸侯国的客卿，均是采取的这种处置办法。《通鉴》胡三省注：

　　　　秦有客卿之官，以待诸侯来者，其位为卿，而以客礼待之也。

　　由客拜为客卿较为容易，每每与国君一席话谈得投机便可以获得。然由客卿拜为卿或相，则需要经过严峻的战争考验。如张仪、范雎等人拜为客卿之后，历时数载，在立下军功之后才得以列为卿或相。这种做法，基本吻合了《商君书·境内》有关客卿拜为卿的规定。秦国在惠文王以后的客卿，可考者有九人，其中有五人拜为卿或相，即张仪、胡伤、范雎、蔡泽和李斯。

　　惠文王十年（公元前328）至秦始皇统治期间，是"以客入仕"的高潮期。据黄留珠统计，这一时期共有22人担任过秦相。②籍贯明确属于秦国的仅1人（樗里疾），其中15人明确不是秦国人，另有6人的籍贯不明，然从各种迹象判断，不是秦人的可能性最大。22人之中有18人都具有客的身份，他们分别来自于东方六国的各个阶层。

　　除了秦相之外，有"客"担任秦国官职的，当不在少数。有许多秦国的官吏做过吕不韦的门客。如吕不韦的门客甘罗因出使赵国，说服赵国献河间、上谷十六城与秦国，而被拜为上卿。

　　大量外来人才出仕于秦国，是秦文化之开放性在官僚制度中的突出表现。

2. 从秦国封君的身份和受封途径看仕进制度的务实性

　　战国时期的秦国封君，杨宽的统计为22位。③他们受封时的身份为：

---

①　《左传·文公十二年》杜预集解。
②　黄留珠：《秦汉仕进制度》，西北大学出版社，1985年，第40～43页。
③　杨宽：《战国史》附表二"战国封君表"。

　　宗室受封者：如秦惠王异母弟樗里疾，"秦封樗里子，号为严君"①。其曾历秦惠王、武王、昭襄王三朝，武王时任丞相，屡建战功。另有前313年"公子繇通封蜀"，秦昭襄王时"封公子市宛，公子悝邓"②。秦王政初年，王弟成蟜封长安君。

　　外戚受封者：如秦昭襄王舅父魏冉，其曾四为秦相，"乃封魏冉于穰，复益封陶，号曰穰侯。"③魏冉之弟分别封为华阳君和泾阳君。

　　异姓大臣受封者有两类：一是秦国人，如武安君白起；二是非秦人，如孝公时期的商鞅，"秦封之於、商十五邑，号为商君"④。昭襄王时期的范雎，"秦封范雎以应，号为应侯"⑤。秦庄襄王时期的吕不韦，"以吕不韦为丞相，封为文信侯，食河南洛阳十万户"⑥。嫪毐"封为长信侯。予之山阳地，令毐居之。……又以河西太原郡更为毐国"⑦。

　　出于各种原因，秦国的封君有多种受封的途径。途径虽多，却以军功为主。即使如樗里疾、魏冉等人，虽以王亲外戚受封掌国政，但都率军出征，军功显著。商鞅、范雎、吕不韦诸人，无不以军功和事功而得以受封爵。作为执政者执政能力的一个重要考评指标，秦国所执行的军功爵制度有利于执政者选拔标准的整齐划一，体现出秦国仕进制度的务实性特征。

　　总体来看，秦之封君不多，而宗室受封者更少，多数为异姓大臣和他国之人因功而受封，印证了"以客出仕"在秦国的盛行和异姓大臣在秦国政坛上的重要地位。而与此对应的是，异姓大臣在关东诸国掌握军国大事的，较之秦国，可谓寥寥。关东诸国多以宗室掌握军国大政，然而良莠不齐，有以才能军功执国政者，如魏之信陵君无忌；也多有败事的宗室执政，如赵之平原君赵胜。这种仕进制度严重影响了东方六国执政者的水平和综合国力。

　　综上所论，秦国的仕进制度的特征是：以客出仕和军功出仕相结合，各取所长，互为补充，这成为战国时期最具开放性和务实性的仕进制度。这样的仕进制度，使得入仕对象的流动性大，同时又加强了严格的军功考核。这

---

① 《史记·樗里子甘茂列传》。
② 以上两条见《史记·六国年表》和《史记·秦本纪》。
③ 《史记·穰侯列传》。
④ 《史记·商君列传》。
⑤ 《史记·范雎蔡泽列传》。
⑥ 《史记·吕不韦列传》。
⑦ 《史记·秦始皇本纪》。

样既便于荟萃大量的各种人才，又可以杜绝假冒，选拔出真正的经国匡世人才。

（二）微密纤察：务实精神对制度的影响

睡虎地秦简《为吏之道》要求为吏者："审悉无私，微密纤察。"意思是说：做官者在审察的过程要公道不偏，小事要细致观察。做官者的"微密纤察"表现在其对日常行政事务的细致程度上，反映了秦人务实精神对制度的影响。

秦始皇兵马俑出土的 4 万多枚镞，其底边宽度的平均误差只有正负 0.83 毫米，其金属配比也基本相同。坑内出土的青铜剑，剑身的 8 个棱面游标卡尺测量误差不足一根头发丝，已出土的 19 把完整的青铜剑，剑剑如此。[1] 如此细小的误差和精湛的制造技术，不仅是秦人对技术不懈追求的结果，更是标准化生产和进行严格检验程序的结果。而标准化的生产和严格的检验程序，保证了秦军在每一次的战斗中，相同的兵器和相等的兵力，其所发挥的战力是相同的。

从秦国大规模修建水利工程等设施来看，中央到地方的各级政府，充斥着大量诸如土地测量、土地规划和土功作业等方面的行政事务。准确的数字，是进行预算、工期以及征发徭役的依据。因此，相关的官员必须掌握科学的测量和计算方法。从土地面积与工程土方量的计算、谷物体积的测量等反映生产和生活实际的算题来判断[2]，岳麓秦简《数》极有可能就是从事工程和土地规划等技术性行政事务官吏们的学习教材。如工程土方量，有正四棱台体积（简 0830）、正四棱锥体积（简 0997）和圆台体积（简 0768、0808）的计算公式和例题（如四棱台，简 0777、0959；圆台，简 0766）。

秦国行政事务的细密程度，岳麓秦简《为吏治官黔首》多有反映。如简 0924："城门不密"和简 1588："难开不利"。"密"，整理者读为"闭"，关闭之义。刘云训为密实。[3] 笔者从刘说。"城门不密"，是说城门不严密、不

---

① 始皇陵秦俑坑考古发掘队：《秦始皇陵东侧第二号兵马俑坑钻探试掘简报》，《文物》1978 年第 5 期。

② 朱汉民、肖灿：《从岳麓书院藏秦简〈数〉看周秦之际的几何学成就》，《中国史研究》2009 年第 3 期。

③ 刘云：《读岳麓秦简〈为吏治官及黔首〉札记二则》，http：//www.bsm.org.cn，2011 年 4 月 6 日。

结实。"难开不利"是说城门开阖费劲。两种情况均是官吏失职的表现，这是城门的管理。而其他诸如"桥梁弗为"（简 1590）和"臧（藏）盍（盖）必法"（简 1586）等，则是有关桥梁修缮以及物质保管等方面的行政事务。①

秦国日常行政事务的细密，主要表现在对粮食、武器和马匹等军事战略物质的管理上，体现农战政策对制度的必然要求。关于此点，笔者在第三小节中有详尽的论述。

秦人在行政事务中的"微密纤察"，保证了水利工程等设施的质量，储备了充足的军事战略物质，从而在统一战争中发挥了巨大的作用。

三、功利主义

严酷的生存条件和不断地战争，刺激了秦人对自身以外的现实世界的探求和物质的索取。在中下层秦人的思想中，他们所关心的只是生产、作战等与生活密切相关的利害问题，仁义、礼乐均不在考虑的范围之内。尚武精神和重视农牧业生产正是秦人在长期的战争和生产中，探索现实世界的结果，反映了秦人重功效的价值观念。尚武精神和农业生产一经与赏罚措施相结合，"农战"政策得以确立，功利主义得以彰显：通过农战政策，秦国的基层社会组织实现了兵农合一，尚武精神转化集体取向上的尚功思想。

（一）虎狼之师：军事制度中的功利主义

"虎狼"一词是战国晚期东方六国对秦国的称呼，反映了东方六国与秦国军事和文化的冲突与对抗。"虎狼"一词不仅是秦国军队勇猛的代名词，更是秦人尚武精神的反映。长期与西戎的战争，造就了秦人尚武的精神品格。为争夺生存环境，秦人上马即战，下马为农，全民皆兵，尤其国君——秦仲为收复祖地西垂，战死疆场的悲壮事迹，更是书写了秦人视死如归的精神面貌。

秦人有尚武的传统，但并不代表秦军就是一支"虎狼"之师。商鞅变法前的关中社会"私斗成风"，是不可能将尚武精神集中用于对外战争之上的，这也是秦人在秦魏西河拉锯战初期败绩的原因之一。战国中期以后，秦国通

① 以上各简的释文均出自朱汉民、陈松长《岳麓书院藏秦简》（一），上海辞书出版社，2011 年。

过军事制度的改革，激发了秦人的尚武精神，把尚武精神转化为尚功思想，从而造就了一支"虎狼"之师。秦人由尚武精神转化为尚功思想的媒介，是军功爵制度。

《韩非子·初见秦》：

> 闻战，顿足徒裼，犯白刃，蹈炉炭，断死于前者，皆是也。
> ……是故秦军战未尝不克，攻未尝不取，所当未尝不破。

这是战国中期以后秦人对外战争中尚武精神的集中反映。秦人在战争的勇猛，源于对军功爵的追求。

《战国策·赵策三》载：

> 彼秦者，弃礼义而上首功之国也，权使其士，虏使其民。

此事又载于《史记·鲁仲连列传》，《史记集解》引谯周云："秦用卫鞅计，制爵二十等，以战获首级者计而受爵。是以秦人每战胜，老弱妇人皆死，计功赏至万数。天下谓之'上首功之国'，皆以恶之也。"《史记索隐》云："秦法，斩首多为上功。谓斩一人首赐爵一级，故谓秦为'首功之国'也。"

相应的爵级对应相应的赏赐和利益：一至四等爵，每晋一级，"益田一顷，益宅九亩，除庶子一人"；五至九等爵，每晋一级，此"税邑百家"，"赐虏六，加（钱）五千六百"。十至十八级，每晋一级，除"赐邑三百家"外，还"赐税三百家"。此外，爵位可以用来赎本人或其亲属的官奴身份，有爵者可以在刑事审判及刑罚的执行过程中享有特权。利益和特权激发了秦人对外战争的积极性，秦人由"私斗"转向了"公战"。

成书于战国晚期的《吴子》一书曾对七国国情和军队特点进行了对比，指出齐国"性刚，其国富，君臣骄奢，而简于细民，其政宽而禄不均，一阵两心，前重后轻，故重而不坚"；楚国"性弱，其地广，其政骚，其民疲，故整而不久"；燕国"性悫，其民慎，好勇义；寡诈谋，故守而不走"；三晋"其性和，其政平，其民疲于战，习于兵，轻其将，薄其禄，士无死志，故治而不用。"秦国"性强，其地险，其政治严，其赏罚信，其人不让，皆有斗心，故散而自战"①。秦人的"政治严，赏罚信，皆有斗心，散而自战"与其他诸国的"一阵两心""其民疲，整而不久""守而不走"和"疲与战，治而不用"形成鲜明的对照，不仅表现了秦人凶悍好战尚勇斗狠的性格，更表明了秦人尚武精神价值取向的集体性。而这种集体性的取向，在春秋时期就已经形成。

《诗经·秦风·无衣》即是尚武精神的集体性反映：

> 岂曰无衣？与子同袍。王于兴师，修我戈矛。与子同仇！
> 岂曰无衣？与子同泽。王于兴师，修我矛戟。与子偕作！
> 岂曰无衣？与子同裳。王于兴师，修我甲兵，与子偕行！

这种尚武精神的集体性取向，在战国中期以后得到了强化，当与秦国推行的计"功"和赏赐方法有关。《商君书·境内》根据伍、百人和攻坚战的伤亡与斩获，对"功"具体的计算和赏赐方法做出了详细的规定：

> 其战也，五人来簿为伍，一人羽而轻其四人，能人得一首则复。
> 其战，百将、屯长不得，斩首；得三十三首以上，盈论，百将、屯长赐爵一级。
> 能攻城围邑斩首八千已上，则盈论；野战斩首二千，则盈论。

在战斗中，五人为伍，自己伍内的伤亡与斩获敌人相当，不赏不罚；斩获敌人而自己伍内无伤亡有赏，反之受罚。百人作战，斩获敌首三十三个以上，百将、屯长赐爵一级；攻坚战中，斩敌首八千以上或者野战斩首二千以上，就达到了朝廷规定的标准，全军都能获得奖赏。由此可知，秦人对功的

---

① 见《吴子·料敌》。关于《吴子》的真伪和成书年代的问题，古今学者进行了长期的争论，争论见徐勇《〈吴子〉的成书、著录及其军事思想》，《军事历史研究》2001 年第 3 期。徐勇、张世超两人对《吴子》版本的流传以及内容进行了深入的研究，并与出土于银雀山的汉简《六韬》和《尉缭子》等简文作了对比研究，得出的成果有：(1) 今本《吴子》虽非吴起兵法的真本，其基本思想还是吴起的，见徐勇《〈吴子〉的成书、著录及其军事思想》一文；(2)《吴子》成书于战国末年，作者并非吴起后学，大约只是当时一个熟悉武学之人，见张世超《〈吴子〉研究》，《古籍整理研究学刊》2002 年第 6 期。通过两人的研究，笔者基本认同《吴子》的成书年代为战国末期，引文真实反映了七国的国情和军队之特点。

追求不仅表现在个人上，更表现在集体性的取向上，因为个人的奖赏是建立在集体获得奖赏的基础之上的。

当秦人的尚武精神被转化为集体的尚功思想之后，秦军迅速成为一支所向无敌的劲旅，成为秦获得对外战争胜利的保障。栗劲根据《史记·秦本纪》的记载，统计出战国时期秦与六国共作战 65 次，其中魏国 16 次，楚国 14 次，赵国 13 次，韩国 12 次，齐国 4 次，燕国 2 次，同六国或五国联军作战 4 次，获得全胜的达 58 次，未获全胜或互有胜负的仅 5 次，败北的仅 4 次①。

（二）农战政策：功利主义对战国中期以后制度的影响

战国中期以后，"农战政策"成为国家的基本政策：一切立足于"战"，"农"亦是为"战"服务的。为了"壹民于战"②，商鞅加强了思想文化上的控制，使农民心无旁骛、专心本业，"声服（技）无通于百县"③，禁止音乐、杂技等到各县去演出。此外，"国中大臣诸大夫，博闻、辩慧、游居之事皆无得为，无得居游于百县，则农民无所闻变见方。"④ 通过文化上的控制，并以奖赏功名利禄相诱惑，秦人的价值观始终围绕着"农战"和"奖惩"两个重心。奖赏多表现在战争中，而在平时多表现为惩罚。杀敌立功，成为秦人追名逐利的基本手段。向往、歌颂战争充斥于人们的全部生活，"起居饮食所歌谣者，战也。"⑤

"农战"政策一经与法律相结合，便将奖惩制度深入到每个秦人的价值观，推动了秦地的功利主义的蔓延，由此民众与战争实现了链接，"战"的因素突显了出来。

1. 兵农合一的社会基层组织

商鞅在授田制度的基础上，一方面把普通平民百姓都以什伍为单位编制起来，另一方面把百姓以军事组织的方式进行编制。平时作为组织生产的单位，战时随时可以征发什伍以组成军队。"令民为什伍，而相牧司连坐。"⑥

---

① 栗劲：《秦律通论》，山东人民出版社，1985 年，第 46~47 页。
② 《商君书·画策》。
③ 《商君书·垦令》。
④ 《商君书·垦令》。
⑤ 《商君书·赏刑》。
⑥ 《史记·商君列传》。

这实际上是一种全民皆兵的兵役制度，每个秦国人都在国家的管理户籍上，统一接受国家的生产安排、军事训练和作战行动，使得秦国可以最大限度地调动秦国的人力作为军事力量。

兵农合一的兵役制度确保了秦国有足够的综合国力进行对外战争。根据《史记》等史料的统计，战国中期至秦统一之前的秦军足有上百万，而秦国却只有 500 万左右的人口。如维持百万常备军，再除去各级行政官吏等不从事生产的人员，从事劳动生产的秦人无论如何是无法生产出足够的粮食和其他物资的。所以，只有平时为民从事劳动生产，战时则集结成为军队的做法，才可能在维持国力的情况下拥有一支征战的大军。

然而平时秦国人都在进行农业生产，军事训练时间有限。只要在有限的时间中让兵员得到足够的训练，在战时能够集结起一支虎贲之师，才能有立功受赏的可能性。透过兵家和法律等出土文献，战国时期各个国家在一般情况下是征发召集一部分官兵集中起来进行格斗、射箭等各种训练。秦人主要利用诸如狩猎等各种日常活动来进行训练和考核，在狩猎中表现不佳者要受到处罚，如"公车司马律"规定："射虎车二乘为曹。虎未越泛薛，从之，虎还，赀一甲。虎佚，不得，车赀一甲。虎欲犯，徒出射之，弗得，赀一甲。豹遂，不得，赀一盾。公车司马律。"[1] 射虎车以两辆为一组。虎没有弃掉肉饵走开，就加以追逐，使虎逃回，罚一甲。虎逃走，没有猎获，每车罚一甲。虎要进犯，出车徒步射虎，没有猎获，罚一甲。豹逃走，没有猎获，罚一盾。

2. 战争物质的储备

尚武精神只有结合充足的战略物资，才能发挥出尚武精神的功能。作为最重要的战争物质——粮食、马匹和武器，只有在平时做好储备，才能在战争中得到源源不断的保障。因此，秦国有关粮食、马匹和武器的生产和管理上的措施上极为严厉。

牧业可以为战争提供马匹和其他的运输工具，秦国高度重视牧业。在秦的政府组织系统之中，有一套从中央贯穿到地方的牧业组织系统。睡虎地秦简《徭律》所记载的"公马牛苑"和《田律》记载的"皂"，均是牧业用地。管理牧业的官员县有苑啬夫、皂啬夫。其下有苑计，职责是主管苑中经济、马牛的登记造册。苑啬夫之上有县司马，专理牧业。以上为地方牧业组织系统。秦国在中央及王室有也设立了牧业机构，其中对马的管理最为严格，

---

① 睡虎地秦墓竹简整理小组编：《睡虎地秦墓竹简》，第 85 页。

制度也最为细密。在西安相家巷出土的封泥中，涉及中央和王室的马厩名称有："宫厩""泰（大）厩""章厩""下厩""中厩""小厩""左厩"和"右厩"（图1-2-1）等。

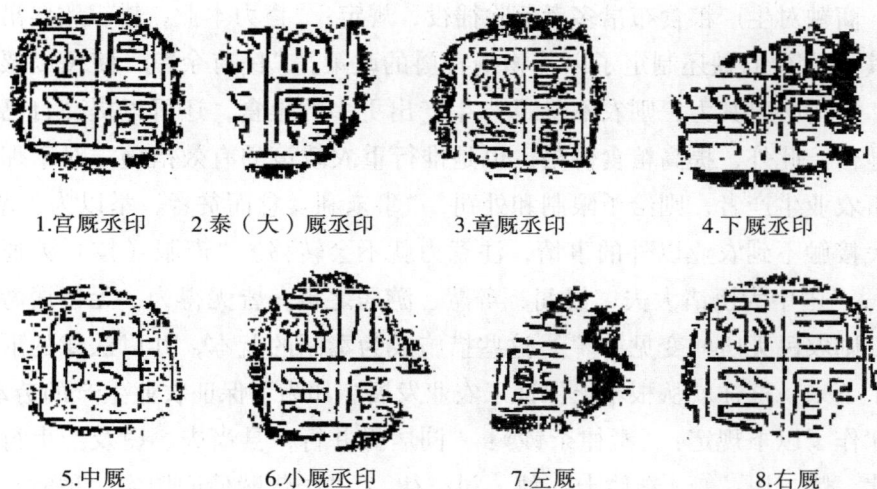

1.宫厩丞印　　2.泰（大）厩丞印　　3.章厩丞印　　4.下厩丞印

5.中厩　　6.小厩丞印　　7.左厩　　8.右厩

图1-1-3　　秦封泥所见马厩名称

（摘自周晓陆、路东之《秦封泥集》）

将官作战、骑兵和战车的牵引都需要马匹。鉴于马匹在战争中的重要性，秦人对于军用马匹提出了严格的要求：军马必须具有五尺八寸的体型，还要有严格的调驯以服从骑手的驾驭。达不到要求的，不仅主管养马的官员要受到处罚，当地的官员也要受到连带处罚，甚至是免职处分。"蓦马五尺八寸以上，不胜任，奔挚（絷）不如令，县司马赀二甲，令、丞各一甲。先赋蓦马，马备，乃粦从军者，到军课之，马殿，令、丞二甲；司马赀二甲，法（废）。"[1]

在武器制造方面，由管理宫廷事务的少府所下辖的"尚方令"统一主管兵器制造之外，各县还设有"库啬夫"一职，分管武器制造和供应。武器平时统一保管在武器库里，战时统一配发给征发起来的士兵使用，战斗结束后统一回收并继续保管和维护。平时的武器保管维护最为关键：秦律规定，凡发放给士兵的武器中出现了质量问题（即保管不善等），主管兵库工作的丞、

---

[1]　睡虎地秦墓竹简整理小组编：《睡虎地秦墓竹简》，第81页。

库啬夫、吏等官员要受到经济处罚，并且免去职务。"禀卒兵，不完善（缮），丞、库啬夫、吏赀二甲，法（废）。"[1]

秦国高度重视粮食的生产和管理措施。《商君书·垦草令》曾提出的二十种措施，以最大限度的来督促人民积极耕种土地。为了鼓励农业生产的发展，商鞅对生产粮食布帛多者免除徭役，规定："僇力本业，耕织致粟帛多者复其身。"[2] 商鞅还制定了以谷物捐官爵的政策，"民有余粮，使民以粟出官爵。官爵必以其力，则农不怠。"[3] 生产出更多的粮食，还可以提高自己的政治地位。此外，提高粮食价格，也是推行重农政策的有效措施。对于那些不从事农业生产者，则给予限制和处罚，"事末利及怠而贫者，举以为收孥。"[4] 农民接触不到农业以外的事情，注意力就不会转移。"声服（技）无通于百县"，"国中大臣诸大夫，博闻、辩慧、游居之事，皆无得为，无得居游于百县，则农民无所闻变见方。"[5] 这些措施成为秦制的蓝本，并以法律的形式固定了下来，这样就从根本上保证了农业发展。如为了保证农业生产的劳动力，秦律作了以下规定：《秦律杂钞》："同居毋并行，县啬夫、尉及士吏行戍不以律，赀二甲。"[6]《秦律十八种·司空律》："居赀赎债归田农，种时、治苗时各二旬。"[7] 完善的仓储制度的建立，也是秦国重农的表现。

粮食也有专门的管理制度。国家在全国各地都设有粮仓库，由"仓啬夫"一职来负责粮食的征收、保管和储存。最后再由国家来统一调配全国的粮食来供给部队，军队里每个现役军人的粮食都由国家定时定量供给，包括供给方式都有相应的规定："月食者已致禀而公使有传食，及告归尽月不来者，止其后朔食，而以其来日致其食；有秩吏不止。"[8] 不允许军人私自进行粮食买卖，"军人买（卖）禀禀所及过县，赀戍二岁；同车食、敦（屯）长、仆射弗告，戍一岁；县司空、司空佐史、士吏将者弗得，赀一甲；邦司空一盾。"[9] 否则，士兵和各级军官均有相应的处罚。

---

① 睡虎地秦墓竹简整理小组编：《睡虎地秦墓竹简》，第82页。
② 《史记·商君列传》。
③ 《商君书·靳令》。
④ 《史记·商君列传》。
⑤ 《商君书·垦令》。
⑥ 睡虎地秦墓竹简整理小组编：《睡虎地秦墓竹简》，第89页。
⑦ 睡虎地秦墓竹简整理小组编：《睡虎地秦墓竹简》，第53页。
⑧ 睡虎地秦墓竹简整理小组编：《睡虎地秦墓竹简》，第31页。
⑨ 睡虎地秦墓竹简整理小组编：《睡虎地秦墓竹简》，第82页。

第二节　制度、观念与统一的关系：
秦国制度的再认识

通过上文的论述，我们对秦能够统一六国的制度原因有了进一步地认识。秦国的制度不仅先进，而且在秦地社会中得到了切实的执行，保证了秦国能够最大限度地发挥人力物力进行统一战争。秦国制度所表现出来的这一特征，是秦地传统思想观念影响制度的结果。

制度呈现出的"数字化"特征，是秦国制度先进性的表现之一。

文献资料和考古资料表明，秦人对数字表示出超乎寻常的兴趣。秦人之所以对数字的关注，根源于秦人求数量、贪多尚大为特征的功利主义价值观。

秦人对数量的渴求，突出反映在领土的渴望和重视程度上，这也是东方六国所无法比拟的。残酷的生存空间迫使秦国需要扩展更多的领土，因为领土的扩展意味着更多的生存资源，可以为国家的发展提供坚实的自然基础。周王朝只给了秦国名义上的土地，而真正的领土则需要秦人通过不断地战斗去获得。相对来说，东方六国的土地最初来自于周朝的分封，疆域较为固定。在争霸战争中，除了土地外，各国还为争夺名分和道义而战。有时为了名分和道义，在领土问题上确则表示出过分的大度和宽容。而秦人对土地的渴求则表现出赤裸裸地扩张。

秦人"大"而"多"的价值观在秦人的遗迹和遗物中表露无遗：春秋时期的秦公多奢，如陕西凤翔南指挥村 1 号秦公大墓，总面积在 5334 平方米，超过同时期的诸侯国墓葬，超过殷墟帝王陵几倍；秦穆公亦不能脱俗，死后殉葬竟达 177 人。到了战国以后，陵墓规模呈继续扩大的趋势。此外在秦始皇陵内城 2 号建筑基址出土的夔纹大瓦当，半圆形，高 48 厘米，径 61 厘米。

在这样的价值观的影响下，在秦国的制度中，数字的因素增多。奖赏军功是用数字衡量的，明确地提出：依据敌军的"甲首"多少，奖以相应的土地、爵位。"商君之法曰：'斩一首者爵一级，欲为官者为五十石之官，斩二首者爵二级，欲为官者为百石之官。'"① 从公士到彻侯，每一级均是以量作为标准的。奖赏如此，刑罚亦如此，某些罪行的定罪和量刑的标准也是以数字为基础的。没有数字的法律条文，如再进行深层次的挖掘，也能发现其在实施的过程中，也是以数字为参考标准的。

数字是人类最容易学习、接受、掌握的知识，能客观、公正地反映出事物的本质和规律，所以成为考课官吏和百姓赏罚的标准之一。通过对数字的规定，秦国的各项制度可以用一个个的数据所表现出来，这样上至国君，下至官吏百姓，都容易接受和掌握，更便于各项制度的执行。

秦国制度的先进性，还表现在官僚制度对中央集权政治的建立以及行政走向合理化的作用上，也是秦人务实的价值观的体现。纳入秦国官僚制度范围之内的封君制度和仕进制度是这一问题的很好说明。

秦之封君多是立有赫赫战功的朝中执政者，故封君多不在封邑之中，在封邑亦无治民之权，仅是收其租税而已。所封爵位大多及身而罢，不能世袭。封邑在行政上仍旧归秦国家所有，相当于秦国的地方郡县。由于封地不能世袭，封君自然就失去了与中央对抗的基础。从封君制度上看，秦国的封君不仅没有对中央权力构成威胁，反而成为中央集权政治的有益补充。

秦国仕进制度的演变，是秦国行政日益走向合理化的反映。单纯以军功授官爵的仕进制度，其局限性很明显，韩非曾对此提出过批评：

> 商君之法……，官爵之迁与斩首之功相称也。今有法曰：斩首者令为医匠，则屋不成而病不已。夫匠者，手巧也；而医者，齐药也。而以斩首之功为之，则不当其能。今治官者，智能也；今斩首者，勇力之所加也。以勇力之所加，而治智能之官，是以斩首之功为医匠也。②

韩非子指出了这样一个事实：为官治政需要一定的知识水平和管理才干，这自然远非一介勇夫所能胜任。

黄留珠指出，秦自惠文王十年的张仪拜相之后，入仕的主要途径发生了明显的变化，"以客出仕"迅速成为显途、要途。大量的"客"成为秦国中

---

① 《韩非子·定法》。
② 《韩非子·定法》。

央政府的高级要员。可见这一现象，自然与秦国政治军事斗争的需要有关，也是秦国不断总结仕进的经验教训，不断调整仕途的必然结果。进入高级管理层的"客"，绝大部分具有独立的政治学说和主张，给秦国的政治注入了新的活力，推动着秦国的行政走向合理化。

商鞅变法之所以能够在秦国获得成功，主要是因为商鞅充分利用了秦自建国以来形成的传统思想，实现了新旧社会的有效接轨，从而把整个国家和社会纳入到了"法"和"战时体制"之下，使得社会力量和秦人的思想控制在国家之中，国家与社会实现了高度的一元化。秦人传统思想观念中的集体意识发展成为国家意识，全面影响了军事、法律、经济和官僚制度，造成了以下结果：政府在国家和社会生活中具有主导地位，个人与国家的利益相一致。由于制度高度体现了秦国的国家利益，使得制度在执行时有着广泛的社会基础。也正因为如此，战国中期以后的关中呈现出一片欣欣向荣的景象：

> 入境，观其风俗，其百姓朴，其声乐不流污，其服不挑，甚畏有司而顺，古之民也。及都邑官府，其百吏肃然莫不恭俭、敦敬、忠信而不楛，古之吏也。入其国，观其士大夫，出于其门，入于公门，出于公门，归于其家，无有私事也，不比周，不朋党，偶然莫不明通而公也，古之士大夫也。[①]

本章小结

秦统一六国，制度起到了关键性的作用。本章的重点旨在分析战国中期以后制度变革与传统思想观念之间的关系，以期加深对秦统一的制度原因的再认识。

通过对秦国农业和工商业状况的分析，秦国在统一之前实行的是旨在控制民众谋生手段，驱使民众一心耕战为目的的经济制度，是秦人国家至上价值观的反映，深化了秦人的集体意识观念。仕进制度反映了秦人开放和务实

---

① 《荀子·强国》。

的价值观，军事制度则反映了秦人集体取向的功利价值观。正是这些价值观，对战国中期以后秦国的制度变革产生了重大影响，促进了秦统一六国的完成。

集体意识、务实开放以及功利主义的价值观是残酷的生存环境和军事斗争中的产物，是秦地最核心的传统思想观念，成为秦人最宝贵的思想财富。战国中期以后，这些观念与外来的法家思想相结合，促成了秦国制度的变革。法家思想和集体意识的结合，使以"公"为中心的价值观念在制度中得到了加强，国家至上的观念渗透至秦人的价值观念之中。人们只能在法律的范围之内追求财富名利，谨守秩序。也只有在满足了国家利益的前提下，才能够获得私利。由此国家和社会实现了一体化，加之兵农合一社会基层组织的建立，为耕战政策的顺利进行提供了保证，战时体制得以形成。赏罚措施确立，尚武精神转化为功利主义，造就了秦军"虎狼之师"的威名，成为秦军在统一战争中屡战屡胜的法宝。

受秦人开放性和务实价值观的影响，秦国在仕进制度中采取了以客出仕和军功出仕相结合的办法，在加快了入仕者的流动性的同时，又加强了严格的军功考核，故而大批具有实际能力的人才脱颖而出，为秦国的统一事业做出了重要贡献。

秦人对数字所产生的兴趣，亦是秦人的务实精神和功利主义的体现，对战国中期以后的制度变革产生了重大影响。制度呈现出"数字化"的特征，把制度分解成一个个易于接受和掌握的数字，大大方便了制度的实施，是秦国制度先进性的表现之一。

第二章　战国时期列国文化
差异与统一的关系

战国七雄除韩、燕两国之外，均强盛一时，透露出统一天下的端倪。由于五国实力经历了此消彼长的过程，因此谁最终能统一天下，始终充满着变数，这一情况一直持续到东方四国相继衰落，秦国独雄时才被打破。文化本无优劣之分，但其在各国实力消长过程中扮演的角色却是值得深究的。

第一节　战国形势：七雄实力的消长

通过文献的梳理，战国时代大致经历了魏国独强——齐楚秦并立——齐秦并立——秦赵争雄，最后由秦统一六国的争霸格局。

一、魏国独强：文侯祖孙三代的霸业

战国早期，变法首先在魏国进行，魏文侯任用李悝进行变法，对内实行富国强兵的政策，其措施有：在经济上推行尽地力之教的精耕细作原则，综合利用魏国的田地和山川，以提高魏国耕地的单位产量和土地的使用效率，在军事上加强武卒的建设。经过变法，魏国的综合实力一跃成为战国七雄之首。

以强大的经济和军事实力为前提，魏国把打击目标首先瞄准了西边的秦

国。在反复的拉锯战中，魏国数次击败秦军，控制了秦国东进的咽喉——西河之地，将秦国压制在洛水以西长达八十年，使秦国不得与中原交通，而魏国独擅关东之利，利用地理上的垄断地位控制秦国同中原的交流，从中攫取暴利。

魏军在解决西河战事后，又在军事家乐羊的指挥下，经过两年多的苦战，于魏文侯四十年（公元前406），占领了中山国，解除了中山对赵国的威胁，对于魏赵两国的联合起到了促进作用。魏文侯多次与三晋国家联合，通过对外战争中获得了大片土地，如魏文侯四十二年（公元前404），魏与赵韩联合，一度攻入齐国的长城，迫使田和割地求和。此战，大大扩展魏国的疆界，使得新得到的齐国土地与此前占领的河内地区相连。三晋联军多次与楚国发生激战，取得多次胜利。一时间，魏国锐不可当，大有吞并其他国家之趋势。

凭借着文侯变法所积累起来的雄厚实力，武侯把魏国的霸业推向了顶峰。在南线，继续联合三晋，攻克楚国的军事重镇大梁，轻取襄陵，进入楚国的腹地地区，楚国震惊；在西线，魏军在吴起的率领下，取得了阳晋大捷，此役摧毁了秦军的精锐部队，使秦国基本丧失了对抗三晋的实力。魏军随后进入渭河腹地，威胁雍城。秦弱魏强的军事态势直到献公和商鞅变法之后才逐渐改观。

魏武侯时期，赵国多次在三晋联合对外的战争中分赃不均，加之魏国干涉赵国朝政，纳作乱者赵朝并攻打邯郸，导致魏赵交恶。魏、赵军事摩擦不断，魏国的霸业受到了赵国的挑战。魏惠王时期，尽管魏国的霸业还有余绪，但扩张的锋芒已明显减弱：魏国在西、东、南三个方向受到了崛起的秦、齐、楚三国之威胁。又由于魏惠王致力于统一三晋，导致三晋联盟的破裂。通过申不害和赵烈侯的改革，韩、赵国的实力有所增强，对魏国的霸业也构成了制约。魏国"四战之地"的地理劣势显现出来，其独雄的局面被打破。

二、从齐楚秦并立到齐秦并立

战国早期，秦、齐和楚三国在与魏国作战中连续败绩，激发了三国的变法图强。秦国的献公改革和商鞅变法，楚国的吴起变法，以及齐国威王的图强运动，都为三国在战国中期的崛起奠定了基础。

魏惠王在位前期，韩、赵与魏国军事摩擦升级。魏国实力远在韩、赵之上，韩、赵败绩不断，魏国曾一度攻入赵国的都城邯郸，韩国曾在一年内五次败给魏国，形势对两国极为不利。韩、赵均求救齐国以压制魏国，齐国先后在桂陵和马陵两次战役中，重创魏国，至此魏国一蹶不振。在东边受到齐国打击的同时，秦国又在西边对魏国形成了进攻态势。经过商鞅变法后的秦国，不断向东蚕食魏国的西河之地，最终迫使魏惠王于公元前330年将西河之地献出，秦国东进的大门洞开。魏国在东西两线受到齐、秦夹击的同时，南面的楚国又于公元前323年败魏军于襄陵，夺取魏国的八座城池。军事上的失利和对外政策上的失误，使得魏惠王在军事和外交上均陷入了孤立的境地。

随着魏国势力的衰落，秦、齐、楚三家并立的局面开始形成。通过对西河和巴蜀之地的占领，秦国疆域不仅扩大，而且从南、北两个方向建立了东进的桥头堡，锋芒直指东方。楚国经过吴起变法之后，国力得到了恢复。楚威王时期，楚国以恢复庄王时代的霸业为目标，加快了对外扩张的步伐。楚威王七年，楚军在徐州地区击败了齐国。此战之后，楚国迎来了其鼎盛。楚威王在位期间，楚国的版图基本涵盖了中国的南方地区，西起大巴山、巫山、武陵山，东至大海，南起五岭，北至汝、颍、沂、泗，囊括了长江中下游以及支流众多的淮河流域，成为当时战国七雄中面积最为广大的国家。而齐国经过威王时期的励精图治和桂陵和马陵之战的余威，重新树立了东方霸主的地位。秦、齐、楚分别在西、东和南三个方向上构成了鼎立的局面。

楚国在汉中的扩张是秦国东进道路上的阻碍，于是秦国在解决西河和巴蜀问题之后，把矛头转向了汉中地区。围绕着汉中地区，秦楚展开了激烈的争夺。秦国采纳张仪的建议，以外交和军事双管齐下的方式，先后取得丹阳、蓝田和召陵等战役的胜利，不仅把楚国的势力赶出了汉中地区，而且从汉中和巴蜀两个方向对楚国统治的核心地区——江汉地区构成了威胁。汉中的丢失，是楚国命运的转折点。在秦国的威胁下，楚国的扩张势头停止，逐渐失去与秦齐抗衡的实力。秦、齐两国成为战国中晚期之际，战国七雄中实力最为强大的两个国家。前288年，秦昭襄王自称西帝，尊齐王为东帝，表明秦齐两国的实力旗鼓相当。

三、秦赵争雄

齐国的国运于前284年出现了重大转折。此年，韩、赵、魏、燕和秦五国联合伐齐，攻入齐都临淄和七十多个城池，只剩下即墨和莒两城。齐国后来虽经过田单等人得以复国，但元气大伤，在无力与秦抗衡的同时，也逐渐失去参与东方国际事务的兴趣，走上了自我封闭的道路。前279年秦昭王在屡败赵师之后并与赵结盟于渑池之后大举攻楚，并于次年攻破楚郢都（今湖北江陵），占领江汉地区，楚迁都于陈。破楚之后，秦国又把矛头转向了地处中原之地的魏、韩两国，韩、魏的领土正在逐步地被蚕食。燕国虽经昭王纳贤招士，国力增强，然而只是昙花一现。燕昭王死后，继任者昏庸无能，而燕国又长期陷入与赵国的战争中，胜少败多，严重消耗了燕国的实力。因此，能与秦国在军事上形成抗衡之势的东方六国之中，就只有赵国了。

赵国之所以能在战国晚期与秦国形成抗衡的局面，是由以下两种因素造成的：一是赵国内部经过了武灵王"胡服骑射"的改革，军事实力，尤其是骑兵的作战能力得到了极大的提升；二是外部环境的变化，继魏、楚、齐三国势力衰弱之后，赵国的实力居东方六国之首。东方五国的衰弱，给赵国在东方的扩张创造了机会。先是五国破齐，赵国获得了齐国的济西之地，此后又在东方的争霸战争中，获得多次胜利。赵惠文王时期，赵国达到鼎盛，曾迫使秦与之修好，两国维持了近十年相对安静的局面。在秦赵修好期间，赵国无秦进攻之扰，趁机向其他弱国进攻，夺取大批土地。秦赵关系破裂之后，赵国又依靠廉颇、赵奢等著名战将，在阏与（今山西和顺县）、几（河北大名东南）两地两次打败秦军，一度削弱了秦国进攻东方的锐气，"赵有廉颇、马服，强秦不敢窥兵井陉"[①]，"四十余年秦不能得其所欲"[②]。

赵国在长平之战的惨败，标志着秦赵争雄局面的结束。秦国借长平之战之余威，进攻赵国国都邯郸，邯郸虽经东方国家的援救，转危为安，但赵国国力大损。秦对赵国的威胁，加之东方五国对赵国构成的夹击之势，使得赵国雄风不再，由攻势转入了守势。

长平之战后，魏、韩摄于秦国之威，"委质称臣"。秦国独雄的局面逐渐形成，至此秦统一六国已渐趋明朗化。

---

① 《汉书·傅常郑甘陈段传》。
② 《战国策·赵策三》。

第二节　东方列国的民俗文化

日益扩大的兼并战争，虽给人民的生活带来了苦难，但也促使着满天繁星式的文化分布逐步为几个数量有限的诸侯国为主体的文化圈所覆盖，由此形成了秦、齐、楚等具有区域性的民风民俗。通过对东方列国民俗文化的剖析，秦最终统一六国，首先在各国的民俗层面露出了端倪。

一、楚国

战国后期楚国的经济和民风可分为三个区域：东楚、西楚和南楚。

西楚为楚故地及其在春秋战国前期兼并的淮河中游、江汉地区的诸小国，"其俗剽轻，易发怒，地厚，寡于积聚"，江陵地区则"通鱼盐之货，其民多贾。徐、僮、取虑，则清刻，矜已诺"①。

东楚主要是淮河下游及其以南的吴越地区。其中彭城以东的淮河下游地区"其俗类徐、僮"，其北边者则和齐俗接近。长江下游及其以南地区的吴越地区又有特点，自身物产丰富，有铜盐之利，而吴王阖闾、楚相春申君"招至天下之喜游子弟"，其俗尚气力巧伪而杂。班固称之为"吴粤（越）之君好勇，故其民至今好用剑，轻死易发"。

南楚则指长江中游以南包括原百越在内的广大地区，矿产丰富，其沿海地区更是盛产珍珠等珍稀之物，民风"好辞，巧说少信，江南卑湿，丈夫早夭"。

在楚地的民风民俗中，神巫文化和个性自由和是楚文化最重要的两个特征。

信巫鬼、重祭祀是楚人最重要的习俗之一，造就了楚文化的神巫特征。《汉书·地理志》说："楚地……信巫鬼，重淫祀"；《楚辞章句·九歌序》也

---

① 《史记·货殖列传》。

说："昔楚国南郢之邑，沅湘之间，其俗信鬼而好祀。"楚国不但一般人迷信，事鬼神，不少最高统治者如灵王、共王、怀王等都笃信巫鬼之祀。他们往往在遇到大敌入侵之时首先想到用巫术、祭祀等方法却敌。《汉书·郊祀志》记载："楚怀王隆祭祀，事鬼神，欲以获神助，却秦师。"楚国信巫鬼、重祭祀的风俗发展到极处之时，便是巫音充满于楚国的音乐之中。《吕氏春秋·侈乐》："楚之衰也，作为巫音。"

楚文化中的个性自由是楚地自然环境发展的结果。楚地多薮泽和江河湖海，辽阔苍茫和浩瀚的意境，容易引起无尽的遐想。故而南方的哲人，往往纵横于时空之外，神驰于八荒之外，并产生了神话式的幻想、大胆的夸张。正是这种虚幻世界，使得楚地民众的国家概念非常模糊，个性自由得以张扬。民众如此，执政者也侵染着我行我素的特征。如楚庄王在诸侯争霸兼并过程中的行为，充分表现了这一特征。《史记·楚世家》记载他已攻克郑都，但当郑伯自为臣隶状，"肉袒牵羊以逆"，庄王即以"其君能下人，必能信用其民，庸可绝乎"，又复其国。他"围宋五月，城中食尽，易子而食，析骨而炊"，但当宋人向庄王坦诚告以城中困境后，庄王便退兵许和。此外，楚国典型的贵族政治也给个性自由的张扬提供了广阔的空间。关于此点，笔者在本章的第三节有详细的论述。

二、齐　国

齐国民俗的特点是"宽缓阔达"。

临淄地区"其俗宽缓阔达，而足智，好议论，地重，难动摇，怯于众斗，勇于持刺，故多劫人者，大国之风也。其中具五民"[1]。因其工商业发展，"故其俗弥侈，织作冰纨绮绣纯丽之物，号为冠带衣履天下"，人们在"修道术，尊贤智"的同时，又"夸奢朋党，言与行谬，虚诈不情，急之则离散，缓之则放纵"[2]。

正是宽缓阔达，足智的齐人具有丰富的想象力，既崇尚平等、民主、批判精神，又多诈、虚夸不实、尚奢侈、尚华丽而轻谩，虽好斗但"劫于公战"。

---

① 《史记·货殖列传》。
② 《汉书·地理志》。

"宽缓阔达"是齐国历史发展的结果。

姜太公封齐之时，仅有营丘一邑，"地泻卤，人民寡"，统治区域内的齐地土壤盐碱化严重，不利于农业生产，从宗周带来的先进农业生产技术无用武之地。现实环境迫使齐太公不得不"因其俗，简其礼"，改变生产和生活方式，另寻出路。齐地濒临大海，海岸线较长，故而发展渔盐业有着特殊的地理优势，加之当时的齐地手工业已经发展到了相当高的水平，于是太公因地制宜，"劝其女功，极技巧，通鱼盐，则人物归之，繦至而辐凑"，把重工商定为齐国的国策。于是"齐冠带衣履天下，海岱之间，敛袂而往朝焉"①。尽管春秋以后，齐国的疆域扩展到了农业发达的地区，农业在齐国也得到了充分的发展，但重工商的国策却延续了下来。

田氏出于争取民众的目的，允许商人利用其领地内的山泽自由开采而无所征取，对抗齐景公的障管山海政策。故而在战国时期，齐国民营工商业者有更多的经营自由和经济利益，而官营工商业则相应地有所收缩。齐国的山林川泽虽属国有，但官府进行盐铁生产却不占主导地位。国家在抽盐铁税的情况下，把盐铁这两个赢利大项都放给了私人。田氏代姜齐之后，齐国的商人和商业资本的势力逐步强大，并且和贵族官僚勾结在一起，形成"商贾在朝"②的局面。在其他流通领域也采取了同样的、甚至更自由的商业放任政策，大小工商业者可以较自由地经营粮食、绢帛及其他物品。出现了一些如"丁氏之家粟，可食三军之师行五月"③的大粮商。丝麻织物，特别是高档织染刺绣品，因价格昂贵，获利多，成为商人乐于贩运的商品，由此，齐国的织物"流越而之天下"④。在一般情况下，《管子》对于关系到人民生计、生产的手工业，如冶铁、煮盐、纺织等，并不主张予以限制。如对冶铁业，就认为"善者不如与民，量其重，计其赢，民得其七，君得其三。又杂之以轻重，守之以高下"⑤。只是限制如"文巧"之类的奢侈手工业品的生产。因为"工事竞于刻镂，女事繁于文章"⑥，会造成国家贫弱的恶果。

---

① 《史记·货殖列传》。
② 《管子·权修》。
③ 《管子·山权数》。
④ 《管子·轻重甲》。
⑤ 《管子·轻重乙》。
⑥ 《管子·立政》。

三、三晋国家

战国时期，韩、赵、魏三国分别继承了原晋国之土地，故被后世称为"三晋"。

司马迁所述之魏地，仅称梁宋之地，为原宋国故地之民风。战国时期，魏国的核心统治区域——河东之地，其民俗当为《汉书·地理志》魏分野条所记：

> 河东土地平易，有盐铁之饶。本唐尧所居，《诗·风》唐、魏之国也。……其民有先王遗教，君子深思，小人俭陋。

《史记·货殖列传》对河东之地的民风也作了描述：

> 昔唐人都河东，殷人都河内，周人都河南。夫三河在天下之中，若鼎足，王者所更居也，建国各数百千岁，土地小狭，民人众，都国诸侯所聚会，故其俗纤俭习事。

赵国地跨中山、邯郸、太原、上党、种代、定襄、云中、五原等地，风俗也千姿百态。

中山和邯郸：

> 中山地薄人众，犹有沙丘纣淫地余民，民俗懁急，仰机利而食。丈夫相聚游戏，悲歌慷慨，起则相随椎剽，休则掘冢作巧奸冶，多美物，为倡优。女子则鼓鸣瑟，跕屣，游媚贵富，入后宫，遍诸侯。[①]
>
> （邯郸）其土广俗杂，大率精急，高气势，轻为奸。[②]

太原和上党：

> 又多晋公族子孙，以诈力相倾，矜夸功名，报仇过直，嫁取送

---

① 《史记·货殖列传》。
② 《汉书·地理志》。

死奢靡。①

种代之间②：

> 地边胡，数被寇。人民矜懻忮，好气，任侠为奸，不事农商。
> 然迫近北夷，师旅亟往，中国委输时有奇羡。其民羯羠不均，自全
> 晋之时固已患其僄悍，而武灵王益厉之，其谣俗犹有赵之风也。

定襄、云中和五原：

> 本戎狄地，颇有赵、齐、卫、楚之徙。其民鄙朴，少礼文，好
> 射猎。③

　　三家分晋之后，韩国获得了以颍川为中心的土地，此后又将郑卫故地纳
入了其疆域范围之内。因此，韩国呈现出郑卫之音和"有先王遗风"的颍川
风俗。

　　《汉书·地理志》对郑卫之地的风俗作了如下归纳：

> （郑国）土狭而险，山居谷汲，男女亟聚会，故其俗淫。《郑
> 诗》曰："出其东门，有女如云。"又曰："溱与洧，方灌灌兮，士
> 与女，方秉兰兮，洵于且乐，惟士与女，伊其相谑。"此其风也。
> 　　卫地有桑间濮上之阻，男女亦亟聚会，声色生焉，故俗称郑卫
> 之音。

　　《史记》和《汉书》分别对颍川之地的民风作了描述：

> 颍川、南阳，夏人之居也。夏人政尚忠朴，犹有先王之遗风，

---

① 《汉书·地理志》。
② 《史记·货殖列传》载："种、代，石北也。"所谓"石"，《集解》引徐广曰："石邑
县也，在常山。"种代之地当指今天的山西省北部。
③ 《汉书·地理志》

颍川敦愿。①

　　颍川，韩都。士有申子、韩非刻害余烈，高仕宦，好文法，民以贪遴（吝）争讼生分为失。②

　　三晋国家的民俗呈现出以下状态：韩、魏二国统治的中心区域基本是"先王遗风"侵染的地区；而赵国大部分属于戎狄侵染的地区，多有尚武和豪侠的风气。韩、赵、魏不同民风对三国的变法以及未来的政治走向产生了影响。

四、燕　国

燕地的民风，和赵、代的风俗大体相似。《史记》记载甚略：

　　大与赵、代俗相类，而民雕捍少虑，有鱼盐枣栗之饶。

《汉书·地理志》对《史记》有所补充：

　　其俗愚悍少虑，轻薄无威，亦有所长，敢于急人。

　　燕地风俗的形成，同样是地理环境和历史发展影响的结果。张京华对此作了以下论述："……山高水寒，承商朝亡国之乱，又承西周初兴之弊，猥琐而局促，卞急而狷介。燕地的文化是苦寒文化，是由政治经济的相对落后而导致激变，又由激变而导致出的一种文化。"③历史上的燕国，多灾多难，其境况正如司马迁所言："外迫蛮貉，内措齐晋，崎岖强国之间，最为弱小，几灭者数矣。"④

　　因此，饱尝压迫和侵凌的燕人，上至君王，下至民众，都充满着强烈的报仇之心。燕昭王改革的目的十分明确，就是向齐国报仇：

　　齐因孤国之乱，而袭破燕。孤极知燕小力少，不足以报。然得

---

① 《史记·货殖列传》。
② 《汉书·地理志》。
③ 张京华：《燕赵文化》，辽宁教育出版社，1995年，第249页。
④ 《史记·燕召公世家》。

贤士与共国，以雪先王之耻，孤之愿也！①

　　燕地的民众"敢于急人"，抱定了"壮士一去不返"的必死决心，甘愿为朋友报仇，故而燕国的大地上充斥着激越昂扬的慷慨悲歌。

　　综上所述，尽管东方列国之间的民俗有明显的差异性，但都有共同的特点，即东方六国的风俗都呈现出非秩序性和流动性，崇尚个体自由，藐视国家秩序，社会力量和国家力量处于二元的对立状态。有关秦国的民俗，笔者在第五章中有详细的论述，在这里仅对秦国的民俗作一交代。秦国民俗的总体特点是：人们在法律的范围之内追求财富名利，谨守秩序，社会力量处于国家力量的绝对支配之下。秦能统一六国，首先从东、西方的民俗差异中得出了初步的答案。

第三节　秦与东方列国文化差异对统一的影响

　　文化本无优劣之分，然而在战国这一大的争霸环境下，各地不同的区域文化特征和民俗对各国制度所产生的影响，对五个大国的实力消长与历史命运起到了重要的作用：以个体自由和神巫文化为特征的楚文化，突出"民本"和"民主"思想的齐文化和融合了儒家和道家文化因子的三晋法家文化，均不敌以国家利益至上和"专制"著称的秦文化，是秦能够统一六国的最根本的文化原因。

一、国家意识与个性自由：秦楚文化差异与统一的关系

　　楚文化中的个性自由和神巫特征，对楚国的兴亡产生了重要影响。神巫文化和个体意识表现集中反映在楚国的法律制度和官僚选用制度之中，表现了楚与秦文化的最根本差异：楚文化具有强烈的个性自由意识，秦文化则具

---

① 《战国策·燕策一》。

有浓厚的集体意识。

（一）秦楚法律制度的比较

战国时期，七雄相继实行变法，最重要的成果莫过于法律体系的渐趋完善，重视诉讼、证据提取以及审判等环节之中。而秦、楚两国法律制度上的差异主要体现在诉讼和证据提取两个方面之中：

1．司法文书的制作——诉讼环节的差异

制作司法文书是诉讼和受理过程中一项最重要的环节。

秦国在诉讼和受理阶段所制作的司法文书，其内容主要是被告的基本情况。《封诊式·覆》："可定名事里，所坐论云何，何罪赦，或覆问无有，几籍亡，亡及逋事各几何日，遣识者当腾，腾皆为报，敢告主。"[1]《封诊式·黥妾》："定名事里，所坐论云何，或覆问无有，以书言。"[2] 有关人员需确定被告的姓名、身份、籍贯，有没有犯罪前科，在簿籍上逃亡和逋事的记录。派遣了解情况的人以书面报告的形式向负责人汇报。书面报告即是秦国司法机构决定受理案件时派人制作的司法文书。

楚国的司法文书叫作"受期"。司法文书程式如下："八月己丑之日，付举之关敔公周童耳受旨（期），九月戊申之日不遡（将）周敚、周琛以廷，阱门又（有）败。正疋忻戠（识）之。39"[3] 这则文书详细记录了受理诉讼的时间（八月己丑之日），受理诉讼官员的姓名（周童耳，"付举之关敔公"是其职位），预定审理案件的时间（九月戊申之日）和案件的处理结果（阱门有败，即未能如期执行）以及记录人（忻）。

我们可以推知在司法文书制作环节中，秦国与楚国呈现出以下差异：秦侧重于对被告人基本情况的详细调查，目的是为了能够使司法机构在下一步的侦查阶段能够主动、迅速、及时地提取证据；楚则强调诉讼的整个规程。

2．证据的提取

秦、楚两国提取证据的途径有所不同。

---

① 睡虎地秦墓竹简整理小组编：《睡虎地秦墓竹简》，文物出版社，1990 年，第 150 页。

② 睡虎地秦墓竹简整理小组编：《睡虎地秦墓竹简》，第 155 页。

③ 释文参考了以下论著：刘彬徽、彭浩、胡雅丽、刘祖信《包山二号楚墓简牍释文与考释》，湖北省荆沙铁路考古队：《包山楚墓》，文物出版社，1991 年，附录；陈伟等《楚地出土战国简册（十四种）》，经济科学出版社，2009 年，第 16 页；刘信芳：《包山楚简解诂》，台湾艺文印书馆，2003 年。

A. 秦国证据的提取

在秦国，证据主要是由司法机关来搜集的。而鉴定结论在秦国是最重要的证据。因此，秦国很重视鉴定结论的科学性。

《封诊式·出子》记载：某里士伍之妻甲控告说："甲怀子六月矣，自昼与同里大女子丙斗，甲与丙相捽，丙偾甲。里人公士丁救，别丙、甲。甲到室即病复（腹）痛，自宵子变出。今甲裹把子来诣自告，告丙。"

官府在对婴儿和妻子甲进行检验之后，作出了如下鉴定的过程：

> 令令史某、隶臣某诊甲所诣子，已前以布巾裹，如衃（衃）血状，大如手，不可智（知）子。即置盎水中楂（摇）之，衃（衃）血子殹（也）。其头、身、臂、手指、股以下到足、足指类人，而不可智（知）目、耳、鼻、男女。出水中有（又）衃（衃）血状。
> ●其一式曰：令隶妾数字者某某诊甲，皆言甲前旁有干血，今尚血出而少，非朔事殹（也）。某赏（尝）怀子而变，其前及血出如甲□。①

鉴定的过程如下：命令史某、隶臣某检验甲送来的胎儿，已先用布巾包裹，形如凝血，有从指到肘节长短，不能辨出是胎儿。当即放在一盆水里摇荡，凝血确系胎儿。胎儿的头、身、臂、手指、大腿以下到脚、脚趾都已像人，但看不清眼睛、耳朵、鼻子和性别。从水中取出，又成为凝血的形状。另一程式是：命曾多次生育的隶妾某某检查甲的身体，都说甲阴部旁边有干血，现仍少量出血，并非月经。并说，某人曾怀孕流产，其阴部及出血情况与甲相同。由于鉴定人是由司法机构指派的具有专门知识的法医和具备某一方面丰富经历和实际经验的人，故而诊断检查细致，提高了所得鉴定结论的科学性。

除了鉴定结论之外，口供也是判案的依据。为此，秦国的法律允许在审判环节中，有限制的刑讯逼供。

《封诊式·讯狱》记载：

> 凡讯狱，必先尽听其言而书之，各展其辞，虽智（知）其訑，勿庸辄诘。其辞已尽书而2毋（无）解，乃以诘者诘之。诘之有（又）尽听书其解辞，有（又）视其它毋（无）解者以复诘之。诘

----
① 睡虎地秦墓竹简整理小组编：《睡虎地秦墓竹简》，第161~162页。

之极而数 3 弛，更言不服，其律当治（笞）谅（掠）者，乃治（笞）谅（掠）。治（笞）谅（掠）之必书曰：爰书：以某数更言，毋（无）解辞，4 治（笞）讯某 5。①

简 2—5 提出了刑讯逼供的原则：办案人员审讯当事人时，先让原告、被告各方都把话讲完，并加以记录作为供词，然后认真分析供词，找出矛盾与漏洞，逐条追问，令受审者自己做出解释，直到受审者无言以对、真相毕露时为止。只有在受审者已经理屈词穷而仍然狡辩抵赖和出尔反尔时，才允许笞掠，并把笞掠的原因和情况记录下来以备查考。笞掠，就是刑讯逼供。

《封诊式·治狱》也记载：

治狱，能以书从迹其言，毋治（笞）谅（掠）而得人请（情）为上，治（笞）谅（掠）为下；有恐为败。②

B. 楚国证据的提取

口供是楚国判案的主要依据，为此楚国的司法官员必须对证人资格进行严格的审查，包山楚简第 138 反简记载，"同社、同里、同官不可证，匿至从父兄弟不可证。"证人在作证之前还要参加办案人员主持的盟诅仪式，在神灵面前发誓，保证如实提供证言，这是神巫意识在法律中的体现。楚国法律的上述规定，是从证人与当事人之间有无利害关系以及证人的诚信程度如何等方面着手，对证人证言的合法性予以审查。若审查合格，证人证言便被赋予法定的证明力，办案人员可据以定案；否则证人所提供的证词便属无效证明，不可作为断案依据。重视证人证言，充分说明了楚国法律对个人意识的重视。

包山楚简 120—123 有助于我们认识口供和盟誓在楚人审理案件过程中的重要性：

周客监固去楚之岁享月乙卯之日，下蔡莘里人舍（余）猾告下蔡軓（厩）軏（执）事人、易城公瞿罦。猾言胃（谓）：郑倬窃马于下蔡而债之于易（阳）城，或（又）杀下蔡人舍（余）罦，小人

---

① 睡虎地秦墓竹简整理小组编：《睡虎地秦墓竹简》，第 148 页。
② 睡虎地秦墓竹简整理小组编：《睡虎地秦墓竹简》，第 147 页。

命为旪以传之。昜城公瞿睪命倞邦、解句传郑𠌬得之。120

亯月丁巳之日，下蔡山阳里人郑𠌬言于昜成公瞿睪、大敀尹屈逹、郛昜莫嚣臧献、舍（余）苇。𠌬言胃（谓）：小人不信窃马。小人信与下蔡关里人应女返、东邗里人场贾、荑里人竞不割（害）佥（并）杀舍（余）睪于竞不割之官，而相播弃之于大路，竞不割（害）不至（致）121弃安（焉）。

孓（竽）軏（执）场贾，里公郑訔，士尹紬缜返孓（竽），言胃（谓）：场贾既走于前，孓（竽）弗及。孓（竽）軏（执）应女返，加公臧申、里公利瓯孓（竽），言胃（谓）：女返既走于前，孓（竽）弗及。孓（竽）軏（执）竞不割，里公吴拘、亚大夫郘（宛）乘返孓（竽），言胃（谓）：不割既走于前，孓（竽）弗及。孓（竽）收郑𠌬之伇（拏）、加公軷（范）戍、里公舍（余）122□返孓（竽），言胃（谓）：郑𠌬之伇（拏）既走于前，孓弗及。郑𠌬未至断，有疾，死于㝉。

应女返、场贾、竞不割皆既盟。123①

“周客监匜迈楚”，纪年方式，多见于铜器和楚简之中。“执事人”在楚简中亦多见。裘锡圭、李家浩先生很早就指出，执事人即办事的官吏②。如“兵甲执事人”，当是管理兵器和甲胄的办事人员，“厩执事人”就是管理廄事的办事官吏。案件涉及的盗马，属于厩执事人管辖的范围，故余猬需向下蔡掌管马厩事务的官员报告。“旪”，刘信芳读为“枼”，“传信也”。刘钊释

① 释文参考了以下研究成果：刘彬徽、彭浩、胡雅丽、刘祖信《包山二号楚墓简牍释文与考释》，《包山楚墓》附录一，附录的第26页；刘钊《包山楚简文字考释》，中国古文字研究会第九届学术讨论会论文，1992年10月；李零《包山楚简研究（文书类）》，收入《李零自选集》，广西师范大学出版社，1998年，135页；何琳仪《包山楚简选释》，《江汉考古》1994年第4期；汤余惠《包山楚简读后记》，《考古与文物》，1993年第2期；陈伟《包山楚简初探》，武汉大学出版社，1996年8月；刘信芳《包山楚简司法术语考释》，《简帛研究》（第二辑），法律出版社，1996年；陈伟武《战国楚简考释斠议》，《第三届国际中国古文字学研讨会论文集》，香港中文大学，1997年；史杰鹏《读包山司法文书简札三则》，《简帛研究2001》，广西师范大学出版社，2001年；李守奎《包山楚简120—123号简补释》，复旦大学出土文献与古文字研究中心网站2009年8月1日发布；陈伟等《楚地出土战国简册（十四种）》，经济科学出版社，2009年，第53、57～61页。

② 裘锡圭、李家浩：《曾侯乙墓竹简释文与考释》，载《曾侯乙墓》（上册），文物出版社，1989年，第501页考释（6）。

为"契"。① 从上下文意来看，"盽"当是法庭授予缉捕官吏拘捕的凭证。"笒"，是简札，用来拘捕犯人的信物②。

简文的大概意思是：

周客监匠去楚这一年的享月，乙卯之日，下蔡县葶里人余猬向下蔡掌管马厩事务的官员和阳城公瞿罼报告：郏倳在下蔡县盗马之后，把马卖到了阳城县，并杀死了下蔡人余罼，请求相关部门拘捕郏倳。易城公瞿罼命倞郏、解句两人捉拿郏倳，并拿获了郏倳。

享月丁巳这一天，下蔡山阳里人郏倳向阳城公瞿罼、大敓尹屈达、郱阳莫敖臧献和余羊招供说："小人确实没有盗马，承认与下蔡关里人应女返、东邗里人场贾和薁里人竞不害在竞不割的住所一起杀死了余罼。然后将余罼的尸体丢弃在大路上，弃尸的时候竞不害不在场。"

阳城公瞿罼等人发出了拘捕文书，要求场贾居住地的官员郏畓、紬缜，应女返居住地的官员臧申、利叹和竞不害居住地的官员吴拘、（宛）乘捉拿三人。三地的官员均复命说：在捉拿文书来到之前，当事人已经逃走，没有拿获。郏倳的妻子儿女，也在捉拿文书之前逃走。郏倳没有等到判决之前，死在了拘押的地方。

郏倳死后，应女返、场贾和竞不害均作了盟誓。

三人承认自己有没有杀人，简文并没有给出结果。然而，"盟誓"作为提取证据的重要环节，在整个案件中得到了充分的体现。

司法官员如果刑讯逼供，或者由司法机关主动去寻找证据的话，或许可以找到新的证据，这对于案件的最终判决无疑是有效的方法。然而在这个案件中，除了当事人的口供外，并没有其他的证据。由此可以推知在整个案件审理的过程中，楚国的司法官员既没有刑讯逼供，也没有主动去寻求佐证。而纵观包山楚简132—138所记录的"舒庆命案"，亦未见司法官员主动寻求佐证的踪迹，而整个审判过程却始终围绕着口供进行。通过这两个案件，我们可以想见楚国在审判过程中，高度重视"人证"和当事人的口供。与此相反，秦国则重视客观事实，故动用政府力量来搜罗证据，体现了国家在法律

① 刘信芳：《包山楚简解诂》，第111页；刘钊：《包山楚简文字考释》载《出土简帛文字丛考》第19页，台湾古籍出版有限公司，2004年。
② 陈伟等：《楚地出土战国简册（十四种）》，经济科学出版社，2009年，第38页注释[4]。

中的主导作用。

"由于秦国注重根据当事人的口供来判决案件，而楚人更偏重于依据证人证言来进行裁决的缘故"①，我们不难理解秦楚法律在诉讼、证据提取以及审判环节的差异：楚国重证人证言并多由当事人负举证责任，所以在司法文书制作阶段基本不会涉及被告人的情况，而重视审查证人的资格和盟诅仪式。对被告人基本情况的了解，则为秦国的司法机构主动、迅速、及时地调取证据提供了方便。

秦、楚在各个法律环节上的差异，充分反映了集体和个人意识在两种文化环境中的不同境遇，这种差异又与"事皆决于上"和"贵族政治"两种不同的政治观念有着密不可分的关系：所谓的"贵族政治"，是以"贵族精神"为统治原则，其特征是充分肯定个人（统治阶级成员）的人格力量和首创精神，当然也有其局限性，表现为狭隘的宗族血缘意识和一定程度的宗教鬼神观念。"事皆决于上"，则以君主至高无上的权威为特征，表现为臣僚对君主负责，受君主支配。

楚国的法律体系是"贵族政治"向"事决于上"政治体制过渡阶段的反映。楚国的法律体系主要由不成文法和成文法两种形式组成，此外还有国君或高级官吏随时发布的命令。不成文法，是对国家兴起阶段时对旧的氏族习惯的沿用，有"习惯法"和"判例法"两种形式组成；成文法是由最高统治者和高级官吏制定的，并在全国推行，反映了法规的制定和施行逐步脱离人治而走向规范化。不成文法和成文法反映了"混合法"在楚国的实践，并为汉以后的法律实践提供了经验。"混合法"操作的基本方式，即荀子所说的，"有法者以法行，无法者以类举，听之尽也"②。即在审判中，有法律明文规定的，就比照法律规定加以裁判；在没有法律明文规定或现行法律明显落后社会生活而不再适用之际，就援引已往的判例、故事，从中引申出某种具体法律原则来裁判案件。高级官吏发布的命令，是"贵族精神"在法律实践中的运用。贵族领袖与生俱来的身份，因为得到神权和血缘意识的确认而带有无上尊严，从而使贵族个人的品行、好恶、举止、言行无不带有政治性和权威性。在审判中，贵族宁愿运用自己的良心智慧和经验，经过苦心熟虑对哪怕是十分疑难的案件做出令人信服的裁断，而不愿意像成文法那样，像做加

---

① 刘金华：《秦楚审判法律制度比较研究》，《荆州师范学院学报》1999 年第 6 期。

② 《荀子·王制》

法一样容易地得出结论。

秦国的法律对于以"贵族政体"和"贵族精神"标榜的楚国而言，是另一种极端。在秦国，为了保证司法活动在时间上和空间上的统一性，法律的制定很详细，把社会生活的各个领域和细节都统统纳入法律轨道。在司法审判活动中，法官不能违背法律规定凭借个人的判断来审理案件，不能援引已往的判例，更不能背离法律而创制判例。详而备之、密如凝脂的法条，使司法审判就像做加减法一样简便易行、准确无误，而众多官僚式的法官究其实不过成了国家司法大机器上的无数个尺寸一致、功能同一的齿轮或螺丝钉，保证了国家司法机器的正常运转。经过惠文王、武王、昭王、孝文王、庄襄王五代国君的长期努力，秦国逐渐形成了"缘法而治""事皆决于法"的传统。章太炎认为，"独秦制本商鞅，其君亦世守法"[1]，这一论断对统一前的秦君是适用的。国君严格执行法律，无疑对于整个秦国社会的法律执行具有示范作用。

混杂于楚地法律之中的神巫和个体意识，使得楚地的法律呈现出以下特征：当法治与礼治在相互冲突的同时，前者又受到后者的影响；法治中融合了诸多德治的因子，德治在一定程度上弥补了法治的不足；法治与人治并行调控社会，而到战国后期，人治呈愈演愈烈之趋势；此外，法治中承袭了许多神治的文化因素，神治成为法治的一个重要补充等。

楚国的法文化蕴含有某些私法文化的因素，缓而清明，有王道之风，洋溢着正义第一、自由平等、个人本位、法律至上的精神。因受私法因子的影响，楚国个体本位观念较为突出，各自为政，力量分散，这在某种程度上导致楚国在抵御外侮和对外扩张方面的威势日渐式微，秦楚之争也终于以秦胜而终。对此，公元前278年秦将白起拔郢后的一番议论颇能发人深省："秦中士卒以军中为家，将帅为父母，不约而亲，不谋而信，一心同功，死不旋踵。楚人自战其地，咸顾其家，各有散心，莫有斗志。是以能有功也。"[2]

相对于楚国的私法文化，秦的法文化则是典型的公法文化，急而严明，有霸道之风，浸润着秩序第一、等级特权、团体本位、权力至上的精神。秦人在法制理念上是视官吏为父母，认为秦王是全国财富和居民人身的最终主

---

[1] 章太炎：《秦政记》，见汤志钧主编《章太炎政论选集》（上），中华书局，1977年，第526页。

[2] 《战国策·中山策》。

人，国家利益与君王意志至上的观念深入人心，因此秦人能够相互集结而形成一种合力。这种合力帮助秦国最终完成了权力的中央化。同时，宗法意识的淡薄以及血缘在政治中微小的影响力为秦国的官吏选拔制度提供了坚实的保障，秦国国家机器得以高效运作。

（二）从封君看楚国官员的选用

楚国高级贵族多为王族成员，"楚的重要官位大都处于屈、景、昭三大家族"[①]。如天星观 M1 墓主邸阳君潘乘，系春秋沈尹戍后人；包山 M2 墓主邵𣏂，是楚昭王之后人。公族势力在楚国的强大，可以从出土文献得到证实：刘信芳以《包山楚简》人名为材料，结合传世文献，梳理出十二家公族。他们是：竞（景）氏、臧氏、远氏、熊相氏、熊鹿氏、五氏、阳氏、番氏、观氏、喜氏、越氏、庄氏（楚庄族、伥族）。[②] 董珊在《出土文献所见"以谥为族"的楚王族——附说〈左传〉"诸侯以字为谥因以为族"的读法》一文则从更多的楚简以及铜器文字梳理了东周时代的楚国贵族。他从出土文献格式"族称＋之＋名"的人名出发，对"谥（王）＋之＋名"和"谥＋名"的一般楚人名加以梳理，得出"以谥为族"的 9 个楚王族。又从出土文献、传世文献数据所见"某之某"或"某王之某"格式的语句中梳理出楚王族人：龚、臧、竞（竞坪）、邵、恶、文、武等七族十二个楚人名。[③]

从包山楚简所反映的情况来看，公族成员不仅在中央占据了诸如左尹、莫敖和左司马等高位，也占据了诸如连敖、司败和加公等基层组织的官位。如果再加上《史记》《战国策》等记载的公族成员，有官位的数量则更为可观。这种占据上至王廷，下至基层组织的官职的情况，显然对楚国的中央集权化造成了很大的冲击，是名副其实的"贵族政治"。贵族占楚国封君比例之高，是"贵族政治"的典型表现。楚国的封君数量居战国七雄之冠，综合出土文献和历史文献记载，杨宽、何浩等学者对战国时期楚国的封君数量及

① 刘泽华：《先秦政治思想史》，南开大学出版社，1984 年，第 162 页。
② 刘信芳：《〈包山楚简〉中的几支楚公族试析》，《江汉论坛》1995 年第 1 期。
③ 董珊：《出土文献所见"以谥为族"的楚王族——附说〈左传〉"诸侯以字为谥因以为族"的读法》，《出土文献与古文字研究》（第二辑），复旦大学出版社，2008 年。

其地望等问题均作了详细的考察。① 吴良宝在修正前几位学者的统计结果后，计得 63 位。63 位中，楚简所见 34 位。34 位之中，包山、望山简文所见 26 位。② 在这些封君中，公族占了绝大部分。

"贵族政治"使得楚国贵族和封君力量异常强大，直接控制土地并且可以世袭，并有法律得以保障。③ 土地的大量私有化，使得楚国在权力中央化进程中可以调动的经济资源是相当有限的，国家经济的来源主要依赖于工商业税收，显然是捉襟见肘。国家"贫血"，是导致楚国无法真正强大起来的主要原因。

强大的经济实力造就了封君们尊贵的地位，这在考古发掘资料中得到了证实。荆门包山 M2 共出土随葬器物 1900 件，在青铜礼器中，各式鼎竟达 19 件之多：有作为正鼎的有盖圆腹鼎 2 套（实用鼎 7 件一套，明器鼎 5 件一套）、升鼎 2 件、鑐鼎 2 件和汤鼎 1 件。其他器物如簠、缶、敦、壶等多为偶数组合，与鼎制相配。刘彬徽先生在分析了楚国青铜器的组合特点中，指出"楚系三类铜器组合所反映的等级界线严格性不亚于周礼，其上层贵族保守周礼的程度也不亚于其他地区，……一直到战国末年楚幽王墓仍恪守周礼的九鼎八簋之制"。④ 此外，"在用鼎制度上，楚的上层贵族除用平底升鼎表示其身份外，还同时使用偶数列鼎表示其等级地位"⑤。偶数列鼎的多少与墓主人的身份高低具有密切关系，即墓主人身份高的，对鼎鼎列就多。这种特有的列鼎制度，充分说明了楚国贵族所具有强大的势力。

"贵族政治"充满着强烈的贵族化之个体自由，使得国家政权处于一种不确定性的运作状态之中，腐败极易滋生，法律容易废弛。要改变这一状况，就必须减轻贵族在国家政治生活中的影响，剥夺他们世袭的特权，为有才干的官僚打开从政的空间。为此，吴起曾进行过一番努力，结果是吴起被杀，贵族把持政治的局面没有根本改变。不仅优秀人才无法吸纳，楚地的人才也在大量流失，春秋时期的"楚才晋用"在战国时期转变为"楚才秦用"。

---

① 杨宽：《战国史》附表二"战国封君表·五·楚国的封君"列举的楚国封君数量为 52；何浩统计数量为 62 位，就 32 位封君的地望作了考察。见《战国时期楚封君初探》，《历史研究》1984 年第 5 期；《楚国封君封邑地望续考》，《江汉考古》1991 年第 4 期。
② 吴良宝：《战国楚简地名辑证》，武汉大学出版社，2010 年，第 134～140 页。
③ 刘玉堂：《楚国经济史》，湖北教育出版社，1996 年，第 15 页。
④ 刘彬徽：《楚系青铜器研究》，湖北教育出版社，1995 年，第 501 页。
⑤ 刘彬徽：《楚系青铜器研究》，第 503 页。

战国时期的楚国，血缘贵族把持高位。集军权和政权于一身的令尹在中央架空了国君的同时，大大小小的封君则在地方上堵塞着权力自上而下的流动孔道，高效运作的中央政治体制自然是无法建立起来的。不仅如此，贵族政治在国家政权运作中所渗入的个人意识还给国家的发展方向带来了不确定性。

由此可见，在战国这一历史背景下，以国家意识为特征的秦文化显然更有利于开疆拓土、一统天下，却不利于稳定发展，安国抚民。楚人的法制理念虽能显示出稳定社会、发展经济的正面效应，但楚人的制度在一定程度上却阻碍着社会的进步，妨害了有效的财富积累，不利于统一大业的完成。

二、复合型与专一性文化的比较：齐秦文化差异与统一的关系

齐文化具有"复合"型的文化特征：富国与富民并举，礼与法相结合的、尊贤和重亲并举。与复合型多元化的齐文化相比，秦则显得较为"专一"，其特征是富国但不富民、官吏的仕进"唯能是举"是唯一标准。这种文化上的差异影响了战国时期齐秦两国在制度上的差异，是导致齐亡的重要原因。

（一）齐秦工商业政策的差异

秦国实行的是"重农抑商"的工商政策，而齐国实行的是农工商并重的发展政策：

> 贾知贾之贵贱，日至于市，而不为官贾者，与功而不与分焉。工治容貌功能，日至于市，而不为官工者，与功而不与分焉。不可使而为工，则视贷离之实而出夫粟。……是故非诚贾不得食于贾，非诚工不得食于工，非诚农不得食于农，非信士不得立于朝。①

在《管子》一书中尽管有削弱商人势力的工商管理思想，主要是为了抑

_____

① 《管子·乘马》。

制、打击扰乱正常市场经济、祸国殃民的富商大贾囤积居奇、牟取暴利的行为。商业在生产者和消费者之间，能起到沟通有无的作用。而生产生活或用品，均可通过市场得到满足。故《乘马》篇说："聚者有市，无市则民乏。"此外，商业对于国家实力也具有着重要的作用。银雀山汉简《市法》："市者，百货之威，用之量也。中国能市者强，小国能市者安。"

富民思想反映了"轻天重民"的民本思想。从管子、晏婴到稷下时代，齐国已经认识到民众在王朝更替和国家兴衰中的作用。《管子·形势解》以蛟龙和水的关系做比喻，形象地说明了君主和民众的关系："蛟龙，水虫之神者也，乘于水，则神立；失于水，则神废。人主，天下之有威者也，得民则威立，失民则威废。蛟龙待得水而后立其神，人主待得民而后成其威。"蛟龙无水就失去了神威，君主没有民众的支持也就丧失了威势，说明民众是君主存在的先决条件。管仲对齐桓公说过这样的话："齐国百姓，公之本也。"[1]因此管仲提出了"无夺民时，则百姓富"[2]的主张。纵观《管子》一书，富民思想占了很大比重，反映了管仲"凡治国之道，必先富民，民富则易治也，民贫则难治也"[3]的认识。只有民众的生活富裕了，君主的地位才会稳固，国家才能安定。故而齐国以富民为导向，发展工商业。

秦国重农抑商，但并不代表不发展商业，商业不重要。秦国和齐国都承认工商业在社会中的作用，但细细分析，我们可以看出两国发展工商业的动机是不同的。如果齐国最初发展工商业，是因为自然环境不足以发展农业生产所致，那么从后来的历史发展情况来看，齐国已经把发展工商业看作是一种惠民的传统而加以继承了。

相对来说，秦民族生息的地方，发展农业的自然条件则优越得多。秦地的周余民具有较高的农业生产技术水平，他们的加入，给秦国的农业发展带来的是更大的飞跃。春秋中期的穆公时期，秦国粮食实现了自给，而且出口至晋国，解决了晋国的难关。正是这样的环境，秦国对于工商业的关注度不高，直到秦献公时期"初行市"，允许私营商业。联系秦献公时期国内外的环境来看，秦献公发展商业的目的当是看重了工商业对国家所带来的巨额财

---

① 《管子·霸形》。

② 分别见于《国语·齐语二》和《管子·小匡》。

③ 《管子·治国》。

富，对于壮大国家经济实力作用甚大，但官营工商业仍占据着工商业的主导地位。这种思想为秦国的商鞅学派所继承，反映了秦国发展工商业是富国思想的体现。齐不仅看重工商业能给国家增加财富，更看重工商业给社会和人民带来的便利。因此，和秦国发展工商业相比较而言，齐国更多体现了富民的思想。

富国和富民思想，不仅体现了秦文化与齐文化在尚富问题上不同的价值取向，也反映了齐国的经济制度中有强烈的民本思想。

齐国具有强大的经济实力，使得其与秦同时具备了统一六国的经济基础。齐国自姜太公建国起，即以工商业富国，且工商税收相当可观。齐国也重视农业，所以充足的经济资源为齐国的强大提供了基础。但是齐文化中的"富民"思想主张造成了齐地上至君臣，下至平民的奢侈之风，如春秋五霸之一的齐桓公和辅佐齐桓公称霸的管仲也大兴侈靡之风，"管仲相齐也，君淫亦淫，君奢亦奢"①。战国时期，侈靡之风有增无减，呈愈演愈烈的趋势，"临淄甚富而实，其民无不吹竽鼓瑟，弹琴击筑，斗鸡走狗，六博蹹鞠者"②，如此丰富的民间文化活动，在秦国是不可想象的。

尽管苏秦有夸饰的成分，但不可否认的是，齐地的富裕使得齐人在片面追求"富"的影响下，奋发的意识在逐渐地消磨，逐步丧失着与列国争雄兼并的外部环境，争霸环境所需要的文化品格也在逐渐地忘却，由此导致了齐国的群体意识不强，国家意识不坚，"一阵两心"的局面，促使了齐国在战国后期的衰落，落得最终被吞掉的结局。

相比之下，秦文化中则缺乏重民传统，强调国家至上，一切为了国家的强盛，一切让位于对外战争。因此，秦发展经济的目的是富国，而不是富民。秦以"耕战"并论，耕为战服务，一切为了战争，"国之所兴者，农战也"③。商鞅学派所主张的"使民众处于贫富循环状态"的弱民思想，更是一语道破了耕战的实质。

① 《列子·杨朱》。
② 《史记·苏秦列传》。
③ 《商君书·农战》。

（二）从封君看齐国的仕进制度

杨宽对战国时期的齐国封君数量及其受封身份作了统计，共6位。① 其中3位是田氏王族：田婴（靖郭君）、田文（孟尝君）、田单（安平君），充分说明田氏宗族在齐国政坛上具有举足轻重的位置。许倬云先生统计的齐国的九位相中，"一人是公子，二人是宗室，一人是别国的公子，一人是齐王室的姻亲，另一人是别国王室的姻亲。只有邹忌以鼓琴干君跻身卿相，算是平民出身。"② 纵观整个齐国的官吏选举制度，齐国的人治色彩之重，仅次于楚国。

田氏宗族在齐国政坛发挥作用，始于田氏代齐之后，"襄子使其兄弟宗人尽为齐都邑大夫"③。刘泽华先生在《先秦政治思想史》一书写道："……这是依靠亲属、裙带、宠幸等关系进入官僚队伍。这种情况相当普遍，齐、楚尤为突出。如齐的执政和将领大都出自田氏，……"④ 山东诸城臧家庄墓编镈和编钟铭文上有"陈璋立事岁十月已丑莒公孙朝子造器也"，王恩田先生将此两器定为战国晚期，并指出陈璋为陈举，因直言敢谏而被闵王所杀。⑤《战国策·齐策六》："齐孙室子陈举直言，杀之东闾，宗族离心。""莒公孙朝子"即莒归田齐后所封王族的子弟。此器说明到了战国晚期，齐宗室贵族还在执政，并且宗族内部的斗争还很激烈。

"举亲制度"以外，齐国在长期的历史时期，还实行了是尚贤和任能并重的用人政策。在历代齐君中，桓公、景公、威王都是尊贤尚能的楷模。齐国的其他二位封君：邹忌、苏秦等人即是其中的代表。

齐国复合型的人才政策是使得齐文化显示出"民主"化的倾向。完成了权力中央化的齐国，确立了尊贤和重亲的官吏选拔制度，使得齐国的政治呈

---

① 杨宽：《战国史》附表二"战国封君表"。有三方刻有"卢成君"、"禾（和）信君"和"关城君"字样的玺印，施谢捷将其归入齐玺。见施谢捷：《古玺汇考》，安徽大学博士学位论文，2006年，第31页。三位封君于文献无考，所以无法知道三君所处的年代和受封途径，在此存疑。

② 许倬云：《春秋战国间的社会变动》，载《求古编》，联经出版事业公司，1982年，第331页。

③《史记·田敬仲完世家》。

④ 刘泽华：《先秦政治思想史》，南开大学出版社，1984年，第162页。

⑤ 王恩田：《东周齐国铜器的分期与年代》，《中国考古学会第九次年会论文集》，文物出版社，1997年。

现出一定的民主化倾向，这种民主化的倾向也使齐国网罗了一批有道德之士。但是大量贵族占据高位，在最大范围内拣选才干之士是无法顺利展开的，而且"贤"的标准也是很难把握的，显然不利于国家机器的高效运作。齐国尽管有稷下这样的名士，但仅仅备员而已，却不能在统一战争中发挥实际的作用。

秦文化"专一"性的特点在很大程度上表现为"专制"性。尽管秦国高度的中央化集权，君主的权力无限扩大，政治呈现出"专制"的大趋向发展，然而，秦国的文武大臣却不能脱离崇尚功利的文化环境，"唯能是举"的仕进制度，使得秦国的文武大臣只能通过事功和军功登上秦国的政治舞台，故有着丰富的政治和军事斗争经验，基本上都是能够辅佐秦君成就统一大业的人才，这就避免了国君贤愚给国家带来的消极影响。两国人才政策所发挥的实际效果决定了秦、齐两国在争霸战争中的不同命运。

由此可见，在统一这一大的历史背景下，齐文化中的"民主"特征显然是不利于统一大业需要的，秦文化的"专制"性则明显适应了统一战争的需要，把国家凝聚成强大的持续力，故能在战国中期以后国力蒸蒸日上。

三、霸法·儒法·道法：秦、三晋文化差异对统一的影响

秦与三晋文化多相似，但差异性亦不容小视，差异性主要表现在法家文化上。尽管学术界将秦国的法家文化归入三晋法家文化，说明了秦法家对三晋法家的继承性和秦晋法家的同源。但通过秦与三晋制度的比较，我们发现秦与三晋法家有同有异。此外，韩、赵和魏的法家人物虽然可以并称为晋法家，但三国在实践法家思想的过程中，呈现出不同的倾向性。秦与三晋法家文化上的差异，是我们理清秦国吸收三晋法家文化之后完成统一，而三晋却最终走向灭亡原因的重要线索。

秦与三晋文化的差异，主要表现在仕进制度和工商业政策上：

（一）三晋仕进制度所反映的晋、秦文化之差异

通过比较，三晋的仕进制度中宗法色彩浓厚，不同于秦国唯才是能的官吏选拔和晋升标准。

1、赵国的封君和仕进制度

沈长云等人根据历史文献和考古资料对赵国的封君作了统计，共得 21 人（表 1 - 1 - 1)①：

表 2 - 3 - 1　赵国封君表

代成君	赵周	赵襄子灭代后封
番吾君		赵烈侯时有记载
阳文君	赵豹	武灵王元年任相，封君恐在此之前
代安阳君	赵章	惠文王三年封
安平君	赵成	封君当在平定公子章叛乱之后
奉阳君	李兑	赵惠文王时权臣，受封当在平定沙丘之变以后
平原君	赵胜	惠文王弟，封于东武城
望诸君	乐毅	赵惠文王时封于观津
平阳君	赵豹	惠文王二十七年封，母弟
马服君	赵奢	惠文王二十九年封
长安君		赵孝成王母弟
庐陵君		赵孝成王母弟
建信君		赵孝成王宠臣
李侯		邯郸保卫战后封
华阳君	冯亭	孝成王时封
武阳君	郑安平	秦降将，孝成王十年死，收其地
信平君	廉颇	孝成王十五年封于尉文
武襄君	乐乘	孝成王十六年封
春平君		赵故太子，赵悼襄王二年有史载
平都侯		赵悼襄王二年有史载
武安君	李牧	赵王迁三年封

① 表 2 - 3 - 1 引自沈长云等：《赵国史稿》，中华书局，2000 年，第 305～306 页。

沈长云等人通过分析，得出了以下的结论：赵国的封君明显地划分为两个阶段，在这两个阶段中，封君的条件有很大的不同，赵武灵王之前所封的三位封君带有春秋时期分封贵族的影子：代成君和阳文君无疑是赵国国君的宗亲，而番吾君"从代来"①还是暴露出他的身份，代地为赵国灭代之后纳入赵国的版图，常年有赵氏子孙作为封君治理，因此极有可能也是赵氏宗亲。

战国中期以后，赵国虽确立"计功受封"的制度，赵氏宗亲立功之后受封速度还是高于异姓封君。赵奢和廉颇就是一例，两位同是惠文王时期的战将，廉颇靠着赫赫战功在孝成王时才受封，而赵奢阏与一战大败秦军就可受封。可见，宗亲封君优于功臣封君。此外，赵国的世官制虽然逐渐成为历史陈迹，但是与国君有关的亲贵在入仕前仍然享有某些特权。他们比其他人有更多受推荐的机会，也更容易受到国君的信任，故而他们的升迁也比常人要快。公孙龙就曾直言不讳地对平原君说："且王举君而相赵者，非以君之智能为赵国无有也。割东武城而封君者，非以君为有功也……乃以君为亲戚古也。"②

此外，在赵国的仕进制度中，还保留着荫子的余迹，父辈的功勋可以泽及后人，后人可以在父辈的光环下步入仕途。如左师触龙向赵太后托付少子舒祺，赵括因父亲的余荫出任赵国的将军。

2. 韩魏两国的封君与仕进制度

韩魏两国的仕进制度，我们虽无法得到证实。但通过对韩魏两国封君数量、身份以及活动的掌握，我们可以得到以下几点认识：

韩魏两国的封君数量，杨宽的统计是：魏国 17 人、韩国 7 位③。虽然从总的数量上来看，魏国和韩国的封君，以宗室受封的人数较少。但可以推想，不见于历史文献或出土文献的韩魏两国封君中，宗室或贵胄当占有相当大的比例。笔者的根据是：从战国晚期以后的各种史料记载来看，魏国和韩国的执政者多是宗室或贵胄（或称世家大族，如汉初功臣张良世代为韩臣）。

魏国的封君对国家的政治生活有很大的影响力，如公子信陵君无忌，"公子为人仁而下士，士无贤不肖皆谦而礼交之，不敢以其富贵骄士。士以此方数千里争往归之，致食客三千人。当是时，诸侯以公子贤，多客，不敢加兵

---

① 《史记·赵世家》。
② 《史记·平原君虞卿列传》。
③ 杨宽：《战国史》附表二"战国封君表"。

谋魏十余年。"① 别国不敢对魏国采取大规模军事行动在于无忌之"贤"，可见信陵君的政治影响力。信陵君窃符和斩杀晋鄙，虽是救赵的"义举"，信陵君给魏国政治生活所带来的混乱也是不容小视的，信陵君的举动毕竟是"不合法"的，甚至会有"覆国"的危险。故而司马迁在肯定信陵君做出上述举动的同时，也从维护国家政治秩序的角度，对信陵君进行了批评，"春申君既相楚，是时齐有孟尝君，赵有平原君，魏有信陵君，方争下士，招致宾客，以相倾夺，辅国持权"②。

春秋时期的晋国虽然摆脱了公族的影响，但异姓卿大夫的家族组织内部却保留着宗法制。当韩、赵、魏三家分晋时，宗室的力量便上升为国家力量，左右政局。"赵国国内始终没有从根本上破坏宗族组织，冲破宗族观念。"③同样，这一情况同样存在于韩、魏两国之中。东方六国之中，除燕国因资料缺乏外，三晋"任人唯亲"的程度仅次于楚国，甚于齐国，是宗法观念的遗留。这样的仕进制度，显然留不住本地人才，更不会吸收外来人才，是造成"晋材秦用"和秦国强大，三晋衰亡的主要原因。

（二）三晋工商政策所反映的晋、秦文化之差异

魏国有重视发展工商业的传统④，且有发展工商业的便利条件。尽管大多统治者已认识到农业生产的发达与否，是决定其国力强弱的关键，然而实行较为彻底的重农抑商政策，则困难重重。李悝曾为魏国制定了国家干涉商业的政策。睡虎地秦墓竹简《为吏之道》中所载《魏户律》曰："自今以来，假门逆旅，赘婿后父，勿令为户，勿予田宇，三世之后，欲仕仕之。"在这里"假门"读为"贾门"，即商贾之家；"逆旅"指客店，这里指代经营客店者。"贾门逆旅"泛指商人。根据简文可以判断，魏国对商人的做法可能是：不准立户，不分给田地房屋，三代以后要做官的才能做官。同篇的《奔命律》

---

① 《史记·魏公子列传》。
② 《史记·春申君列传》。
③ 沈长云、魏建震等：《赵国史稿》，第197页。
④ 晋文公返国即位时，正当国家动荡破坏之余，处境很困难，于是就采取"轻关易道，通商宽农"政策，遂以致富。

是王给将军的一条命令①，大致意思是：经营商贾和客店的人是王所不喜欢的人之一，要把他们杀掉，又不忍连累他们的同族弟兄。现在派他们去从军，在杀牛犒赏军士时候，只赏他们吃三分之一的饭，不要给他们肉吃。攻城的时候，哪里需要人就把他们派到哪里。可见，魏国在一段时间内实行了抑商的政策。遗憾的是，国家干涉商业的政策却仅限于粮食贸易的平籴法。李悝死后，魏国的工商管理政策又趋于放松，平籴法逐渐废弛，其山林川泽之利，大部分也落入私人之手。于是"上无通名，下无田宅，而恃奸务末作"② 的工商业者日益增多起来，日益增多的工商者，显然对农业生产造成了不良后果。

赵国的商业政策，我们无法从文献中获得比较确切的内容。然从吕不韦、郭纵等人在邯郸的活动中发现商人和商业在赵国有比较高的地位。史载，赵国的经商意识和经商之风在列国中是比较浓厚的。《史记·货殖列传》："齐、赵设智巧，仰机利""民俗懁急，仰机利而食"，透露出了赵地工于心计，唯利是图商业社会价值和社会心理。《盐铁论·通有》称赵地"民淫好末，侈靡而不务本"，间接反映了赵国民间商业意识的浓厚。

韩国地处天下中枢，是当时贸易的重要集散地，因此商业发达。阳翟是著名的商业城市，吕不韦就是在这里家累千金，成为天下闻名的巨富的。韩国的手工业也很发达，兵器制造驰名天下。工商业税收是韩国经济资源的重要组成部分，如果在韩国实行重农抑商的政策，将会影响到国家的运转。关于秦国的工商业政策，笔者已在本书的第一章作了详细的论述，在此毋赘。

秦与三晋对涉及国家经济命脉的工商行业如盐铁、粮食、铸币权等行业，实行了不同的政策：秦将其收归国家进行管理和经营，在具体的管理过程中，多强调用行政、法律等非经济手段管理社会经济，甚至用严刑峻法干预工商业的正常运行。在商品流通中，主要渠道是官营工商业，私营工商业只起辅助作用。这样保证了社会对商品的需求，又避免了工商业发展对农业造成的伤害。受地理环境和历史大环境的影响，三晋大力推行发展工商业的政策，商人和商业资本则有了较为充分的发展。

---

　　① 简文为"假门逆旅，赘婿后父，或率民不作，不治室屋，寡人弗欲。且杀之，不忍其宗族昆弟。今遣从军，将军勿恤视。享（烹）牛食士，赐之参饭而勿鼠（予）殽。攻城用其不足，将军以埋豪（壕）"。见《睡虎地秦墓竹简》，第 175 页。

　　② 《商君书·徕民》。

受地理环境和春秋时期延续下来的晋国传统有关，三晋法家呈现出儒法杂糅的倾向，是影响三晋国家制度和未来政治发展走向的重要因素。

魏文侯时期，魏国经过李悝变法，国力大增。变法的指导者李悝是儒法思想结合的成功典范，在政治思想上不仅重视法律的作用，更是充满了人文关怀的情结。李悝深受儒家思想影响，所以他的政治思想中有很深的民本思想，他所提倡的"尽地力之教"和"平籴法"都清晰地表明了这一特点。"尽地力之教"，就是要尽最大所能发挥土地的效能，尽可能多产粮食，这条国策的推行，对于发展魏国经济、提高人民群众的生活水平大有裨益。李悝还主张实行"平籴法"，为避免在丰年容易造成谷贱伤农的局面，政府应以平价购入市场上的余粮，而在荒年时再以平价售出。这一国策的实行，充分体现了儒家的民本主义情怀，故而李悝变法体现了"儒法"并举倾向。

在李悝进行改革的同时，魏文侯还延请了子夏及其弟子齐人公羊高、鲁人縠梁赤、魏人段干木和子贡的弟子田子方等儒家人士，他们也参与到了魏文侯的改革之中。这说明：魏国的治国之策还是遵行着"王道"的方式。儒家人士的到来，不仅在魏国形成了西河学派，更影响了魏惠王以后的政治发展方向：在段干木等人的教授下，魏国的公室贵族出现了大批的人才，如公叔痤、公子昂，成为魏国高级官员的一个主要群体，这批受西河学派影响的政治群体逐步在惠王以后占据了魏国的政坛。他们的上台，无疑给魏国政坛增添了"儒法"的色彩。

战国以后的赵国经历了两次重要的变法：一是赵烈侯的改革，二是赵武灵王的"胡服骑射"。赵氏家族重义的传统，无疑对赵烈侯的改革产生了重要的影响。中兴赵氏家族的赵武和赵国的开创者赵襄子，是赵氏家族重义的代表。

赵武是以仁德作为自己立身处世之行为准则的：

> 赵文子与叔向游于九原，曰："死者若可作也，吾谁与归？"叔向曰："其阳子乎！"文子曰："夫阳子行廉直于晋国，不免其身，其知不足称也。"叔向曰："其舅犯乎！"文子曰："夫舅犯见利而不顾其君，其仁不足称也。其随武子乎！纳谏不忘其师，言身不失其友，事君不援而进，不阿而退。"[1]

---

[1]《国语·晋语八》。

在这段话中，赵武（即赵文子）对辅佐晋文公霸业的晋国大臣阳子（阳处父）、子范和随武子（士会）的道德和处世行为进行了品评。认为：阳处父虽行为廉直，但不能保全自己的身家性命，其智慧不足称道；子范"见利而不顾君主"，其仁德也是不足称道的。赵武认为最值得称道的是士会，其进谏不忘称述老师的教诲，讲自己的善行却不忘自己的朋友，侍奉国君不结党而勇于举荐贤人，不阿从君主的旨意而敢于斥退不肖之人。

《国语·晋语八》记载了赵武建造府第"越礼"，后接受下属批评，自省并告诫后世的故事。由此可见，赵武不仅在思想上追慕仁德之人，也在按照礼仪的要求去处世。

战国时期的赵襄子也是儒家学者褒扬的对象，《韩诗外传》卷六记载：

> 昔者、赵简子薨而未葬，而中牟畔之，既葬五日，襄子兴师而攻之，围未匝，而城自坏者十丈，襄子击金而退之。……襄子曰："吾闻之于叔向曰：'君子不乘人于利，不厄人于险。'"使修其城，然后攻之。中牟闻其义而请降。

这则记载说明，赵襄子收复中牟不是靠武力完成的，而是中牟之人感于襄子之义而归降的。学者们虽然对襄子看见中牟城坏而主动退兵的真实性有所怀疑，但丝毫不能说明赵襄子无义。赵襄子重义还表现在赵襄子第一次释放刺客豫让的事情上，见《史记·刺客列传》：

> 襄子如厕，心动，执问涂厕之刑人，则豫让，内持刀兵，曰："欲为智伯报仇！"左右欲诛之。襄子曰："彼义人也，吾谨避之耳。且智伯亡无后，而其臣欲为报仇，此天下之贤人也。"卒释去之。

所以赵国大部分地区的民风虽不是"先王之遗教"，但上层统治者所具备的"先王之遗教"之修养，仍对赵国的变革产生了影响。

赵烈侯的改革，史籍记载甚略，《史记·赵世家》载：

> 番吾君自代来，谓公仲曰："君实好善，而未知所持。今公仲相赵，于今四年，亦有进士乎？"公仲曰："未也。"番吾君曰："牛畜、荀欣、徐越皆可。"公仲乃进三人。……牛畜侍烈侯以仁义，约

以王道，烈侯遒然。明日，荀欣侍，以选练举贤，任官使能。明日，徐越侍，以节财俭用，察度功德。所与无不充，君说。……官牛畜为师，荀欣为中尉，徐越为内史，赐相国衣二袭。

赵烈侯的改革分为官僚制度和经济制度两个方面：其中"选练举贤"和"任官使能"以及"察度功德"属于改革官僚制度的范围，涉及官吏选拔和任用、考核等方面；"节财俭用"属于财政制度的改革。"任官""使能"和"察度"是法家思想的反映。同时，赵烈侯在改革中也融入了儒家的思想，"贤"和"德"即是儒家思想的反映，从"牛畜侍烈侯以仁义，约以王道"也可以得出这一论点。可见，赵烈侯的改革体现了儒法并重的特点，是荀子"重法隆礼"学说的重要来源之一。

赵烈侯的改革未涉及农业，赵武灵王的改革亦未涉及之，这就使得赵武灵王改革的"霸法"色彩打了折扣，因此胡服骑射虽加强了赵国的军事力量，助长了赵国尚武的风气，但影响却限于军事改革和新占领的戎狄地区。赵国统治的广大地区，延续的仍是赵烈侯改革后的政治局面。

韩国变法的指导思想加入了申不害"道法"的色彩，即以重"势"和"术"治来加强君主权力，虽给韩国带来了近二十年的安定局面，"终申子之身，国治兵强，无侵韩者"[1]，但改革并没有给韩国带来根本性的变革，"新法和旧发互相错杂，官吏得以上下其手"[2]。

因此，从变法以后三国的政治发展态势来看，韩、赵、魏对法家思想的实践，都是不彻底的，这在三晋官吏的选拔和任用中表露无遗。三晋官僚的选拔带有明显的宗族政治倾向，很容易使国家事务带入个人倾向化的深渊，如赵国的平原君给赵国带来了很多负面影响。这时，国君的贤愚就成为国家命运和走向的决定力量。魏文侯和赵惠文王在位期间，魏、赵两国强盛，而魏惠王和赵惠文王死后，魏、赵两国衰亡的历史告诉我们：国君贤明，则宗族势力在国家政治事务中的影响较小；而国君昏聩，则宗族势力的政治影响就大，进而对异姓人才的晋升造成了很大的障碍。从秦与三晋所实行的工商业政策来看，三晋对法家文化的实践也是不彻底的。三晋的魏国只是在李悝变法之初有过重农抑商的政策，此后便不见此政策的实行。赵国的经济类型

① 《史记·老子韩非列传》。
② 郭沫若：《中国史稿》第二册，人民出版社，1979年。

是多元化，决定了赵国的经济政策是多种经济共同发展，然而赵国未能对农业生产给予足够的重视，显然赵国的统治者并没有认识到法家"农战"思想在争霸战争中的重要性，韩国的统治者同样也没有认识到实行"农战"政策的迫切性。

相比之下，战国中期以后的秦国，政治和经济的发展呈现出明显的"霸法"① 倾向。秦孝公在变法之初就抛弃了"王道"，以强国之计治国。商鞅说孝公以"王道"之时，并没有引起孝公的注意，但"霸道"和"强国之术"却促使孝公下定了推行变法的决定。在此后的百年时间里，"农战"思想一直是秦国的国策。在"农战"思想的影响下，秦国的人们在法律的范围之内追求财富名利，谨守秩序，使得社会力量处于国家力量的绝对支配之下，战国中期以后秦国社会所呈现出的"战时体制"便是社会国家一元化的反映。

由此可见，对法家文化的不同实践是导致秦兴三晋灭亡的根本文化原因。

本章小结

本章从区域文化比较的角度，对东方六国的灭亡原因做出了文化上的解释：

楚地发达的民间文化和典型的贵族政治，造就了以个体自由和神巫文化为特征的楚文化。在个性自由和神巫文化的影响下，楚国制度呈现出突出的个体本位观念，这种观念使得楚国在争霸的过程中，往往"自战其地，咸顾其家，各有散心，莫有斗志"②，无法形成凝聚力，导致楚国在抵御外侮和对外扩张方面的威势日渐式微，秦楚之争终以秦胜、楚亡的结局。

齐国在相当长的时间里，政治清明、经济发达，与齐文化中的"民本"思想和"民主"思想有关。在"民本"思想的影响下，齐国在经济上贯彻了"富民"的思想，农工商并举。然而"富民"的结果却助长了齐地的奢侈之风，淫逸导致齐人"怯于公战"，争霸所需要的奋发向上之品格在逐渐地消退。齐国的官吏选用，重亲与尊贤相结合，虽体现了"民主"的思想，齐国也不乏才能之士，但人治的色彩过浓，不仅标准难以把握，也无法避免君主

---

① "霸法"一词来源于《国语·晋语四》："大夫管仲之所以纪纲齐国，稗辅先君，而成霸法"。根据上下文的意思来看，"霸法"当是以富强争霸而制定的法律。

② 《战国策·中山策》。

昏聩给政治生活带来的不利影响。标准操作的难度之大，远远超过以军功为官吏选用标准的秦国。齐文化的"民本"和"民主"特征适用于"民心思定"的"承平之世"，而不适用于列国争霸的"大争之世"。

　　秦与三晋的法家文化虽合称晋法家，但两者也存在着差异，这是导致秦统一六国，三晋最终走向灭亡的重要原因。我们发现：韩国的变法用的是"道法"，侧重点是加强君对臣的统辖关系；赵、魏两国在变革中也实行过和秦国类似的"霸法"措施，然从三晋各国变法的主体指导思想和变法后的政治发展方向来看，三国的政治呈现出的"儒法"倾向，较之秦国明显，较之齐国则显不足。这一特征是秦与三晋在实践法家文化时的最大区别，同时也是晋自建国以来政治和文化环境影响的结果。三国政治中的"儒法"倾向，是三晋的宗族政治得以延续的土壤，其导致的结果是三晋人才大量流失，三晋文化中萌生出来的新文化因子，"或在有益于三晋而后入秦，或因没适宜的生长发展的土壤而移植于秦，接受三晋文化影响之后的秦文化终以一强而吞六国"①。

---

① 山西省史志研究院编：《山西通史·先秦卷》，山西人民出版社，2001 年，第 645 页。

第三章　诸子学说在秦统一事业中的作用

秦献公结束了躁公以来秦国百年混乱的局面，对内实行改革，对外重新确立了东进战略，并夺回一些原属秦国的河西之地。孝公接过父辈的事业，欲吞并整个河西之地。然而秦国贫弱的局面在短时间内无法改变，迫使秦孝公招贤变法图强，揭开了战国中期以后秦国招揽人才的序幕。纵观战国中期至秦统一前后，一百多年的时间里，大量人才涌入秦国，促进了秦国学术文化的繁荣，为秦国的统一事业做出了重要贡献。

第一节　战国中期以后秦学术发展的动力

秦的统一事业可大致划分为"中兴""霸业"和"帝业"三个时期：
中兴时期历经献公、孝公和惠文王前期。献公和孝公致力于"富国强兵"，增强秦国的经济和军事实力；经过三代秦君的努力，在惠文王前期，秦国夺取河西地区，在一定程度上恢复了秦穆公时期的疆域，故笔者把这一时期称之为"中兴"时期。

惠王到庄襄王时期，是秦国统一事业中的"霸业"时期。霸业时期为秦君"称王"和"称帝"提供了坚实的政治资本。这一时期秦国不断向外扩张，把霸业推向了高潮：公元前306年，秦国占领巴蜀地区；前278年，郢被攻破，楚国被迫迁都，秦占领江汉平原；公元前260年，秦赵长平之战，40万赵军被坑杀。此役赵国精锐基本丧失殆尽，无力与秦国争夺天下；公元前256年秦灭周室，"九鼎入秦"，六国向秦国朝贺，魏国"委国听命"。公元前249年，随着成皋和荥阳的夺取，秦国东进的最后一道障碍扫清之后，统一六国只是时间上的问题了。

"帝业"时期从秦始皇（公元前246年之后）开始，至秦灭亡为止。秦始皇在平定了内患之后，又用了几十年的时间，于前221年统一六国。秦国一跃成为统一的多民族的秦帝国，并通过一系列的措施，巩固了统一的成果。

纵观秦国的统一事业，与军事实力的强大、雄厚的经济以及政府的高效运作是分不开的。秦国通过富国强兵实现了经济军事实力的飞速提升，正确处理了君臣关系，从而保证了政府的高效运作。秦统一六国前后，在吸收各派学说的基础上，结合自身实际，探索出天下统一的政治模式，为后世所借鉴。

诸子学说不仅在"富国强兵""君臣关系"等重大理论问题上为秦国提供了解决方案，而且有些学派的人物还直接参与了秦国的经济、军事和其他事业之中，这就为秦国学术文化的繁荣创造了良好的人文环境和社会基础。

表3-1-1辑录的是对秦国统一事业有重要贡献，有籍可考且有学派归属明确的入秦人士。

表3-1-1 战国中期以后入秦的诸子代表

人名	国籍	学派	事迹与贡献	文献出处
商鞅	卫	法家	助孝公变法，五年后秦国富强。将兵伐魏，杀魏公子卬。	《史记·商君列传》《盐铁论·非鞅》
尸佼	晋	法家	商鞅之客、谋士。"凡鞅谋事、计划、立法、理民，未尝不与佼归也"。	《史记·孟荀列传》集解引《尸子》
张仪	魏	纵横家	相惠文王，经常为秦出使六国，破坏六国之间的结盟，缔结各国与秦国的联盟。将兵取楚之汉中地，拔三川之地。	《史记·张仪列传》与《战国策》相关篇章。
陈轸	夏	纵横家	事惠文王。	《战国策·秦策一》

人名	国籍	学派	事迹与贡献	文献出处
公孙衍（犀首）	魏人	纵横家	惠文王之大良造。五年攻魏，杀魏将龙贾，取雕阴。受张仪排挤，离开秦。于张仪卒后，复入秦，"尝佩五国之相印，为约长。"	《史记·秦本纪》《史记·苏秦列传》《史记·张仪列传》
甘茂	楚	学百家说	武王左相，攻取韩国之宜阳，斩八万。取楚之襄城，斩两万，杀楚将景缺。	《史记·楚世家》《史记·甘茂列传》
腹䵍	？	墨家	事惠文王。	《吕氏春秋·去私》
唐姑果	？	墨家	事惠文王。	《吕氏春秋·去宥》
范雎	魏	纵横家	事昭王，逐华阳，强公室，提出"远交近攻"的外交策略，对整个昭王时代产生了重大影响。	《史记·范雎列传》《战国策·秦策》
蔡泽	燕	纵横家	继范雎之后，任昭王之相邦，助昭王"东收周室"。秦王政时，为秦使燕。	《史记·蔡泽列传》
荀子	齐	儒家	昭王时赴秦，旋去。	《史记·荀卿列传》
韩非	韩	法家	其学说被始皇帝采用，成为秦朝各项统一措施的蓝本。	《史记·韩非列传》《史记·李斯列传》《史记·秦始皇本纪》
李斯	楚	法家	始皇帝丞相，助始皇帝最终完成了统一六国的任务，并规划了秦朝的各项巩固统一的措施。	《史记·李斯列传》
吕不韦	濮阳	杂家	庄襄王、秦王政之相国，灭东周，著《吕氏春秋》，以为秦统一做参考之用。	《史记·吕不韦列传》

续表

人名	国籍	学派	事迹与贡献	文献出处
茅焦	齐	儒家	嫪毐之乱后，秦始皇将太后迁居雍，茅焦力谏秦王应迎太后以尽孝道，避免了"诸侯闻之，由此倍秦"的结果，被秦王封为上卿。	《史记·秦始皇本纪》《史记·吕不韦列传》
顿弱	不详	兵家	提出欲统一六国，必先灭韩魏；以重金贿赂六国重臣，以除去对秦国威胁大的将领。	《战国策·秦策三》
尉缭	魏	兵家	亦提出用重金收买六国之大臣，"以乱其谋"。后任秦王政之国尉，助秦始皇"竟并天下"。	《史记·秦始皇本纪》

　　我们从表3－1－1可以得到如下信息：入秦诸家学派的人士中，涵盖了法家、纵横家、兵家和墨家、儒家等学术派别。但不同国君在位期间，各家学派在秦国政坛上的活跃程度却存在着差异。墨家主要活跃于惠文王在位的前期，纵横家活跃在惠文王的后期、武王以及昭襄王时期，法家活跃于孝公和秦王政在位时期。虽然以上情况并不能反映秦国学术发展的全貌（笔者会在下文涉及各家学说在秦国发展情况），但是我们有理由认为：秦国在"中兴""霸业"和"帝业"三个时期，对各派学说的需求是有所侧重的。这也就是说，各派学说与其代表人物，在统一的三个不同时期，其所做出的贡献大小是不能等量齐观的。

　　以上所论，我们可以得到一个总体的认识：秦国学术事业是伴随着秦国统一大业的逐步推进而不断向前发展的，学术文化在秦的统一事业中发挥了重要作用。学术文化对秦的统一事业产生了什么影响，则需要具体落实到每个学术学派和每个阶段的时代特征之中，以下四节即是对这一问题的研究。

第二节　商鞅学派在秦国的实践及其影响

法家是以实践家的身份出现在战国中期以后秦国政治舞台之上的，在推进统一事业的同时也在不断地完善自己的理论和学说，形成了秦国的法家学派——商鞅学派，本章姑称之为"秦法家"。

一、富国强兵：孝惠时期经济军事实力的提升

献公的改革虽使秦国的国力得到恢复，在秦魏西河之战中略有小胜，然而至孝公即位之时，秦国政治、经济与文化的落后面貌并没有得到根本的转变。在东方六国的眼中，秦国仍是"夷狄"之邦。这种情况迫使孝公变法图强，"今吾欲变法以治，更礼以教百姓"[1]。于是便有了商鞅入秦变法的历史事件。商鞅在秦国实行了一系列"富国强兵"的政策，农战并举，推动了秦国经济军事实力的飞速提升。

（一）精简官员与提高工作效率

经济军事实力提升的前提是精简政府官员和提高工作效率。

"富国强兵"的一个重要内容就是要建立一个强大的农业国家，商鞅认为：建立一个强大的农业国家，要提高官府的行政效率和杜绝营私的邪官。《商君书·垦令》：

> 无宿治，则邪官不及为私利于民，而百官之情不相稽。……邪官不及为私利于民，则农不败，农不败而有余日，则草必垦矣。

商鞅在讨论如何开荒辟野的《垦令篇》里，第一项就大加批评这两种现象。由此推论，在当时秦国政府的机构中，可能存在着稽延公务和拖积公文

---

① 《商君书·更法》。

的现象。要杜绝邪官，因为他们是败农败业的根源。"邪官不及为私利于民，则农不败"，"官无邪则民不敖，民不敖则业不败"①。

商鞅在《垦令》篇中提出要精简官员，以减少农民对国家的负担：

>……则官属少而民不劳。……官属少，征不烦，民不劳，则农多日。农多日，征不烦，业不败，则草必垦矣。

商鞅认为精简政府官员，就不会频繁地增加苛捐杂税，老百姓就不受骚扰，这样就有利于农业的发展。

（二）经济实力和军事力量的壮大

经济实力的壮大主要取决于农业的发展。

史书并没有记载商鞅是否实行了重农抑商的政策，但是从《商君书》的早期作品中可以看到，商鞅当是一位重农抑商的主张者。在《垦令》里，他开列了许多抑商的办法，然而抑商并不是意味着不发展商业，这在本书的第一章已作了较为详细的论述。抑商的主要目的是增加农业劳动力。裁抑商人，可将商人转为农，"无裕利则商怯，商怯则欲农"。

增加农业劳动力，除了逼迫商人成为农业生产者之外，还有以下途径：商业被抑制，其佣人就会转业为农，开设旅馆的人也会转业为农，"庸民所于食，是必农""一逆旅之民无所于食，则必农"。要让懒散、贪欲的人以及有钱人的子弟转业为农，"恶农、慢惰、一倍欲之民无所于食；无所于食，则必农""余子不游事人，则必农"。农民的数目增加，农业也自然发达起来。这是发展农业的一项重要举措。

如何让农民专心务农？一种途径是"农无得籴"，"农无得籴，则众惰之民勉疾"。禁止农民购买米粮，懒惰的人只有耕种才能自食其力。另一种途径是隔绝农民与知识的关系，"博闻、辩慧、游居之事，皆无得为，无得居游于百县，则农民无所闻变见方。农民无所闻变见方，则知农无从离其故事，而愚农不知、不好学问。愚农不知、不好学问，则务疾农"②，愚农蒙昧无识，只知农业，就不会生异心，而只能专心于农耕。

---

① 《商君书·垦令》。
② 以上诸条均见《商君书·垦令》。

规划及支配土地，最大限度地利用土地中的经济价值，使其有效地被转化为国家的生命和血脉，商鞅车裂后的第一代继承者拟出了一份土地利用的"规划书"。《商君书·算地》：

> 故为国任地者，山林居什一，薮泽居什一，溪谷流水居什一，都邑蹊道居什一，恶田居什二，良田居什四，此先王之正律也。故为国分田，小亩五百，足待一役，此地不任也。方土百里，出战卒万人者，数小也。此其垦田足以食其民，都邑遂路足以处其民，山林薮泽溪谷足以供其利，薮泽堤防足以畜，故兵出粮给而财有余，兵休民作而畜长足，此所谓任地待役之律也。

可将引文的内容制成表3-2-1：

表3-2-1《商君书·算地》的土地规划

土地项目/单位	调配	供养目的
每500小亩（50,000方步）	每年支援一次战役	供应粮食
每100平方里	每年征调一万名军人	提供军力
山林	占总单位面积百分之十	供其居
薮泽	同上	
溪水	同上	
邑道	同上	供其居
恶田	占总单位面积百分之二十	养其民
良田	占总单位面积百分之四十	

如表3-2-1所反映的那样，秦法家认为：农业生产的最高目标并不是供养自己的人民，而是国家借助人民的粮食去从事战争，战胜敌人。由此可以看到，秦国通过商鞅变法二十年的积累，经济实力的上升，使其掌握了对外战争的主动权。所以商鞅死后，其事业的继承者适应了秦国形势发展的需要，其农战并举的主张开始向"军战第一、农耕第二"转变。

商鞅主要通过什伍制度和优待军功者的途径，来提高军队战斗力。

商鞅提出，"凡战法必本于政胜"，即战争的胜利取决于政治的胜利。政治胜利的标志是，民众以君主的意志作为自己的意志而无纷争。商鞅认为，只有依赖法度，教育全体国民，贯彻作战的精神，坚强作战的意志，胜利才属于己方，《立本》："兵生于治，俗生于法。""强者必刚斗其意，斗则力尽，力尽则备，是故无敌于海内。"军事来自政治，风气习俗出自法度，唯有强者才能运用政治及法度凝聚百姓的意志和作战的能力，以致四海无敌。然商鞅变法前，秦国民间私斗成风。故秦国虽有尚武的风俗，但不能为国家所用，无将凝聚民众的战斗力。"王者之政，使民怯于邑斗，而勇于寇战"①，商鞅要求统治者采取措施使老百姓不敢械斗而勇于杀敌。措施是：制定严刑峻法，并通过"什伍"制度相互告发，使百姓心存畏惧，以达到制止械斗和凝聚战斗力的目的。

商鞅认为有军功者应有特殊的优待，这种优待反映在论罪与死后的荣誉之中。

军人若有诉讼，不归一般官吏审判，由军事法庭审理，《境内》："其狱法，高爵昔下爵级。"军人有诉讼，则爵位高者审判爵位低者，不通过一般官吏。似此制度，极可能是在维护军人的尊严，保护军功者的形象。《境内》："爵自二级以上，有刑罪则贬；爵自一级以下，有刑罪则已。"有爵者有罪，只是降爵一级而已，刑罚并不很重，可见军人犯罪，可从宽。

死后的荣誉是"小夫死，以上至大夫，其官级一等，其墓树级一树。"②从小夫至大夫，如果逝世了，他的官爵每高一级，墓上就多种二棵树。换句话说，墓上植树愈多，表示死者军功愈大；反之，其军功也愈少。

（三）法家的"名利观"——富国强兵的保证

儒墨学派有关"义利观"的论述，为法家"名利观"学说的最终形成提供了思想来源，由此推动了富国强兵在秦国的施行。

儒家认为，义并不是一个单独的道德条目，而是应当、适宜、合适的行为方式，包括道德规范和道德要求。如《孟子·离娄上》："义，人之正路也"。"义"，就是追求天道和实现"天性"的行为，只有这样的行为是最应

---

① 《商君书·战法》。
② 《商君书·境内》。

当、最适宜的。在通往天道的台阶上，人在现实生活中的一言一行、一举一动都要实施"仁"。"利"，是指不应该得到可供生活和消费的物质。即，"利"是指个人去刻意追求的东西，即不应当、不适宜的行为方式。尽管儒家认为追求富贵是人的本性，"富与贵，人之所欲也"，主张君主应把解决人民的物质生活放在首位，但在儒家义利观中，是否有利并不是最重要的问题，"义"与"利"的关系才是义利观的核心所在。"利"要落到"义"上。彭更曾问孟子："后车数十乘，从者数百人，以传食于诸侯，不以泰乎？"孟子回答："非其道，则一箪食不可受于人；如其道，则舜受尧之天下。"① 可见，孟子并不在乎利大利小，关键在于是否有义，有则利再大不为过，无则利再小也不能受。在儒家思想中，义占据着举重若轻的地位，对"利"的追求与获取，不仅要受"义"的制约，必要的时候，因"义"而要放弃"利"，这就是儒家重义轻利的价值取向。

与儒家不同，墨家是以利为先，义利并重。墨家在"尚利"的同时，又提出"贵义"："万事莫贵于义""贵义于其身"。儒家是强调"义以生利"的，而在墨子这里，"天下之利"才是最终目的，而道义、原则只是达到这一目的的途径和手段。他们所倡导的"兼相爱、交相利"，是一种利他主义，公而忘私。墨家的最终目标在于实现"治"和"富"。

法家从社会生活的实际出发，认为人是生而自私自利的，人与人之间就是一种经济利害关系。法家正是在批判地吸收了儒墨学说有关"义利观"的学说之后，制定出各种刑赏措施进行利益导向，从而调动民众耕战的。法家一方面将人与人之间的关系都视为一种利害关系，另一方面从战争的现实需要，完善了墨家学说中的"义利观"，把是否有用作为判断社会行为的价值标准。"夫言行者，以功用为之的彀也。"妄发，虽中秋毫，不谓善射，"无常仪的也，设五寸之的，引十步之远，非羿逢蒙不能必中者，有常也。故有常则羿逢蒙以五寸的为巧，无常则以亡发之中秋毫为拙。今听言观行，不以功用为之的彀，言虽至察，行虽至坚则妄发之说也。"② 在秦国，"功用"就是农耕和为国征战，"彀"就是富国强兵。以功用为之的，正是法家思想关于"名利观"最基本的内容。

正是在法家"名利观"的引导下，一系列的赏罚措施在秦国实施，为秦

---

① 《孟子·滕文公下》。
② 《韩非子·问辩》。

国的富国强兵提供了保障。经商鞅变法之后的秦国，出兵伐魏，最终在与魏百年河西拉锯战中取得主动权，为打开东进道路提前奠定了胜局。

二、民力的集中和使用：惠王至庄襄王时期的霸业

尽管惠王至庄襄王时期的秦法家也强调农业生产的重要性，但其学说的侧重点已放到了"战"的问题，当与惠王以后秦国的对外战争次数多且规模大有关。这一时期战争的军队动员数量以及经济损失和伤亡代价，都是空前的。兵员和粮食是战争的关键，而民力又是解决兵员和粮食的关键。在秦法家前辈"民力说"的基础上，商鞅的第二代后继者面对日益扩大了的统一战争，对如何最大限度地集中和使用民力提出了一系列主张，从而把秦国的霸业推向了高潮。

（一）民力的补充和集中

惠王之后，战役之间的时间间隔越来越小，显然对兵员和粮食提出了更高的需求：要在最短时间内使兵员得到补充，储备更多的战争物质，同时还要保证从事农业的劳动力之数量。而关中的土地和人力显然是不能满足连续战争需要的：秦国可开垦的土地面积广大，但人口少。尤其是兵员的问题，尽管这一时期秦国对外战争捷报频传，歼灭了六国大量的有生力量，但秦国的兵员伤亡也是巨大的。有限的劳动力和兵员对秦国的霸业构成了制约，故而如何补充和集中民力成为这一时期法家亟待解决的问题。

为了开发秦国的土地，提高秦国的生产力和战斗力，这一时期的秦法家提出了移民计划，通过吸纳关东民众以补充民力，《商君书·徕民》：

> 今王发明惠，诸侯之士来归义者，今使复之，三世无知军事。秦四境之内，陵阪丘隰，不起十年征，著于律也。足以造作夫百万。曩者臣言曰："意民之情，其所欲者田宅也，晋之无有也信；秦之有余也必。若此而民不西者，秦士戚而民苦也。"今利其田宅，而复之三世，此必与其所欲，而不使行其所恶也。然则山东之民无不西者矣。

移民计划的内容是：三晋移民来归者三代免地租、免徭役，不必服兵役，如果移垦地是山陵、坡腹、小丘及洼角，则十年不征收其赋税。商鞅学派认为，这份计划书将能战胜三晋，使他们的人民纷纷西来，为秦国的土地流血流汗。

移民计划的实质不脱离"战"，吸纳境外之民从事农耕，为国家提供粮食。这样就腾出秦地旧有的人民从事于军战，为国家立军功。在"用民二分法"的指导下，秦可以随时进行战争动员，实行外线作战，而不会担心国内的农业生产。移民计划使六国损失大量劳动力，农业生产受到严重破坏的同时，也造成了兵员的枯竭，农业和兵员是国本，由此六国逐渐丧失对秦作战的资本。

移民计划在秦国确实得到了实施，大量的三晋人民移入关中和其他秦占领的区域，有效地缓解了秦国兵员和农业生产者不足的情况。随着三晋民众涌入关中，商鞅的第二代后继者则根据变化了的国情，对土地规划书进行了完善，以提高土地单位面积内所承载的民众数量。移民计划和新的土地规划书，对于粮食和兵员问题的解决起到了至关重要的作用，有力地推动了秦国的霸业。

掌握国家资讯，是这一时期秦法家对于如何集中民力所提出的重要主张，而实现这一主张的关键是户口制度。

《商君书·去强》：

> 举民众口数，生者著，死者削。民无逃粟，野无荒草，则国富，国富则强。

户口制度是在商鞅时代订定下来的，反映了户口登记对农业生产和国家强大的重要性，但在商鞅期间，户口对国家富强的重要性并没有得到具体的阐述。惠、武至昭王时期的秦法家在前辈论说的基础上，对户口的具体作用作了交待：

户口可以让国家掌握"壮男壮女之数""老弱之数""官士之数""以言说取食者（游客）之数"等人口年龄、职业方面的确切讯息。掌握职业讯息，可以知道农业人口在全民中所占的比例，"百人农，一人居者王；十人农，一人居者强；半农、半居者危。"① 掌握了年龄讯息，不仅能够合理地安排从事农业生产劳动者，而且在战争期间，可以把民众按年龄和性别组成不同的军事力量，充分发挥他们在战争中的不同功用。《商君书·兵守》：

> 三军：壮男为一军，壮女为一军，男女之老弱者为一军，此之谓三军也。壮男之军，使盛食、厉兵，陈而待敌；壮女之军，使盛食，负垒，陈而待令……；老弱之军，使牧牛马羊彘，草木之可食者，收而食之，以获其壮男女之食。

可见，国家信息的掌握有助于集中民力从事农业生产和战争。

（二）民力的使用和消耗

孝公至惠王在位前期，秦法家"一切的政治理想、计划和措施似乎还相当的'实际'和'朴素'，对民情还相当的照顾"，从惠王后期，秦法家"思想及态度似乎已有转变，特别是对待人民这方面"②。

> 贫者使以刑，则富；富者使以赏，则贫。治国能令贫者富，富者贫，则国多力，多力者王。③

商鞅学派认为：用刑罚逼迫贫穷之人，竭力劳动，使他们渐趋于富有；当其富有之后，国家就用官爵等办法鼓励他们捐献粮谷，逼迫他们濒临贫困。然后"依法炮制"，如此循环使用，这样国家就会拥有雄厚的实力，成为强国。如此做法，无疑是在启示当政者，民力集中后，还必须掌握如何"利用人民"的方法，始终把人民固定在土地上，这样国家才能真正达到强盛。

秦法家还提出，当国家强盛和人民生活富裕的时候，国家要役使人民去作战，把"毒"输给敌国。《商君书·去强》：

> 国强而不战，毒输于内，礼乐虱官生，必削；国遂战，毒输于

---

① 《商君书·农战》。
② 郑良树：《商鞅及其学派》，第198页。
③ 《商君书·去强》。

敌，国无礼乐虱官，必强。

只有把毒害都输给敌国，让人民恢复贫弱，国家才能保持强大的实力。否则"毒害内输"，国家就会削弱。

根据《史记》所记载的数字统计，从献公改革至秦始皇即位以前，秦国斩杀六国军队的数量在 150 万以上。根据这个数字估算，秦国在一百多年的战争中，兵员损失也是很高的。除兵员损失之外，物质的消耗也是巨大的。尤其是秦魏雕阴大战、伊阙之战和秦赵长平之战等重大战役，战争物质除部分是缴获之外，大部分还是由秦地提供。这是我们理解秦国在惠文王之后，秦法家主张"输毒"给敌国，把民力使用达到极限的重要原因。

如何保证民力使用在达到极限的情况下，不会发生民众危害农战政策的行为。这一时期秦法家在赏罚的问题上出现了"重刑厚赏"和"重刑轻赏"两种意见。"重刑厚赏"是商鞅时期秦法家在刑罚问题上的主导思想。但在商鞅的第一代继承者中，就已经有人对刑赏的认识和理解发生了变化，如《算地》："夫刑者所以禁邪也，而赏者所以助禁也。"刑、赏并行的同等地位和价值已经开始被质疑，只有刑罚才是治国最重要的工具，而赏赐只是被利用来辅助刑罚的一种工具罢了，成为这一时期秦法家"重刑轻赏"主张的思想来源。

《去强》篇集中阐述了这一时期"重刑轻赏"的观点："刑多，则赏重；赏少，则刑重。"意思是说：刑罚项目多，赏赐项目少，就显得赏赐很重；赏赐项目少，刑罚项目多，就显出刑罚很重。《去强》还认为："王者刑九赏一，强国刑七赏三，弱国刑五赏五"。从赏罚的分量上讲，用刑九分重，用赏一分重的话，国家就可以称王；用刑七分重，用赏三分重，国家就会强大；用刑五分重，用赏也用五分重，国家就会削弱。从赏罚的事情数量来讲，即有九件事让人民得到刑罚，而只有一件事会使人民得到赏赐，那么，国家就可以称王；有七件事让人民得到刑罚，而有三件事会使人民得到赏赐，那么，国家就只能称强而已；有五件事让人民得到刑罚，也有五件事会使人民得到赏赐，那么，国家就会削弱。这里涉及刑罚轻重和多少的问题。

持"重刑厚赏"观点的认为：

> 其赏少，则听者无利也；威薄，则犯者无害也。故开淫道以诱之，而以轻法战之，是谓设鼠而饵以狸也，亦不几乎？故欲战其民

者，必以重法。赏则必多，威则必严，……赏多威严，民见战赏之多则忘死，见不战之辱则苦生。[①]

赏赐必须多而且重，刑罚必须重而且威，那么，人民就会忘死乐战，国家当然也就强大了。

两派意见虽有分歧，但"殊途同归"，都是立足于"战"。通过"刑"和"赏"两种手段，达到百姓为君立功，使百姓与君主利益保持一致的目的。秦国尚功政策的引导，推动了秦地功利思潮的蔓延。

从秦统一六国和秦帝国灭亡的历史发展事实来看，显然是"重刑轻赏"一派占了上风，成为后来秦法家赏罚的主导思想。完成于秦始皇即位至统一六国之前的《赏刑》篇提出了一套刑罚的理论，内容如下：

> 所谓壹刑者，刑无等级，自卿相、将军以至大夫、庶人，有不从王令、犯国禁、乱上制者，罪死不赦。有功于前，有败于后，不为损刑。有善于前，有过于后，不为亏法。忠臣孝子有过，必以其数断。守法守职之吏有不行王法者，罪死不赦，刑及三族。周官之人，知而讦之上者，自免于罪，无贵贱，尸袭其官长之官爵田禄。故曰：重刑，连其罪，则民不敢试。民不敢试，故无刑也。
>
> 夫先王之禁，刺杀，断人之足，黥人之面，非求伤民也，以禁奸止过也。故禁奸止过，莫若重刑。刑重而必得，则民不敢试，故国无刑民。国无刑民，故曰：明刑不戮。

这里有三点是值得我们注意的：一是死罪的范围。不从王令、犯国禁、乱上制，及守法守职之吏有不行王法者，全部判决死刑；最后的一种人甚至"刑及三族"。二是用刑的范围。刑罚不分等级，上自卿相将军，下至大夫庶人，都在用刑的范围内，都一律不能免刑。三是不得亏法减刑，知法犯法的"守法守职之吏"罪加三级，"罪死不赦，刑及三族"。刑罚程度加重，用刑范围加广，自然会产生巨大的阻吓作用，这对于后来秦始皇集中民力对六国进行最后一击显然是有利的，但对统一六国之后民众的治理却留下了隐患。

---

① 《商君书·外内》。

三、气力和法术势：天下统一秩序的探索和实践

经献公至庄襄王等几代秦君的努力，秦始皇只需对六国进行最后的一击就可一统天下了。同时，秦统一六国后如何进行统治"天下"，也提上了议事日程，《吕氏春秋》首开探索统一秩序的先河。秦统一六国前后的秦法家，在入秦的韩非思想的影响和启发下，对如何确立天下秩序进行了探索和实践。

在如何完成统一的问题上，秦法家认为实现统一必须靠力而非仁义。"兵出而无敌，令行而天下从。"① 入秦的韩非更是常言"兼天下"，鼓吹"当今争于气力"和"无事则国富，有事则兵强，此之谓王资"②。调动和使用民众是完成统一的关键环节。秦法家除了继续主张"重刑轻赏"驱使民众外，还出现了"重刑不赏"的主张，当是"重刑轻赏"发展到极端的反映。《商君书·画策》曰：

> 故善治者，刑不善而不赏善，故不刑而民善。不刑而民善，刑重也。刑重者，民不敢犯，故无刑也，而民莫敢为非，是一国皆善也。故不赏善而民善。

《画策》的作者认为：刑罚一定要重，重得"民不敢犯"，那么，刑就不用，而"一国"也就"皆善"了。这里的"善"，当是民力使用达到极限的反映。

由此可见，随着统一战争进程的加快，战争越来越残酷，秦法家为最大限度地使用民力，其主张亦趋于激进，在促成秦统一局面的同时，也为帝国的灭亡埋下了伏笔。

确立天下统一秩序的重点是君主专制和中央集权。韩非要求君主要集权于一人，"独制四海之内"③，而且要"事在四方，要在中央。圣人执要四方来效。"④ 显然，法家主张的大一统局面是建立在专制主义和中央集权制度基

---

① 《商君书·画策》。
② 《韩非子·五蠹》。
③ 《韩非子·有度》。
④ 《韩非子·扬权》。

础之上的。

作为君民之间的媒介——人臣，其角色在确保专制主义和中央集权的制度中，是极为重要的。法家极为重视臣的作用。《韩非子·难二》说："凡五霸所以能成功名于天下者，必君臣俱有力焉。"只有君臣齐心协力，国家才能大治。《韩非子·功名》曰："人主之患在莫之应，故曰：一手独拍，虽疾无声。"国君发布命令，臣下认真实施，这是国家得到良好治理的前提。没有众臣的协助，人主一人无论有怎样的才智，无论怎样勤于政事，都不可能实现大治。尧之所以能够南面而守名，舜之所以能够北面而效功，是"众人助之以力，近者结之以成，远者誉之以名，尊者载之以势"的结果。

臣的作用固然重要，但君臣之间存在着的利益冲突，是导致国家混乱的根源之一。商鞅变法之前，庶长是国家的执政，掌握着选择君主的权力，秦君成为傀儡，随时会被废除，甚至被杀害。如《史记·秦本纪》："惠公卒，出子立。出子二年，庶长改迎灵公之子献公于河西而立之。杀出子及其母，沈之渊旁。"战国时期燕国、楚国、赵国等国发生的内乱，重则失国，轻则国削的教训，与其国中贵族势力日益坐大，国君权力相对弱小的君臣权力结构体系之关系可谓重大。如燕国，贵族子之在燕国的雄厚势力当是发生"禅让"事件的主要原因，而"禅让"事件直接导致了齐国伐燕，燕国几乎亡国的恶果。此外，秦国两大权臣魏冉和吕不韦虽然对秦的统一事业做出了重大贡献，也在一定程度上构成了对秦王权力的威胁。这些情况，对秦国的统治者都有所警醒。

"术"治是防范臣子专权的重要手段。法家的"术治"理论来源于道家后学——黄老学派的"王术"观念（见本章第四节），其核心是"循名责实"。

在法家"循名责实"的思想下，秦国建立了一套官吏的考课制度。秦律中除《法律答问》《封诊式》外，其他各种法律实质都是政府的各种规章制度，关于官僚职责、权力、效能、考课、劳绩等，在此均有详尽的规定，这些规定既可使官吏最大地限度地追求利益，又可以使他们的利益追求控制在君主许可的范围内。

要做到"循名责实"，必须要对政府的各项制度及其管理机构的职责进行明确和规范。秦在统一前后所进行的"作新名"运动，体现的正是"循名责实"对政权建设的要求。

围绕着职官制度，秦在统一前后存在着一个大的"作新名"计划。王健通过对秦统一前后三公九卿的名称变动证实了这一看法。[①] 秦朝职官制度中，"三公九卿"是核心。三公九卿名称的变动主要有以下几种情况：

"循于旧名"，如秦九卿当中仅有太仆一职名来自周制。

"作新名"：如太尉。以尉称呼军事长官是战国通制，战国时代各国的最高军事长官是国尉，如《史记·廉颇列传》：赵惠文王二十九年，"赐奢号马服君，以许历为国尉"。秦昭王后期用白起为国尉。但"太尉"一名却是秦制度所独创的。《吕氏春秋·孟夏纪》："命太尉赞杰俊，遂贤良，举长大，行爵出禄，必当其位。"班固在《汉书·百官公卿表》中说："太尉，秦官。"

还有一种情况是荀子未能言明的，就是"取于时名"。例如秦官名直接采用战国流行时名的，有"少府"；局部采用时名的，有"郎中"、太尉名称中的"尉"等。

从上述名称的变动来看，秦中央职官制度命名的原则是从实求名，即根据官员的职掌内涵来命名，这是秦官命名的主要思路。与后世中央皇朝行政部门官职相比，九卿类的官职"皆因行政需要而自然生长出来的"，"在名称上依然保持了原生状态"[②]，远没有后世官名那么整齐划一。

我们从玺印中可以看到秦朝地方职官的命名，其遵循的原则也是"从实求名"。如"代马丞"（图3-3-1.1）和"栎阳右工室丞"（图3-3-1.2)[③] 等。

1.代马丞印　　　　　　2.栎阳右工室丞

图3-3-1　秦印所见地方职官

（摘自周晓陆、路东之《秦封泥集》）

---

① 王健：《名学思潮与秦朝制度文化创新发微》，《秦文化论丛》（第十二辑）。

② 王健：《名学思潮与秦朝制度文化创新发微》。

③ 两玺均著录于傅嘉仪主编《新出土秦代印集》（西泠印社，2002年），编号分别为92、97。代，指代郡。代郡自古盛产良马。"代马丞印"为代郡专门管理马政事务的官吏用印；"栎阳右工室丞"为秦设在栎阳的工室官所用之物，见陈光田：《战国玺印分域研究》，岳麓书社，2009年，第347页。

国君是通过"势"来实现"术"治的：

> 凡知道者，势、数也。故先王不恃其强，而恃其势；不恃其信，而恃其数。……得势之至，不参官而洁，陈数而物当。今恃多官众吏，官立丞、监，夫置丞立监者，且以禁人之为利也。而丞监亦欲为利，则何以相禁？故恃丞监而治者，仅存之治也。通数者不然也。别其势，难其道，故曰：其势难匿者，虽跖不为非焉。故先王贵势。①

国君通过权势，控制及传达命令给各阶层的官吏，从而实现"术治"。法律仍是这一时期秦法家关注的重点。完成于秦统一六国之后的《定分》说：

> 今法令不明，其名不定，天下之人得议之。其议，人异而无定。人主为法于上，下民议之于下，是法令不定，以下为上也。此所谓名分之不定也。夫名分不定，尧、舜犹将折而奸之，而况众人乎？此令奸恶大起，人主夺威势，亡国灭社稷之道也。

法律的条文一定要写得明白，各种规定一定要弄清楚。只有这样，百姓才能看得清楚明白，没有"议论"的余地，如此的话，"奸恶"才不"起"，人主才有"威势"。法律必须明白易懂之外，还必须健全各级法官组织。《定分》：

> 为法令，置官吏朴足以知法令之谓者，以为天下正，则奏天子。天子则各主法令之，皆降受命，发官。……天子置三法官，殿中置一法官，御史置一法官及吏，丞相置一法官。诸侯郡县皆各为置一法官及吏，皆比秦一法官。郡县诸侯一受禁室之法令，学问并所谓。吏民知法令者，皆问法官。

整个国家的法官组织应该是：中央要设立三位大法官，一位在天子殿里，供天子咨询，并协助天子制定各种法律；一位在御史衙门里（外加一法吏），

_____

① 《商君书·禁使》。

一位在丞相衙门里，分别为御史及丞相衙门作咨询。地方上的郡县，要设置地方法官及法吏，由天子委任派遣。

完成于秦始皇统一六国之后的《君臣》篇是对法家"法""术"和"势"学说所作出的最好概括：

> 处君位而令不行，则危；五官分而无常，则乱，法制设而私善行，则民不畏刑。君尊则令行，官修则有常事，法制明则民畏刑。法制不明，而求民之行令也，不可得也。

通过对法术势的整合，秦法家完成了对"天下统一秩序"——国家最高权力结构的建构：最高权力结构由"君""官"和"法"三个部分组成，其中国君地位是最尊贵的，"官"及"法"都是为国君服务的。"官"各有职守，按照君命行事；至于法律，"法令者民之命也，为治之本也，所以备民也"①。法律用来防备人民作恶，是治国的根本，因此必须让人民产生对法的畏惧。

以上所述，统一过程中的秦法家在各个阶段，其关注点和侧重点是不同的：孝公和惠文王前期以富国强兵为己任，农战并举，并通过一系列的措施来实现这一主张；惠文王称王以后，法家的关注点由农战并举转移到了"战"的问题，对推动秦国霸业以及统一六国起到了关键性的作用；秦国的权臣在推动秦国的霸业的同时，又给秦国造成了消极影响，因此在秦统一六国前后，君权的维护成为法家的关注点，在韩非学说的影响下，秦法家在完成"天下统一秩序"构建的同时，扩展了君主的权力。各个阶段关注点的不同，充分说明了秦法家学说与秦统一事业具有同步性。

第三节 纵横家、墨家和兵家在秦统一事业中的贡献

纵横家、墨家和兵家也是以实践者的身份参与到秦国统一事业之中的。

---

① 《商君书·定分》。

同时，纵横家、墨家和兵家的学说也适应了秦地功利思想和残酷军事斗争的需要，并汇流于秦思想的长河中。

一、纵横家的活动及其功利思想

惠文王后期（称王之后）至昭襄王时期，是纵横家们在秦国政坛上的活跃期。他们的活动和主张推动了秦国的霸业。

（一）纵横捭阖：纵横家在秦国军事和外交中的作用

秦惠王至昭襄王时期，秦国对外扩张取得了重要进展：秦惠王时期，秦国拿下了魏国的西河郡和上郡，灭掉巴蜀，占领了楚国的汉中之地；秦武王时期，秦国攻占了韩国的宜阳地区，把势力深入到了中原地区。昭襄王时期，秦又从韩、魏手中取得了大片土地，并获得长平大捷，为最终统一六国奠定了基础。这些战绩的取得，与纵横家的外交活动及其军事思想分不开。

这一时期，纵横家在秦国的政治舞台上异常活跃。在这些纵横家之中，最著名莫过于张仪、范雎两位，他们把秦国的霸业推向了高潮。李斯在《谏逐客书》中这样称赞张仪、范雎的功业：

> 惠王用张仪之计，拔三川之地，西并巴、蜀，北收上郡，南取汉中，包九夷，制鄢、郢，东据成皋之险，割膏腴之壤，遂散六国之纵，使之西面事秦，功施到今。昭王得范雎，废穰侯，逐华阳，强公室，杜私门，蚕食诸侯，使秦成帝业。

惠王在解决了河西地区和巴蜀地区的问题之后，便把注意力集中到了汉中地区，汉中地区和河西地区一样，也是秦国向东扩张的前进基地。张仪最重要的贡献就是通过外交活动，瓦解了齐楚联盟，为秦国夺取汉中创造了有利的国际环境。秦通过对汉中和巴蜀的占领，从南北两个方向对楚国的江汉平原造成了进攻态势，为最终占领江汉平原提供了有利的条件。

作为纵横家的范雎，其远郊近攻战略的提出，是秦国"中原逐鹿"的总方针。远郊近攻的提出，正是基于纵横家对秦国与六国地理环境的熟悉：

　　　　夫穰侯越韩、魏而攻齐纲寿，非计也。少出师则不足以伤齐，
　　多出师则害于秦。……王不如远交而近攻，得寸则王之寸，得尺亦
　　王之尺也。……今韩、魏，中国之处而天下之枢也。王若欲霸，必
　　亲中国而以为天下枢，以威楚、赵。楚强则附赵，赵强则附楚。楚、
　　赵皆附则齐必惧，齐惧，必卑辞重币以事秦，齐附，而韩、魏因可
　　虏也。①

　　其实，这一战略于苏秦游说齐国之时就已经说得很明白了。
《战国策·齐策》：

　　　　且夫韩、魏之所以畏秦者，以与秦接界也。兵出而相当，不至
　　十日，而战胜存亡之机决矣。韩、魏战而胜秦，则兵半折，四境不
　　守；战而不胜，以亡随其后。是故韩、魏之所以重与秦战而轻为之
　　臣也。

　　这是施行近攻的原因。

　　　　今秦攻齐则不然，倍韩、魏之地，至闻阳晋之道，径亢父之险，
　　车不得方轨，马不得并行，百人守险，千人不能过也。秦虽欲深入，
　　则狼顾，恐韩、魏之议其后也。是故恫疑虚猲，高跃而不敢进。

　　这是远交的原因。
　　不管是秦出征或东方诸国欲伐之秦，皆须借韩道而为之。故秦国视韩为
腹中之疾，而东方诸国则恶其借道于秦，"韩事秦三十余年，出则为扞蔽，入
则为席荐。秦特出锐师取韩地而随之，怨悬于天下，功归于强秦。"② 韩国占
据着秦东伐的两条通道，自然是秦国"近攻"的重点。这两条通道，一条是
上党地区，占领上党可北攻赵、燕。因此上党地区不仅是韩国的重镇，也是
赵国的屏障。赵国对韩国上党地区的觊觎，不能一味理解为赵国贪图土地，
当有战略上的考虑，故集中全国之力与秦国争夺上党地区。上党地区于范雎

----

① 《史记·范雎列传》。
② 《韩非子·存韩》。

提出"远交近攻"战略的第十一年被秦夺得。另一条是宜阳和成皋地区。占领此地区，可向东威胁韩国都城阳翟①。而这条通道早在公元前307年，宜阳地区被秦占领之后，就已经洞开。庄襄王元年（公元前249），秦占领成皋、荥阳，置三川郡，完全占领这条通道。两条通道的打开，为秦国最终统一六国扫清了障碍，成为韩国最先灭亡的原因之一。

（二）功利·功名·功业：纵横家的功利思想及其影响

纵横家之所以能够在秦国受到重视，并建立了丰功伟绩，还在于他们的思想和价值观与秦文化中的功利主义相合。和其他学派不同，纵横家没有系统的思想和价值观，但通过相关文献的梳理，其思想和价值观还是可以粗略地分为以下三个方面：功利、功名、功业。

功利　纵横家认为国君最重要的事情是把利益放在首位，"良医知病人之死生，圣主明于成败之事，利则行之，害则舍之"②。出色的医生知道病人的生与死，而英明的君主则必须知晓事业的成败，有利就要去实行，有害就必须舍弃。对于个人来说，"利"主要指有利的形势和环境。借助有利的形势和环境，投君主所好，揣摩同僚心思，才能保住禄位和富贵的长久。作为纵横家的代表，蔡泽的活动和思想即是这一功利观的反映。③

功名　纵横家强调：社会名誉和所得利益的统一，名实相称。"生命寿长，终其年而不夭伤，天下继其统，守其业，传之无穷，名实纯粹，泽流千世，称之而毋绝，与天下终。"④ 对于个人而言，"名"意味着社会对个人的尊重，对个体价值的承认；"实"则是个人建立的功业，是个人对社会所创造的价值。功名观要求名实统一，追求长远利益，肯定社会名誉，是功利观的提升。

功业　纵横游说之士以"五帝三王五伯（霸）"为号召，游说各国国君建立功业。"夫徒处而致利，安坐而广地，虽古五帝、三王、五伯、明主贤

---

① 战国时期韩国都城演变的情况是：周威烈王十八年（公元前408），韩景侯将韩国国都自平阳迁至阳翟。公元前375年，韩国攻灭郑国，遂将国都迁新郑。仅五年，即公元前370年，韩懿侯便将国都城重又迁回阳翟，直至韩亡。

② 《战国策·秦策一》"范子因王稽入秦"章。

③ 在蔡泽的思想中，有两个主要的范畴："时"和"理"，两个范畴表现了蔡泽极其重视事物发展变化的规律，使得蔡泽善于抓住有利的形势和环境，在秦国建立了功业。

④ 《战国策·秦策三》"蔡泽见逐于赵"章。

君，常欲坐而致之，其势不能，故以战续之。"①"五帝三王五伯（霸）"的实质是诸侯的兼并征战，"五帝""三王"和"五伯（霸）"分别对应的功业是帝业、王业、霸业。

战国时代的霸业，其终极目标依然是"诸侯之长"。与春秋时期霸政需要打着"尊王"的旗号不同，战国时代的"诸侯之长"，则完全凭借实力。正是因为秦国有强大的军事实力，所以秦客卿造曾劝穰侯行"五伯（霸）之事"："秦封君以陶，藉君天下数年矣。攻齐之事成，陶为万乘，长小国，率以朝，天下必听，五伯之事也。"②

"王业"，见于《战国策·秦策一》"司马错与张仪争论于秦惠王前"章："亲魏善楚，下兵三川，塞辕辕、缑氏之口，当屯留之道，魏绝南阳，楚临南郑，秦攻新城、宜阳，以临二周之郊，诛周主之罪，侵楚、魏之地。周自知不救，九鼎宝器必出。据九鼎，按图籍，挟天子以令天下，天下莫敢不听。此王业也。"③张仪的"王业"指的是：天子为天下的共主，主导政局，诸侯共拥天子。这与孟子和荀子的"王业"有相似之处：孟子和荀子所主张的"王业"也是诸侯共拥天子的统治模式，但途径是道德教化。因此，张仪的"王业"未脱"霸业"的窠臼。

帝业，就是建立吞并天下后的统治秩序。纵横游说之士曾鼓动秦王："以大王之贤，士民之众，车骑之用，兵法之教，可以并诸侯，吞天下，称帝而治。"④"彼秦者，弃礼义而上首功之国也，权使其士，虏使其民；彼即肆然而为帝，过而遂正于天下。"⑤秦称"西帝"即是帝业观的反映。

尽管纵横家为了达到目的不择手段，为法家深恶痛绝，并成为打击的对象，但是就其功利主义与秦的统一事业来说，两者有着相近的东西，这当是学说融合的结果。同时，有些入秦的纵横家，出身社会的底层，他们在秦国步入卿相行列的时间，相对来说，又比其他学派人士要短，这就大大地刺激了士人在秦国建功立业的积极性。

就两派的功利主义来说，法家与纵横家的侧重点有很大的不同：在秦统一局面尚未明朗之前，法家只是把功利主义作为调动秦人从事农战的工具，

---

① 《战国策·秦策一》"苏秦始将连横"章。
② 《战国策·秦策三》"秦客卿造谓穰侯"章。
③ 《战国策·秦策一》"司马错与张仪争论于秦惠王前"章。
④ 《战国策·秦策一》"苏秦始将连横"章。
⑤ 《史记·鲁仲连邹阳列传》。

对秦国统一事业的走向并未做出明确的回答。秦法家的功利主义学说则是在不断变化的争霸环境中来发展和完善的。而纵横家的功利主义，则为秦国的统一事业提供了发展方向。惠文王至昭襄王时期，在秦国发生的国君称"王"、称"帝"事件，当与纵横家提出的"五帝三王五伯（霸）"主张有密切的关系。秦称"王"事件，标志着秦国"逐鹿中原"，参与东方事务的开始。若联系秦称"西帝"事件之后对东方六国频频发动的战争，我们有理由认为秦王称"帝"表明了其"并诸侯，吞天下，称帝而治"的愿望，由此开启了秦国发展的新篇章。

二、墨家学说在秦国的发展

全面认识墨家在秦统一事业中的贡献，首先要明确墨家入秦的时间。

（一）墨家入秦时间考辨

墨家何时入秦，战国文献未曾言明。我们可以从《墨子》城守十一篇中的《迎敌祠》和《号令》篇中找出一些蛛丝马迹。

孙诒让在《号令》篇的开头作了如下按语：

> 苏（时学）云："墨子当春秋后，其时海内诸国自楚、越外，无称王者，故《迎敌祠》篇言：'公誓太庙'，可证其为当时之言。若《号令》篇所言令丞尉、三老、五大夫、太守、关内侯、公乘、（男子），皆秦时官，其号令亦秦时法，而篇首称王，更非战国以前人语，此盖出商鞅辈所为，而世之为墨者取以益其书也。倘以为墨子之言，则误矣。"案：苏说未塙，令丞尉、三老、五大夫等制并在商鞅前。详篇中。①

苏氏所言之"公誓太庙"指的是《迎敌祠》篇中的一段话：

> ……公素服誓于太庙，曰："其人为不道，不修义详（祥），唯

---

① ［清］孙诒让：《墨子间诂》，中华书局，2001年，第586页。

力是正。曰:'予必坏亡尔社稷,灭尔百姓。'二参子尚(勖)夜自厦(励),以勤寡人,和心比力兼左右,各死(尸)而守。①

　　孙氏在对《号令》篇的注释中证明了《迎敌祠》所记之秦官名早于商鞅,纠正了苏时学的观点。尽管苏氏的观点有误,但是他提出"公誓太庙"的问题,对于我们理清《迎敌祠》和《号令》篇的写作年代提供了线索。秦称王始于秦惠文君,所以《迎敌祠》作于秦惠文王称王之前,而《号令》作于秦惠文王称王之后是可信的。② 结合墨家人士在惠文王时期受重用的史实,笔者亦认为墨家入秦的时间不晚于惠文君。然而,"公誓太庙"之"公"具体指称哪一代秦君,三人均未做出解释。

　　近年,何炳棣根据"素服"和《迎敌祠》篇中的誓词内容,得出"公誓太庙"之"公"具体指称的是秦献公:

　　　　素服象征一种哀悼,哀悼的对象可以是已逝的先君,也可能是社稷过去所受敌国的创伤和凌辱。誓词的话应分为三小段。开头三句是秦君对敌人(魏)不讲道义、唯暴力是尚作风的概括。紧接的是敌君对秦社稷人民狠毒居心的自白(事实上当然是秦君想象的)。最后几句是对陪誓左右的二三子(将领)恪遵职守、戮力同心,"以勤寡人"勖勉的话。如果本文诠释不误,誓师之"公"不会是指业已能屡胜三晋、屡受天子贺的孝公和惠文君,只可能是充满悲郁心情、长期忍辱负重的献公,而且是远在临终前二年(公元前364)"与晋战于石门,斩首六万,天子贺以黼黻"之前的献公。③

　　何氏在此基础上,经过多方考证,认为墨家入秦的时间始于秦献公。④ 综合何氏的各条证据,合情合理。尤其是秦献公即位初期西河地区秦魏两国的军事态势,迫切需要完善的军事防御体系来稳定外部局势,来保证秦献公

---

　　① 孙诒让:《墨子间诂》,第 577~578 页。
　　② 李学勤:《秦简与〈墨子〉城守各篇》,载《云梦秦简研究》,中华书局,1981 年。
　　③ 何炳棣:《国史上的"大事因缘"解谜——从重建秦墨史实入手》,《光明日报》2010年 6 月 3 日第 10 版。
　　④ 具体考证和结论参见何炳棣《国史上的"大事因缘"解谜——从重建秦墨史实入手》。

国内的改革。经过中外学者的考证，城守各篇是秦墨的作品已是不刊之论。城守各篇反映的情况，颇能反映当时西河地区的地形地貌以及秦魏紧张的军事态势。从军事态势紧张的程度来看，献公、孝公和惠文三世之中，以献公时期最为紧张（详见下文），墨家在献公时期入秦当在情理之中。

纵观献公至惠文王伐蜀之前的军事活动来看，秦国打击的军事目标集中于西河地区，西河地区是秦通向东方和保障关中的重要通道，因此受到秦国的高度重视。直到惠文王后期，秦国最终战胜了魏，夺取了全部的西河之地，才拉开了秦国向东方扩张的高潮。此时，像唐姑果、腹䵍这样能在秦国政坛发挥作用的墨家人士，已基本不见史籍。我们可以推知献公至惠文王前期，秦国虽在国力上有所恢复，但在没有解决西河问题之前，对外扩张的意图不可能实现，由此推测献公至惠文王称王之前的基本国策仍以防御为主。墨家在惠文王时期的际遇，当与此国策有关。

综合献公初期秦魏的军事态势以及墨家在秦国的际遇，何氏关于"墨家入秦始于秦献公"之说是可信的。

（二）墨家在秦国的活动

墨家在秦国军事防御体系的构筑方面做出了贡献：

秦国在统一六国的各个阶段中，其防御的重心是不同的。献公时期，在秦魏西河地区争夺战处于不利的情况下，防御的重点是西河地区。而当秦对六国的攻势处于优势，无暇西顾时，秦国西北面的戎狄地区，尤其是义渠，则是秦国防御的重心。墨家参与了秦国西河和西北地区防御体系的构筑。

1. 秦国西河防御体系的构筑

西河地区之所以成为秦献公、孝公和惠文王前期秦国军事防御的重点，这与秦魏在西河地区的军事态势有关。

魏国从公元前419年开始进攻秦河西之地，到公元前408年攻占秦河西地的战略完全成功，经过了十一年的时间。开始的三年，秦魏在少梁地区展开了拉锯战，《史记》记载：秦灵公六年（公元前419）"魏城少梁，秦击之。"秦灵公七年（公元前419）"秦魏战于少梁。"秦灵公八年（公元前417）"魏复城少梁。秦堑河濒。"魏国在完成少梁要塞的工程之后，随即居高临下沿着黄河南进。在攻占合阳之后，转而挥师西南，一度进军深入渭水以南的郑（今陕西华县境内），然后自动撤回到渭北筑合阳和洛阴两城，如两把利剑直指秦国的心腹。弱势的秦只能退守下游洛水的西和南边，实行防御："堑洛，城重泉。"《括地志》："重泉故城在同州蒲城县东南四十五里"，应在今大荔县境内，距今西安市东缘仅仅一百二三十千米了。

从公元前408年至前389年，秦献公即位的前五年，秦魏在河西之地仍有零星的战争。秦献公于公元前384年即位之后，忍辱负重，从事内政和军事的改革，为创造一个良好的国内环境，并不轻易言战。然而面对魏人的威胁，必要的军事防御还是必需的。

墨家的《备城门》以下十一篇，阐述了以城池防守为核心的防御理论体系，其内容大致包括三方面内容：

一是倡导积极准备，力争做到有备无患。"备者，国之重也。食者，国之宝也；兵者，国之爪也；城者，所以自守也。……故仓无备粟，不可以待凶饥；库无备兵，虽有义不能征无义；城廓不备全，不可以自守；必无备虑，不可以应卒。"[1] 只有在战前进行后勤、城防、军备、外交、内政等物质和精神上诸方面的充分准备，才能造成守城防御战斗中的有利条件和主动地位，赢得防御作战胜利。

二是"守城者以亟敌为上"的积极防御指导思想。墨子认为在守城防御中，应守中有攻，积极歼敌。"延日持久以待救之至"，是下策。"亟伤敌"的具体措施是：利用地形、依托城池，正确布置兵力；以国都为中心，形成边城、县邑、国都的多层次纵深防御，层层阻击，消耗敌人；顽强坚守与适时出击结合。

三是在防御作战的具体战法方面，提出了一整套防御作战战术原则。《备城门》等篇，用禽滑厘询问墨子的方式，针对十二种攻城方法——临、钩、冲、梯、堙、水、穴、突、空洞、蚁傅、輣辒、轩车，"墨子"均以别具匠心的措施应对，并详细解说守城器械的制作方法、使用技巧等。

显然，墨家所主张的"边城、县邑和国都的多层次纵深防御"思想对秦国西河防御体系的构筑产生了重大影响。秦献公在其即位后的第二年（公元前383），"城栎阳"。六年"初县蒲、蓝田，善明氏"。明氏的地望无考，然

---

① 《墨子·七患》。

三县所具有的国防意义是不言自明的。五年"县栎阳"，栎阳的国都地位由此确立。此后，秦在夺取的西河之地之上陆续推行了县制①。从黄河边至关中地区，依托黄河和洛水，秦国构筑成边城、县邑和国都的多层次防御体系。考古发掘也证明，在秦、魏交界处，秦长城（傍洛）和魏长城（傍河）之间的"河西地"，分布着数量众多的中小城址，具有明显的"边城"性质。而在关中还没有发现郡治一类的城址，其腹地发现的县城遗址也不多（见图3-3-2）。秦魏交界上的这些中小城址，多数城址建造的历史背景与秦魏在西河地区的争夺有关。

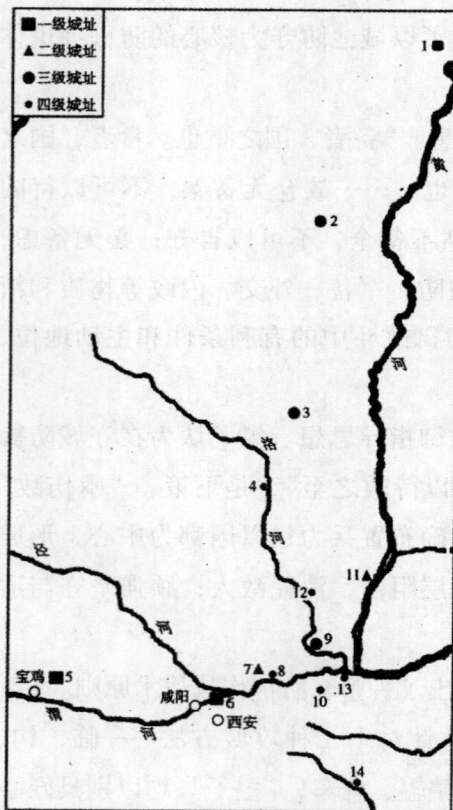

图3-3-2 战国时期秦国城址分布图

1. 府谷古城村古城（战国~汉）
2. 榆林米家园古城（战国~汉）
3. 延安尹家沟古城（战国）
4. 富县圣佛峪古城（战国~汉）
5. 雍城（春秋~战）
6. 咸阳（战国~秦）
7 临潼栎阳故城（战国~汉）
8. 临潼田市村古城（战国）
9. 蒲城晋城村古城（战国~汉）
10. 华县骞家窑古城（春秋）
11. 韩城瓦头村古城（战国~汉）
12. 澄城淤泥城（战国？）
13. 华阴岳镇古城（战国）
14. 丹凤古城村古城（战国~汉）

（摘自梁云：《战国时代的东西差别——考古学的视野》，第250页）

2. 秦国在戎狄地区的防御

对秦国西北面造成威胁的是戎狄族群，尤其是义渠的威胁最大。而昭襄王时期，义渠的灭亡并没有消除戎狄地区对秦国的威胁。秦在北方与赵、匈

---

① 秦在西河地区设县的情况，可参见李晓杰《中国行政区划通史·先秦卷》第六章第二节的相关内容。

奴形成了三足鼎立的态势。当时秦国的重心在东方，无暇西顾，成为秦昭襄王在西北地区修筑长城的动因所在。我们虽然无法找到墨家与防御义渠关系的确切资料。但我们从考古资料中找到了墨家参与防备其他戎狄族群的证据：

彭曦在属于秦长城的环县、华池段以及宁县城址附近发现了用于城市防守的镭石的重量与《墨子》中的城守诸篇对镭石的记载相一致。①

在甘肃县新添乡三十里墩村城墙岭和窑店乡长城坡以及陇西县福星乡沙漠湾等属于秦长城城址的地方发现镭石的重量，经实地测量，轻的重 1.5~2 市斤，重的在 7~8 市斤以上，更有 10 余市斤者，多数在重 1.5~2 市斤。这与《墨子·备城门》中记载的"石重中钧以上者，五百枚"，"瓦石重二斤以上"（中钧即半钧，即秦制 15 斤，合今制 0.5 公斤）是一样的。②

此外，墨家精于手工业制造技术，尤其是武器制作。墨者有严明的组织纪律，因此在官营手工业作坊中，尤其是兵器制造业中，让墨者从事直接的生产活动，或者让他们从事管理工作，必将有助于手工业技艺和产品质量的提高。

第一章提到的秦始皇兵马俑坑 4 万多支三棱形镞，制作得极其规整，箭头底边宽度的平均误差只有正负 0.83 毫米。③ 生产实现标准化的同时，武器的管理也是标准化的，这在《效律》中也得到了证实。

据此，还没有足够的证据印证秦国手工业与墨家之间的关系，但是我们可以做出大胆的推测：墨者不仅直接参与了兵器标准化的制作，还参与了标准化规则的制定。

（三）法墨合流：墨家思想在秦地的发展轨迹

从政治主张来看，墨家的"尚贤"和"尚同"思想与秦国的集权统治有许多相似性；从价值观来看，墨家的功利观与秦国一致。这是构成墨家入秦的两个主要原因。正是在各类"贤人"的辅助下，秦国不断地壮大。在秦国，墨家的部分"尚同"思想被吸收，其功利观也推动了秦地功利主义的蔓延。

---

① 彭曦：《战国秦长城考察与研究》，西北大学出版社，1990 年，第 191~195 页。

② 史党社、田静：《甘、宁地区长城考察记》，载《纪念林剑鸣教授史学论文集》，中国社会科学出版社，2002 年。

③ 始皇陵秦俑考古发掘队：《秦始皇陵东侧第二号兵马俑坑钻探试掘简报》，《文物》1978 年第 5 期。

实现尚同必须有一定的"政长"体系来保证。墨家设想的政治体系如下：最高的政长是天子。天子的能力有限，"不能独一同天下之义"，于是选择贤人来"置以为三公"，来辅佐天子"一同天下之义"。面对广大的领土，天子三公是不能治理的，故需封建诸侯。诸侯国之下设乡，乡有乡长。乡之下设里，里有里长。每一级的政长虽都是贤者，但下必须绝对服从上。"上之所是，必亦是之。上之所非，必亦非之。"每一级都要同顶头保持一致，层层如此，最后一统于天子。下对上可以进行规谏，但进谏决不能对君主专制构成威胁，因为"一统于天子"的要义是禁止"下比之心"和"下比结党"之行。"尚同"的关键是刑法宪令的统一："义不从愚且贱者出，必自贵且知（智）者出"①。刑法宪令要由家君和天子等制定。先由家君发布宪令于其家，各家之义不同，则总其家之义尚同于国君，国君尚同于"天子"，"天子尚"同于"天"，天子依据天的旨意来发布宪令于天下。由于墨子强调了下级必须服从上级的原则，所以天子才是实际意义上的宪令刑法的制定者。

尽管墨家提出的政治体系并没有摆脱"三代"之模式，但"下绝对服从上"的主张，适应了中央集权的需要，可以起到统一价值观的作用。因此"尚同"的思想被秦国的统治者吸收和利用，以统一民众的价值取向。

墨家"尚利"，以"尚利"为第一要务，他把是否"中万民之利"作为评价人的行为善恶的标准，"若事上利天，中利鬼，下利人，三利而无所不利，是谓天德。"对人有利的，就是善，应加以"善名"，对人有害的，就是恶，应加以"恶名"。因此，君主要"兴天下之利，除天下之害""顺虑其义，而后为之行"。墨家从利民的角度出发，批判了儒家"死生有命，富贵在天"②的命定论，认为人应该积极有为，通过个人的努力来改变自己的现状。对君主来说，"强必治，不强必乱，强必宁，不强必危"，所以要勤政；对臣来说，"强必贵，不强必贱，强必荣，不强必辱"；对民来说，"强必富，不强必贫"③。

商鞅以后的秦国，弥漫着功利主义的思潮。墨家的"功利观"随着墨者入秦，汇入这股潮流之中，成为功利主义思潮继续蔓延的助推器。

---

① 《墨子·天志中》。
② 《论语·颜渊》。
③ 《墨子·非命下》。

三、兵学在秦地的发展与作用

研究秦地兵学的发展演变，对于认识兵学在统一过程中的作用具有十分重要的意义。秦国兵学有两个重要的课题，是我们认识这一问题的基础：一是《尉缭子》一书的作者及著作年代的问题；二是秦国兵学的内容及其特征。

（一）《尉缭子》作者及成书年代考辩

从今本《尉缭子》所反映的内容来看，与《汉书·艺文志》所说的兵形势家《尉缭》相符合，版本的问题不是太大。[①] 然就《尉缭子》成书年代及其作者的问题，则复杂得多，形成了四种观点。[②] 无论从文献资料还是考古发现来看，"假托梁惠王时期的尉缭"之说显然是不能成立的。"梁惠王时代的尉缭与秦始皇时代的尉缭是同一个人"之说，年代跨度大，不合常理。因此，争论的焦点是便放在了成书年代为战国中期还是晚期，以及成书的地域是魏还是秦的争论之上。为下文讨论之方便，先把学界已有的观点罗列如下：

1. 《尉缭子》成书于战国中期的魏国，作者是梁惠王时的尉缭，主要论据有：

（1）《尉缭子》的开篇《天官》中有"梁惠王问尉缭子曰……尉缭子对曰……"的问答语。

（2）从《尉缭子》所透露的信息看，作者面对的国家，矛盾重重，民流

[①] 有关《尉缭子》一书的争论，可参看郑良树《近代学者关于〈尉缭子〉的争论述评》，郑著《诸子著作年代考》，北京图书馆出版社，2001 年；徐勇《先秦兵书通解》，天津人民出版社，2002 年。

[②] 就《尉缭子》作者的问题，学术界有以下四种观点：（1）梁惠王时尉缭的著述，其书成于战国中期的魏国，根据是《尉缭子》书中有"梁惠王问尉缭子曰"语。见何法周《〈尉缭子〉初探》，《文物》1977 年第 2 期。（2）尉缭子是秦始皇时代人，其书成于战国晚期的秦国，根据是《史记·秦始皇本纪》有"大梁人尉缭来，说秦王曰"语。见龚留柱《〈尉缭子〉考辨》，《河南师大学报》1983 年第 4 期。（3）梁惠王时代的尉缭与秦始皇时代的尉缭是同一个人，《尉缭子》全书由尉缭在魏国时的言论和入秦后的言论合成而成。见徐勇《〈尉缭子〉的成书、著录及相关问题》，《中国哲学史研究》1986 年第 1 期。（4）后人假托梁惠王时的尉缭，持这种观点的有明代的宋濂、清代姚际恒和姚鼐以及现代的郭沫若等人。相关论点亦见徐勇《〈尉缭子〉的成书、著录及相关问题》。

地废，农战不修，民无定伍，军无定制，武士不选，贤能不用，这样的国家只可能是日渐衰弱的魏，不可能是强大的秦；梁惠王与尉缭的对话，内容涉及黄帝刑德之术，与当时流行的阴阳学思想很相符，与《史记·魏世家》所载重金招聘邹衍等人的史实相符。①

（3）近年又有人从"避讳"的角度论证了这一观点，认为"在《武议》等篇中，数次提到吴起。在提到吴起与秦战时，都对吴起大加褒誉，而吴起曾是让秦颇为头疼的名将。从避讳的角度来讲，作者所在之国，决非秦国。"②

（4）《尉缭子》中涉及儒家思想，与秦国的主导思想不符合。③

2. 《尉缭子》成书于战国晚期的秦国，作者是秦王嬴政时的尉缭。主要根据有：

（5）《史记·秦始皇本纪》有"十年……大梁人尉缭来，说秦王曰……秦王从其计……乃亡去。秦王觉，固止以为秦国尉，卒用其计策"。

（6）《尉缭子》反映了战国晚期的战争规模；《尉缭子》反映了战国晚期以仁义为本的战争观；秦陵兵马俑军阵与战国晚期战场相吻合；《尉缭子》的军制条令能与《商君书》和云梦秦简的精神相呼应。

笔者就以上几种观点进行辨析：

（1）从尉缭与梁惠王的答问判断尉缭子的时代，是经不起推敲的。古书多假托古人名义，已得到文献学的证实。

（2）梁惠王与尉缭的答问内容涉及的黄帝刑德之术和阴阳思想。黄帝刑德之术，似可以作为判断时代的依据。阴阳思想，不是阴阳家的"专利"，所以不能将邹衍的时代作为判定尉缭子时代的依据。《墨子·迎敌祠》亦涉及阴阳思想，而该篇的年代不晚于惠文王称王时期，早于史书所载的尉缭子见梁惠王的时间。从后世兵学著作的分类来看，兵学著作有兵阴阳类。不能因为兵家有阴阳学说，就说兵家吸收了阴阳家的思想，不合逻辑。至于说《尉缭子》体现了忧国忧民之感，反映了魏国江河日下的国情，可作如下解释：一是可以说明尉缭子可能是魏人，后入秦；二是秦始皇与尉缭子答问时，

---

① 李桂生：《先秦兵家研究》，浙江大学博士学位论文，2005 年，第 77 页。
② 田静、史党社：《秦与三晋学术的关系——以〈尉缭子〉〈韩非子〉为例》，《秦文化论丛》（第十一辑）。
③ 李桂生：《先秦兵家研究》，第 77 页。

必然要谈及东方六国的国内情况。尉缭子是魏人，自然对魏国的情况比较熟悉。

（3）关于避讳说。在入秦的人士中，三晋人士比例最高。三晋人士，将吴起的兵学带入秦国的可能性很大。仅从军事的角度来看，吴起是秦国河西争夺战中，让秦国吃尽苦头的军事家。而秦要想夺回河西，就必须要对对手的战略战术进行研究。在秦国的兵学中，吴起的兵学当是重要的内容之一。所以在《尉缭子》一书中，称赞吴起的兵学思想也就在情理之中了，故避讳之说不能成立。

（4）关于《尉缭子》中的儒家思想。笔者认为，以下三条可以解释这个问题：一是著书归著书，至于能在实践中实现多少，则是另外一回事。如《商君书》禁止游说之士，但鉴于游说之士对于秦国统一大业有重要的贡献，秦国还是有限度地使用这些游说之士，纵横家就是其中一类；二是秦国的尉缭子也有儒家的人文关怀，这从尉缭子出走的原因可以看到。从《为吏之道》和秦朝初肇之时的情况来看，儒家思想在秦国并不是没有市场。把儒家思想用于培养官吏的素养上，难道就不能把儒家思想部分地用于治军之上吗？三是先秦兵书多具有儒家关怀。

（5）就《史记·秦始皇本纪》记载来判定尉缭子是秦始皇时代之人，有人提出了质疑。笔者认为，不能因为找不到确切的证据就轻易认为《史记》的这条记载是错误的。

（6）有关今本《尉缭子》后十二篇中的军制、军令与秦兵马俑有相吻合之处来判定《尉缭子》作者身份的问题。有人认为用此论据来判断《尉缭子》的身份是缺乏说服力的，认为《尉缭子》后十二篇中的军制不仅与秦国的军制有相似或相吻合之处，而且与其他国家的军制也有相似或相吻合之处[①]。结合尉缭子担任国尉一职，要在战争中做到"知己知彼，百战不殆"，自然要全面掌握对六国的军事信息，其中也应包括军制和军令。

通过以上论证，我们只能说，就目前的证据来看，《尉缭子》的作者是秦国尉缭子的可能性更大，其成书的年代在战国末期的证据更为充足一些。

即使《尉缭子》的作者无法得到确认，但《尉缭子》反映的兵学思想，对秦统一所产生的作用也是显而易见的：秦与三晋之间文化交流频繁，这一点已经得到考古和文献的多方证实。我们有理由认为，《尉缭子》一书作为秦文化

---

① 李桂生：《先秦兵家研究》，第77页。

与三晋文化交流融合的结果，其所阐述的战争观和以法治军等主张，与秦国法家的主张一脉相承，无疑对战国后期秦国的军队建设产生了重要的影响。

（二）攻防兼顾：秦国兵学在统一中的作用

先秦时期的兵学有三晋兵学、齐鲁兵学和南方兵学（以楚、吴、越为代表）三个地域特色。黄朴民对此进行了论述，指出：南方兵学讲究人道与天道的统一，善于从自然规律中汲取营养来指导战争，强调具体战术的运用，如晦日进兵，设伏诱敌，突然袭击，避实击虚，奇正相生，化迂为直等等方法，用兵诡诈。齐鲁地区的军队战斗力最为弱小，故提倡运用谋略，以己之长击敌之短。三晋兵学强调用实力说话，讲求打歼灭战，以消耗对方有生力量为目的。[①]

三晋兵学的特征是三晋地理环境影响的结果：从地理环境上看，三晋处于四战之地，战略上基本处于内线作战的态势，地理上缺少天然屏障和回旋余地。为了在激烈残酷的争霸兼并斗争中争取主动，求得生存和发展，这些诸侯国对内注意改革、练兵、储粮，提倡法治，广揽人才，致力于富国强兵；对外则随时权衡"国际"形势，利用矛盾，结交与国，合纵连横、纵横捭阖，这也是三晋盛产纵横家的主要原因。在诸侯力争的年代，三晋兵学最适用于"霸业"的需要，故而被秦国所吸收和利用。

在统一六国的过程中，秦地发展了三晋的兵学。从秦地发展出来的兵学著作，除了《尉缭子》，还有《公孙鞅》和《墨子》城守各篇。按照《汉书·艺文志》的分类，兵书分为权谋、形势、阴阳和技巧四门。班固将《公孙鞅》归入权谋类，虽佚，但《商君书》可以反映商鞅的兵学思想。此外秦国纵横家对战国军事形势的分析也可以归入此类。《尉缭子》属于形势类。墨子的城守各篇当属于技巧类，其中也涵盖了阴阳类。

秦国兵学的特征是：在战争观上积极主战，强调通过战争的手段达到一定的政治目的，"国之所以兴者，农战也"[②]；在治军上，主张高度集权，严格治军，追求令行禁止的效果，"故先王明赏以劝之，严刑以威之。赏刑明，则民尽死；民尽死，则兵强主尊"[③]；在作战指导上，强调以实力发言，先为

---

① 参见黄朴民《齐鲁兵学的文化特征与时代精神》，《中国军事科学》2003 年第 2 期。
② 《商君书·画策》。
③ 《韩非子·饰邪》。

不可胜,讲求打歼灭战;在战略上,特别重视处理政治与军事的辩证关系,文武并用,"凡战法必本于政胜","政久持胜术者,必强至王"①;"兵者,以武为植,以文为种;武为表,文为里"②。

秦国在三晋兵学和法家思想的指导下,"内立法度,务耕织,修守战之具"③,对外实行连横和"远交近攻"政策的同时,也在墨家防御思想的指导下,充分利用秦地优越的地理环境,积极加强防御体系的建设,促成了《墨子》城守各篇的完成。由此,秦国形成了以进攻为主,防御兼顾的兵学思想,这一思想使得秦国在统一战争中游刃有余,并最终完成统一的重任。

促成秦最终统一六国的权谋家是顿弱和尉缭子的军事策略。顿弱在与秦王嬴政的问答中,提出了统一六国的战略:

> 秦王曰:"山东之战国可兼与?"顿子曰:"韩,天下之咽喉,魏,天下之胸腹。王资臣万金而游,听之韩、魏,入其社稷之臣于秦,即韩、魏从;韩、魏从,而天下可图也。"
>
> 秦王曰:"寡人之国贫,恐不能给也。"顿子曰:"天下未尝无事也,非从即横也。横成,则秦帝;从成,即楚王。秦帝,即以天下恭养;楚王,即王虽万金,弗得私也。"秦王曰:"善。"乃资万金,使东游韩、魏,入其将相,北游于燕、赵,而杀李牧。齐王入朝,四国必从,顿子之说也。④

顿弱的统一战略有两个方面:一是鉴于韩魏两国在秦统一中具有重要的战略地位,欲统一六国,必须占有韩魏,这是对范雎"远交近攻"战略的继承;二是用重金贿赂六国大臣,即兵家常用的"反间计"。

同样,尉缭子也提出了贿赂六国重臣,加速统一六国进程的主张:

> 愿大王毋爱财物,贿其豪臣,以乱其谋。不过亡三十万金,则诸侯可尽。⑤

---

① 《商君书·战法》。
② 《尉缭子·兵令上》。
③ 贾谊:《过秦论》,载《史记·屈原贾生列传》。
④ 《战国策·秦策四》。
⑤ 《战国策·秦策三》。

后来的历史证明，秦始皇采用的就是顿弱和尉缭子的建议，灭韩国，贿赂赵国重臣除去灭赵的绊脚石李牧，进而扫荡其他四国，最终统一六国。

强大的军事实力和正确的战略战术，保证了秦统一六国的顺利进行。

第四节　儒、道和阴阳五行学说
对秦统一秩序的构建

儒、道和阴阳家分别从理论上对天下统治秩序做出了探讨，故其学说被秦国有选择的采用，成为构建秦帝国天下统治秩序的重要学说。

一、道家和儒家的君主论：秦国君臣关系的构建

构建天下秩序的核心是君臣关系，道家和儒家均从不同的角度对君臣关系作了阐述，对构建秦国君臣关系产生了重要作用。

（一）圣人观：秦始皇独尊地位的确立

"圣人观"强调"圣人"和"赞化、裁物论"，天地化育万物只有经过君主、圣人才能变为现实，有条理的秩序才能建立。尽管《老子》还只是讲圣人法自然，但到了道家的后学们却大讲赞化，如《管子·心术下》明确提出："圣人载物，不为物使。"《管子·白心》说："天行其所行，而万物被其利；圣人亦行其所行，而百姓被其利。"《管子·势》云："天地刑之，圣人成之，则与天地同极。"《管子·宙合》说："圣人参于天地。"属于黄老思想的马王堆帛书《称》中也讲："天制寒暑，地制高下，人制取予。"君主不只是奉行"无为"，同时还是"有为"的主帅。

"圣人观"突出强化了君主的作用，因此被秦始皇所采用，用来突出其地位的尊显和"贤明"。

秦刻石文字中出现的大量"圣"字，即是秦始皇对"圣人观"的膜拜：

大圣作治，建定法度，显着纲纪。（之罘刻石）

　　圣法初兴、清理疆内，外诛暴疆。……常职既定，总嗣循业，长承圣治、群臣嘉德、祇诵圣烈、请刻之罘。（"其东观日"）

　　秦圣临国，始定刑名。显陈旧章。……圣德广密，六合之中，被泽无疆。（会稽刻石）

　　皇帝躬圣，既平天下，不懈于治。……远近毕理，咸承圣志。（泰山刻石）

　　圣智仁义，显白道理。（琅邪刻石）①

　　"圣"字在秦刻石中大量使用，如"圣法""圣治""圣德""圣烈""圣志"，不仅有"大圣"的泛称，而且使用了"秦圣"这样的专称，这样就肯定了"秦始皇就是圣人"的事实。这种"圣人"思想无疑吸收了道家学说。通过吸收道家学说，秦始皇又宣示了其君权的至高无上。

（二）"王术"构建君臣关系的过程

　　《四经》明确提出了"王术"的概念。黄学认为政治制度虽然很完善，如果不能谨慎的推行它，仍然不能王天下：

　　王天下者之道，有天焉，有地焉，有人焉，三者参用之，然后而有天下矣。为人主，南面而立。臣肃敬，不敢蔽其主。下比顺，不敢蔽其上。万民和辑而乐为其主上用，地广人众兵强，天下无敌。文德究于轻细，武刃于当罪，王之本也。

　　然而不知王术，不王天下。知王术者，驱骋驰猎而不禽荒，饮食喜乐而不涵康，玩好爰好而不惑心，俱与天下用兵，费少而有功，战胜而令行。……不知王术者，驱骋驰猎则禽荒，饮食喜乐而涵康，玩好爰好则惑心，俱与天下用兵，费多而无功，战胜而令不行。②

　　黄学提出"王术"，目的是解决圣人如何以法来治天下的问题。
　　黄学认为：由于"道"是抽象的独立实体，当它要化为万物时，就必须要有"形"，有形也要有名。"名"是"形"（即事物）的本质规定。如山之

---

① 以上诸条见《史记·秦始皇本纪》。
② 《黄帝四经·经法·六分》。

高，渊之低等等，这是道的显现。圣人治国也一样，要确定社会的等级秩序，即赋之以形，然后授之以名，形名既已确定，则治理起来就方便了。

《黄帝四经·称》："道无始而有应……有物将来，其形先之，建以其形，名以其名。"《黄帝四经·经法·论约》："执道者之观于天下也，必审观事之所始起，审其形名。形名已定，逆顺有位，死生有分，存亡兴坏有处。然后参之于天地之恒道，乃定祸福死生存亡兴坏之所在，是故万举不失理，论天下而无遗策"，体现黄学正是以自然界的秩序来规定社会秩序，用自然法则之名来解释社会秩序之名，形名相称，从而使天下有"道"。形即人在社会上应处的实际地位，名即对此的称谓及有关规定："达于名实相应，尽知情伪而不惑，然后帝王之道成"①。可见确定名实关系就是"帝王之道"、治民之"成法"。要"循名复一，民无乱纪"②，让乱归于治，达成正常的统治秩序。为此，名就是根据道设法及其他规章制度。《黄帝四经·道原》："得道之本，握少以知多；得事之要，操正以政畸……抱道执度，天下可一也"。

"王术"的精髓是"君无为而臣有为"，即君臣各有分工，君操权力之柄，臣子则根据规章制度或"法"来行事，是法家"术"治思想的源泉。在法家学说中，"王术"已经发展成为君主如何控制和对付臣子的"术"治，不仅有"阳术"——"循名责实"的官吏考核制度，也有"阴术"——搞阴谋、耍手腕和玩弄权术。完成这一理论建构的是申不害。申不害在黄老刑名之术的基础上，把法家的法治与道家的"君人南面之术"结合了起来，并指导了韩国的变法，确立了君对臣子的绝对权威。得到了实践的"术"治学说，经过韩非和商鞅学派的进一步发挥之后，在构建秦国君尊臣卑的关系以及中央集权的过程中发挥了重要作用。

（三）名分：秦国君臣等级关系的建构

"正名"是孔子政治思想的重要内容。《论语·子路》记载，子路问孔子"为政的当务之急"，孔子曰"必也正名乎"，在孔子看来"名不正则言不顺，言不顺则事不成，事不成则礼乐不兴，礼乐不兴则刑罚不中，刑罚不中则民无所措手足。故君子名之必可言也，言之必可行也，君子于其言，无所苟而已矣"。礼乐不兴，刑罚不中，民无所措手足，正是统治秩序的混乱所造成

---

① 《黄帝四经·经法·论》。
② 《黄帝四经·十大经·成法》。

的。所以要正名，但是名正、言顺、事成只是手段，真正的目的在于兴礼乐，中刑罚，使治民有序。所以就整体来看，孔子的正名就是要正礼所规范的统治秩序。要确定礼的规范，礼的各种规定就是"名"，它所规范的各种人的行为是名的内容，名是人的各种行为规范的观念表现。儒家正"名"的目的是为了明"分"，明确各人的身份和地位。儒家认为只有贵贱有序、等级界限分明，社会才能处于一个有序的状态之下。

构建秦国君臣等级关系的基础是 ——"势"，而"立法"和"明分"又是法家"势"论的双翼。因此，儒家"名分"的观念被法家所吸收，构建"势"的学说，进而成为构建秦国君臣等级关系的指导思想。"夫名分定，势治之道也；名分不定，势乱之道也。"① "名实相持而成，形影相应而立，故臣主同欲而异使"②。君主制法和行法时，臣民就只能遵从而不敢非议；君、臣各明其"分"、各安其"分"，这样君的地位就能得到维护。"名分"的观念深深地影响了战国晚期秦国的君臣等级关系，进而反映到了秦的礼仪文化上。这一问题，笔者在下文的第四章中有具体的论述。

二、阴阳五行学说与秦的统一秩序

阴阳家，是"阴阳五行家"的简称，是以阴阳和五行为基础构建宇宙观，并解释自然现象和人类社会的学派。大致可分为七个流派：天文学、五德终始、月令、方仙、素问、兵阴阳和数术等派。③ 对秦统一事业产生影响的是五德终始派，其学派的创立者是邹衍。

（一）邹衍的阴阳五行体系及其时代背景

阴阳五行体系产生的时代背景是我们理解五德终始学说的基础。

> 邹子疾晚世之儒墨，不知天地之弘，昭旷之道，将一曲而欲道九折，守一隅而欲知万方，犹无准平而欲知高下，无规矩而欲知方

---

① 《商君书·定分》。
② 《韩非子·功名》。
③ 彭华：《阴阳五行研究（先秦篇）》，华东师范大学博士学位论文，2004 年，第 172～174 页。

圆也。于是推大圣终始之运，以喻王公。①

邹衍所处的时代是一个"礼崩乐坏"、天下无"共主"的时代，这是一个分崩离析的社会。对此，诸子或提出谴责，或提出对策以挽救危机，但都没有从宇宙宏观的角度对世界、对社会做出合理的解释，既无法实现思想上的统一，也无法为社会的进一步的发展提出方向。先秦时期，"天""地"和"人"是诸子构建其哲学体系的基础。邹衍基于天文历法上的修养和造诣，以"谈天"为出发点，论说"地道"和"人道"，沟通了天、地和人的之间的关系，建立了自己的宇宙观，形成了"天道观""地道观"和"人道观"，做出了对自然世界和人类社会的合理解释。

鉴于古书之残缺，我们已无法获知其"天道观"。在"地道"方面，邹衍用"必先验小物，推而大之，至于无垠"的方法，创立了"大九州"之说，突破了当时的地域观念。在人道方面，根据五行相胜和五行相生的原理，创立了"五德终始说"和"四时变火说"（"四时月令说"）。两种学说均被《吕氏春秋》所采纳，成为《吕氏春秋》建构大一统思想的基础。关于"四时月令"的学说，本书在本章第四节有详尽的论述。本节探讨的重点是对秦统治秩序产生影响的"五德终始说"。

（二）"五德终始说"的内涵

"五德终始说"是宏观宇宙世界下，由"天"到"人"的推论。天人本不相及，"天道远，人道迩，非所及也"②，为此，邹衍采用古人的符瑞学说来连接天与人。这里的"符瑞"即《吕氏春秋·有始览·应同》所说的祥瑞：

> 凡帝王者之将兴也，天必见祥乎下民。黄帝之时，天先见大螾大蝼，黄帝曰："土气胜。"土气胜，故其色尚黄，其事则土。及禹之时，天先见草木秋冬不杀，禹曰："木气胜。"木气胜，故其色尚青，其事则木。及汤之时，天先见金刃生于水，汤曰："金气胜。"金气胜，故其色尚白，其事则金。及文王之时，天先见火，赤乌衔丹书集于周社，文王曰："火气胜。"火气胜，故其色尚赤，其事则火。代火

---

① 《盐铁论·论邹》。
② 《左传·昭公十八年》。

者必将水，天且先见水气胜。水其胜，故其色尚黑，其事则水。

"五德终始说"可以归纳为两个方面：一是确立了每一个朝代帝王的运命，都有其五行上配属的先天之"德"，受命的征兆是祥瑞降临；二是由于每个朝代都有配属有五行之"德"，根据五行相胜的原则，朝代处于一个不断循环的更迭过程。"五德终始说"不仅解释了三代的兴亡与更替，而且能为新的朝代提供一定的政治"蓝图"，故能适应政治的需要，成为统一王朝支持其"合法性"的理论武器。

"五德终始说"的重点是"终始"——"德"的转移。"德"是一个政治范畴，与"天"联系在一起：古人认为国家有"德"，才能得到上天的垂顾，才能"受命"。"德"之所以发生转移，主要是因为"有国者"的淫侈和不能尚德的行为造成的，此说告诫统治者如果不守德，"德"便会转移，国家就会灭亡。

（三）"五德终始说"对秦统一秩序的影响

按照五行的模式，秦始皇在统一六国之后，对社会制度的各个方面进行了具体的修订。"五德终始说"在一定程度上为统一后的秦国提供了行政指导思想。

《史记·秦始皇本纪》：

> 始皇推终始五德之传，以为周得火德，秦代周德，从所不胜。方今水德之始，改年始，朝贺皆自十月朔。衣服旄旌节旗皆上黑。数以六为纪，符、法冠皆六寸，而舆六尺，六尺为步，乘六马。更名河曰德水，以为水德之始。刚毅戾深，事皆决于法，刻削毋仁恩和义，然后合五德之数。

历法的修订首当其冲，据《汉书·律历志》的记载，先秦时期存在着六种不同的历法：黄帝历、颛顼历、夏历、殷历、周历、鲁历。它们的区别在于岁首月建，周历以建子之月为岁首，殷历以建丑月为岁首，夏历则以建寅月为首。秦国初用周历，战国时期改为颛顼历。颛顼历以建亥月为岁首。按：五行表，与水相配的季节是冬季，冬季亥、子、丑三个月都是以亥为首的，正合水德之数，所以秦始皇废除了其他历法，全国统一使用颛顼历。五行表中水配黑色，故秦始皇改服色尚黑，令百姓以黑巾包裹头发，"黔首"，取尚黑之意。与水相配的数字是六，秦国度制"六尺为步"，郡县数量三十六，秦朝以"六"数为最高，以"合五德之数"。

　　秦为水德，秦始皇从"五德终始说"中找到了统治的合法依据，但只是寻找合法依据，并没有深入领会此学说的真正内涵。正如上文所论述的那样，"五德始终说"的真正意义在于"变通"，恰恰在这一点上，秦王朝及其后世的统治者却在思想和做法上割裂了"变通"。秦王朝虽然在形式上完全按照"五德始终说"，影响了秦朝统一模式的建立，但抛弃了邹衍"止乎仁义节俭"的内涵，是"修正之邹学"①。

第五节　学术整合：秦帝国统治秩序的探索和确立

　　秦统一六国之后，要确立什么样的统治秩序，是秦国学术界所要探讨的重要课题。政权合法性、行政合理化以及构建官方意识形态当是秦天下统一秩序的重要组成部分。《吕氏春秋》和《为吏之道》通过整合诸子学说，对政权合法性和行政合理化的问题做了有益的探索。秦统一六国之后，继续发挥诸子学说的作用，在探索政权合法性、行政合理化以及官方意识形态的基础上，完成了秦统一秩序的构建。然而，秦在探索过程中却逐渐偏离了方向，留下了珍贵的经验教训。

一、《吕氏春秋》的统一蓝图

　　《吕氏春秋》的编纂体系，是我们理解《吕氏春秋》统一蓝图的出发点。就《吕氏春秋》编纂体系的问题，近代以来的学者做了深入的探讨。如胡适在论《吕氏春秋》的思想时，就称其书有三大纲："第一是顺天，顺天之道，在于贵生。第二是固地，固地之道，在于安宁。第三是信人，信人之道，在

---

① 饶宗颐：《五德终始说新探》，《中国史学上之正统论》，上海远东出版社，1996 年。

于听言"。"一部《吕氏春秋》只说这三大类的事。贵生之道，安宁之道，听言之道。他用着三大纲来总汇中国古代的思想。"[1]

《吕氏春秋》的编纂体系是一个宇宙论的框架，这个体系不仅仅是对宇宙秩序的模仿和象征，也贯通着对天、地、人，君、臣、民，道、士、理的深切理解。即"十二纪是按四时运行的次序来安排，寓意天、君、道；八览按照政治事务分类安排，象征着地、臣、事；六论按各种事情内在相应的关系安排，反映的是人、民（士）和理之意。"[2]

在这个编纂体系中，有两个至关重要的问题：一是《吕氏春秋》对宇宙体系（即天、地、人之间的关系）的认识，二是《吕氏春秋》对社会秩序（即君、臣、民的关系）的理解。《吕氏春秋》正是通过对这两个问题的理解，规划秦统一的蓝图，并提出施政纲领和治国之道的。

（一）天、地和人：构建统一模式的哲学基础

天、地、人是宇宙体系的组成部分。在解释宇宙体系之前，《吕氏春秋》首先要解决的是宇宙的生成问题，《大乐》篇做出了这样的论述：

> 太一出两仪，两仪出阴阳。阴阳变化，一上一下，合而成章。浑浑沌沌，离则复合，合则复离，是谓天常。天地车轮，终则复始，极则复反，莫不咸当。日月星辰，或疾或徐，日月不同，以尽其行。四时代兴，或暑或寒，或短或长，或柔或刚。万物所出，造于太一，化于阴阳。

产生天地"变化"的源头是天地间相反相生的两股力量。这两股力量可以用"两仪"来概括，也可以用"阴阳"来代表。作者在描述"阴阳"运动的过程中，对"浑沌"和"离合"的状态进行了说明，"浑沌"是宇宙初生、秩序未定之时的形容，"离合"是"天常"，正是因为阴阳离合，天地万物得以生成，宇宙秩序亦得以形成。"天地终始""日月星辰"和"四时代兴"是"宇宙秩序"的表现：天地的运动终而复始，日月四时循环变化。寒暑、短

---

[1] 胡适：《中国中古思想史长编》，安徽教育出版社，1999年，第45页。
[2] 庞慧：《〈吕氏春秋〉对社会秩序的理解与构建》，中国社会科学出版社，2009年，第84页。

长以及柔刚正是"四时代兴"的具体体现。"太一"是万物的本源，而"阴阳"是变化的原则，这就是《吕氏春秋》作者所体验和认知的宇宙秩序。在解释宇宙生成的问题上，《吕氏春秋》显然吸收了道家的"宇宙生成"学说。①

这个宇宙体系可分为天、地和人的世界，"天为离矣，而日月星辰云气雨露未尝休矣；地为大矣，而水泉草木毛羽裸鳞未尝息也。"天地之间是人的世界，"凡居于天地之间、六合之内者，其务为相安利也，夫为相害危者，不可胜数。人事皆然。"②

正因为这个宇宙是由天、地和人构成的，因此《吕氏春秋》的作者把对宇宙的理解深入到了天、地和人三者之间关系之上。

首先是天地之间的关系。天、地是一个完整和谐的整体，天地和谐变化，充满生机，"天微以成，地塞以形。天地合和，生之大经也"③。寒暑变化、日月运行、昼夜更替、万物形状和功能差异、生物宜忌都是由天地的变化生成的。"夫物合而成，离而生，知合知成，知离知生，则天地平矣。平也者，皆当察其情，处其形。"④ 天地合和成就万物，天地变化体现生机，天地是有秩序的。因此，要掌握天地秩序，就要察天地成、万物生之情，审山、川、河、流等之形。对天地关系的体验和认识，是《吕氏春秋》构建统一施政纲领的哲学基础。

其次是天（天地）与人的关系，这是《吕氏春秋》最着力论述的地方。处理天地和人的关系，要遵循以下原则：一是胜天顺性。何谓胜天，"无为之道曰胜天"，即尊重自然的意思。何谓"顺性"，"顺性则聪明寿长"⑤，即尊重人的自然属性。人应该充分尊重自然规律，依据自然规律去行事，"凡举事无逆天数，必顺其时，乃因其类"⑥。故而《吕氏春秋》提出"全天"、"全性"，即是保持自然赋予人类的属性。第二是"审时"，"时不合，必待时而

---

① 有关道家"宇宙生成"学说的发展情况，可参看郑倩琳《战国时期道家之宇宙生成论》，台湾师范大学国文研究所硕士学位论文，2003 年。

② 《吕氏春秋·观表》。

③ 《吕氏春秋·有始》。

④ 《吕氏春秋·有始》。

⑤ 《吕氏春秋·先己》。

⑥ 《吕氏春秋·仲秋纪》。

后行"①，提醒人们要蓄势待发，把握时机。三是"贵因"。"因"要求人类要充分认识天地万物的特性和规律，在尊重客体特性和规律的前提下，积极主动地利用其特性和规律以满足人类的需要。"无为""贵因""任数""循理"等有关君臣关系的主张，就是在理解天人关系的基础上提出来的。

（二）君民关系和君臣关系：构建统一模式的支点

《吕氏春秋》继承了道家由"天道推衍人事"的传统，把对宇宙体系的认识转移到了人的世界，用以阐明自己的统一模式。在这一模式下，君民和君臣关系是构建统一模式的两个支点。

如何处理君民和君臣之间的关系，《吕氏春秋》把关注点放在了作为能体现"天道"的"君道"的论述上。"利而勿利"和"用非其有"，是《吕氏春秋》君道思想中两个最根本的主张。其余的君道主张，如贵公、上德和行义可以归入"利而勿利"，而无为、贵因、任数、循理等主张都则可以纳入到"用非其有"之中。

"利而勿利"，见于《贵公》和《恃君》篇②。"利而勿利"在《贵公》中主要用于阐述君主治国、治天下"必先公"的道理。《贵公》推崇老子的"至公"，将"公"理解为"道"，并由天之道来说明君主治国之道。可见"利而勿利"，无疑又有着道家学说的深厚影响。《恃君》从君道处于利群的角度来论说"利而物利章"的主张，指出君主要救民之溺。可见《吕氏春秋》提出"利而勿利"的君道主张，是用来处理君民关系的原则。在这个原则下，君主要贵公去私，顺天养民；要贵公去私、顺天养民，就要上德，做到节欲顺生、贵生重己、尊贤任能，要行义，利民爱民。显然，《吕氏春秋》主要采用了道家和法家之说，并吸收和兼容了儒家和墨家的主张，来处理君民之间的关系。

---

① 《吕氏春秋·遇合》。
② 《贵公》篇："伯禽将行，请所以治鲁。周公曰：'利而勿利也'。"《恃君》："君道何如？利而物利章。"《贵公》与《恃君》两篇大体相同，只有两个字不同。俞樾根据古籍中"物"与"勿"可以通借的例子，指出"利而物利章"中的"物"当作"勿"，其说可从。但"章"是衍文的说法遭到了学术界的质疑。陈奇猷认为"章"与"旃"同，用为语气词，相当于"焉"字，见陈奇猷《吕氏春秋新校释》之《恃君》注16。综合两位学者的意见，两篇文字虽然不同，但意思是一样的。

"用非其有"见于《分职》和《圜道》篇①，是处理君臣关系的原则。《圜道》和《分职》所论述的内容都旨在说明君臣应该分职，君主不要亲自做具体的事，而是让臣下各司其职，各尽所能。通过对战国诸子文献的翻检，战国人所说的"用非其有"可以归纳为两层意思：一是君主任臣之能，非自任其事；二是圣人能够用人之民，有人之国。②《吕氏春秋》所提出的"用非其有"显然属于第一层意思，以阐述君臣之间的分职。而君臣之间分职，无疑是法家的重要学说。《八览》之中的《审分览》对君臣关系做了详细的论述，是对"用非其有"原则的具体说明。在"用非其有"的原则下，君主是"用"的主动者，在"用"的过程中要摒弃私欲私智，要无为、任数、循理、贵因，以发挥臣的作用。显然，在处理君臣关系的问题上，《吕氏春秋》主要采用了道家和法家的学说。

（三）统一模式的构建

通过对"天地人"和"君臣民"关系的论述，《吕氏春秋》所阐发了施政纲领和"治道"，构成了《吕氏春秋》的统一蓝图。

1. 施政纲领

通过对天、地和人的关系的论述，《吕氏春秋》得出了"法天立政"的施政主张，政治和人事要顺应自然，才会风调雨顺，国泰民安。否则，万物萧条，灾害不断。为此，《吕氏春秋》在吸收阴阳家的"四时月令"学说的基础上，由自然推论及人事，把施政纲领纳入到了自然和宇宙图式里，其表现就是《十二纪》每纪纪首提出的政治运行模式。

由于人类活动受四时、月、神灵、昼夜长短以及五行等因素的制约，图式则根据每个月的四时、昼夜长短等因素运行的规律，对君主的居处、车乘、旗帜、衣服、器皿等做了详细的规定，同时政府的祭祀活动、法令和禁令也被纳入了这个图式之中，体现了天人关系对人类活动的影响。

在这个图式中，农业生产所占篇幅最大，说明了国家对农业生产的充分

---

① 《分职》："先王用非其有如已有之，通乎君道者也。"《圜道》指出君道之要是"使非其有也。"从两篇从阐述的内容来看，"用非其有"和"使非有者"所指并无差别。

② 第二层意思见《管子·事语》桓公问管仲："倓田谓寡人曰：善者用非其有，使非其人，何不因诸侯权以制天下。"

重视。农业是秦国的经济基础，受四时等自然因素的影响最大。因此图式根据自然规律，从法令和禁令方面做了安排，以保证每个月的农业生产能够顺利进行。以孟春之月为例，制定的法令如下：

> 是月也，天气下降，地气上腾，天地和同，草木萌动。王布农事：命田舍东郊，皆修封疆，审端径术，善相丘陵阪险原隰，土地所宜，五谷所殖，以教道民，必躬亲之。田事既饬，先定准直，农乃不惑。①

同时，在禁令方面，孟春之月要"禁止伐木，无覆巢，无杀孩虫胎夭飞鸟，无麑无卵，无聚大众，无置城郭。""不可以称兵，称兵必天殃。"②

在《吕氏春秋》的施政纲领中，有一个最重要的特点，就是所有的政治和经济活动都是由时间来控制的，体现了《吕氏春秋》对政治合法化和行政合理化的思考。把所有的活动都换算成时间来加以控制，不仅出于便利操作的考虑，而且用时间的方式统治人亦符合天道的要求。"时间在结构上首先包含有天人二重性，其次天人每一面又都包含有政治合法性和行政合理性。就天而言，其政治合法性表现为天文，其行政合理性表现为历法；就人而言，其政治合法性表现为正朔，其行政合理性表现为时令。"③

2. 国家之治道

《吕氏春秋》是通过对君臣和君民关系的论述，来阐发国家治道的。《吕氏春秋》所阐发的治道主要有以下三个方面：

A. 无为而治

《吕氏春秋》发挥了道家"无为"思想的积极意义，将它改造为一种"君道"。《吕氏春秋》认为"无为"是"静"。《君守》："得道看必静。静者无知，知乃无知，可以言君道也。""静"是"道"的特点，《老子》说："清静为天下正。""道"虽"静"，但万物都是"道"所生，运动变化都有

---

① 《吕氏春秋·孟春纪·孟春》。
② 《吕氏春秋·孟春纪·孟春》。
③ 雷戈：《道术为天子合——后战国思想史论》，河北大学出版社，2008 年，第197 页。

规律，"天之用密，有准不以平，有绳不以正；天之大静，既静而又宁，可以为天下正。"君主清静无为，国家机构都在按法规制度运转，君主自然可以为"天下正"。

《吕氏春秋》中"无为"的含义是：君无为而臣有为。"大圣无事，而千官尽能。""君也者，以无当为当，以无得为得者也。当与得不在于君，而在于臣。故善为君者无识，其次无事。"①《勿躬》："圣王不能二十官之事，然而使二十官尽其巧，毕其能，圣王在上故也。圣王之所不能也、所以能之也，所不知也、所以知之也。"《任数》："故之王者，其所为少，其所因多。因者，君术也；为者，臣道也。为则扰矣，因则静矣。因冬为寒，因夏为暑，君奚事矣？故曰君道无知无为，而贤于有知有为，则得之矣。"《知度》："故曰一有道之主，因而不为，责而不诏。"慎势和察名责实则是实行"无为"的前提。

慎势 势指君臣上下严格的等级区分，《吕氏春秋》主张君主"慎势"。《任教》："君臣不定，耳闻不可以听，目虽见不可以视，心虽知不可以举，势使之也。""君臣扰乱，上下不分别，虽闻昌闻，虽见易见，虽知何知，驰聘而因而矣，此愚者之所不至也。没有君臣上下的严格分别，君主就无法驾驭臣下，"权钧则不能相使，势等则不能相并，治乱齐则不能相正，故小大、轻重、少多、治乱不可不察，此祸福之门"二君主一定要"权轻重，审大小""便势全威""因其势也"，这样才能使臣下服服帖帖地听从君主。这是君臣关系在政权运转中的反映。

察名责实 察名责实可以分正名审分、督名责实两个内容。正名审分的名指名号，分指实际的地位，所谓的"正君臣上下之分"就是指此。正名审分要求名号和所处的地位要相称，否则会引起社会的动落和混乱。《正名》："名正则治，名丧则乱。""凡乱者，刑名不正也。"正名审分还要求君臣各安其位，各处其分，特别提请君主不要自奋智勇，包摘臣下之事。君臣的职能应有明确的区分，才能发挥很高的效力。《审分》用"分地"形象地作了说明，"今以众地者，公作则迟，有所匿其力也；分地则速，无所匿迟也。""人主好治人官之事，则是与骥俱走也，必多所不及矣。"人主所要做的就是

---

① 《吕氏春秋·君守》。

"正名审分"，发挥臣下的积极性，不要插手臣子的事物。《审分》："王良之所以使马者，约审之以控其辔，而四马莫敢不尽力。有道之主，其所以使群臣者亦有辔。其辔何如？正名审分，是治之辔已。"《勿躬》："夫君人而知无恃其能、勇、力、诚、信，则近之矣。"

任名审实指的是按职受任，明确官员的职责、任务，然后审察其实际工作成绩。《知度》："故有职者安其职，不听其议"，"督名审实，官使自司"。督名审实还指君主要用名实是否相称看一个人言行是否一致。《审分》："故按其实而审其名，以求其情；听其言而察其类，无使放悖。夫名多不当其实，而事多不当其用者，故人主不可以不审名分也。"《审应》："以其言为之名，取其实以贵其名，则说者不敢妄言，而人主之所执其要央。"

察名责实是现实社会中的名实问题，强调君主不妄为，通过督名审实去发挥臣下的智能，是"君无为而臣有为"思想在现实中的运用。

B. 德治仁政

要建立和维护统一局面，就必须取得民心支持，但不能单纯强调法律的作用。《上德》："为天下及国，莫如以德，莫如行义。以德以义，不赏而民劝，不罚而邪止。此神农、黄帝之政也。……严罚厚赏，此衰世之政也"顺应天意，行仁义德政，就能够得民心，从而真正得天下。

要取得民心支持，就要爱民利民。《爱士》："衣人以其寒也，食人以其饥也。饥寒，人之大害也；救之，义也。人之困穷，甚如饥寒，故贤主必怜人之困也，必哀人之穷也。……行德爱人，则民亲其上；民亲其上，则皆乐为其君死矣。"

因此，《吕氏春秋》赞成儒家的修身、齐家、治国、平天下和德治主张，强调忠孝仁义，《孝行》："凡为天下，治国家，必务本而后末。……务本莫贵于孝。人主孝，则名章荣，下服听，天下誉；人臣孝，则事君忠，处官廉，临难死；士民孝，则耕耘疾，守战固，不罢北。夫孝，三皇五帝之本务，而万事之纪也"。完成统一天下的大业，其根本在于民心的向背。《适威》："今世之人主，多欲众之，而不知善，此多其仇也。"意思是说，善待民众，民众就与君主友好；不善待民众，民众就与君主为仇。

C. 明法和贤人

要实践无为而治、德治仁政，要重视法和人才的作用。

在以法治国的问题上，《吕氏春秋》主张将法家的赏罚跟儒家的礼义糅合在一起，《义赏》："赏罚之柄，此上之所以使也。其所以加者义，则忠信亲爱之道彰。"在使用赏罚方面，《吕氏春秋》特别强调"信"的重要性。《贵信》："凡人主必信，信而又信，谁人不亲？……君臣不信，则百姓诽谤，社稷不宁。处官不信，则少不畏长，贵贱相轻。赏罚不信，则民易犯法，不可使令。"君主掌握大权，不能随心所欲地使用赏罚。赏罚使用得当，臣民就会为君主效死卖力，国家自然会得到治理。此外，法律要发挥其应有的作用，必须立公去私，公正执法。"昔先圣王之治天下也，必先公。公则天下平矣。"[1]

国家难以治理，是因为现实中的君主不重视人才的作用，缺少贤臣良将辅佐。君主要重视人才，要虚心纳谏，信任贤士，《慎人》："信贤而任之，君之明也；让贤而下之，臣之忠也。君为明君，臣为忠臣。彼信贤，境内将服，敌国且畏。"只要君主信任臣子，臣子必会为君主尽忠，再加上良法治国，这样国力将大大增强，并最终实现长治久安。

《吕氏春秋》所构建的统一模式是在秦国阴阳五行思想和经济政治活动的基础上形成的，并对秦国长期的社会实践活动进行了系统化和理论化的提炼。正因如此，而当吕不韦与嬴政政见不同《吕氏春秋》被"束之高阁"之时，《吕氏春秋》的影子却还在或多或少地影响着秦帝国的政治。

二、《为吏之道》和《为吏治官及黔首》：官吏的道德行为

统一前后的秦国，正经历着"家的重层结构"[2]向"天下一家"政治体制的转变，这一时代变革对君臣和君民关系提出新的要求。君、臣、民之间应是什么样的关系，《吕氏春秋》在意识形态领域内做出了回答。而作为官吏日常行为和道德规范准则的——《为吏之道》（下文简称《为吏》）和

---

[1] 《吕氏春秋·贵公》。
[2] "家的重层结构"的提法见甘怀真《秦汉的"天下"政体：以郊祀礼改革为中心》，《新史学》第16卷4期，2005年12月。

《为吏治官及黔首》（下文简称《治官》）①，从"臣"的层面上，对这一问题作出了回答。

"臣"是沟通君民之间的主要渠道，作用甚大。《吕氏春秋·务本》对于君、臣、民在国家中的地位和作用的阐述，有助于我们对这一问题的理解：

> 安危荣辱之本在于主，主之本在于宗庙，宗庙之本在于民，民之治乱在于有司。

君主个人的思想是通过民众来实施和实现的，所以君主要利民、养民；而民众缺乏管理自己的能力，故而把自己"委托"给君主，只有服从君主的统治，才能保全自己的性命。这种"委托"式的管理则是通过君主任命的"有司"来实现的。也就是说，民是通过"臣"这一中介与君主发生关系的。民众对国家社稷关系重大，所以管理民众的"臣"作用甚大。基于此，秦国高度重视作为基层社会的管理者——"吏"道德和行为准则的培养。

（一）《为吏之道》与《为吏治官及黔首》中的各家学说

《为吏》和《治官》用大量的篇幅对官吏职责作了详细的规定，体现了法家"立法明分"的思想观念。此外，《为吏》和《治官》还反映了儒、墨

---

① 《为吏之道》为睡虎地秦简的一种，1975 年发现于湖北省云梦县睡虎地 7 号墓中，墓葬的下限为秦始皇三十年（前 217）。内容见睡虎地秦墓竹简整理小组编《睡虎地秦墓竹简》，文物出版社，1990 年。《为吏治官及黔首》为岳麓书院所藏竹简之一种，题目为整理者所加，时代为秦统一之后，内容见朱汉民、陈松长《岳麓书院藏秦简》（一），上海辞书出版社，2011 年。以下简文均引自两书。在 2010 年初北大入藏的秦简中，亦有与睡虎地秦简《为吏之道》和岳麓秦简《为吏治官及黔首》内容相似的简文。这些简文未见篇首有睡虎地秦简"凡为吏之道"五字，也未见"吏有五善"和"吏有五失"等标题的字句，却见到了篇首有"贤者"两字的简文，并征引了《诗经》中的诗句。见《北京大学新获秦简牍概述》，《北京大学出土文献研究所工作简报》总第 3 期，2010 年 10 月。报告将其暂定为《为吏之道》，然根据古籍命名的通例，可定名为《贤者》，内容当属于"贤者"的思想杂抄，由于该批秦简的简文中并没有出现"黔首"等统一之后普遍流行的词语，多发现"政""正"等字，因此不能排除部分简牍的抄写年代较早的可能。《贤者》这部分的内容，抄写的年代较早。由此认为，作为官吏行为规范的《为吏之道》或《为吏治官及黔首》的最初版本，可能不是官吏行为规范的守则，属于一些学者的思想汇集，之后才作为秦国官吏的行为规范。由此推知，《贤者》是《为吏》和《治官》的最早版本，起初可能是一些学者的思想杂抄，后来才作为官吏行为规范。

和道家的思想。

1. 《为吏》《治官》与儒家学说

通过简文与传世文献的比较，《为吏》和《治官》所体现的儒家思想可以归纳为以下几点：

A. 忠信与孝慈：

宽俗（容）忠信12壹，和平毋怨13壹，悔过勿重。14壹（《为吏》）

以忠为干42壹，慎前虑后。43壹（《为吏》）

吏有五善6贰：一曰中（忠）信敬上7贰（《为吏》）

君鬼（怀）臣忠，父兹（慈）46贰子孝，政之本殹（也）。47贰
（《为吏》）

为人君则惠，为人臣［则］忠；为人父则兹（慈），为人则子
孝。1541（《治官》）

B. 敬：

兹（慈）下勿陵，敬上勿犯，听问（谏）勿塞。（《为吏》）

出则敬，毋施当49叁，昭如有光。50叁（《为吏》）

施而喜之51叁，敬而起之1肆，惠以聚之2肆，宽以治之3肆，
有严不治。4肆（《为吏》）

贵不敬，失之毋口，君子敬如始。（《为吏》）

恭敬让礼。1567（《治官》）

龚（恭）敬多让。1575（《治官》）

C. 慎言：

谨之谨之，谋不可遗34贰；慎之慎之，言不可追。35贰（《为吏》）

处如资（斋）47叁，言如盟。48叁（《为吏》）

戒之戒之，言不可追48肆；思之思之，（谋）不可遗。49肆
（《为吏》）

肖人耳心，不敢徒语恐见恶。2伍（《为吏》）

口，关也；舌，（机）也。29伍一堵（睹）失言，四马弗能30伍追也31伍；口者，关；舌者符32伍玺也。玺而不33伍发，身亦毋薛。34伍（（《为吏》）

审耳目口38壹，十耳当一目。39壹。（《为吏》）

慎之慎之，言不可追0924；谨之谨之，某（谋）不可遗。1588（《治官》）

多言多过。1574（《治官》）

言多必失，为官治民，尤不可多言，故而在《为吏之道》中，多告诫"为吏"者必须慎言。

D. 安贫乐道：

临材（财）见利，不取句（苟）富50壹；临难见死，不取句（苟）免。51壹欲富大（太）甚，贫不可得12壹；欲贵大（太）甚，贱不可得。22壹毋喜富3贰，毋恶贫4贰，正行修身，过（祸）去福存。5贰（《为吏》）

临财见利不取苟富1501，临难见死不取苟免。854（《治官》）

E. 德治的思想

临事不敬37叁，倨骄毋（无）人38叁，苛难留民39叁，变民习浴（俗）40叁，须身遬（遂）过41叁，兴事不时42叁，缓令急征43叁，夬（决）狱不正44叁，不精于材（财）45叁，法（废）置以私。46叁（《为吏》）

2.《为吏》《治官》与墨家学说

最能体现墨家学说是《为吏》中的"除害兴利50贰，兹（慈）爱万姓。51贰"意思是官吏要为人民去除祸害，兴办有利于人民百姓的好事，慈爱天下的百姓。"除害兴利"一词同样见于《治官》中：

日视之，簋毋舍，风庸为首，精正守事，劝毋失时，攻成为保，审用律令，兴利除害，终身毋咎。0072

《墨子》多次提到"除害兴利"：

> 圣人以治天下为事者也，不可不察乱之所自起。（《兼爱上》）
> 子墨子曰：仁人之所以为事者，必兴天下之利，除去天下之害，以此为事者也。（《兼爱下》）

臧知非在统计了"兴利除害，兹爱万民"之说在先秦子书出现的频率之后，指出此说在诸子书中极为稀见，除了在《墨子》之外，只在《荀子》中有过类似的语例："得百姓之力者富，得百姓之死者强，得百姓之誉者荣。……汤武者，循其道，行其义，兴天下同利，除天下之害，天下归之。"然此说却不是荀子的主要学说。可见，"除害兴利"是墨家的重要主张。

3．《为吏》《治官》与道家学说

通过与《老子》传世本与帛书的对比，《为吏》和《治官》能体现道家思想的内容有：

A．强良不得。37 壹（《为吏》）

《道德经·第四十二章》中有"强梁不得其死"一句，马王堆帛书《老子》甲本《德经》："故强良者不得其死，我［将］以为学父。"《左传·桓公六年》有"季良"之人，《汉书·古今人表》作"季良"。此外《诗经·秦风·小戎》："五楘梁辀"。《汉书·地理志》颜师古注引梁作良。由此可知云梦秦简中的"强良不得"当是《道德经·第四十二章》中的"强梁不得其死"的省略。

B．凡为吏之道 1 壹，必精絜（洁）正直 2 壹，慎谨坚固 3 壹，审悉毋（无）私 4 壹，微密韱（纤）察 5 壹，安静毋苛 6 壹，审当赏罚 7 壹。严刚毋暴 8 壹，廉而毋刖 9 壹，毋复期胜 10 壹，毋以忿怒夬（决）。11 壹（《为吏》）

云梦秦简所讲的"安静毋苛""严刚毋暴"和"廉而毋刖"见于《道德经》之五十七章和五十八章：

> 天下多忌讳，而人弥贫；人多利器，国家滋昏；人多伎巧，奇物滋起法物滋彰，盗贼多有。故圣人云："我无为，人自化；我好静，人自正；我无事，人自富；我无欲，人自朴。"（五十七章）

其政闷闷，其人淳淳；其政察察，甚民缺缺。是以圣人方而不
割，廉而不刿。（五十八章）

C. **怒能喜，**31 **壹乐能哀，**32 **壹智能愚，**33 **壹壮能衰，**34 **壹惠（勇）能屈，**
35 **壹刚能柔，**36 **壹仁能忍。（《为吏》）**

《道德经·第三十六章》有类似的语言："将欲翕之，必故张之；将欲弱
之，必故强之；将欲废之，必固兴之；将欲夺之，必固与之。是谓微明。柔
胜刚，弱胜强。"《道德经·第八十七章》云："弱之胜强，弱之胜强，柔之
胜刚，天下莫不知，莫能行。"

（二）《为吏之道》与《为吏治官及黔首》对学术的整合

通过提炼《为吏》和《治官》中的诸子学说，我们可以发现《为吏之
道》和《为吏治官及黔首》是从政道德和临政治民两个方面对诸子学说进行
整合的，反映了秦国在如何提高官吏修养和施政问题上的尝试。

1. 从政道德

官吏个人道德品行的高低对于行使权力有直接的影响，而教化民众是官
吏的主要职能，因此官吏应该以身作则，"凡戾人，表以身，民将望表以戾
真。表若不正，民心将移乃难亲"，这与儒家"其身正，不令而行；其身不
正，虽令不从"① 说法是极其相近的。

《为吏》吸收了道家事物"对立统一"的观点，要求官吏："怒能喜，乐
能哀，智能愚，壮能衰，惠（勇）能屈，刚能柔，仁能忍""严刚毋暴，廉
而毋刖，毋复期胜，毋以忿怒夬（决）。"旨在告诫官吏不能以忿怒的情绪和
心态审判案件，否则会影响案件判决的公正性。而这种道德要求只有官吏达
到高度的自律以后，才能"微密鐬（纤）察，安静毋苛，审当赏罚"。

高度的自律可以通过"慎独"的修身方法来达到，"慎独"见于《礼
记·中庸》：

道也者不可须臾离也，可离非道也。是故君子戒慎乎其所不睹，
恐惧乎其所不闻。莫见乎隐，莫显乎微，故君子慎其独也。

① 《论语·子路》。

在儒家看来，一个人越是在无人监督的时候，在细微之处严格要求自己，就越接近自我完善的思想境界。"慎独"要求官吏在无人监督的情况下保持谨慎戒惕，用圣贤和君子的品格要求自己，指挥自己的思想和行为，防止悖理弃义的欲念和行为发生。《为吏》和《治官》的作者，欲通过"慎独"的方式，以达到官吏提高从政道德的目的。

"忠君"在儒家的理论中，始终被置于个人品行要求中最显著的位置，故而被《为吏》和《治官》所吸收，用于处理君臣关系。作为官吏从政最基本的道德——忠君思想，要求臣对君的"忠"，不仅在内心对君上的至诚至敬，还要在行为上诚信，这是《为吏》和《治官》重点强调"忠信"和"敬"的原因。

2. 临政治民

《为吏》和《治官》明确提出了民心的重要性，反复强调"从政之经"就是安定民心，"地修城固，民心乃宁。百事既成，民心乃宁"。因此，官吏在治事的过程中要有"爱民"的思想，而"爱民"主要体现在"公正"的态度和"除害兴利"的实际工作之中：

道家的"强良不得"思想告诉我们：事物要发展要前进，总会出现局部的短暂的失衡，但是事物如果在较大范围内处于长时间的失衡状态，就很不正常了，结局会大大地不妙。"强梁者"的"强"是事物"阳刚"的一面太过突出的表现，阴阳严重失衡，其本质属性必然发生本质变化。这就告诉官吏在使用民众时，一定要把握"度"。故而在治理民众方面，官吏要有"公正"的态度。

"怒能喜""壹乐能哀""智能愚""壮能衰""勇能屈""刚能柔"和"仁能忍"，表达的是道家"不争"的思想。"不争"之德，是临民治政之要。道家用"江海所以能为百谷王者"的比喻阐述了圣人"以其不争，故天下莫能与之争"的道理①，回答了圣人对于民如何身之、言之而后能够为民信赖、拥护的问题。因此，编写"为吏"准则的作者把"不争"的思想纳入官吏的道德行为准则之中，用于指导官吏的临政治民之中。

---

① 《道德经·第六十六章》云："江海所以能为百谷王者，以其善下之，故能为百谷王。是以欲上民，必以言下之。欲先民，必以身后之，是以圣人处上而民不重，处前而民不害，是以天下乐推而不厌。以其不争，故天下莫能与之争"。郭店楚简出土的《老子》甲编和马王堆帛书甲、乙本的德篇，文句与之大致相同。

　　既然官吏在处理事情要有公正的心理，就不能有倨傲的态度，更不能有为难人民的行为，亦不可随意变更人民的习俗。在征用人民时，要选择农闲的时候，对于人民的徭役要做到均衡公平。办案过程中，要公正，不可有偏私，不能将无罪判成有罪；该赦免的就要给予赦免。做到徭役公平，就要"安贫乐道"。做到"安贫乐道"，就会廉洁、节俭，就不会向民众征收苛捐。这些思想显然是儒家学说的翻版。

　　官吏的职责是"除害兴利"。为此，秦简中不仅提出了"除害兴利，兹爱百姓"的主张，而且从法律条文上做出了具体的规定，以保障"除害兴利"落到实处，从如何执法，到田间管理，从公物的保管到征发徒役、工程计算等均有详述，无论从理论层面还是技术层面，又与墨家思想如出一辙。

　　《为吏》和《治官》是在战国时期秦国政治实践中积累起来的吏治经验和官吏管理水平的基础上，通过整合诸子学说，逐渐形成起来的官僚约束自身行为的规范，成为秦帝国统一之初"以吏治天下"的普遍准则，也是秦国探索行政合理化的成果，无疑是统一秩序中最重要的环节。

三、秦统治秩序建立的实践及其教训

　　秦始皇在统一前后，在六国故地推行秦制的同时，在意识形态领域内采用的仍是兼容并蓄的开放政策。在未统一六国之前，秦始皇就为招揽人才，甚至不惜采用威逼利诱的手段迫使六国名士入秦，秦始皇显然意识到了诸子学说对政治所产生的重大影响。为了提高诸子参与秦政权建设的积极性，秦在统一之初建立博士制度，成为诸子学说参与秦政权建设和重大政策的重要途径。

　　可以说，在秦始皇统治的前期，即"焚书坑儒"事件之前，秦国诸子学说的整合，基本是在政权合法性、行政合理化以及如何加强对民众的思想控制方面的轨道上进行的，对秦的统一秩序的建立和完善起到了重要的作用。

　　除了采用"五德终始说"之外，秦始皇还通过"议帝号"和"封禅"的方式实现了其政权的合法化，成为秦帝国统一秩序中的重要环节。关于"封禅"仪式，笔者在第四章有详细的论述。

　　"议帝号"的活动，不仅是秦国宣扬政权合法化的体现，也是对秦始皇赫赫功业的展示。既是政权神性的体现，也是政权世俗化的反映。"帝"在先秦时期经历了由神性向世俗化的发展：在三代，"帝"具有示"天"和通"天"之义，是"神性"和"神意"的表现。战国中后期，多数国家的君主都有称帝的念想。首先是秦称"西帝"，尊齐王为"东帝"。此后，又有"秦为西帝，赵为中帝，燕为北帝"[1]之说。可见，战国中后期，人们已普遍认同帝高于王。究其原因，是诸子尤其儒家哄抬圣王大话三皇五帝的造古观念互动的结果。正因如此，"帝"比王获得了更多的政治青睐，成为秦始皇首选的能够表现神性和权威的符号。"皇"当取自于"泰皇"之义，"古有天皇，有地皇，有泰皇，泰皇最贵。"[2]尽管，"去'泰'着'皇'"，淡化了"三皇"观念中的宇宙论色彩，但其具有的神性和权威却丝毫未减。通过"皇帝"概念的构造，秦始皇获得了道统（圣王）和政统（君主政治中的绝对权力）的"认证"。

在秦始皇统治时期发生的"焚书坑儒"事件，标志着秦朝对诸子学说进行全面整合的完结。其悲剧的导火索当是"郡县制"和"分封制"的争论。郡县制和分封制度涉及的是行政合理化的问题，"焚书坑儒"属于思想控制的问题。为全面把握分封郡县之争、"焚书坑儒"与构建秦国统治秩序之间的关系，笔者把帝国如何进行合理化的行政和思想控制放在一起讨论。

在地方行政制度和思想控制的问题上，儒家和法家分歧巨大。秦王朝的建立不仅是划时代的政治事件，同样也对当时的思想界产生了重要的影响。秦王朝建立的方式不同于尧舜时代的和平禅让，也有别于三代的"汤武革命"。没有现成的模式可寻，故秦朝的万里疆域是事实，但能否真的"传之万世"，却令人起疑。儒家认为殷周虽然只有千里之土，实行分封制，却能传之千载，值得效法。而郡县制在秦国已经过百年的实践，却被证明是行之有效的。所以，就行政如何合理化的问题，"郡县制"和"分封制"在秦统一之初便发生了激烈的争论。尽管"郡县制"在嬴政在位二十六年（前221），天下初定之时的"廷议"中得到了确定，问题却远远没有解决，这种争论又在三十三年（前214）咸阳宫酒宴中达到了白热化。在争论中，儒生还对秦朝文化政策进行了批评。争论的结果，使秦始皇最终倒向了法家，酿成了"焚书坑儒"的悲剧。

儒家和法家一样，亦主张文化专制。荀子在《非十二子》中猛烈抨击

---

① 《战国策·燕策一》"齐伐宋宋急"章。
② 《史记·秦始皇本纪》。

"六家十二说"之后，提出以"顺礼仪，合法度，尊君权，一天下"为评判标准，要求运用政治手段来熄灭百家异说，主张在思想上独尊儒家孔子子弓一派。其目的也是维护君权独尊的等级制度，因为诸子百家学说的存在必然会直接或者间接的削弱专制统治的思想基础。所以，就"维护君权独尊"这一点上，儒家和法家或许能找到共同点。

但事情远远没有想象得那么简单。秦帝国的建立主要依靠的是武力征服，其在政治和文化上的变动速度，对于长期处于秦国统治之下的关陇地区人们来说，尚能承受，但超越了六国故地民众的心理承受力。儒家的"历史情结"浓重，使得他们看待问题，总是充满着历史主义的眼光，除反复提及"分封"之外，还主张"师古"，即采用历史渐进的方式完成思想领域内的变革。淳于越不赞成法家在文化政策中所采取的废除诗书礼乐、只习法律等激进的做法，故认为："事不师古而能长久者，非所闻也"①，期望秦王朝的决策者在制定文化政策时，充分尊重各地已有的社会和文化传统。淳于越的这种主张无疑是符合当时的现实，但渐进式的变革对于长期受益于"战时体制"的秦国统治者来说，效果不能立竿见影。其主张不受统治者的重视，是可想而知的。

郡县与分封制之争，从某种程度上说是"激进——渐进"在政治制度中的反映，当与文化上的"激进——渐进"交织在一起时，便酿成了"焚书坑儒"。"焚书坑儒"的后果是严重的，秦朝不仅失去了进一步完善天下统一秩序的机会，而且把知识分子推到了反秦的行列之中。整合诸子学说的步伐由此停止，整个国家失去了发展的活力。

本章小结

本章就诸子学说和入秦人士的活动在秦统一过程中的作用做了具体的阐释。归纳起来，战国中期以后学术与秦国统一事业的关系又可以细分为三个阶段，各派学说在三个阶段中所起到的作用是不同的：

---

① 《史记·秦始皇本纪》。

第一阶段从献公至惠文君称王之前，为秦国的"中兴"时期。秦在西河之战的败绩，诱发了献公的改革。献公在墨家防御思想的指导下，在西河地区构筑了军事防御体系，为国内的改革创造了良好的外部环境，初步扭转了西河之战中秦国不利的军事态势。孝公任用法家人士——商鞅，进行了旨在以"富国强兵"为目的的变法。富国强兵的结果，提升了秦国的经济和军事实力，为秦国打开东进通道和开启战国中期以后的秦国霸业奠定了基础。

第二阶段历经惠文王到庄襄王时期，是为秦国的"霸业"阶段。这一时期秦君经历了由"称王"到"称帝"的历程。日益扩大的战争对民力和土地的使用提出了更高的要求。商鞅学派根据变化的国情，主张采取徕民政策和编制土地规划书的方式，以解决民力和土地问题。入秦的纵横家受到重用，扮演了外交家和兵家两种角色，其活动与学说为秦国的对外扩张提供了有利的外交环境和正确的战略决策，使得秦对六国的战争以及军事态势处于绝对的优势。这一时期秦地功利思潮迅速蔓延，为秦国的统一事业源源不断的精神动力。

第三阶段的大致时期为秦王嬴政即位至"焚书坑儒"前后。秦始皇采用了顿弱和尉缭子提出的"先灭韩魏"、以重金瓦解六国抵抗力量的主张，完成了对六国的最后一击。鸿篇巨制——《吕氏春秋》以及官吏道德准则——《为吏之道》和《为吏治官黔首》等守则，在通过整合诸子学说的基础上，对秦统一秩序的建立进行了探索和实践。法家在"法""势"和"术"思想的指导下，糅合儒、道有关君臣关系的学说，确立了秦帝国的中央集权君主专制政体。法家"激进式"的统治秩序——郡县制和"以今非古"成为帝国统治大厦的支柱。"五德终始说"为秦帝国的统治秩序和施政措施找到了合法性和依据。

第四章　礼仪文化的演变：
秦国君臣关系的解读

秦自立国之日起，礼制就是国家建设的中心任务之一，并贯穿于整个春秋战国时期。秦国的礼仪文化可以大致分为君主礼仪和臣礼两部分，以体现各自的身份和社会地位。以战国中期为界，秦礼的发展可以划分为两个时期。战国中期以前，秦是在借鉴周礼的基础上形成了自己的礼制，体现了秦国较为稳定的社会层级结构。而战国中期以后秦礼的演进过程与中央集权的加强有着密切的关系，折射出秦国君强臣弱的君臣权力结构，这种君臣结构影响了秦的统一事业。

第一节　君主礼仪的演变

营国制度、陵寝制度和祭祀制度是君主礼仪制度的重要组成部分，三种礼仪制度的演进过程体现了秦国君权强化和国君地位上升的趋势。同时，车马制度、头冠等礼仪文化的演进亦是这一趋势的反映。

一、营国制度

"营国"的含义就是建设国都，同时也是一个政权建立的标志。营国制度，是周礼的重要组成部分。归纳起来，营国制度主要包括都城布局规划和礼制建筑。

秦都八迁，定都时间最长的是雍城，其次是咸阳。雍城和咸阳是春秋和战国两个时期秦国最有代表性的都城，所以通过两个都城的考察可以折射出这两个时代营国制度演进的过程，进而能够反映秦国君权加强的趋势。

（一）雍城礼制建筑及其布局

雍城有恢宏的礼制建筑和完整的都城布局：

1．雍城礼制建筑

先王庙和"雍四畤"是雍城最重要的礼制建筑。

A．雍都先王庙

秦代的宗庙，直到秦二世时期，仍然是"先王庙或在西雍，或在咸阳"[1]的格局。秦人在迁都咸阳以后，雍都故地的秦宗庙一直维持着高规格的祭祀制度。按照当时的礼制传统，秦国的国君必须到雍都旧地的祖庙去行"冠礼"，以表示成年亲政[2]。

马家庄建筑遗址是春秋时期的秦国宗庙，为春秋中期的秦穆公所立，废弃于战国初期。遗址的三座建筑，呈"品"字形排列。居中的主庙坐北朝南，东侧的一座坐东朝西，西侧的一座坐西朝东。这种建筑布局，颇符合周礼的昭穆制度，却与秦人以西为上的传统有别。《礼记·王制》："天子七庙，三昭三穆，与太庙而七；诸侯五庙，二昭二穆，与太祖庙而五；大夫三庙，一昭一穆，与太祖之庙而三；士一庙，庶人祭于寝。"不仅宗庙分昭穆，墓葬也分昭穆。《周礼·春官·冢人》："先王之葬居中，以昭穆为左右。"马家庄秦宗庙所体现出来的建筑特点，是一个值得注意的现象[3]。

B．"雍四畤"

"自古以雍州积高，神明之隩，故立畤郊上帝，诸神祠皆聚云"[4]。雍都旧地，在秦人的心目中有着崇高的地位。秦人祭上帝，在雍地立有"四畤"。

"畤"是秦人祭天的建筑："畤"的本义，文献中有以下解释：

---

① 《史记·秦本纪》。

② 如《史记·秦始皇本纪》所载秦王嬴政在其即位九年去雍地举行"冠礼"。

③ 陕西省雍城考古队：《凤翔马家庄一号建筑群遗址发掘简报》，《考古与文物》1985 年第 2 期。参阅同刊同期韩伟《马家庄秦宗庙建筑制度研究》。

④ 《史记·封禅书》。

高山之下，小山之上，命曰"畤"。①

"祭人先于陇西人先山，山上皆有土人，山下有畤，埒如菜畦，畤中各有一土封，故云畤"。《三苍》云："畤，埒也"。②

畤，止也，言神灵之所依也。亦音市，谓为坛以祭天也。③

《说文》：天地五帝所基址祭之之地。

从上述文献的解释，我们可以对"畤"下这样一个定义：在高山之下、小山之上建立的祭天的建筑，其形制应该是封土为坛。

在《史记·秦本纪》《史记·秦始皇本纪》和《汉书·郊祀志》中，可以看到很多祭祀"四畤"的例子。"四畤"建立的情况如下表（表4-1-1）：

表4-1-1 秦历代畤祭情况简表

建立者	畤祭名称	建立时间	建立地点	出处
秦襄公	西畤（白帝）	八年（前770）	岐西天水	《史记·秦本纪》《史记·十二诸侯年表》
秦文公	鄜畤（白帝）	十年（前756）	岐州鄜县	《史记·秦本纪》《史记·十二诸侯年表》
秦宣公	密畤（青帝）	四年（前672）	渭南	《史记·秦本纪》《史记·十二诸侯年表》
秦灵公	吴阳上畤（黄帝）吴阳下畤（炎帝）	三年（前422）	岐州雍县	《史记·封禅书》《史记·六国年表》
秦献公	畦畤（白帝）	十八年（前367）	栎阳	《史记·封禅书》

关于雍四畤的确切地点和具体的建筑形制，有待今后更深入的考古工作来证实。

秦人祭祀白、青、黄、炎四帝的四畤，可以看作是以后西汉五郊坛（祭

---

① 《史记·封禅书》索隐引《汉旧仪》。

② 《史记·封禅书》索隐。

③ 《史记·秦本纪》。

白、青、黄、赤、黑五帝）之滥觞。

2. 雍城的布局

经过统一规划的雍城（图4-1-1），其总体结构主要划分为三大部分：

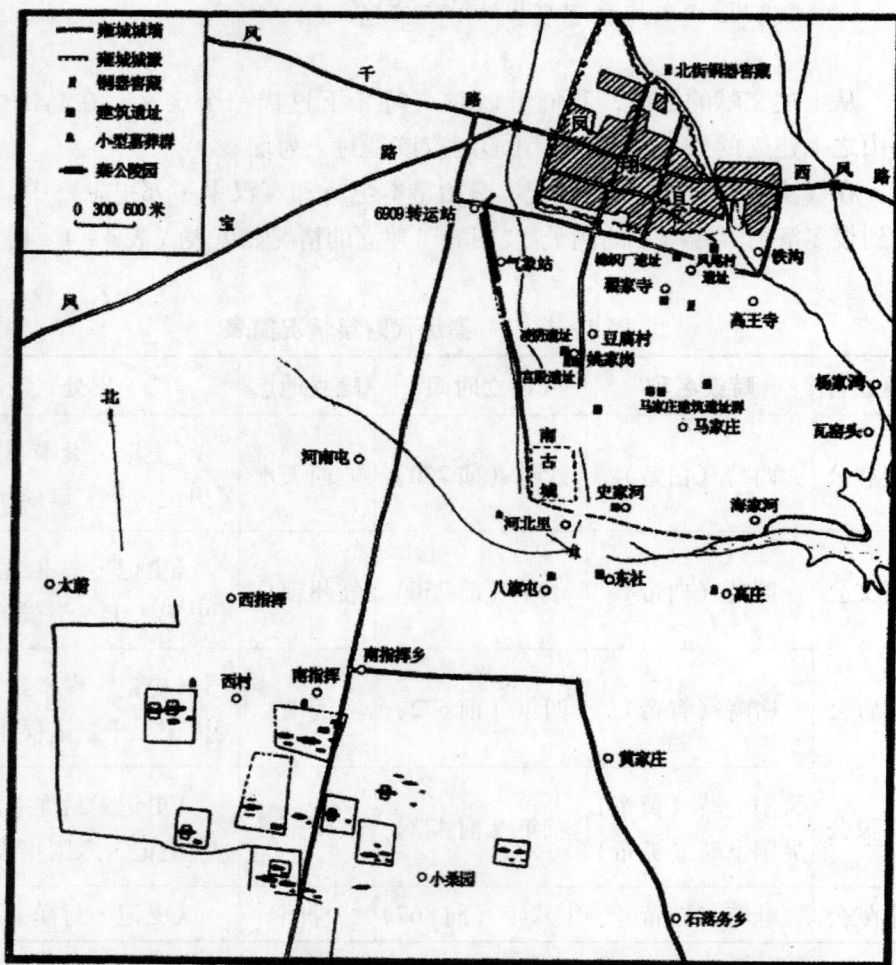

图 4-1-1 雍城遗址考古发现示意图

（采自韩伟、焦南峰《秦都雍城考古发掘研究综述》，《考古与文物》1988 年第 5、6 期）

第一部分是雍城城址，位于雍水北岸。根据探勘可知，城址平面略似正方形，城墙东西长 3300 米，南北宽 3200 米，坐北向南，部分地段以自然地势蜿蜒而筑。西城垣保存较好，南墙次之，东墙和北墙保存较差。城垣一般宽 14 米左右，城墙基最宽处 15 米，最窄处 7.5 米，城墙系黄土夯筑而成，夯窝较小，夯土密实，西墙北段发现有人工构筑的城壕，现长 1000 米左右，宽 12～25 米，深约 6 米，城东、南两面有纸坊河和雍水作为天然屏障。北边压在现在的凤翔县城下，尚未发现城壕。

纵横交错的八条干道将城内分为 25 个方格，各类建筑分布于方格之内，城内共有三条主干道：东西向两条，南北向一条。其中南北向干道为中轴线，城中部以北为宫殿区，姚家岗宫殿建筑区，马家庄宗庙宫殿建筑区，铁沟、高王寺宫殿建筑区等三大宫殿区均集中于此。一般居民区大体集中于南部，各类手工业作坊则分散于城内外各处，如青铜作坊分布在雍城南部的史家河、中部的马家庄村北，城外北部（今凤翔县城北街）；炼铁作坊分布在史家河和南郊的东社、高庄一带；制陶作坊在城内东部的瓦窑头、城外杨家小村、八旗屯一带。

社和市也位于雍城城址内。《史记·秦本纪》：秦德公二年，"初作社，祠社"[①]，按照国都"左祖右社"之制，社应位于秦公朝寝即马家庄三号建筑群遗址之西。"市"的遗址，位于故城北城墙南面偏东 300 米处。该遗址为近似长方形的全封闭空间，四周围以夯墙，西墙长 166.5 米，南墙长 230.4 米，东墙长 156.6 米，北墙长 180 米，宽 1.8～2.4 米。四周有厚 1.5～2 米夯土围墙基址，中部均有"门塾"，一般宽 21 米以上，进深 14 米左右。围墙内为露天市场，面积达 3 万平方米左右[②]。

第二部分和第三部分是国人墓区和秦公陵园，国人墓区位于南郊和北郊并临近雍水；秦公陵园则远在国人墓区之南的凤翔原上。关于国人和国君的墓葬，下文均有论述，在此略去。

三部分的关系是：城区与墓葬区以雍水为界，国人墓与秦公陵园则以兆沟相隔。

雍城的布局形态基本遵循了东周天子都城——洛阳的布局模式[③]，与同时期的东方六国都城布局也大体相近。但是，雍城不同于洛邑的是，宫殿群有向城外扩展的趋势，在六国都城中属少见。[④] 此种形制为后来的咸阳城所

---

① 《史记·十二诸侯年表》。

② 韩伟、焦南峰：《秦都雍城考古发掘研究综述》，《考古与文物》1988 年第 5、6 期。

③ 洛阳经历了由西周洛邑到东周王城以及敬王之后"成周"城的发展，其布局经历了"非城郭制形态"向"城郭分制的两城制"的转变。见梁云：《战国时代的东西差别》，第 153～154 页。

④ 陕西省雍城考古队：《秦都雍城钻探试掘简报》，《考古与文物》1985 年第 2 期。

继承。

（二）咸阳礼制建筑及其布局

较之雍城，咸阳的礼制建筑和布局出现了新的时代特征。

1. 咸阳城的地望与范围

咸阳城的地望和范围，可以从文献的有关记载寻找蛛丝马迹：

> 《汉书》卷二十七《五行志》：文惠王初都咸阳，广大宫室，南临渭，北临泾。
>
> 《水经注》卷十八渭水条：（成国故渠）又东迳哀帝义陵南，又惠帝安陵南，陵北有安陵县故城也……渠侧有杜邮亭，又东迳渭城北……又东迳长陵南。
>
> 《长安志》卷十三咸阳县条：（咸阳城）棘门在县东北十八里。

由文献可知，探讨秦咸阳城的范围有以下几个坐标点可以作为参考：渭河、泾水、成国渠、杜邮亭、长陵、棘门。

刘庆柱经过实地踏查和审慎考证，确认以上几个坐标点的位置为：秦汉时期渭河故道北岸约在汉长安城横门以北 1775 米处（也就是说秦咸阳城与汉长安城之间的南北垂直距离约在 3275 米左右）；成国故渠约位于今渭城区南 450 米等高线以南附近；长陵在今咸阳市渭城区韩家湾乡怡魏村，其南为柏家咀村，其东即秦之兰池故址；杜邮亭在今摆旗寨附近，距咸阳西垣七里；棘门应在汉横门遗址以北约 8350 米处，地当今牛羊村一带。[①]

由此我们可以推测秦咸阳城的大致范围为：东起柏家嘴村，西至长陵车站，北到成国故渠，南迄汉长安城遗址以北 3275 米处，城址东西约 7200 米，南北约 6700 米（见图 4-1-2）。

---

① 王学理以为杜邮亭在今任家嘴附近，并以杜邮亭距咸阳咸阳十里为依据，推测咸阳西界在今长兴村附近，可备一说，但其以相传的白起墓为立论根据，似欠妥。参阅王学理：《咸阳帝都记》，三秦出版社，1999 年，第 98 页。

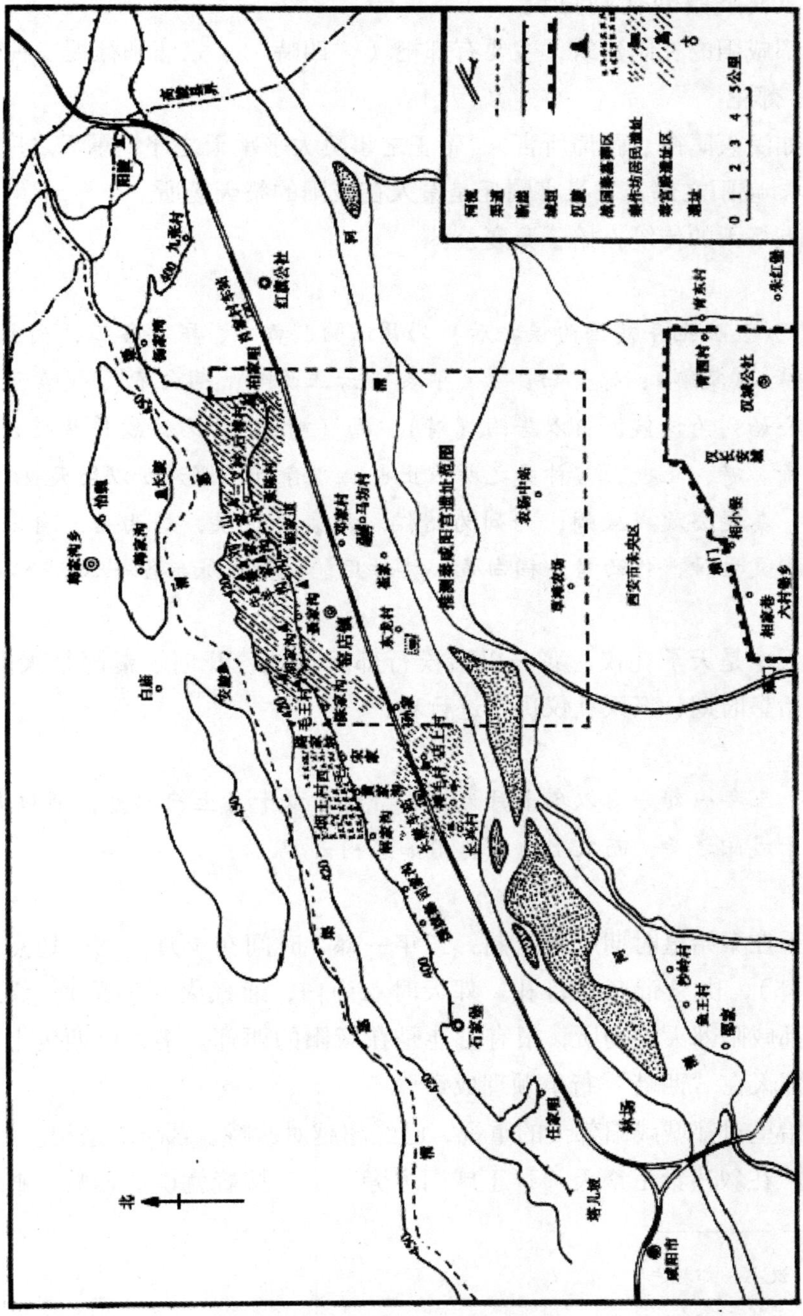

图4-1-2 秦都咸阳遗址平面示意图

（转引自刘庆柱《古代都城与帝陵考古学研究》，第72页）

2. 咸阳城的礼制建筑

秦都咸阳的礼制建筑，主要有郊祀（"四畤"）、宗庙和社稷三种建筑。

A. 郊祀

诚如汉人匡衡、张谭所言，"帝王之事莫大乎承天之序，承天之序莫重于郊祀"[①]。咸阳之郊、甘泉宫圜丘是秦人在咸阳的祭天场所。

秦人祭天的传统，始于秦襄公：

> （襄公七年建国为侯之后）乃用骝驹、黄牛、羝羊各三，祠上帝西畤。《集解》：徐广曰："《年表》云立西畤，祠白帝"。《索隐》：襄公始列为诸侯，自以居西（畤）。西（畤），县名，故作西畤，祠白帝。畤，止也，言神灵之所依止也。亦音市，谓为坛以祭天也。[②]
>
> 秦襄公攻戎救周，始列为诸侯。秦襄公既侯，居西垂，自以为主少昊之神，作西畤，祠白帝，其牲用骝驹黄牛羝羊各一云。[③]

祭天本是天子礼仪，襄公以诸侯行郊天之礼，开创了秦国祭天的传统，到了秦始皇时期，祭天礼仪仍在进行着：

> 三年一郊。秦以冬十月为岁首，故常以十月上宿郊见，通权火，拜于咸阳之旁，而衣上白，其用如经祠云。[④]

祭天在秦始皇时期成为定制：三年一郊，时间在十月上宿，地点在咸阳之旁（郊），由皇帝亲自行礼。郊天时衣尚白，通权火（燔柴），仪式同常祀。秦都咸阳郊天的场所，很有可能是在咸阳的西郊。秦人以西为上，襄公居雍，郊天在"西畤"行事顺理成章[⑤]。

秦始皇对都城咸阳郊天的重视，已经超越对西畤、鄜畤的祭祀。《史记·封禅书》在叙述秦王祭天"拜于咸阳之旁"后，接着就说"西畤、畦畤，祠

---

① 《汉书·郊祀志》。
② 《史记·秦本纪》。
③ 《史记·封禅书》。
④ 《史记·封禅书》。
⑤ 秦汉至隋唐时期，西郊祭天的做法，只有秦代和北魏（平城时代）二例，后者同时在西郊和南郊祭天。

如其故，上不亲往。诸此祠，皆太祝常主，以岁时奉祠之"。

二世时期，郊祀之礼仍得到贯彻：

> （赵高指鹿为马）二世自以为惑，乃召太卜，令卦之，太卜曰："陛下春秋郊祀，奉宗庙鬼神，斋戒不明，故至于此。"①

从这条记载来看，秦二世也要行郊祀之礼。郊祀的地点，应在咸阳之郊。甘泉宫为秦始皇所建（此处甘泉宫非指渭南秦甘泉宫，后者在汉长安城桂宫之地），并于此处立圜丘用来祭天。秦甘泉宫的地望，《史记·匈奴列传》："孝文帝十四年，匈奴烧回中宫，候骑至雍甘泉。"正义引《括地志》云："云阳也。秦之林光宫，汉之甘泉，在雍州云阳西北八十里。秦始皇作甘泉宫，去长安三百里，望见长安，秦皇帝以来祭天圜丘处。"② 考古资料证实，甘泉宫遗址在今陕西乾县注泔镇的南孔头村遗址③。圜丘遗址尚未发现，也许会在以后的考古工作中发现之。

B. 宗庙建筑

秦人认为秦能够统一六国，与"宗庙"关系甚大，故而宗庙祭祀在秦统一六国后备受重视：

> 赖宗庙之灵，六王咸服其辜，天下大定。
> 赖宗庙，天下初定。
> 赵高杀二世，议立公子婴，令子婴斋，当庙见，受王玺。公子婴谋杀赵高，称病不行，赵高数落子婴：宗庙重事，王奈何不行。子婴遂杀赵高于斋宫。④
> 二世语赵高曰：吾既已临天下矣，欲悉耳目之所好，穷心智之所乐，以安宗庙而乐万姓，长有天下，终吾年寿，其道可乎。⑤

---

① 《史记·李斯列传》。
② 《史记·匈奴列传》。《史记·外戚世家》武帝居甘泉宫条下"正义"引《括地志》作："云阳宫，秦之甘泉宫，在雍州云阳县西北八十里。秦始皇作甘泉宫，去长安三百里，黄帝以来祭圜丘处也"。
③ 曹发展：《秦甘泉宫地望考》，《泾渭稽古》1993 年第 2 期。又可参阅王学理《咸阳帝都记》第 162 页"甘泉宫"条。
④ 以上三条见《史记·秦始皇本纪》。
⑤ 《史记·李斯列传》。

从文献记载来看，秦都咸阳的宗庙，主要包括"渭南诸庙"和"秦始皇极庙"：

渭南诸庙

> 诸庙、章台、上林皆在渭南。
> 先王庙或在西雍，或在咸阳。①

"渭南诸庙"为秦始皇和秦始皇之前的秦君所修。

在诸庙之中，"秦昭王庙"的位置有较为详细的记载：

> 昭王七年（公元前300），樗里子卒，葬于渭南章台之东，曰："后百岁，是当有天子之宫夹我墓"。樗里子疾室在于昭王庙西、渭南阴乡樗里，故俗谓之樗里子。至汉兴，长乐宫在其东，未央宫在其西，武库正直其墓。②

秦章台故址，据刘庆柱的考证，即未央宫前殿基址之所在。长乐宫、未央宫、武库的位置也已经勘查清楚：武库遗址在长乐、未央之间，樗里子墓覆压在武库遗址之下，樗里子的墓室当在其东不远的地方，而秦昭王庙在其东侧，紧邻樗里子的墓室，所以秦昭王庙当在渭南汉长安城之东南部。③ 因此渭南诸庙的位置，也应该在这个范围内。

秦始皇极庙

秦始皇极庙建于秦始皇二十七年（公元前220），原名"信宫"，竣工后改名为"极庙"：

> 焉作信宫渭南，已更命信宫为极庙，象天极。④

---

① 《史记·秦始皇本纪》。
② 《史记·樗里子列传》。
③ 参阅刘庆柱《秦都咸阳"渭南"宫台庙苑考》，见《古代都城与帝陵考古学研究》，第87页。
④ 《史记·秦始皇本纪》。

极庙是秦始皇为自己建的生祠，秦始皇去世后，秦二世尊其为"始皇庙"，以礼进祠，为"帝者祖庙"：

> 二世下诏，增始皇寝庙牺牲及山川百祀之礼，令群臣议尊始皇庙。群臣皆顿首，言曰："古者天子七庙，诸侯五，大夫三。虽万世，世不轶毁。今始皇为极庙，四海之内节献贡职，增牺牲，礼咸备，毋以加。先王庙或在西雍，或在咸阳。天子仪，当独奉酌祠始皇庙。自襄公以下轶毁。所置凡七庙，群臣以礼进祠，以尊始皇庙为帝者祖庙。"①

今渭河南岸草滩镇东南的阎家寺村，有一由多处高台建筑组成的遗址，正轴线的北部是一座大型的夯土台基，方圆数百米，构成主体建筑。向南500米有两两左右对称的四座小土台基，位于轴线的两侧。附近有村名"北辰"，可能与秦始皇极庙有关。台基的构筑方法和渭北已发掘的"冀阙宫廷"建筑完全相同，时代当属秦②。阎家寺遗址群正北有祖庙一类的大型台基，南侧建筑对称分布，与宗庙礼制上的昭穆制度相吻合，是否就是秦都咸阳的宗庙，甚至是秦始皇极庙，还需要做进一步发掘和研究。

C. 社稷

社稷是一个国家的代名词。这种观念，在秦人的心目中也是根深蒂固的。秦统一以后，有"立社稷"之举。秦末，李斯受到赵高的诬陷，向二世表功的上书里，就有"立社稷，修宗庙，以明主之贤"③的记载。

有关秦代社稷的文献记载，仅有以下两条：

> 《三辅黄图》：汉初除秦社稷，立汉社稷。④
> 《汉书·郊祀志》颜师古注引臣瓒曰：帝除秦社稷，立汉社稷，《礼》所谓太社也。⑤

---

① 《史记·秦始皇本纪》。
② 遗址的详细内容可参见王学理《咸阳帝都记》，第178页。
③ 《史记·李斯列传》。
④ 《三辅黄图校注》（何清谷校注本）卷之五"社稷"条，三秦出版社，2006年，第309页。
⑤ 《汉书·郊祀志》。

秦亡后，秦社稷被汉社稷取代。西汉社稷在汉长安城的南郊，刘庆柱曾推测"汉初之社可能是在秦咸阳城的秦社基础上建成的"[1]，如果这一结论成立的话，秦社的位置也在汉长安城的南郊。

3. 咸阳城的布局及其演变

秦都咸阳遗址因破坏严重，无法探查古道路的结构状况，因此在考古发掘中也就无法探明其布局结构。然而文献上留下了关于咸阳城的一些零星资料，借助于现今考古发掘的部分成果，我们可以对咸阳城布局进行大致的复原，进而认识整个咸阳城的布局结构。

与咸阳城有关的文献记载如下：

> 大筑冀阙，营如鲁卫。[2]
>
> 惠王二十七年与若（张若）城成都，周回二十里，高七丈……成都县本治赤里街，若迁徙置少城内城，营广府舍，置盐铁市官并长丞，修整里阓，市张列肆，与咸阳同制。[3]
>
> 秦惠王遣张仪、司马错定蜀，因筑成都而县之。都在赤里街，张若徙少城内，始造府县寺舍，今与长安同制。[4]
>
> 成都郡，秦惠王二十七年张仪筑，以象咸阳。沃野千里，号曰陆海。今万岁池，即筑成取土之处也。[5]
>
> 扬雄云："秦使张仪作小咸阳于蜀。"按《郡国志》：秦惠王二十七年使张仪筑城，以象咸阳，沃野千里，号曰陆海，所谓小咸阳也。[6]

从文献的记载来看，张仪所筑之成都是以秦都咸阳的布局为蓝本的。几则文献记载都无一例外的点出成都筑城的时间是秦惠王二十七年，这就给我们提供了重要的信息：成都城的蓝本应是咸阳早期阶段的布局模式。由于咸

---

① 刘庆柱：《汉长安城的考古发现及相关问题研究——纪念汉长安城考古工作四十年》，见《古代都城与帝陵考古学研究》，科学出版社，2000年，第135页。

② 《史记·商君列传》。

③ 《华阳国志·卷三·蜀志》。

④ ［清］严可均辑：《全汉文》卷七十二，商务印书馆，1999年。

⑤ ［宋］李昉编：《太平御览》卷193引《郡国志》。

⑥ ［明］董说：《七国考》卷十四《小咸阳》条。

阳城在考古发掘与文献记载存在着很大的出入，因此学者们将咸阳建城的历史分为前后两个时期，本书重点讨论的则是前期阶段的布局结构。

成都城的布局，《读史方舆纪要》有以下记载：

> 成都府城，旧有大城，有少城。……大城，府南城也。秦张仪、司马错所筑。……少城，府西城也。惟西、南、北三壁，东即大城之西墉。昔张仪既筑大城，后一年又筑少城。《蜀都赋》"亚以少城，接于其西"，谓此也。晋时两城犹存，益州刺史治大城，成都内史治少城。[1]

"惟西、南、北三壁，东即大城之西墉"，见于李膺《益州记》（此书今佚，有辑本）。这种小"城"即是大"郭"西墙的建筑方式，齐国都城临淄和郑韩故城新郑就已经采用。由此可以推知，商鞅主持营建咸阳的时候，是仿效东方大国的布局。

这种小"城"联结大"郭"的形态，我们还可以找到一些考古资料印证。作为当时朝宫所在地——咸阳宫，考古工作者在其北、西、南三面发现战国时期修筑的夯土墙基，其长度分别为843、576、902米，从而能够确定此处范围是以咸阳宫为主体的宫城。从文献来看，因为有"咸阳西门"的记载，而咸阳门应是咸阳城西城门，所以在考古发掘未果的情况下，咸阳郭城和城墙的存在不能轻易否定。考古工作者在咸阳宫西边附近，发现有中央官署控制的手工业作坊遗址，包括铸铜、冶铁及砖瓦建材等行业。在咸阳宫西南较远一点的今长陵车站一带，分布着以生产日用陶器为主的民营手工业作坊及居民居住区。咸阳城西北、东南分布着"毕陌"陵区（惠文王和悼武王陵园）和"芷阳"故址（发现4座大型陵园，经研究为昭王及其以后的诸王陵）。关于陵园问题，下文还有详细的论述。

孝公以后，历代秦国国君对咸阳城又进行了扩建，如惠王时期"广大宫室，南临渭、北临泾"[2]。昭王时期"咸阳宫在渭北，兴乐宫在渭南，秦昭王欲通两宫之间，作横桥"[3]。

---

[1] ［清］顾祖禹撰，施和金等点校：《读史方舆纪要》卷六十七"成都城"。

[2] 《汉书·五行志》。

[3] ［唐］袁郊：《三辅旧事》，见魏全瑞主编《长安史迹丛刊》，三秦出版社，2006年。

从咸阳宫前阶段的总体布局来看，这时的城区仅限于渭河以北，渭南虽建有章台、兴乐等少数宫室，但至少在当时还应属于城郊离宫的性质。城内为单一的宫城，即咸阳宫，处于城北部。手工业作坊及居民区大多分布在城西南的渭河之滨。这种布局当是雍城城市布局的继承。

秦王嬴政即位后，加快了统一六国的步伐，咸阳城的布局也在此时开始发生变化。在统一六国的进程中，秦始皇在咸阳北坂仿建六国宫室[1]。如此大规模的扩建工程，当在秦王亲政之初。经过几十年的建设，到秦二世时期，咸阳城尚未完成建设。然而这一切丝毫不能否定咸阳作为中国第一个帝制王朝都城的存在，而且咸阳城对后世的汉长安城的建设布局也产生了一定的影响。通过扩建，咸阳城被宫殿群所包围，而此前游离于城外的离宫别院也纳入城市之中。这当是后期咸阳城的基本布局。

（三）从雍城、咸阳布局看营国制度的变化

纵观雍城、咸阳两座都城的布局特点，我们可以得出以下结论：

首先，雍城、前期的咸阳城与东周洛阳城以及中原列国都城都有着相似之处，即以"小城"连接"大郭"。[2] 即"小城"都基本位于大郭的西部或北部，周围分布着居民区、手工业作坊区，小城"坐西朝东"。"坐西朝东"的布局可以与周"礼"中东为贵的思想相对应。凌廷堪在《礼经释例》卷一《通例》中认为：西周宗法礼制，以庙内、室内的西部或西南部、北部视为尊位：

"凡室中、房中拜，以西面为敬；堂下拜，以北面为敬。"解释说："盖堂上以南乡（向）为尊，故拜以北面为敬，室中以东乡（向）为尊，故拜以西面为敬。房中则统于室，亦以西面为敬欤？

---

① 《史记·秦始皇本纪》："秦每破诸侯，写放其宫室，作之咸阳北坂上。"

② 咸阳的布局，王学理等人认为咸阳"有宫城而无郭城"，见王学理《秦都咸阳》，陕西人民出版社，1985年。由于这一观点是在考古发掘资料的基础上进行的，并不能充分证明咸阳没有"郭城"的说法。因此杨宽等人认为咸阳原来有城址，后来被渭河冲毁。这种可能是存在的。"营如鲁卫"、《华阳国志》等文献的记载不能轻易否定。秦国迁都咸阳后，扩建工作从未停止过。所以笔者认为扩建的结果很可能使原有的郭城被打破，形成了一个"开放式"的郭城结构：郭城城墙虽被打破，手工业和居民区仍然分布在原来"郭城"的范围之中。

若堂下之拜，自臣与君行礼外，皆礼之杀者。"①

杨宽对这段话解释道：

> 当时只有臣下朝见君上用'堂下拜'的礼节，平时在室内举行的礼节都是以东向为尊的。当时殿堂是南向的，但是室内的席次以东向为尊。庙堂同样是南向的，室内神主的席位也是以东向为尊。直到秦汉之际，还是盛行这种礼制。②

其次，我们从两座都城的礼制建筑的布局来看，与《周礼·考工记》所记述的布局有着很多的相似性。从规模来看，咸阳城的礼制建筑较之雍城，呈现越来越烦琐的趋势，说明秦礼制建筑在扬弃周礼的同时进行了改造和创新。如咸阳城社稷、甘泉宫圜丘的建立，反映祭天仪式的强化。史载，秦始皇统一六国后，进行礼仪制度改革。咸阳城大规模兴建礼制建筑，与此历史背景密切相关。

此外，"朝""庙"布局的变化也是值得注意的现象。早在春秋时代，即秦定都雍的前百年时间里，"朝""庙"的关系就已经发生了变化，即以宗庙为宫室建筑中心转变为"朝""庙"同等的地位。在秦定都雍后的百年时间里，宫室规划又发生变化。姚家岗宫殿区之东所发现的一座独立宗庙和朝宫，即是"朝"与"宫"分离的标志。栎阳作都的时间较短，不可能修建规模庞大的宫室建筑，朝、宫的关系难以判断，故不在讨论的范围。前期的咸阳城，以朝宫的所在——咸阳宫为主体，由此可以断定"朝"的地位高于"庙"。秦始皇营建阿房宫的初衷当是把阿房宫朝宫作为宫殿区的中心。所以宫殿是咸阳城进行扩建的重心，显示了"朝"的重要性。朝宫地位的突出，具有时代意义，宗庙不再成为宫城的中心，标志着血缘政治体制向地缘政治体制的过渡。

二、陵寝制度

秦自公元前 770 年立国至前 206 年亡国，凡 563 年，共有四座陵区以安

---

① ［清］凌廷堪：《礼经释例》卷一，"中央研究院"中国文哲研究所，2002 年。
② 杨宽：《中国古代都城制度史研究》，上海古籍出版社，1993 年，第 194～195 页。

葬秦历代国君和帝王。综合考古发掘和文献记载计有：西陲墓地、雍城墓地、栎阳陵区和咸阳陵区。其中西陲墓地葬有襄公、文公，位置在今甘肃天水、礼县东北一带。雍城墓地位于陕西凤翔，葬有德公至出子共22代秦国国君（包括未享国的太子1人），历时300年。栎阳墓地葬有献公、孝公两代国君。咸阳陵区分为三部分：毕陌陵区位于咸阳周陵中学校园内，葬有惠文王、悼武王；芷阳陵区（又称秦东陵）位于临潼骊山西麓，葬有昭襄王、孝文王、庄襄王。[①] 临潼骊山北麓则是秦始皇陵。

商鞅变法前后至秦统一以前，是秦陵寝制度发展的重要阶段。通过对雍城至咸阳时代的秦公墓地的研究，我们可以看到这一时期，秦陵发展经历了重要的变化，而秦始皇陵又延续了这一阶段变化的成果，对后世历代王朝的陵寝制度产生了重要的影响。

秦国的陵寝制度发生了以下变化：

（一）秦公墓室形制的变化

秦公的墓葬形制主要有中字形和亚字形两种，以东墓道为主墓道。从考

---

① 《史记·秦本纪》载：昭襄王"四十年，悼太子死魏，归葬芷阳。"《史记·秦本纪》载：昭襄王"四十年，安国君（昭襄王次子，即孝文王柱）为太子，十月宣太后薨，葬芷阳郦山。"《史记·秦始皇本纪》载："昭襄王事国五十六年，葬芷阳。"《索隐》云："十九年而立，葬芷陵也。"《史记·秦本纪》载：孝文王立，"尊唐八子为唐太后，而合其葬于先王。"《史记·秦本纪·索隐》云："孝文王名柱，五十三而立，立一年卒，葬寿陵。"《史记·吕不韦列传》载："孝文王后曰华阳太后，与孝文王会葬寿陵。"《正义》云："秦孝文王陵在雍州万年县东北二十五里。"《史记·秦本纪》载："孝文王……治丧，十月己亥即位，三日辛丑卒，子庄襄王立。"《索隐》云：庄襄王"名子楚，三十二而立，立三年卒，葬阳陵。"《史记·秦始皇本纪》载："庄襄王享国三年，葬芷阳。"《史记·吕不韦列传》云："始皇十九年，太后薨，谥曰帝太后，与庄襄王合葬芷阳。"芷阳陵区共发掘出四座陵园，其发掘情况可参见：陕西省考古研究所、临潼县文管会《秦东陵第一号陵园勘查记》，《考古与文物》1987年第4期；程学华、林泊《秦东陵第二号陵园调查钻探简报》，《考古与文物》1990第4期；陕西省考古研究所秦陵工作队《秦东陵第四号陵园的钻探与调查简报》，《考古与文物》1993年第3期；究竟这几位秦王各葬在哪个陵园中，目前有多种猜测，程学华认为：一号陵园中的两个亚字形墓，依其上下位次，M1应为昭襄王与唐太后的合葬墓，M2为孝文王与华阳太后的合葬墓；四号陵园的亚字形大墓为庄襄王与帝太后的合葬墓；二号陵园因既未见其他陪葬墓，且范围规模较小，似应为悼太子墓；三号陵园即宣太后的郦山陵园，见《秦东陵探查初议》，《考古与文物》1987年第1期；《秦陵考察述略》，《秦陵秦俑研究动态》1992年第1期。尚志儒认为：陵地内的亚字形墓是最高级别的陵墓，无疑是秦王陵墓。芷阳陵地发现3座亚字形墓正与文献所记葬入此地的秦王数目相符，因此，这3座亚字形墓当是昭襄王与唐太后、孝文王与华阳太后、庄襄王与帝太后的合葬墓。

古发掘来看，周代诸侯的墓葬以中字形为主。[①] 根据考古发掘得出雍城墓地所有秦公墓都是带有东西墓道的中字形，同时期东方诸侯墓葬等级为中字形，可以肯定秦君使用的是诸侯级别的墓葬规格。献公、孝公墓尚未得到发掘而无法探明形制，惠文王、悼武王也因未做考古勘探而形制不清。从芷阳陵区的发掘成果来看，昭襄王以后的历代秦王陵和王后陵均呈四出墓道的亚字形，仍以东墓道为主。墓葬形制的转变，显然是秦君身份转变的反映。

（二）墓室规模的扩大

雍城墓地的墓室为东西向的长方形，长宽比例一般在 1.1：1 左右。墓室深度均在十几米以上，形制大的墓，深多在 20 米左右，有的达 24—25 米。如秦公一号大墓，墓室东西长 59.4 米，南北宽 38.45—38.8 米，深 24 米。芷阳陵地的秦王墓较之雍城的秦君墓，墓道开始伸长，墓室面积更加开阔，墓室更深，见表 4-1-2。

表 4-1-2　秦东陵（芷阳陵区）墓室统计表

陵园编号	墓葬编号	墓室规模	墓道规模
一号	M1	南北 58 米，东西 57 米	东墓道 120 米，西墓道 43 米，北墓道 42 米，南墓道 28 米
	M2	南北 56 米，东西 58 米	东墓道 122.5 米，西墓道 40 米，北墓道 42 米，南墓道 37 米
二号	M3	东西 27.3 米，南北 23 米	东墓道 23 米，西墓道 30.5 米
	M4	不详	不详
	M5	南北 25 米，东西 17.5 米	墓道长 28 米
三号	M7	南北 20 米，东西 26 米	东墓道 31 米，西墓道长 46 米
四号	M8	东西 56.5 米，南北 55 米	东墓道 152.5 米，西墓道 68.5 米，南墓道 78 米，北墓道长 54 米

2004 年，考古工作者在西安市南郊长安区神禾塬的贾里村，发现了一座

[①]　西周时期的浚县辛村卫国墓地、北赵晋侯墓地等，东周时期的中山、赵、魏等国的国君陵墓均用中字形的墓葬形制。

有"亚"字形大墓的陵园。① 亚字形大墓位于陵园北区，深度 15 米，东西长约 140 米、南北宽约 113 米。其中墓口东西长 29 米、南北宽 28 米。四个斜坡墓道中东墓道最长，约 67 米，其他三条墓道长度在 38—42 米之间。从墓室的面积和墓道长度来看，该大墓的规模要比芷阳陵区二号的 M3、M5 大。

根据现代科学探测提供的资料分析，秦始皇陵墓室的规模更大。秦始皇陵地宫的主体部分应是一座口大底小的竖穴方坑，呈长方形，南北长 460 米，东西宽 390 米，墙体高、厚各 4 米，四周都有城墙。② 由此推算，秦始皇陵的墓室面积当在 180320 平方米左右。

（三）封土的出现与防卫设施的变化

雍城墓地无封土，是按照"古之葬者，厚衣之以薪，葬之中野，不树不封"③ 来规划的。秦陵出现封土，文献记载始于惠文王"公陵"及悼武王的"永陵"，但云梦睡虎地竹简有"何为甸人？守孝公、献公冢者罴"的记载，知献公、孝公陵上已经建有封土，守冢人叫"甸人"。冢即墓，是帝王陵形制上的一次重大变化，至咸阳陵区时盛行冢墓形制。献公、孝公陵上已建有封土，但并未称陵，仍延用以其葬地称其墓名的做法。

战国中期以后，君王的墓地开始称"陵"。秦国君墓称陵始于惠文王，《史记·秦始皇本纪》载惠文王"葬公陵"，悼武王葬"永陵"。之所以称"陵"，是因为当时的封建等级制中，最高的国王的坟墓建造得特别高。"及秦惠文、武、昭、严（庄）襄五王，皆大作丘垅。"④ 当时人们将高大坟墓比作山陵，所以把国王的高大坟墓称为"陵"也在情理之中。战国时期，人们已用山陵比作最高统治者，而把最高统治者的去世讳称为"山陵崩"。当国王生前预建坟墓时，为了避免不吉利，故而把坟丘改成"陵"或"寿陵"了。这种将君王的坟墓比作崇高的山陵当是至高无上君权思想的反应。

秦公陵园的防卫性设施则经历了由兆沟被城垣替代的变化过程：环绕在

---

① 陕西省考古研究院：《陕西长安神禾塬战国秦陵园遗址田野考古新收获》，《考古与文物》2008 年第 5 期。从墓葬发掘的随葬品来看，其身份为王公级别是可以肯定的，学术界对其墓主人有秦皇子、秦二世、周赧王和夏太后四种说法。综合各类发掘资料的分析，笔者还是倾向于夏太后之说。

② 徐卫民：《秦公帝王陵》，中国青年出版社，2002 年，第 115 页。

③ 《易·系辞下》。

④ 见《汉书·楚元王传附刘向传》。

陵墓四周的兆沟，对陵园起防护作用。考古资料显示，整个雍城墓地外围以兆沟环绕，在已探明的 13 座分陵园中，有中兆，或中、内兆俱全。芷阳陵区继承了雍城墓地兆沟的形制，已探出的 4 座陵园亦有兆沟环绕，有的是人工挖掘，有的则利用自然沟壑，形制亦呈南北长东西窄的长方形。

神禾塬陵园的防卫措施与雍城和芷阳陵区一样，其周围由兆沟、夯土陵墙围绕而成。到秦始皇时期，秦陵的防护设施则由兆沟一下子变为高耸于地面的陵垣，当是陵寝制度的一个重大变化。

（四）独立陵园制度的确立

通过兆沟等防卫设施，我们可以从秦公墓地发展演变的序列中，寻找到"集中公墓制"向"独立陵园"制演变的轨迹。

考古发掘证实，战国中期以前，君主多以聚族而葬的形式埋在一处集中的公墓中，其形式大致可以分为以下三种类型：一是多代王墓集中埋葬在一处公墓墓地中，见于安阳殷墟侯家庄西北岗的商代后期王陵；二是多代诸侯国君及其夫人并穴而葬于公墓墓地中，如山西曲沃县的北赵晋侯墓地；三是北京琉璃河燕国墓地、河南浚县辛村墓地所反映的国君、夫人和宗族成员集中埋葬在一起。[①] 战国中期以后，"独立陵园"制开始在三晋地区出现，如河北平山县的中山王陵、河北邯郸赵国王陵的布局都是以一代国君为中心来进行规划的。

通过兆沟等设施，我们可以将雍城墓地分为几个相对独立的部分，但从整个墓地来看，还在"集中公墓"制的范畴之中。芷阳陵区介于"集中公墓制"和"独立陵园"之间。通过兆沟等设施的分析来看，芷阳陵区各陵园之间彼此相距较远，各陵园内有主墓、祔葬墓、陪葬墓，可形成独立的单元。从文献来看，芷阳陵区的各个陵园都有相应的名称。各陵园之间是一种松散的、甚至是无序的排列关系。尽管各陵园之间相距较远，但各陵园的管理则统一由"东陵侯"管辖，则说明芷阳陵区还带有"集中公墓制"的特征。

秦始皇陵有独立的管理机构，与芷阳陵区相距 10 余里，二者无必然的联系，因此是真正意义上的"独立陵园"。"独立陵园"在秦帝国的确立，"一

---

① 三类"集中公墓制"的具体特征见赵化成《从商周"集中公墓制"到秦汉"独立陵园制"的演化轨迹》，《文物》2006 年第 7 期。

方面是'族葬制'走向衰亡的结果，同时又是君权专制强化的必然产物"[1]，是政治和社会组织由血缘向地缘转换的又一反映。

（五）墓上礼制建筑的变化

早期的礼制建筑建造在墓室口上，被称之为"墓上建筑"。如商代后期安阳小屯妇好墓、大司空村 M311、M312、商王陵侯家庄 1001 号墓，以及西周时期浚县辛村卫国墓地 1 号墓等陵墓之上均有建筑遗存[2]。此类遗存在东周时期的关东诸国如中山、赵、魏等国的国君陵墓上均有发现。秦的"墓上建筑"尤为普遍，雍城墓地的 18 座中字形墓中除 M17 外，其余 17 座及 1 座甲字形墓（M41）地表均有大量瓦片堆积，这些堆积当是建筑遗物。

芷阳陵区的礼制建筑已不再建在墓室口上，而是移至封土之旁。秦东陵一号陵园的两个主墓，地表以上均留有夯筑封土，但封土顶部并无享堂一类的任何建筑遗存。蔡邕《独断》云："古不墓祭，至秦始皇出寝，起之于墓侧，汉因而弗改，故今陵上称寝殿，有起居衣冠象生之备，皆古寝之意也。"当陵墓上未有封土时，享堂便建在陵墓之上。自从冢墓兴起后，寝殿便移至封土旁，因为在封土上建寝殿，受封土顶部面积的限制。秦芷阳陵区封土旁发现的建筑遗址应是寝殿，由此推测秦国陵墓设寝殿的历史应始于秦芷阳陵区。[3]

参照芷阳陵区的结构特征来看，我们推测神禾塬陵园的南区建筑基址也是大型礼制建筑。

秦始皇继承了芷阳陵园的做法，把礼制建筑中的寝殿、便殿亦设置在陵冢附近，寝殿位于陵北侧 53 米偏西处，面积 3534 平方米。

此外，秦陵设有陵园管理机构。雍城墓地的管理机构设在"墓上建筑"——堂的旁边。考古工作者在 1978 年秋季发掘秦公一号大墓东墓道时，曾在东墓道与墓室连接处的夯土面上清理出房基、成排的柱洞。房基内地面

---

① 赵化成：《从商周"集中公墓制"到秦汉"独立陵园制"的演化轨迹》，《文物》2006 年第 7 期。

② 中国社会科学院考古研究所编著：《殷墟发掘报告：1958—1961》，文物出版社，1987年；郭宝钧：《浚县辛村》，科学出版社，1964 年；中国社会科学院考古研究所安阳工作队：《安阳殷墟五号墓的发掘》，《考古学报》1977 年第 2 期；杨鸿勋：《妇好墓上"母辛宗"建筑复原》，《文物》1988 年第 6 期。

③ 徐卫民：《秦公帝王陵》，第 91 页。

上出土了几件陶鬲、陶罐等生活用器。这组建筑紧邻墓口，与墓口上方的"堂"相连。芷阳陵地每座陵园均有大型建筑遗址，园寺吏舍建筑应包括在这些遗址之内。秦始皇陵的管理机构相当完整，《汉书·百官公卿表》说："奉常，秦官，掌宗庙礼仪，有丞。"

三、祭祀制度

秦国的祭祀制度主要有祭天礼、祭祖礼和祭祀山川之礼三种形式：

（一）祭祖礼

祭祖礼也是秦国祭祀制度的重要内容，有丰富的考古资料和文献记载可以佐证。

宗庙是祭祖的场所。从文献记载来看，秦二世之前，秦国还保存有着襄公以下至孝文王等历代国君的宗庙。"天子仪当独奉酌祠始皇庙。自襄公以下轶毁。所置凡七庙。"[1] 历代国君的祖庙地点，《史记·秦始皇本纪》明言："先王庙或在西雍，或在咸阳。"而且秦王嬴政九年之事，也可以证明雍地供奉着历代国君的事实。"（九年）四月，上宿雍。己酉，王冠，带剑。长信侯毐作乱而觉，矫王御玺及太后玺以发县卒及卫卒、官骑、戎翟君公、舍人，将欲攻蕲年宫为乱。"从文献可知，秦王嬴政在其即位的第九年驾临雍都，是为了举行己酉日的"冠礼"。在举行完冠礼之后，住在雍都的蕲年宫。按照秦国礼制，秦国国君的成年礼——"冠礼"，必须在"祖庙"中进行。雍是秦国的旧都，且又有几百年的历史，自然供奉着秦国历代君主，故而秦始皇在称帝之前举行"冠礼"的时候，必须到雍地的"祖庙"进行这项仪式。

商鞅变法前后是秦民族大举东进的时期，在与东方六国接触的过程中，秦国吸收了中原地区的礼制，腊祭即是一例。腊祭是中原地区盛行的一种祭祖仪式。秦惠文王时期，腊祭开始在秦国实行。文献记载："秦惠文王十二年，初腊。"[2]《史记正义》解释说："腊，卢盍反，十二月腊日也。秦惠文王始效中国为之，故云初腊。猎禽兽以岁终祭先祖，因立此日也。"《风俗通》亦云："礼传云：'夏曰嘉平，殷曰清祀，周曰蜡，汉改曰腊。'礼曰：'天子

----

① 《史记·秦本纪》。
② 《史记·秦本纪》。

大蜡八，伊耆氏始为蜡。' 蜡者，索也。岁十二月合聚万物而索飨之。"① 秦始皇统一全国后，在其即位第三十一年的十二月，将其更名为"嘉平"。自此，腊祭流行于各个阶层，成为历代重要的一种祭祀仪式。

（二）祭天礼

商鞅变法前后，秦国的祭祀制度仍以"畤祭"为主，它是秦国国君权力"受于天"的象征。秦君宣扬"受命于天"的思想，在金文中得到了证实：1978 年在陕西宝鸡县阳平乡太公庙村出土的五枚编钟，当为秦武公即位之初（公元前 697 年）所铸造，甲钟刻有"先祖受天命商（赏）宅受国"的铭文②。从秦国首次设立"畤祭"——西畤，到秦献公立畦畤（前 367 年）前后持续了四百年。到了秦始皇时期，更加重视雍四畤鄜畤、密畤、吴阳上、下畤的祭礼，"春夏用骍，秋冬用骝，畤驹四匹，木禺龙栾车一驷，木禺车马一驷，各如其帝色。黄犊羔各四，圭币各有数，皆生瘗埋，无俎豆之具。三年一郊"③。

尽管"畤祭"活动在商鞅变法至秦始皇统一六国期间无确切的文献记载，但从秦始皇对四畤的重视来看，商鞅变法以后，这种制度仍在继续实行，而且在祭祀规格上采用的是秦国的最高规格——太牢之礼。据《史记·秦本纪》所载，秦襄公祠西畤所用之礼为骝驹、黄牛、羝羊各三，秦文公祠鄜畤所用之礼为三牢，秦德公也曾祠鄜畤，所用之礼为三百牢（这个数字过于庞大，不少学者认为"百"为衍字）。并且规定，畤祭等祭祀全归太祝管理，由太祝按一定时节进行祭祀。秦始皇曾经大量吸纳畤祭之礼，把它用于封禅的礼仪上。这样，畤祭之礼逐步体系化和固定化，被纳入了整个国家祭祀祀典之中。这一活动被西汉继承，文帝、武帝时都曾有过这样的畤祭活动。④

封禅大典是天子受命于天的最高仪式，"自古受命帝王，曷尝不封禅？盖

① ［汉］应劭：《风俗通义·祀典第八·腊》。
② 宝鸡市博物馆、宝鸡县文化馆：《陕西宝鸡县太公庙村发现秦公钟、秦公镈》，《文物》1978 年第 11 期。
③ 《史记·封禅书》。
④ 关于汉文帝、武帝的畤祭活动，事多见于《汉书·郊祀志》。西汉在保存秦四畤的基础上，又增加一畤，以象五行。文帝又建太一坛，武帝建甘泉泰畤。五畤及一切淫祀在宣帝时废除，标志着畤祭制度的终结。

有无其应而用事者矣，未有睹符瑞而臻乎泰山者也"①。《白虎通·封禅篇》亦云："王者易姓而起，必封升泰山何？报告之义。始受命之日，改制应天，天下太平，功成封禅，以告太平也。"封禅报天地之功，其受命于天的形象毋庸置疑。秦始皇将理论上的"封禅"付诸实践，无疑表明自己"受命"于天。

（三）祭祀山川之礼

《史记·封禅书》引《周礼》云："天子祭天下名山大川，五岳视三公，四渎视诸侯，诸侯祭其疆内名山大川。"

从陕西华山下乡村曾出土过两件同文的秦玉牍，双面刻有朱书文字，为我们研究秦的祭祀制度又提供了新的证据。据李学勤的考证，玉牍为秦惠文王末年之物。文字资料的内容是惠文王认为有两件事可能会获罪于神，希望能通过祷祭秦国之望——华山来使病体痊愈，而且我们还知道祭祀华山所用之祭物为礼玉——圭、璧。②

"望祭"一词的意义来源于"望"。"望"，甲骨文作🔆，为一个"人"形立在土上，"人"形的上面是一只特大的眼睛，商承祚解释说"象人登高举目远瞩之意"。"望祭"由"望"之本义引申为"登高远望的祭祀"。《尚书·舜典》曰："望于山川，遍于群神。"说明舜帝曾经在山上举行过"望"祭活动。江永《周礼疑义举要》卷四考证"望"祭曰："五岳、四镇、四渎、四海，兆各因其方，祭则设表位，合于一坛而祭之。"由于山上和坛上都处于高处，而登高必能望远，所以《广雅·释天》云："望者，遥祭之名。"因此"望祭"当指登高遥望的祭祀活动。

春秋战国时期，诸侯举行望祭，有以下几种情况：

一为重大事件进行占卜时行望祭，如《左传·昭公十三年》记载，楚共王为立太子一事，举行了望祭：

初，共王无冢适，有宠子五人，无适立焉。乃大有事于群望，而祈曰："请神择于五人者，使主社稷。"乃遍以璧见于群望，曰："当璧而拜者，神所立也，谁敢违之？"

---

① 《史记·封禅书》。
② 李学勤：《秦玉牍索隐》，《故宫博物院院刊》2000 年第 2 期。

"群望"，杜预注："星辰山川。"立太子一事事关楚国的社稷，所以楚王举行望祭，祭祀的对象为楚国境内的所有名山大川和日月星辰。

二为诸侯有灾时举行望祭。如《左传》记载昭公十八年七月郑国大火之后，晋君举行了望祭：

> 晋之边吏让郑曰："郑国有灾，晋君、大夫不敢宁居，卜筮走望，不爱牲玉。郑之有灾，寡君之忧也。今执事捍然授兵登陴，将以谁罪？边人恐惧，不敢不告。"

"走望"一语，《左传》仅见于此处，当与《左传·昭公七年》"郑子产聘于晋。……寡君寝疾，於今三月矣，并走群望"的"并走群望"一语意思相似。"并走群望"，杜预注："晋所望祀山川，皆走往祈祷。""走望"在这里的意思是：晋国的国君与大夫奔走四处，祭祀名山大川，以祈求平安。

先秦的文献常记载因一国之主病举行望祭的事例，《左传》记录甚详。古人的信仰多认为国君患病是作为各国望的山川降罪。这种信仰每每见于文献之中，如《左传·昭公二十六年》：

> 至于夷王，王愆于厥身，诸侯莫不并走其望，以祈王身。

又哀公六年：

> 初（楚）昭王有疾，卜曰："河为祟。"王弗祭。大夫请祭诸郊，王曰："三代命祀，祭不越望。江汉睢漳，楚之望也，祸福之至，不是过也。不穀虽不德，河非所获罪也。"遂弗祭。

秦王望祭华山也属于为一国之主病举行望祭的活动。

（四）统一祭祀制度：秦始皇"天子"身份的建构

战国时期三晋、燕地的祭祀情况，文献记载甚简，无法窥知外，秦、齐和楚地均有各自的祭祀体系。大体包含了三级层次：一是天神的祭祀，如秦地的雍四畤、楚地的太一神和齐地的"天主"；二是天神之下的山川祭祀；

三是与民间生产和生活相关的神灵祭祀①。秦统一六国之后，对各地的祭祀体系进行了整合。

秦始皇时期的祭天礼仪主要有两种：一是保留了自秦建国以来历代国君举行的畤祭，二是实践了理论上的"封禅"仪式。秦始皇通过两种祭天的仪式，表明了自己至高无上的地位。关于祭天礼仪，上文已有详细交代，在此毋赘。

整合山川祭祀和民间祭祀是秦始皇统一祭祀制度的重点。

根据《周礼》的记载，祭祀"五岳四渎"是天子的权力。秦统一以前，五岳的分布格局偏于东方。至秦始皇定都咸阳后，"五岳、四渎皆并在东方"。秦人历来被东方国家视为"夷狄"，而五岳并在咸阳东方的格局显然是不利于宣扬秦朝政权的合法性，所以始皇令祠官重新排定天下的名山大川。

根据《史记·封禅书》，重序后的名山大川可制成下表（表4-1-3）：

表4-1-3　秦重序后的名山大川

	名山	大川	祭祀规格
自殽以东	太室（嵩山）	济	春以脯酒为岁祠，因泮冻秋涸冻，冬塞祷祠。其牲用牛犊各一，牢具珪币各异。
	恒山		
	泰山		
	会稽	淮	
	湘山		
自华以西	华山	河，祠临晋	亦春秋泮涸祷塞，如东方名山川；而牲牛犊牢具珪币各异。而四大冢鸿、岐、吴、岳，皆有尝禾。
	薄山（衰山）		
	岳山	沔，祠汉中	
	岐山		
	吴岳	湫渊，祠朝	
	鸿冢		
	渎山（汶山）	江水，祠蜀	

---

① 有关战国时期秦、楚和齐三地祭祀的研究，可参看杨英《祈望和谐——周秦两汉王朝祭礼的演进及其规律》，商务印书馆，2009年，第239～264页；杨华《楚地山神研究》，《史林》2010年第5期；杨华《楚地水神研究》，《江汉考古》2007年第8期；刘信芳《包山楚简神名与〈九歌〉神祇》，《文学遗产》1993年第5期；田静、史党社《论秦人对天或上帝的崇拜》，《中国史研究》1996年第3期；史党社《秦祭祀制度考论》，《大同高等专科学校学报》（综合版）1995年第4期。

此外，秦始皇对关中的一些小山川的祭祀规格也作了规定：

> 灞、浐、长水、沣、涝、泾、渭皆非大川，以近咸阳，尽得比
> 山川祠，而无诸加。汧、洛二渊，鸣泽蒲山、岳嶻山之属，为小川，
> 亦皆岁祷塞。礼不必同。①

重序后的名山大川以及关中小山川的数量和祭祀规格，明显反映了西方祭祀重于东方的格局。

民间祭祀的兴盛与"礼"的崩坏有关。普通百姓因生产和生活的需要，导致自发性的祷祠兴盛，数术方技兴盛，新的神灵层出不穷，使得各诸侯国带有地方色彩的民间祭祀蓬勃发展起来。秦始皇统一六国后，对秦、齐和楚地的民间祭祀进行了整饬，做法如下：保留了秦地的民间祭祀；通过封齐地"八山"的方式承认了齐地民间祭祀的合法性；区别对待了楚地的民间祭祀：保留了秦改造后的楚地神灵，对未经改造的神灵，则采取了禁止的做法。《法律答问》"擅兴奇祠，赀二甲"，就是针对楚地未改造的神灵而言的。

从秦始皇亲自拜祭的几种民间神祠来看，秦始皇重视的神祠多与生产有关。战国中期以后，各家学派都在自己构建的"天下观"之中，表达这样一个观点：天子的职责是为"民"建立一个合理且有意义的生存空间，人间政治秩序与价值的根源则直接诉诸天子，而生产无疑是"民"生存空间的重要保证。因此，秦始皇通过拜祭这些神祠，表明自己是代表天，君临当时统治领域内的众神祠，以便在意识形态上创造出一个以皇帝为首的天下，表达"天子治天下"的理念。通过这样的理念，君权得以介入基层社会，从而实现战国以来诸子所建构的"君民关系"。秦始皇拜祭神祠的重点是在东方、南方，无非是向齐、楚地的人民表明秦统治的合法性。

秦始皇"天子"的身份主要表现在三个方面：一是"君权神授"，秦君的权力是由上天赐予的；二是统治疆域的范围；三是治民之权。通过统一祭祀制度，秦始皇完成了其"天子"身份的建构：祭天礼仪表示的是秦始皇的权力是"天"赐予的。重序名山大川，表现了秦始皇治下的疆域。而对民间祭祀的介入，则标志着秦始皇"治民"之权的实现。

---

① 《史记·封禅书》。

四、其他君主礼仪

岁首、舆服制度和谥号，同样是君主礼仪文化的表现形式。

（一）岁首

"岁首"是先秦时期帝王重要的礼仪活动，对国家的政治与社会生活有着重大的影响。《礼记·月令》：

> （季秋之月）合诸侯，制百县，为来岁受朔日，与诸侯所税于民轻重之法、贡职之数。

相似的文献亦见于《吕氏春秋·季秋纪·季秋》：

> 合诸侯，制百县，为来岁受朔日，与诸侯所税于民轻重之法。

高诱注："来岁，明年也。秦以十月为正，故于是月受明年历日也。"史书记载了秦昭王时期的"岁首"活动：

> 昭王四十二年，先书十月，次书九月。四十八年，先书十月，次书正月。五十年，先书十月，次书十二月，次书二月。①

日本学者斋藤国治与小泽贤二通过对日月食等天文记录的分析，也得出了秦国更"岁首"的活动情况，"昭王四十八年（公元前259）以前是十月岁首制，昭王四十九年（公元前258）以后是正月岁首制。秦始皇二十六年（公元前221）以十月为下一年的岁首，再一次采用了十月岁首制度"②，其结果与史书记载有出入。

秦更"岁首"，显然是在效仿周王的活动，体现了秦君由诸侯向"天子"身份的转变。

---

① 《史记·秦本纪》。
② 转引自工藤元男著，广濑薫雄、曹峰译：《睡虎地秦简所见秦代国家与社会》，第364页。原文见斋藤国治与小泽贤二《中国古代の天文記録の検証》，雄山阁，1992年，第77页。

（二）车马制度

车马在秦国有两种用途：

一是用于祭祀。考古工作者在陕西省凤翔马家庄一号建筑遗址的 181 座祭祀坑中发现车坑 2 座，在一座被盗扰的坑中发现有马骨。[①] 说明秦人在宗庙祭祖时，可以用车马作为祭品。《史记·封禅书》记载秦人祭祀四畤，"畤驹四匹，木禺龙栾车一驷，木禺车马一驷，各如其帝色"[②]。《秦骃祷病玉版》也记载了秦惠文王因病而祷华山明神，以"路车四马，三人壹家，壹璧先之"祭祀华山之神的事情。从目前的考古发掘和出土文献记载来看，使用车马祭祀的祭祀主体当在大夫以上，如包山墓主人的身份是大夫，祭祀大水以车马；新蔡墓主人是楚国封君，地位较高，所献祭品以车马玉器并用。

但在秦国，只有国君拥有车马祭祀的权力。

二是表现身份和等级。秦始皇为显示其地位的尊贵，将君主礼仪中的车马制度发挥到了极致。秦始皇所确立的车马制度被称为"卤簿制度"。

所谓的卤簿制度，应劭《汉官仪》这样解释道：

> 天子出车驾次第谓之卤簿，兵卫以甲盾居外为前导，皆为之簿，故曰卤簿。

封演的《封氏见闻记》认为：

> 舆驾行车，羽驾导从谓之卤簿，自秦汉到来始有其名。

蔡邕的《独断》说得更明白：

> 天子出，车驾次等，谓之卤簿。

卤簿制度，就是指古代皇帝令用的车马仪仗排列次序制度。

---

① 韩伟、尚志儒、马振智、赵丛苍、焦南峰：《凤翔马家庄一号建筑群遗址发掘简报》，《文物》1985 年第 5 期。

② 《史记·封禅书》。

创制金根车是秦始皇时期卤簿制度中最重要的内容。"驾上所乘，曰金根车，驾六马。""秦平九国，荡灭典籍，旧制多亡。因金根车用金为饰，谓金根车，而为帝辂。玄旗皂斿，以从水德。复法水数，驾马以六。"① 按照《孝经》援神契的说法，根是载养万物的，所以根车也就不是一般人所能获取的。所谓"德至山，则山出根车。"金根车则是以金为饰的根车。金根车是始皇帝时的创制，但却不是凭空的创造，是对三代车制加以综合改造，"增饰辐乘御之"的结果。金根车的规模比较大，据《独断》的记载，当时的金根车是驾六之制。《史记·秦始皇本纪》记述，始皇帝采纳齐人邹子"始终五德之运"的推记，而尚水德时明确记载，始皇"数以六为纪，……乘六马。"《后汉书·舆服志》也记有："天子所御驾六，余皆驾四。"由此证明秦代驾六马的大型金根车是事实。

秦始皇陵中出土的铜车马，可以从考古上印证君主车马礼仪上的威严。秦始皇既然能在名号上囊含三皇五帝，也就能够在车服上表示出大、多、侈和宏伟的特点。在这种礼仪制度下，以皇帝为首的统治集团可以借此来不断神化皇权，规范自己的统治，显示统治的威力。

秦人还设立了几种车行仪仗的等级，并给予了新的名称，分别叫大驾、法驾、小驾。配备的车辆数目，按照三个规制不同而有等差，用于不同的场合。《隋书·卷十二·礼仪七》对三种等级有详细的论述："法驾以祭方泽，祀明堂，奉宗庙，藉千亩。小驾以敬园陵，亲搜狩。大驾则公卿奉引，大将军骖乘，太揸驭。法驾小驾，皆侍中骖乘，奉车郎驭，公卿不引。"最主要的活动，如祭天、封禅等，都必然以金根车马为核心，来编制卤簿。

（三）头冠

秦始皇统一六国的过程中，在攻取土地的同时，也吸收了六国的服饰，改造和创建了秦朝的服制度。其中头饰——冠是改革的重要内容，秦始皇把各国君主的头冠降为臣工的头冠，显然是为了表现秦朝君臣之间的差别：

> 秦灭齐，获其君冠而制之。形如通天冠，顶不邪却，直竖，铁为卷梁，高九寸，无山述展筩。一名侧注冠。其体侧立而曲注，因名之。以赐近臣，中外官、谒者、仆射、行人、使者等所服。

---

① 《通典·嘉礼十一·卤簿》，中华书局，1988 年。

秦灭楚，获其君冠，赐御史。以缁为展筩，铁为柱卷。取其不曲挠也。一名柱后惠文冠。执法者服之，或谓之獬豸冠。獬豸，神羊，一角，能别曲直。楚王获之，以为冠。

秦灭赵，以其君冠赐近臣。①

（四）废除谥号制度

按照周礼，诸侯的谥号由周天子根据其生前的行为授之。"周制，诸侯薨，臣子迹累其行以赴告王，王遣大夫会其葬，因谥之。"② 秦国国君谥号从春秋时期的庄公开始，历经数代，至秦始皇即位以前的庄襄王。商鞅变法前后秦国历代国君的谥号为献公、孝公、惠文王、武王、昭襄王、庄襄王。秦始皇统一中国后，自称为始皇帝，后世则以数计，如二世、三世等等，废除谥号制度。

战国晚期以后，在思想界刮起了一股品评君主的浪潮。各家学说从不同的角度对君主的品行和能力进行了评价，已经大大降低了"君主"在臣民中的神圣性和权威性。作为先秦礼仪制度的一种——"谥号"，是对君主和臣子生前行为的评价。"谥号"的定夺会形成"子议父、臣议君"的局面，对于一向重视君主至高地位的秦始皇来说，显然是不能容忍的，废除谥号制度也在情理之中。

五、血缘走向地缘政治：君主礼仪演变的时代特征

战国中期以后秦国君主礼仪制度的演化，是君主权力强化和时代变迁的反映：

战国中期以后，秦国的营国制度完全突破了周礼的束缚。商鞅变法前的雍城时代，对周礼还多有继承，即"朝"和"庙"是宫城布局中最重要的建筑，但两者已由宗庙为中心转变为"朝"和"庙"同等重要的关系。"朝"

---

① 《通典·礼典·嘉礼二》。
② 《通典·礼典·凶礼》。

是国家行政事务的中心，"庙"是宗法政治——族权与政权相结合的象征。宗法政治的特征是分级而治，对国君权力显然是制衡。献公和孝公时期，国君权力得以强化，在营国制度中得到了反映：定都咸阳以后，宫城建筑以朝宫为中心。惠文王之后，咸阳又大规模地兴建宫殿和离宫别馆，打破了周礼所规定的都城布局规划。咸阳城的大规模建设使得"庙"处于次要地位，朝宫的地位突出，充分说明行政事务已为国家的主要事务。战国中期以后，各国加强了中央集权，使得国君在行政事务的主导地位越来越重要，其权力也得到了强化。

在继承周礼的基础上，秦国的祭祀制度整合了春秋战国以来齐、楚两地的祭祀文化，使得秦国由地方性的祭祀文化发展成为全国性的祭祀文化。秦国对周礼的继承表现在祭天礼仪和祭祀山川之礼。按照周礼，秦国没有祭天的资格，可以对境内的名山大川进行祭祀。秦自建国之日起，祭天的仪式就没有停止过，并且在其扩张的过程中逐步完善着祭天之仪式，最终形成了祭天的特殊形式——畤祭。同时，畤祭与五色帝相配，亦表达了秦国取"天下"的意愿。秦国何以重视祭天仪式，要僭越天子礼仪，其原因在于祭天仪式表达的是"受命于天"的政治观念，通过祭天礼仪，秦国国君可以表明"受命于天"，他的权力至高无上。秦始皇统一后，除继续实行祭天仪式——畤祭之外，又将理论上的"封禅"付诸实践，并"重序名山大川"，改革全国的民间祭祀，实现了其"天子"身份在祭祀领域中的建构。

秦君称王后，墓葬形制采用了亚字形的结构。尽管学术界尚未对亚字形级别的归属做出统一的认识，但殷商王陵区反映的亚字形墓葬，无疑是最高级别的墓葬形制。春秋和战国早期，秦国国君仍恪守殷周旧制，使用诸侯级别的中字形墓制。秦君使用亚字形反映了秦国国君由诸侯向王身份的"僭越"，体现了对旧有礼制的继承。此时，墓室的规模也呈现出不断扩大的趋势，不仅中原诸国国君墓室的规模难以与之相比，就是殷商王陵区内的亚字形墓室与之相比，也逊色得多。如雍城秦公一号大墓平面面积 5334 平方米，而商王陵中最大 1217 号墓平面面积仅 1803.54 平方米[1]，约相当于前者的三分之一。芷阳一号陵园的两座亚字形大墓规模更超过了雍城陵区一号大墓。秦君陵园规模之大，充分显示出秦国国君雄厚的经济实力和调动经济资源的能力，而这一切的实现是与权力的集中分不开的。此外，雍城墓地、芷阳墓

---

[1]　北京大学历史系考古教研室商周组：《商周考古》，文物出版社，1979 年。

地和秦始皇陵，反映了"集中公墓制"向"独立陵园"制演变的轨迹。"集中公墓制"反映的是聚族而葬，颇能反映血缘关系在社会各个方面的反映。"独立陵园"制的确立，无疑表明了血缘社会向地缘社会转化的过程。

除了上述礼仪之外，秦国还继承了周代以来的"岁首"仪式，确立了国君在政治生活中的主导地位，通过舆服制度实现了君尊臣卑的社会地位；秦始皇废除谥号制度，扫去了制约君主权力的障碍，成为君主专制强化的最显著特征之一。

秦国君主礼仪制度的演变，表现了秦国君主权力强化的过程，同时也反映了礼仪文化中的地缘因素逐步取代血缘因素的过程。

第二节　臣礼的衰落

在本节展开论述之前，需要对"臣礼"的概念做出交待：

一、"臣礼"释义

从广义来说，君主专制之下的官吏和百姓都可以称作是君主的"臣"。本书所要论述的"臣"指在政府中任职的官吏，属于狭义的"臣"。

（一）秦国的"臣"

秦国社会阶层的划分，是界定秦国"臣"的前提。

战国中期以前，秦国的社会阶层可以用周制作为参照系：上大夫（卿）、大夫、士和庶民四个阶层。战国中期以后，秦国实行的是军功爵与官爵相对应原则。根据军功爵中的赏赐等级，"二十等爵制"又可以分为四个层次：第一，彻侯至五大夫；第二，公乘至大夫；第三，公士至不更；第四，不更以下至庶民。四个阶层可分别对应周制中的上大夫（卿）、大夫、士和庶民。第一、二、三层即构成了上文所涉及的"臣"。

我们以滕铭予和梁云等人对关中地区墓葬的分类作为参考①，把战国中期至秦统一前后关中地区的墓葬分为以下四类：

A 类墓，特征为随葬有青铜礼器，或共出有仿铜陶礼器和日用陶器。这一类墓葬规模往往较大，墓口面积从 31.5~640 平方米不等，墓室长度多在 4 米以上，葬具为一棺一椁或多重棺椁，有的殉人，或有殉车马。

B 类墓，特征为：不见有青铜礼器，随葬仿铜陶礼器，或共出有日用陶器。墓口面积与 A 类墓相差不大，墓室长度多在 2.5~4 米之间，葬具多一棺一椁。

C 类墓，仅随葬日用陶器。墓口面积在 13~33 平方米之内，墓室长度多在 1.8~3 米之间，葬具多为一棺，也有一棺一椁者。

D 类墓，不随葬以上任何一类器物，但或有带钩类的服饰用器。墓室规模及葬具与 C 类墓并无明显的区别，只是其墓室偏小者较多，葬具多为一棺，也有有椁者。

可将文献资料与考古资料所反映的秦国社会阶层制成表 4-2-1：

表 4-2-1 考古资料与文献资料所反映的秦国社会阶层

军功爵	对应的周制	墓葬分类
彻侯至五大夫	上大夫（卿）	A 类
公乘至大夫	大夫	B 类（部分）
公士至不更	士	B（部分）、C 类（部分）
不更以下	庶人	C（部分）、D 类

在这四类墓中，A 类当为"臣"的高层，B 类和部分 C 类墓属于"臣"的中下层。

（二）"臣礼"的概念

通过梳理文献，"臣礼"主要有以下两种含义：

一是指人臣事君的纲纪或准则。

这些准则集中在朱熹的《仪礼经传通解》的《臣礼》篇中。《仪礼》古

---

① 滕铭予和梁云的分类，分别见《秦文化：从封国到帝国的考古学观察》和《战国时代的东西差别——考古学的视野》两书。

无《臣礼》篇，朱熹可能考虑到《礼仪》中"事亲事长""隆师亲友""治家居室"等法各有成篇，臣事君之法纪最为紧要，却散出于诸书，故将《士相见礼》中数条"见君"的内容析出，作《臣礼》，列为全书的第二十一篇以申明"事君"的要义。

臣"事君"最重要的礼节就是规劝君主。

《韩非子·难一》记载这样一件事：

> 晋平公与群臣饮，饮酣，乃喟然叹曰："莫乐为人君！惟其言而莫之违。"师旷侍坐于前，援琴撞之。公披衽而避，琴坏于壁。公曰："太师谁撞？"师旷曰："今者有小人言于侧者，故撞之。"公曰："寡人也。"……或曰：平公失君道，师旷失臣礼。夫非其行而诛其身，君子于臣也；非其行则陈其言，善谏不听则远其身者，臣之于君也。今师旷非平公之行，不陈人臣之谏，而行人主之诛，举琴而亲其体，是逆上下之位，而失人臣之礼也。[1]

师旷没有就平公的错误言论进行规劝，而是采取操着琴来撞击平公身体的做法，失去了为人臣的礼节。

二是标明社会生活中人臣等级关系的礼仪制度。

礼仪制度所蕴含的"等级名分"，是通过"礼器"反映的。

《仪礼·聘礼》：

> 八壶设于西序，北上，二以并，南陈。壶，酒尊也。酒盖稻酒、梁酒。不错者，酒不以杂错为味。

贾公彦疏：

> 案《掌客》设飧，公、侯、伯、子、男簋同十二，公簠十，侯伯簠八，子男簠六，又皆陈饔饩，其死牢加飧之陈，如何此中飧之簠数及饔饩之簠数皆多于君者？彼是君礼，自上下为差，此乃臣礼，或多或少，自是一法，不可以彼相并。

---

① 《韩非子·难一》。

此处的"臣礼"，指的即是臣子使用礼器的等级。

除了礼器上的差别外，"臣礼"中蕴含的"等级名分"还包括葬制和车舆制度等方面：

葬制主要表现为"棺椁多重"。《礼记·檀弓上》："天子之棺四重。"郑玄注："尚深邃也。诸公三重，诸侯再重，大夫一重，士不重。"相关记载亦见于《荀子·礼论》："天子棺椁十（七）重，诸侯五重，大夫三重，士再重。"又见《庄子·杂篇·天下》："天子棺椁七重，诸侯五重，大夫三重，士再重。"对"重"的理解，是划分棺椁层级结构的重要依据。《礼记·檀弓上》：

> 天子之棺四重，水兕革棺被之，其厚三寸，杝棺一，梓棺二，四者皆周。

孔疏：

> 四重者，水牛、兕牛皮二物为一重也；又杝为第二重也；又属为第三重也；又大棺为第四重也；四重凡五物也。以次而差之，上公三重，则去水牛，余兕、杝、属、大棺也；侯、伯、子、男再重，又去兕，余杝、属、大棺；大夫一重，又去杝、余属、大棺也；士不重，又去属，唯单用大棺也。

由孔疏可以推知，棺椁结构中的"四者皆周"的"四者"，指的是革棺一、杝棺一、梓棺二。郑玄注与孔疏，都将水兕理解为水牛、兕牛二物。郑玄注："以水牛兕牛之革以为棺被，革各厚三寸，合六寸也，此为一重"，所以郑玄和孔颖达都将"天子之棺四重"解释为五层。其实，水兕是一物，不存在水牛、兕牛之别[1]，因此"其厚三寸"当指一层。"重"的本意是"一层"，《荀子·礼论篇》和《庄子·杂篇·天下》的"重"也是"一层"的

---

[1]　史为指出："'水兕革'即'水牛革'，并非二物。'兕牛'可简称为'兕'，但'水牛'不能简称为'水'。'兕'即青兕，这里似乎即指青牛，亦即水牛，故可称水兕，而非指独角的雌犀。"然水兕不是水牛，应是兕。《尔雅》："兕似牛"，郭璞注："兕似水牛，青色。"兕与水牛相似，性喜水，故水牛可以称之为水兕。参见史为《长沙马王堆一号汉墓的棺椁制度》，《考古》1972年第6期。

意思。

君（诸侯）、大夫、士的棺椁的层级结构为：君（诸侯）用三层棺，从内向外依次是椑、属、大棺；大夫用二层棺，为属、大棺；士为单棺，或简称大棺。前面分析《檀弓上》天子之棺四层，其名称分别为革棺一、杝棺一（椑棺）、梓棺二（属棺、大棺），那么，依次递减，诸侯、大夫、士分别也应是三层、二层、一层。"'天子棺椁七重'应为'三椁四棺'，'诸侯五重'应为'二椁三棺'，'大夫三重'应为'一椁二棺'，'士再重'应为'一椁一棺'"。① "棺"的规格是：

> 君大棺八寸，属六寸，椑四寸；上大夫大棺八寸，属六寸；下大夫大棺六寸，属四寸；士棺六寸。②

车舆是表示身份的最直观方式，《韩非子·外储说左下》："故晋国之法，上大夫二舆二乘，中大夫二舆一乘，下大夫专乘，此明等级也。"在朝觐祭祀等场合中，有对"贰车"使用上的规定，如《礼记·少仪》记载"贰车者，诸侯七乘，上大夫五乘，下大夫三乘"。"贰车"，即后代的属车，周礼无属车之制的记载，但是春秋战国时期，诸侯都有贰车。蔡邕《独断》云："古者诸侯贰车九乘，秦灭九国，兼其车服，大驾属车八十一乘，法驾半之。属车皆皂盖，赤里，朱辀戈矛弩箙，尚书御史所载。最后一乘悬豹尾。以前皆皮轩，虎皮为之也。"此外，这种身份等级还体现在丧葬用车上，与器用制度相配合使用。《礼记·檀弓下》："君之嫡长殇，车三乘；公之庶长殇，车一乘；大夫之嫡长殇，车一乘"；"国君七个，遣车七乘，大夫五个，遣车五乘"。

《周礼·春官·巾车》对于先秦时期车的等级做了明确的规范。"王"车的等级为：

> 王之五路：一曰玉路，锡，樊缨十有再就，建太常，十有二斿，以祀；金路，钩，樊缨九就，建大旂，以宾，同姓以封；象路，朱，樊缨七就，建大赤，以朝，异姓以封；革路，龙勒，条缨五就，建

---

① 赵化成：《周代棺椁多重制度研究》，见《国学研究》第 5 卷，北京大学出版社，1998 年。
② 《礼记·丧大记》。

大白，以即戎，以封四卫；木路，前樊鹄缨，建大麾，以田，以封
蕃国。

诸侯以下车的等级为：

　　　服车五乘：孤乘夏篆，卿乘夏缦，大夫乘墨车，士乘栈车，庶
人乘役车。凡良车、散车不在等者，其用无常。

《周礼》对车舆等级表现在两个方面：一是同一个使用者在不同场合使
用不同的车种；二是使用者的身份与所乘的车种要相配。
　　臣的礼仪制度还表现在社会生活的其他方方面面，在此不一一列举。
　　本节所论述的"臣礼"指的就是第二种含义。

二、从考古资料看战国中期以后臣礼的衰落

　　以文献所记载的"臣礼"为出发点，我们通过与之相对应的考古资料来
考察战国中期以后秦国"臣礼"的演变轨迹：

（一）墓葬

　　墓葬上的变化反映在葬具和随葬器物组合两个方面的变化上。[①]
　　首先是墓葬数量的变化。滕铭予对 2001 年 2 月（含 2 月）以前长陇（指
今天的陕西长武和陇县两县）地区和宝鸡地区出土的秦墓总数和相当于
"士"和"大夫"级的墓葬数量（上文所划分的 B 类墓）进行了统计
（表 4-2-2）[②]，得出春秋晚期和战国早期，"士"和"大夫"级的墓葬数量
大体呈增长的趋势。战国中期以后，这一数量呈逐步减少的趋势。[③]

---

　　① 本部分指的是日常生活用器，礼器则单列一小节。
　　② 表格来自滕铭予《秦文化：从封国到帝国的考古学观察》，第 92 页。
　　③ 笔者统计了 2001 年 2 月以后至 2010 年 6 月长陇地区与宝鸡地区的春秋晚期到战国中
期这个时间段的墓葬总数与士一级的墓葬数量，加上 2001 年 2 月以前滕铭予统计的数据之后，
得出：墓葬总数在滕的基础上有所增加，但"士"和"大夫"级墓葬数量没有变化，这就表
明："士"和"大夫"级墓葬所占的比例仍呈下降的趋势。

表 4-2-2 长陇地区和宝鸡地区 B 类墓数量变化表

长陇地区	墓葬总数	B 类墓	所占比例	宝鸡地区	墓葬总数	B 类墓	所占比例
春秋晚期	55	34	61.8%	春秋晚期	22	17	77.3%
战国早期	30	11	36.7%	战国早期	21	14	66.7%
战国中期	39	7	17.9%	战国中期	26	3	11.5%

其次是葬具的变化，棺椁是葬具的基本内容。《韩非子·内储》："布帛尽于衣衾，材木尽于棺椁。"《管子·尽藏》："棺椁足以朽骨。"

根据关中地区所发掘的秦墓墓葬形制及其棺椁结构的特点，我们又可将秦墓分为三类：

第一类为直筒式深竖穴墓。多重棺椁结构，棺与椁为二重或二重以上的套合形式，即二棺二椁、二椁一棺、一椁二棺和一椁一棺等。

第二类为直筒式深竖穴墓带二层台。完整的葬具为一重，即一棺。但其顶部有棚木，或四周有立木结构，底部有二层台。

第三类为洞室墓。葬具为一重，即一棺。顶部无棚木，四周亦无立木结构。第三类墓又可以分为两种形制：一种形制是偏洞室墓，即在长方形竖穴土圹下部长边一侧凿一长方形洞室，洞室与圹的方向一致，棺放在洞室中央，洞口用木质材料封堵，随葬器物较少。第二种形制是直线式端洞室墓，在长方形竖穴土圹下部短边一端凿一平面为长方形洞室，洞门的封堵方法与前者相同，唯直肢葬较多而屈肢葬较少。

以上三类墓葬形制，大体上可以对应三个不同的时期：春秋时期、战国早期早段至战国早期晚段和秦统一前后。

古人死后，"衣足以饰身，棺周于衣，椁周于棺，土周于椁"[1]，因此死去之人有棺椁结构。春秋时期，秦墓的形制主要是单一的直筒式深竖穴墓。这样的形制可以完整地保护墓主与随葬物。由于较多地随葬器物放在棺外的头箱内，因此棺的尺寸相对要小，葬式的蜷曲程度大。

战国早期以后，随着礼制的逐渐衰落，秦墓的形制结构向着简化和实用的趋势发展，第二类木质葬具所代表的墓葬结构基本上处于这一期。其土圹形制类似于第一类，但大部分墓的深度变浅，而且底部出现了二层台，二层

---

① 《礼记·檀弓上》。

台和立柱、棚木替代了椁的作用：二层台代表椁邦；棚木代表椁盖；立柱起到加固支撑墓室内夯填土的作用。第二类没有专门放置随葬器物的头箱，随葬器物一般放在墓室头龛、足龛或棺盖上，所以棺的长度一般大于第一类棺，蜷曲程度较小。战国早期晚段到战国中期，第三类墓由于室内面积小，蜷曲程度大。

　　尽管上述三种形制在大体上对应着一个时期，但是并不排除几种不同形制的棺椁结构及其对应的墓圹结构在同一时期的并存。在这种并存现象下，几种形制所占比重的消长仍能充分反映出秦国棺椁制度由复杂向简单转化的趋势。

表4－2－3 店子墓地墓葬形制统计表（春秋早期至秦统一）

墓葬形制	春秋早期	春秋中期	春秋晚期	战国早期	战国中期	战国晚期至秦统一	总计
长方形竖穴直筒式	5	12	10	55	19	2	131
长方形竖穴直筒式带二层台			4	5	13	3	42
直筒式偏洞室					1	3	4
直筒式端洞室						9	9

　　通过对陇县店子墓葬形制（表4－2－3）数量的统计，秦国的棺椁制度的演变趋势可总结如下：从多重的木质棺椁套合向单棺椁度，但护椁的功能却在明显增强；棺椁结构直接决定着墓圹结构的变化，墓圹由深变浅。战国中期以后，洞室墓不仅成为普通民众的主要墓葬形制，而且也是官吏们的主要墓葬形制（如咸阳塔儿坡墓地，表4－2－4）。墓葬形制的特点决定了洞室墓不可能容纳"棺椁多重"结构的。这种变化反映了臣礼中的"棺椁制度"呈现出衰落的趋势。

表4-2-4 咸阳塔儿坡墓葬形制统计表

	墓葬总数	竖穴墓数量	占墓葬总数的百分比（%）	洞室墓数量	占墓葬总数的百分比（%）
B 类墓	39	13	33.3	26	66.7
C 类墓	158	50	31.6	108	68.4
D 类墓	184	37	20.1	147	79.9
总计	381	100	26.2	281	73.8

最后是随葬器物组合的简单化。

随葬器物组合的简单化，突出表现在随葬青铜礼器和仿铜陶礼器组合的变化上。鉴于它们是先秦时期用鼎制度的内容，故将其内容纳入礼器制度部分中详加讨论。下文仅以陇县店子秦墓陶器组合的变化简单说明之。

墓地陶器组合可分为以下7类：A类，陶礼器以鼎、簋、豆、壶、盘、匜为主，配以其他陶礼器和实用器；B类，与A类相近，但缺少其中的1—3件；C类，由3—4类实用陶器为主，配以1—2类陶礼器；D类，1—2件实用器配一豆；E类，由4类实用器相配而成；F类，3类实用器相配而成；G类，其他实用器的组合。其中A、B类属于陶礼器组合的范畴，其余则属于日用陶器组合的范畴。[①]

下面是战国时期店子墓地各类陶器组合数量变化（表4-2-5）的统计：

表4-2-5 战国时期店子墓地各类陶器组合数量变化

墓葬分期	墓葬总数	陶器组合类别							
		A	B	C	D	E	F	G	不构成组合
战国早期	47	9	16	1		1		5	15
战国中期	52	4	8		1		23	5	11
战国晚期	40	1	3				18	7	11

---

① 224座秦墓中，有162座墓葬出土2件以上的陶器，可构成组合，具体的组合关系，详见陕西省考古研究所编著《陇县店子秦墓》第111～152页。

通过数据显示，代表陶礼器组合的 A、B 类的墓葬数量呈明显的下降趋势，同时日用陶器组合较全的 F 类组合的墓葬数量也呈下降趋势。

（二）随葬礼器制度的变化

礼器制度是相对固定的、规范的统治者与统治集团内部或宗族内部根据礼俗、祖制约定而成的礼器分配规则。[①] 这种规则体现在礼器（分为铜礼器和仿铜陶礼器两类）的组合和数量关系上，用以确定贵族的等级关系。

我们是在对比了秦墓各个时期铜礼器和陶礼器组合的变化之后，得出臣礼之中的用鼎制度呈现衰落趋势。

春秋中期

铜礼器组合有三种形式：鼎、甗、盂；鼎、甗、簋、盘、匜；鼎、簋、壶、盘、匜。

陶礼器的组合有七种：鼎、簋、壶、甗、盘、匜；鼎、簋、壶、甗、匜、豆；鼎、簋、甗、盘、匜、豆；鼎、簋、甗、豆；鼎、甗、豆；鼎、簋、甗、壶；鼎、甗、匜。

陶礼器中有四例有豆，说明豆很可能成为礼器组合中一个较固定的成分。完整的陶礼器组合应有鼎、簋、壶、甗、盘、匜、豆七种器物。其他的陶礼器组合中，鼎、甗的地位较为巩固，壶和簋省略的较多，故而这一时期的礼器组合明显趋向自由化。

春秋晚期至战国早期

这一时期陶礼器和铜礼器并存的墓，多以陶、铜器搭配组合。在整套组合中，除鼎、甗外，其他器物都以陶礼器为主。表 4－2－6 显示这一时期铜礼器有五种组合：鼎、簋、壶、甗、盘、匜、豆、敦；鼎、簋、壶、甗、盘、匜、盂；鼎、簋、壶、甗、匜、盂、盘；鼎、簋、甗；鼎、簋；礼器仍以鼎、簋、壶、甗、盘、匜六种为基本组合，在不完全型组合中鼎以外的器物都可能被省略。

---

① 吴十洲：《两周礼器制度研究》，五南图书出版公司，2004 年，第 33 页。

表 4－2－6　春秋中晚期至战国早期秦国墓葬出土的铜器组合

墓　号	铜礼器	级别	年代
凤翔八旗屯 BM27	列鼎 3、甗 1、盂 1	士	春秋晚期
凤翔八旗屯 CM2	列鼎 3、簋 1、甗 1、盘 1、匜 1	士	春秋晚期
凤翔高庄 M10	列鼎 3、甗 1、方壶 1、盂 1	士	战国早期
长武上孟村 M27	鼎 1、甗 1	士	战国早期
长安客省庄 M202	鼎 2、簋 2、甗 1、方壶 2、鉴 1、盘 1、匜 1	士	战国早期
凤翔高庄 M49	鼎 2、甗 1、方壶 2、盂 1、盘 1	士	战国早期
武功赵家来 M1	鼎 3、盂 1	士	战国早期

无铜礼器搭配的陶礼器墓中，陶礼器组合有以下八种组合：鼎、簋、壶、甗、盘、匜；鼎、簋、壶、甗、盘、匜、豆；鼎、簋、壶、甗、盘、豆；鼎、簋、壶、盘、匜、豆；鼎、簋、甗、豆；鼎、簋、壶、甗、豆；鼎、豆；鼎、甗。八种组合中，完整的组合也是鼎、簋、壶、甗、盘、匜、豆七种器物，与铜礼器、陶礼器搭配成套的组合略有差别，其中盘、匜常被省略，壶、甗、簋也偶尔略去。

战国中晚期以后

这一时期铜礼器组合为以下两种组合：鼎、盒、圆壶；鼎、蒜头壶。见表 4－2－7。

表 4－2－7　战国中晚期至秦代前后的秦人墓铜容器组合表

墓号	椁室面积（m^2）	铜容器
甘肃平凉庙庄 M7	3.2×2	鼎 1、洗 1、壶 1、鼎形灯 1
甘肃平凉庙庄 M6	3.7×2.1	鼎 1、壶 2、洗 1、匜 1
凤翔高庄 79M1	3.16×1.2	鼎 1、圆壶 1、蒜头壶 1、鍪 1、勺 1、杯 6
大荔朝邑 M107	3.35×2.7	鼎 1、壶 1
大荔朝邑 M203	?	鼎 1、釜 1、壶 1
三门峡火电厂 CM8139	4.12×2.12	鼎 1、圆壶 1、蒜头壶 1

墓号	椁室面积（m²）	铜容器
三门峡火电厂 CM8137	3.42×1.58	鼎1、蒜头壶1
三门峡火电厂 CM9102	4.1×2.28	鼎2、蒜头壶1、圆壶1、甗1、盆1、勺1
三门峡火电厂 AM02047	3.4×1.94	鼎1、圆壶1、釜1
陕县后川 M2001	底4.95×3.44	鼎2、钫2、蒜头壶1、甗1、盆1、勺1、灯1
陕县后川 M3002	4.3×2.07	鼎2、钫2、甗1、灯1
陕县后川 M3007	4.52×2.01	鼎2、钫2、甗1、勺1、洗2
陕县后川 M3025	4.45×1.88	鼎1、钫1、甗1、蒜头壶1、勺1、洗3
陕县后川 M3026	4.60×1.79	鼎2、钫2、甗1、勺1
陕县后川 M3401	5.14×2.34	鼎1、钫1、甗1、壶1、盒1、盘1、勺1
陕县后川 M3402	4.04×1.85	鼎2、钫2、甗1、盘1、勺1
陕县后川 M3409	4.96×2.00	鼎1、壶1

铜、陶礼器搭配成套的组合仅一种：鼎、壶、甗、盘、匜。

从三个时期随葬的礼器组合来看，我们可以得到以下认识：

首先，象征身份和地位的仿铜陶礼器组合渐趋不规范化并走向消亡。

战国早期，陶器中虽然以仿铜陶礼器居多，其组合也以鼎、簋、豆、壶、盘、匜为主，但彩绘减少，或者没有彩绘。战国中期以后，原来流行的彩绘仿铜陶礼器突然绝迹，而且出土三晋式仿铜陶礼器的墓葬所占的比例逐渐降低，绝大多数的墓葬随葬的是日用陶器，这和东方六国仿铜陶礼器泛滥成灾的情况形成了明显的反差。这一情况除反映在上文提到的陇县店子墓地（见表4-2-5）外，还表现在任家咀和关中地区的其他墓地之中：

表4-2-8是任家咀墓地中出土陶礼器情况的统计①：

---

① 根据咸阳市考古文物研究所编著《任家咀秦墓》第四章的相关数据制成，科学出版社，2005年。

表 4 - 2 - 8　任家咀出土陶礼器墓葬数量统计表

	春秋中期	春秋晚期	战国早期	战国中期	战国晚期至秦代
出土陶器的墓葬总数	5	26	56	41	45
陶礼器墓	4	4	7	5	28
比例（%）	80	15.3	12.5	15.9	62.2

表 4 - 2 - 9 是战国中期至秦代统一前后关中地区出土的陶礼器墓数量的统计：

表 4 - 2 - 9　关中地区战国中晚期至秦代前后出土的陶礼器墓

墓　地	墓葬总数	铜容器墓	陶礼器墓	日用陶器墓	小件或无随葬品墓	资料出处
宝鸡斗鸡台	11	0	0	11	0	《苏秉琦考古论述选集》1984
凤翔李家崖	36	0	0	36	0	《文博》1986（4）
西安半坡	112	0	0	31	81	《考古学报》1959（3）
大荔朝邑	26	2	0	24	0	《文物资料丛刊》（3）
咸阳塔儿坡	381	1	39	153	188	《塔儿坡秦墓》1998
西安北郊	123	1	35	50	25	《西安北郊秦墓》2006
茅坡邮电学院	162	0	14	130	14	《西安南郊秦墓》2004
潘家庄世星商城墓地	42	0	22	17	3	《西安南郊秦墓》2004

由表 4 - 2 - 9 可知，塔儿坡墓地、西安北郊、西安南郊的茅坡邮电学院和潘家庄世星商城两个墓地、任家咀墓地均有可观的陶礼器墓，其他墓地几乎都不出陶礼器。我们通过对陶器形制的分析，认为：除了任家咀墓地之外，其他墓地的主人既有关中秦人，也有移至关中地区的六国之民。任家咀墓地

是秦人墓地，从春秋晚期到战国中期，随葬的陶礼器明显减少，但战国晚期以后呈上升趋势。这种现象当与任家咀特殊的地理位置有关，因其靠近秦都咸阳，加之咸阳是关东移民的集中地，故而战国晚期以后陶礼器墓呈上升趋势，是受到关东六国葬俗影响的结果。

对于战国晚期秦墓出土的陶礼器的情况，李如森认为："战国晚期少数秦墓虽也曾见有陶礼器：鼎、豆、壶或鼎、盒、壶（钫）的组合，但器形与关东接近，故认为可能是在秦人占领六国部分城池后，受其当地葬俗影响的结果。"① 其说可从。

由此可见，战国中期以后陶礼器在关中的秦人社会中日趋走向消亡，实用器物逐渐取代了陶礼器。而此时的关东地区，正是仿铜陶礼器刚刚出现并处于蓬勃发展的时期。关东地区出现的器物，往往是用一种礼器代替另一种礼器，如鼎豆壶→鼎敦壶→鼎盒壶或鼎簠壶→鼎敦壶→鼎盒壶。三晋地区上自君主，下至平民，此时都非常时兴用礼器随葬。不但那些受礼制束缚较少、墓主人身份较为自由的小型墓葬继续沿用仿铜陶礼器外，而且像三晋地区从春秋至战国早期以来，一向被礼制禁锢得很严，惯用青铜礼器随葬的大小贵族墓，到了战国中期几乎普遍以陶代铜或陶、铜礼器并用。

其次，相当于铜器五鼎规格（大夫）的墓普遍采用了两件以下的铜鼎。

春秋晚期至战国早期，秦墓中铜礼器的组合还是符合用鼎制度的，而且在鼎的数量上基本上遵守着"大夫五鼎，士三鼎"② 的规定。战国中期以后，椁室长度超过 4 米、墓葬保存完好、相当于铜五鼎大夫规格的秦墓中，只有 2 鼎或 1 鼎。这只能说明一点，即铜鼎已基本丧失标志等级高下的意义。这一点，俞伟超早在 20 世纪 70 年代就已经指出："少牢五鼎以上的规格，遭到很大的破坏，例如四川成都羊子山 M172 之例，便表现出相当于从前士大夫以上身份的贵族，最迟在战国末年已变得只用铜二鼎"，"把羊子山 M172 和后川 M2001 联系在一起考虑，就可以认为至迟在战国晚期秦人已往往把五鼎以上的规格，改用铜二鼎"。③

再次，我们发现战国中晚期以后，食器退出礼器组合，不仅没有铜礼器

---

① 李如森：《略论关中东周秦墓葬制与关东诸国的差异》，《北方文物》1993 年第 4 期。
② 符合此类的墓葬有：礼县赵坪 M1、M2，凤翔八旗屯的 BM27、CM2 等。
③ 俞伟超、高明：《周代用鼎制度研究》，《北京大学学报》（哲学社会科学版）1978 年第 1、2 期，1979 年第 1 期。

组合重要的器物——簋，也没有这一时期中原地区流行的敦和盖豆。食器是
周礼用鼎制度中礼器组合的重要组成部分，簋又是食器的重要器物，鼎、簋
相配是周人礼器制度中最核心的因素。废除了食器，自然就不能形成基本的
礼器组合，更不能说它们是礼器了。

除了上述三个方面的变化之外，战国早期秦墓中就已出现的铜礼器明器
化、微型化的趋势也是值得关注的。凤八 CM93 件 Ⅱ 式铜鼎，器形微小，质
地粗劣，铸造草率，最大的高 3.5、口径 12.2 厘米；CM9 Ⅱ 式铜盘，高 3、口
径 10 厘米；BM31Ⅲ 式铜盘，高 2、口径 5×2.3 厘米；CM9 的两件铜豆形制
相同，矮粗柄，浅盘，高 4.6、盘径 9 厘米。[①] 以上皆为小型铜明器。77 凤高
第二期墓铜礼器微型化的程度更大，甚至将成套的礼器竟然可握于一掌之
中。[②] 礼器微型化同样反映出用鼎制度的衰落。

减少用鼎数量，使用仿铜陶礼器再到仿铜陶礼器组合的不规范、比例的
下降以及礼器明器化微型化的这些特点，表明用鼎制度在秦国官吏阶层内部
的衰落。

（三）车马陪葬制度

车马陪葬可以分为墓外设车马坑埋葬和墓中车马陪葬两种形式。通过春
秋战国时期秦国的车马陪葬制度的考察，我们亦可发现战国中期臣礼中的车
马陪葬制度呈现出衰落的趋势。

春秋早期

陕西户县宋村 M3 正东 35 米处有一座长方形竖穴陪葬坑，该坑曾经扰动，
按其残迹分析，原应葬有 12 匹马，马分两排横卧坑中，每排 6 匹。[③]

陕西凤翔孙家南头 M191 右前方有一个车马陪葬坑，坑长 12、宽 5.8
米，坑内共有 3 组木车、10 匹真马，每组车下方有一个长方形竖穴坑，坑内
有屈肢葬殉人。与此等级相近的 M126 秦墓，出土的铜礼器为五鼎四簋，其
陪葬车马坑内为 6 马 2 车。M160 是等级低于上述两墓的贵族墓葬，为三鼎

---

① 吴镇烽、尚志儒：《陕西凤翔八旗屯秦国墓葬发掘简报》，《文物资料丛刊》（3），文
物出版社，1980 年。

② 吴镇烽、尚志儒：《陕西凤翔高庄秦墓地发掘简报》，《考古与文物》1981 年第 1 期。

③ 陕西省文管会秦墓发掘组：《陕西户县宋村春秋秦墓发掘简报》，《文物》1975 年第
10 期。关于户县宋村墓主的族属问题，有的学者认为是丰国墓葬。本书仍将其纳入秦文化的
墓葬中。

墓。陪葬车马坑内有一辆木车和牲畜，车下坑内有一屈肢葬殉人。[①]

甘肃灵台景家庄 M1，在 M1 东南 25 米处发现一个长方形殉葬坑，内存并列马骨两具，马骨后有一处黄色粉末遗迹，疑为车具，推测此坑为附属于 M1 的内葬有一车两马的车马殉葬坑。在 M1 北 9 米处，有一个长方形竖穴坑，内葬马 1 匹，并出土 1 件铜马衔。[②]

在棺椁、用鼎情况明确的秦墓中，如户县宋村 M3 配置 5 鼎，其墓主身份应当为大夫一级贵族，附属车马坑中埋置马 12 匹，但未发现车具，按一车两马配置推测，至少应属 6 辆车马的配置。凤翔八旗屯 BM32 因已扰动，棺椁配置及随葬器物已不清楚，但该墓墓圹规模较大，且有殉奴 5 人，推测该墓墓主身份等级较高，其陪葬车马坑埋置木车 3 乘，马 6 匹；凤翔西村 M163 棺椁配置情况不明，有殉奴 4 个，其陪葬车马坑长 10 米，宽 3.2 米，内埋车马3 组。后二座秦墓因盗扰，其棺椁及用鼎情况不明，但依其墓圹规模及殉奴情况分析，当与户县宋村 M3 的墓主身份等级相近。陕西凤翔孙家南头 M126秦墓，出土的铜礼器为五鼎四簋，其陪葬车马坑内为 6 马 2 车。由此我们可以推断这一时期具有大夫一级身份的秦国贵族，其墓葬殉葬车马至少在 3 辆以上，或可多至 6 辆。根据景家庄 M1 配置三鼎的情况，可推断其墓主应当为士一级的贵族，葬一车两马。

春秋晚期至战国早期

长武上孟村 M27 东北 10 米处发现长方形东西向的车马坑一座，长 3.88米，宽 2.45—3.05 米，内葬舆西辕东的一车两马，两马卧于车辕两侧，四肢屈曲作跪伏状，马骨安放整齐，当是致死后放入。根据 M27 出土的器物组合，可将其定为春秋晚期至战国早期。[③]

凤翔八旗屯墓地的车马坑一般都在主墓的左侧或脚下（即北边或东边），距离主墓 9—25 米。车马坑最小的长 4.3 米，宽 2.7 米，埋一辆车，最大的长 13 米，宽 4 米，埋四辆车。目前已发掘 4 座车马坑及陪葬有车马坑的主墓5 座，其中，有三座主墓及附属车马坑的情况基本清楚。未经盗扰的 BM27 陪葬车马坑 BS26 内葬一车两马，车置于坑底中部，舆西辕东，两马卧于辕左右

---

① 《陕西凤翔常青周秦墓地考古发掘取得重大收获》，新华网陕西频道 2005 年 10 月 14日电。

② 刘得祯等：《甘肃灵台县景家庄春秋墓》，《考古》1981 年第 4 期。

③ 负安志：《陕西长武上孟村秦国墓葬发掘简报》，《考古与文物》1984 年第 3 期。

两侧，四肢屈曲作跪伏状，马骨基本完好。BM3 的车马殉葬坑 BS33 内葬 3 辆车，每车各配马 2 匹。车呈东西纵行排列，前后相随。BM102 的附属车马坑 BS101 内葬一车两马。[①]

西村战国秦墓地发现两座车马坑，有曲尺形和长方形二种形制，已发掘的车马坑 S1、S2 均被盗扰。其中，车马坑 S1 平面近梯形的东西向竖穴车马坑，内葬一车两马一驭人。车舆西辕东放置，两车轮自毂以下分别纳入南北两侧的轮槽中。两马四腿蜷曲，分卧于辕两侧，整齐地置于舆前马坑内。从随葬成套兵器分析来看，当属战车。车马坑 S2 为东西向竖穴，长 10 米，宽3.2 米，坑底四周有约 20 厘米宽的生土二层台，坑内埋车马三组，由东向西依次纵列，车辕均朝东。第一、二组均为一车两马，两马分置车辕两侧，马头向东；第三组仅有车的残迹而未见马骨，且与第二组之间的间距较小，因而，很可能当时只埋有车而未埋马，故这座车马坑共埋车三辆，马四匹。[②]

西村 S1 因主墓无法确定。虽然 S2 位于 80M163 东 17.6 米处，和 80M163存在主从关系。但 M163 的器物组合不详，因此对两座车马坑无法作进一步的研究，但可以推测车马坑墓主属于士以上的贵族。结合八旗屯 BM27 配置三鼎和长武上孟村 M27 配置一鼎的情况来看，两墓的墓主身份应当为士一级。由此推断这一时期士一级墓葬殉马为一车两马，大夫级的车马坑较之上一个阶段已大大减少。由此反映这一时期社会各个阶层之间流动性的扩大，是商鞅变法能够取得成功的一个前提。

战国中晚期至秦代

甘肃平凉庙庄发现四座陪葬车马的战国晚期秦墓。据墓形和布局分析，南面 M6、M8 为一组，北面 M7、M9 为一组，这种形式应是夫妇关系的表现。经过发掘的 M6、M7，墓室均为以长方形和近方形竖穴连成的"凸"字形，凸出的方坑均设于东端，专埋车马。M6 车马坑为 2.5 米的方坑。内置长方形。车坑内随葬髹漆驷马小车一乘，舆西辕东。M7 车马坑结构与 M6 相似，车坑内葬一车四马。[③] 甘肃秦安上袁家 M6、M7 年代为秦统一以后，两墓相距3 米，可能为夫妇异穴葬。M6 车马坑靠南端殉马一匹，呈跪卧状。车子已腐

---

① 吴镇烽、尚志儒：《陕西凤翔八旗屯秦国墓葬发掘简报》，《文物资料丛刊》（3），文物出版社，1980 年。

② 雍城考古队、李自智、尚志儒：《陕西凤翔西村战国秦墓发掘简报》，《考古与文物》1986 年第 1 期。

③ 甘肃省博物馆、魏怀珩：《甘肃平凉庙庄的两座战国墓》，《考古与文物》1982 年第 5 期。

朽不清，只能从马坑北部的淡黄色的土中大略能辨。M7 为长方形带墓道竖穴土圹墓，由前、后室和墓道组成。前室陪葬车马，为一车一马，车的结构已腐朽不清。[①]

这一时期，士和大夫级级别的车马坑都没有发现。甘肃平凉庙庄和秦安上袁家所发现的殉葬车马的秦墓，从埋葬习俗来看，这些秦墓不在墓侧设单独的车马坑，而是将随葬的一车一马都置于"凸"字形墓圹内，从墓葬的形制、随葬器物组合分析，上袁家秦墓内随葬有大量的羊、牛、马头以及完整的羊、狗、鸡骨等，当为墓主人生前占有大量财富的象征。由此葬俗推测，庙庄、上袁家四座秦墓车马殉葬的社会功能，大概应是表现出墓主生前的财富拥有，而并非是与等级地位相符的丧葬等级制度的反映。[②]

秦国臣礼的衰落，自然与商鞅变法所引发的社会阶层变化有关。俞伟超指出，由于秦在商鞅变法后推行军功爵，所以秦人"在改变旧的上层建筑的道路上，就不像东方诸国那样用庶人使用士一级的礼制，卿大夫僭越王礼的方式来破坏往昔的鼎制，而是走着直接改变鼎制旧传统形式的道路。"[③] 军功爵在秦国的实行，打破了贵族的界限，有军功，就可以受爵，就可以进入上层。此外，商鞅所施行的徕民政策对打破秦国旧有的社会阶层也起到了一定的作用。不仅是来自东方六国的客卿，还是来自东方六国的民众，他们同样有获得军功或事功的机会。军功爵的实行，使整个社会的人群发生了分化，有人因为军功而进入了可以使用青铜礼器随葬的统治集团，也有人因为未获军功而成为仅能使用日用陶器随葬的平民阶层。

第三节　礼仪文化对秦统一的作用

君主礼和臣礼的演变，是秦国君臣关系调整的反映。礼仪文化保障了秦国君尊臣弱的权力结构，进而在秦统一六国的过程中发挥了作用。

---

① 甘肃文物考古研究所：《甘肃秦安上袁家秦汉墓葬发掘》，《考古学报》1997 年第 1 期。

② 张颖岚：《秦中小型墓葬葬牲现象浅议》，《秦文化论丛》（第六辑），西北大学出版社，1998 年。

③ 俞伟超、高明：《周代用鼎制度研究》，《北京大学学报》（哲学社会科学版）1978 年第 1、2 期，1979 年第 1 期。又见俞伟超《先秦两汉考古论集》，文物出版社，1985 年。

一、礼仪文化所反映的秦国社会阶层

纵观整个春秋战国时代的秦国社会，秦国的国君权力一直处于一种相对集中的状态；国君以下的各阶层之间一直处于流动性的变化趋势。在对比春秋战国各个时期秦与东方的车马陪葬和用鼎制度之后，这一变化趋势极为明显：

春秋早期至战国早期

河南三门峡上村岭虢国墓的等级区别非常清楚，其车马殉葬的配置材料也比较完备。从七鼎的诸侯墓到三鼎的元士墓，其随葬的车马数目，构成了较为完整的等级序列，七鼎的虢太子元的陪葬车马坑 M1051 为 10 车 20 马，五鼎的 1706 号和 M1810 号陪葬车马坑 M1727 和 M1811，分别出土了 5 车 10 马，三鼎 M1721 号陪葬车马坑出土 3 车 6 马，一鼎墓 M14 则随葬 1 车 2 马。

这一时期秦墓车马殉葬与上村岭虢国墓车马殉葬的比较，两国表现出了较多的一致性。从等级配置来看，两地属大夫、士一级身份的墓葬，其车马殉葬的数量基本一致，车马殉葬的类型、埋置方式也基本相同。我们可以得出这样的结论，至少在春秋早期至战国早期间，秦墓车马殉葬制度无论是等级制度还是殉葬方式都与中原其他地区保持着大体一致的面貌。这一时期的用鼎制度同样可以证明这一情况。由此说明这一时期秦国的社会阶层与中原各国呈现一致性的特点，尽管社会阶层之间的流动性开始扩大，但是国君以下的社会阶层的身份辨识还是有着严格的界限的。

战国中晚期以后

战国中期以后，秦国的用鼎制度所发生的把铜五鼎规格向铜二鼎的变化，使得大夫与士之间的差别已不复存在。虽然东方国家的用鼎制度呈现出僭越礼制的现象，但是僭越的方式却是一级向更高一级的规格演进，所以各级之间的差别还是很明显的。

以下是齐楚两国出土仿铜陶礼器墓的统计：

齐国：根据 1960 年在山东平度东岳村发掘的 20 座战国墓中，有 17 座出土仿铜陶礼器。

楚国：表 4－3－1、4－3－2 分别显示了江陵雨台山、九店楚墓出土陶礼器的情况。①

表 4 - 3 - 1　江陵雨台山楚墓陶礼器墓统计表（春秋晚期至战国晚期）

	春秋晚期	战国早期	战国中期	战国晚期
墓葬总数	65	115	195	39
陶礼器墓	1	48	145	29
比例	1.5%	41.7%	74.4%	74.4%

表 4 - 3 - 2　江陵九店楚墓陶礼器墓统计表

	春秋晚期	战国早期	战国中期	战国晚期
甲类墓		100%（2/2）	59%（13/22）	66.7%（4/6）
乙类墓	100%（2/2）	70%（7/10）	85%（136/160）	79.3%（69/87）
丙类墓	100%（1/1）	0（0/7）	23%（17/74）	63.4%（64/101）
合计	100%（3/3）	47.4%（9/19）	64.8%（166/256）	70.6%（137/194）

最能完整反映战国中期以后东方国家的车马陪葬序列当数齐、楚两国。

齐国车马陪葬序列：淄河店 M2 为卿一级的墓葬②，其东西二层台上殉车 20 余辆，墓葬北侧的马坑为 45 米长，计有殉马 69 匹。大夫级的有长岛王沟村 M10 有 2 车 4 车轮，③ 章台女郎山 M1 出土 16 件车毂，可能为 8 乘车。④ 士一级的如平度东岳石村 M16 出车毂 2 件，M14 出车毂 4 件。⑤

楚国的车马陪葬序列为：楚王及夫人葬车 8 ~ 23 乘、上大夫 5 ~ 12 乘、下大夫 1 ~ 2 乘、元士 1 ~ 2 乘。⑥ 秦国尚未发现这一时期士、大夫级的车马坑，即使有车马陪葬的墓葬，其象征意义已不是身份的象征，而是财富的象

---

① 湖北省荆州地区博物馆：《江陵雨台山楚墓》，文物出版社，1984 年；湖北省文物考古研究所：《江陵九店东周墓》，科学出版社，1995 年。

② 思齐：《近年来齐墓的新发现及相关问题》，《中国文物报》1993 年 4 月 25 日第 3 版。

③ 烟台市文物管理会：《山东长岛王沟东周墓葬》，《考古学报》1993 年第 1 期。

④ 济青公路文物考古队：《章台绣惠女郎山一号战国大墓发掘报告》，《济青高级公路（章丘工段）考古发掘报告集》，齐鲁书社，1993 年。

⑤ 中国科学院考古研究所山东发掘队：《山东平度村新石器时代遗址与战国墓》，《考古》1962 年第 10 期。

⑥ 梁云：《战国时代的东西差别》，文物出版社，2008 年，第 107 页。

征。秦国社会各阶层之间身份差别的辨认在战国中期之后已经无法用考古学方法来证明。这种情况的出现，和用鼎制度的变化趋势是一致的，说明国君以下秦国各社会阶层之间流动的频繁。

通过对秦国和东方国家的礼仪文化的对比，就能发现秦国的社会阶层与东方国家的不同。梁云指出：

> 东方国家社会层级划分相当细密，卿大夫、士之间的中间阶层稳固而强大；秦国的国君权力高度集中，中间处于羸弱状态。[1]

虽然这种情况在春秋时期就有体现，但远没有战国中期以后明显。

二、从礼仪文化看统一进程中的君臣关系

秦国礼仪制度的形成与秦国特殊的君臣关系有密切的联系：等级、名分直观地反映秦国的君臣权力结构以及君臣关系的处理，而等级又是礼仪制度最核心的要素。在秦统一六国的过程中，君臣权力结构当是重要的保障（笔者在第三章第二节已做出详细论述）。因此礼仪制度在秦统一过程中所产生的作用，是通过保障秦国君臣权力结构体现出来的。

"名分"在秦国君臣关系及其结构的形成过程中起到了重要作用，秦国的君臣关系之所以特殊，是"法家"吸收儒家思想的结果，而礼仪制度正是"名分"（等级）和君臣关系的反映。

战国末期的商鞅学派反复强调治国必须要重视"名分"的作用。《商君书·定分》："一兔走，百人逐之，非以兔也。夫卖者满市，而盗不敢取，由名分已定也。故名分未定，尧舜禹汤且皆如骛焉而逐之；名分已定，贪盗不取。"明确了财物的所属关系，就能遏制违法犯罪行为，有利于社会的安定和稳定。接着阐明了"名分"在治理国家的作用："名分定，则大诈贞信，民皆愿悫，而各自治也。故夫名分定，势治之道也；名分不定，势乱之道也。"君臣各明其"分"、各安其"分"，则君主制定、颁布法令，臣民自觉遵从而不敢非议，有利于君主权威的确立，有利于国家的政治安定。因此，名分确

---

① 见梁云：《战国时代的东西差别——考古学的视野》，第129页。

定，国家大治，名分不定，则国家不治。

韩非子的言论也无时无刻不在强调君臣有分。《韩非子·功名》："名实相持而成，形影相应而立，故臣主同欲而异使。"又说："至治之国，君若俘，臣若鼓。"在他看来，保持君臣之间森严的等级是保证君主人身安全和独尊地位的必要条件。

君臣虽然有"分"，但臣的作用也是不可或缺的。韩非反对君主用智，不要越职去做臣子该做的事，即是对臣子作用的肯定。《韩非子·难二》："凡五霸所以能成功名于天下者，必君臣俱有力焉。"只有君臣齐心协力，国家才能大治。"人主之患在莫之应，故曰：一手独拍，虽疾无声。"国君发布命令，臣下认真实施，这是国家得到良好治理的前提。没有众臣的协助，人主一人无论有怎样的才智，无论怎样勤于政事，都不可能实现大治。

受"名分"和法家君臣关系等学说的影响，战国中期以后，秦国礼仪制度的发展方向是构建能反映秦国君臣关系和新等级结构下的礼仪制度，用以保障君主在国家各项事务中的主导地位以及官吏们最大限度地建立功勋。

在秦国进行统一战争的过程中，人才问题是急需解决的，因此秦国很看重人才，尤其是外来人才的引进。在统一的过程中，客卿及军功官僚在政治生活中的作用明显，许多在其后秦国政治舞台中起过重大作用的一些人物均来自秦国以外的六国，如张仪、甘茂、司马错、楼缓、寿烛、范雎等人。他们对秦国统一事业中的作用，李斯的《谏逐客书》有所反映：

> 孝公用商鞅之法，移风易俗，民以殷盛，国以富强，百姓乐用，诸侯亲服，获楚、魏之师，举地千里，至今治强。惠王用张仪之计，拔三川之地，西并巴、蜀，北收上郡，南取汉中，包九夷，制鄢、郢，东据成皋之险，割膏腴之壤，遂散六国之纵，使之西面事秦，功施到今。昭王得范雎，废穰侯，逐华阳，强公室，杜私门，蚕食诸侯，使秦成帝业。①

如何吸引外来人才为秦国的统一大业服务，礼仪制度自然便成为吸引外来人的一个手段。外来人才为秦国建立功勋的同时，也获得相应的回报，这些回报自然也包含了礼仪上的待遇。

---

① 《史记·李斯列传》。

　　惠文王至秦始皇统一六国之前，臣子在统一事业中发挥的作用是巨大的，然而一些臣子做出巨大贡献的同时，给君权也造成了威胁，如魏冉和吕不韦的专权，一度给使昭襄王和秦始皇的权力旁落，引起两位君主的不满。因此在发挥臣子的才能、给予臣子礼遇的同时，一定不能对君权造成威胁，这是秦君在"血的教训"面前所必须慎重考虑的问题。秦国所体现的礼仪制度正是秦国对待这一问题的反映：以名号、爵位、等级和相关的待遇（主要是礼制）来最大限度地发挥臣子才能的同时，秦君严厉打击擅权者和推行官制改革，分化臣子们的权力。丞相是臣僚中的首领，必须听从王命，否则便被罢免。魏冉因专权而罢相，吕不韦因专权而遭到诛杀。秦王政十年之后，完全意义上文武分职，在手中无兵权的情况下，丞相只能乖乖地受秦王的摆布。出外领兵作战的将领不能长久地掌管军队，只有在对外战争时才被授予兵权。相权和武将尚不能和君权进行对抗，其他官吏更不可能对君权造成威胁。所以在这种情况下，臣子虽享有名号、爵位、等级和相关的待遇，但臣子的权力已受到严重的削弱，职务亦随时被罢免，所以礼仪上的待遇再隆重，却不能长久的维持。考古资料反映战国中期以后，"臣"的墓葬数量长期处于不稳定的状态之中，即是这一历史背景的反映。

　　从这个意义上说，秦国礼仪制度的作用重在维护秦国尊君抑臣的君臣关系，以保证秦君在社会生活和统一事业中的主导地位，而相应的礼仪制度保证了臣的能力在秦国的统一大业中得到了较充分的发挥，君主的权力并没有因此受到威胁。秦国的君臣关系适应了秦统一事业的需要，因此秦国的礼仪制度对秦统一事业的完成发挥了重要作用。

本章小结

　　战国中期至秦统一前后，秦国礼仪文化演变的总体特征：君主礼仪不断得到强化，臣礼呈现出不断衰落的趋势。

　　君主礼仪的强化突出反映在营国制度、祭祀制度、陵寝制度方面上，体现了血缘政治向地缘政治的时代特征。在营国制度上，"朝"和"庙"发生了地位上的变化；秦国国君通过祭祀制度和陵寝制度完成了"天子"身份的构建和权力的伸张。

　　而臣礼的衰落则表现在墓葬、礼器和车马制度三个方面：墓葬功能简化，礼器组合趋于简单，随葬车马不再是身份的标识。

　　秦国礼仪文化上的变化，反映了战国中期以后君强臣弱的权力结构，是法家君主关系学说影响下的产物。在法家君臣关系思想的指导下，秦国调整了君臣关系：秦国国君在确定名号、爵位等级用以发挥臣子才能的同时，逐步推行官制改革以分化他们的权力，以避免君臣利益相背对君主权力造成危害，这种权力结构对秦统一产生了重要的作用。

第五章　关陇与六国故地的
文化改造与融合

商鞅变法不仅仅是政治经济领域内的变法，而且影响了秦地（指关陇地区——关中和甘肃东部）基层社会的文化改造。变法之后的秦国国力大增，势力逐步向东方六国扩展。通过秦制和秦文化以及移民等措施的推行，东方六国的文化面貌在秦人的改造下发生了很大的变化。秦文化在进入东方六国，与当地文化交流的过程中，自身也在发生变化。与此同时，各地向关中地区的移民为文化在关陇地区的融合提供了契机。这种文化融合的结果，使各地的文化面貌逐渐趋于一致，加强了秦帝国统治的文化基础。

第一节　关陇地区基层社会文化的嬗变与融合

关陇地区基层社会人群的构成为低级官吏和平民，其爵位当在大夫以下。在四类墓葬（四类墓的划分见第四章第二节）中，C、D 类墓均可划入基层社会人群的墓葬之中。其中一部分 C 类墓的墓主人为低层官吏，享有实爵，一部分可能为平民中的富裕者；D 类墓则可全部归入平民类别之中。

一、商鞅变法后关陇地区葬俗的变化

葬俗，包括墓地的布局、墓葬形制、葬具及随葬品组合等方面的内容，

其中墓葬形制和随葬品组合是葬俗的集中反映。商鞅变法后，关陇地区基层社会所发生的葬俗变化正是通过墓葬形制和随葬品组合反映出来的，考古发掘资料为这一变化过程提供了较为详尽的证据①。

战国早期至秦统一前后关陇地区所发现的秦人墓葬，有天水地区的甘谷毛家坪②、天水放马滩③，长陇地区的陇县店子④、灵台洞山⑤，宝鸡地区的凤翔八旗屯⑥、西村⑦、宝鸡斗鸡台⑧、阳平秦家沟⑨、宝鸡建河⑩，西安地区的长安客省庄⑪、咸阳塔儿坡⑫、西安北郊⑬、西安南郊⑭、半坡⑮、临潼新丰⑯、咸阳任家咀⑰，渭南地区的华县东阳乡⑱和澄城县段家河⑲，铜川地区的枣

---

① 鉴于 D 类墓不出土陶器，且分期不明，因此本节所依据的资料是 C 类墓的发掘资料。

② 甘肃文物工作队、北京大学考古系：《甘肃甘谷毛家坪遗址发掘报告》，《考古学报》1987 年第 3 期。

③ 甘肃省文物考古研究所、天水市北道区文化馆：《甘肃天水放马滩战国秦汉墓群的发掘》，《文物》1989 年第 2 期；甘肃省文物考古研究所编：《天水放马滩秦简》，中华书局，2009 年。

④ 陕西省考古研究所编著：《陇县店子秦墓》，三秦出版社，1998 年。

⑤ 甘肃省博物馆文物队、灵台县文化馆：《甘肃灵台县两周墓葬》，《考古》1976 年第 1 期。

⑥ 吴镇烽、尚志儒：《陕西凤翔八旗屯秦国墓葬发掘简报》，《文物资料丛刊》(3)，文物出版社，1980 年；陕西雍城考古队：《一九八一年凤翔八旗屯墓葬发掘简报》，《考古与文物》1986 年第 5 期。

⑦ 雍城考古队、李自智、尚志儒：《陕西凤翔西村战国秦墓发掘简报》，《考古与文物》1986 年第 1 期。

⑧ 苏秉琦：《斗鸡台沟东区墓葬（节选)》，《苏秉琦考古学论述选集》，文物出版社，1984 年，第 3～58 页。

⑨ 陕西省文物管理委员会：《陕西宝鸡阳平镇秦家沟村秦墓发掘记》，《考古》1965 年第 7 期。

⑩ 陕西省考古研究所编著：《宝鸡建河墓地》，陕西科学技术出版社，2006 年。

⑪ 中国科学院考古研究所编著：《沣西发掘报告》，文物出版社，1962 年。

⑫ 咸阳文物考古所编著：《塔儿坡秦墓》，三秦出版社，1998 年。

⑬ 陕西省考古研究所编著：《西安北郊秦墓》，三秦出版社，2006 年。

⑭ 西安市文物保护考古所编著：《西安南郊秦墓》，陕西人民出版社，2004 年。

⑮ 金学山：《西安半坡的战国墓葬》，《考古学报》1957 年第 3 期。

⑯ 孙伟刚：《临潼新丰秦墓研究》，西北大学硕士学位论文，2009 年。

⑰ 咸阳市文物考古研究所编著：《任家咀秦墓》，科学出版社，2005 年。

⑱ 陕西省考古研究所、秦始皇兵马俑博物馆：《华县东阳》，科学出版社，2006 年

⑲ 《澄城县段家河西周战国墓地》，《中国考古学年鉴 2007》，文物出版社，2008 年，第 456 页。

庙①、耀县城关②，大荔地区的朝邑③等墓地（见图5-1-1）。

关陇地区的主要墓地分期如下表（表5-1-1）：

表5-1-1 关陇地区主要墓地年代表

	战国早期	战国中期	战国晚期	秦统一前后
陇县店子	第三期	第四期	第五期	第六期
塔儿坡秦墓			Ⅰ、Ⅱ段	Ⅲ段
西安北郊秦墓			Ⅰ、Ⅱ段	Ⅲ段
西安南郊秦墓	第二期	第三期	第四期	第五期
宝鸡建河墓地		第一期	第二期	第三期
临潼新丰墓地		第一段（偏晚）	第二段	第三段
凤翔八旗屯	第四期	第五期	第六期	
任家咀秦墓	第三期	第四期	第五期	第六期
华县东阳秦墓	第二期	第三期	第四期	

注：墓地所划分的各期均本自原报告。

战国至秦统一前后的秦墓可划分为四期。我们把关陇地区四个时期的C类墓之墓葬形制、日用陶器组合及其变化情况总结如下，并制成图5-1-2和表5-1-2：

第一期：战国早期。

典型墓葬有：陇县店子M117、M54，任家咀M33、M42，西安南郊光华胶鞋厂M40、凤翔西村80M139、铜川枣庙M7等。

这一时期墓葬为直壁长方形土坑竖穴墓，有口大底小的竖穴土坑墓、头向以西为主，葬式以屈肢葬为主，但仍有使用直肢葬的墓地。日用陶器中以鬲、盂、喇叭口罐最为常见，其中鬲整体成扁方形，束颈明显，肩部突出，裆部近平；喇叭口罐的口径渐小于最大腹径，开始出现明显颈部；釜的数量较春秋晚

① 陕西省考古研究所：《陕西铜川枣庙秦墓发掘简报》，《考古与文物》1986年第2期。
② 薛东星：《铜川博物馆藏秦戳记陶器》，《文博》1987年第4期；卢建国：《陕西铜川发现战国铜器》，《文物》1985年5月；马建熙：《陕西耀县战国、西汉墓葬清理简报》，《考古》1959年第3期。
③ 陕西省文管会、大荔县文化馆：《朝邑战国墓葬发掘简报》，《文物资料丛刊》（2），文物出版社，1978年。

期有所增加。日用陶器的基本组合为鬲、盂、喇叭口罐（如陇县店子 M117、M134，任家咀 M33，见图 3-1-2；任家咀 M42，西安南郊光华胶鞋厂 M40 和凤翔西村 80M139）和釜、盂、喇叭口罐（陇县店子 M54、M64）两类。

第二期：战国中期。

主要墓葬有陇县店子 M183、M55，西安南郊光华胶鞋厂 M69，宝鸡建河 M1，任家咀 M128，西安半坡 M67，长安客省庄 M203 等。

这一时期墓葬形制、头向和葬式均同前。日用陶器组合仍以鬲、盂、喇叭口罐（如店子 M183）和釜、盂、喇叭口罐（店子 M55、客省庄 M203）为主。其中鬲小口，束颈鼓肩；喇叭口罐颈部加长，颈部和腹部起棱。日用陶器中的茧形壶于该时期开始出现，如任家咀出土的茧形壶（M128：2）。[①]

第三期：战国晚期。

主要墓葬有陇县店子 M83，塔儿坡 M22370，西安北郊 98 交校 I 区 M67，宝鸡建河 M40，任家咀 M181 等。

这一时期墓葬形制和葬式等方面，较前一期，均发生了大的变化。长方形土坑竖穴墓中口大底小者占多数，同时出现了洞室墓，头向已无一定规律。日用陶器出现了蒜头壶，普遍用釜，几乎不见秦式鬲；出现了双耳铲脚袋足鬲和双耳罐；盆（盂）为折腹直口；已不见喇叭口罐，但出现了形态多样的小口绳纹罐、小口圆肩罐或小口广肩缶和大口瓮等。

日用陶器组合多样化，常见的组合有：折腹盆、茧形壶（陇县店子 M83）；釜、小口圆肩罐（店子 M81）；釜、折腹盆、茧形壶、壶、大口瓮（塔儿坡 M22370）；蒜头壶、盒和大口瓮（北郊 98 交校I区 M67）；蒜头壶、折腹盆、小口折肩罐（任家咀 M181）；釜、盆、小口广肩缶、壶（宝鸡建河 M40）等。

第四期为秦统一前后，包括战国末期和秦代。

典型墓葬有陇县店子 M281、塔儿坡 M25086、西安北郊 98 交校 I 区 M22、和 01 中财 M74 等。

这一时期墓葬形制、人骨头向及葬式、随葬品等方面均同前，只是在器物的形式上有所变化。日用陶器的组合仍旧多样化，如釜、折腹盆、小口广肩缶（店子 M281），折腹盆、大口瓮（98 交校 I 区 M22），罐、盆、甑、釜（01 中财 M74）和釜、盆、罐、瓿、小口罐（塔儿坡 M25086）等。

---

① 任家咀 M128 出土有茧形壶，侈口，短颈，圆鼓腹，腹饰十道短横绳纹，中间用抹光带隔开。报告将两墓定为战国早期。从形制上看，其与咸阳塔儿坡 M28203：1 出土茧形壶形制相近，咸阳塔儿坡 M28203 的时代为战国晚期前段。把任家咀 M128 的时代定为战国早期过早，定在战国中期较为合适。

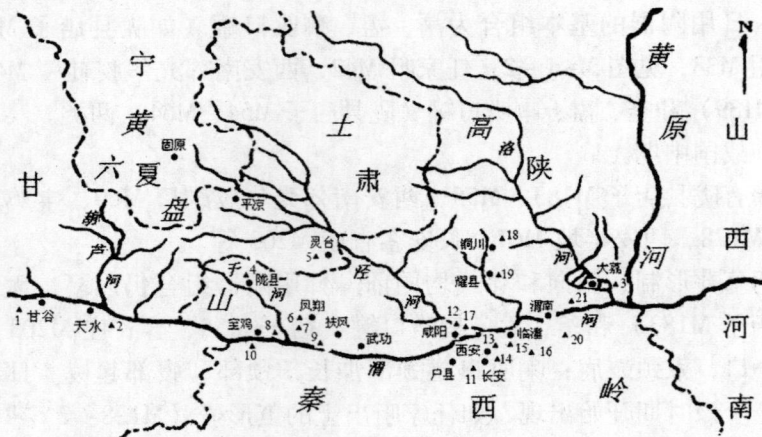

图 5-1-1 战国时期至秦统一前后关陇地区秦文化墓葬分布图

1. 甘谷毛家坪　2. 天水放马滩　3. 大荔朝邑 4. 陇县店子　5. 灵台洞山　6. 凤翔八旗屯 7. 凤翔西村　8. 宝鸡斗鸡台　9. 阳平秦家沟　10. 宝鸡建河　11. 长安客省庄　12. 咸阳塔儿坡　13. 西安北郊　14. 西安南郊　15. 西安半坡　16. 临潼新丰　17. 咸阳任家咀　18. 铜川枣庙　19. 耀县城关　20. 华县东阳乡　21. 澄城县段家河

（据滕铭予《秦文化：从封国到帝国的考古学观察》图二—10修改而成，第29页。）

图 5-1-2 战国至秦代前后关陇地区秦墓主要日用陶器演变图

204

表5-1-2 战国早期至秦统一前后关陇地区C类墓出土的日用陶器

分期	墓号	出土陶器								
		鬲	釜	盂（盆）	喇叭口罐	小口罐	瓮（缶）	茧形壶	蒜头壶	甑
战国早期	陇县店子 M117	√		√	√					
	陇县店子 M134	√		√	√					
	陇县店子 M54		√	√	√					
	陇县店子 M64		√	√	√					
	任家咀 M33	√		√	√					
	光华胶鞋厂 M40	√		√	√					
	凤翔西村 80M139	√		√	√					
	铜川枣庙 M7	√		√						
战国中期	陇县店子 M183	√		√	√					
	陇县店子 M55		√	√	√					
	任家咀 M128	√		√				√		
	西安半坡 M67	√		√						
	长安客省庄 M203	√		√						
战国晚期	陇县店子 M83			√				√		
	任家咀 M4		√	√			√			
	宝鸡建河 M40		√	√			√			
	塔儿坡 M22370		√	√		√		√		
	塔儿坡 M34226		√	√						√
	98交校Ⅰ区 M67						√		√	
	陇县店子 M281		√	√						
统一前后	98交校Ⅰ区 M22		√							
	塔儿坡 M25086	√	√				√			
	01中财 M74		√							√
	01中财87						√		√	

说明："√"表示该墓中有此器型。

　　综上所述，商鞅变法以前，在秦国的基层社会中，葬俗主要有以下几个方面的特征：从墓葬形制上看，流行竖穴土坑墓；随葬的日用陶器流行鬲、曲腹盂、大喇叭口罐为组合的陶器群。在葬式上，仍以屈肢葬为主要特征，三个特征构成了战国中期以前区别秦墓与其他文化因素墓葬的主要标志。

商鞅变法以后，秦国出现了崭新的简易葬制，基层社会盛行薄葬之风。日用陶器是随葬的主要物品，许多墓葬甚至无随葬品。随葬的日用陶器，其基本组合为"战国型"[①] 器群：釜、折腹盆（或甑）、小口圆肩罐或广肩缶、大口鼓腹瓮、茧形壶、蒜头壶等，取代了鬲、曲腹盂、大喇叭口罐为组合的"春秋型"器群，是战国中晚期关中地区葬俗的一个显著特征。[②] 而"战国型"的日用陶器较之"春秋型"器群，更加实用和简便。梁云指出：

> 到了战国中晚期，战争已经成为社会生活的主要内容，部队往往奔袭千里，长途行军埋锅做饭已很平常。在这种情况下。圆底的陶釜便于携带，无磕碰底足之虞。……行军过程中还得有储水器，茧形壶横长的腹身便于储水，小口封闭后水气不易挥发。……壶腹部有纵向凸弦纹或绳纹带，绳纹带间往往有明显的磨拉痕迹，估计当时用绳索环绕颈部后再从两侧向下兜住腹部，打结后可以背挂，类似于今天的行军壶。[③]

"战国型"日用陶器的出现与频繁的战争有很大的关系，从中我们也看到了"战时体制"对秦国的基层社会生活和葬俗所产生的影响。

墓葬形制所发生的变化也反映了简易和实用的特征，这一特征变化最早产生于战国早期。从几大墓地所反映的情况来看，战国中期竖穴土坑墓仍是秦墓的主要形制，较之于春秋战国之际，变化主要表现在：大部分墓的深度变浅，而且底部出现了二层台，二层台和立柱、棚木替代了椁的作用：二层台代表椁邦；棚木代表椁盖；立柱起到加固支撑墓室内夯填土的作用。此外，没有专门放置随葬器物的头箱，随葬器物一般放在墓室头龛、足龛或棺盖上，棺的长度变大，使得尸体的蜷曲程度较小。这些均表现出简易和实用性的特

---

① 陈平认为战国早、中期之交，关中地区的青铜容器在组合、器型和纹饰等方面存在着迥然不同的面貌。陈氏以战国早、中期之交为界，将青铜容器分为"春秋型"和"战国型"两大器群，见《试论关中秦墓青铜容器的分期问题》，《考古与文物》1984 年第 5 期。梁云认为日用陶器也存在着"春秋型"和"战国型"两大器群，见《战国时代的东西差别——考古学的视野》，第 44 页。
② 战国中期以后的陇县店子墓地，鬲仍然是器物组合的主要器型。
③ 梁云：《战国时代的东西差别——考古学的视野》，第 44 页。

点。中期晚段在关中地区和西安地区逐渐流行开来的洞室墓，无论从挖掘到实用性上更为简易，并取代竖穴土坑墓，成为战国中期晚段以后秦墓的主要形制。

墓葬所反映的葬俗简易性特征集中反映了商鞅变法所施加在关陇地区秦人基层社会中的影响。"民之内事，莫苦于农，故轻治不可以使之。奚谓轻治？其农贫而商富，故其食贱者钱重。食贱则农贫，钱重则商富；末事不禁，则技巧之人利，而游食者众之谓也。故农之用力最苦，而盈利少，不如商贾技巧之人。"① 如果不对丧葬中的厚葬习俗加以禁止，则势必会影响农业产生。厚葬需要精巧的物品，而这些物品掌握在商人、从事技艺之人的手上。这些物品利益巨大，极易挫伤农业生产者的积极性，从而减少农业生产者的数量。同时，厚葬会消耗农时。这些结果有悖于"农战思想"，自然是以商鞅为代表的法家人物所不能容忍的。

二、商鞅变法对基层社会风俗的改造

《淮南子·要略》说：

> 秦国之俗，贪狠强力，寡义而趋利，可威以刑，而不可化以善，可劝以赏，而不可厉以名。被险而带河，四塞以为固，地利形便，畜积殷富。孝公欲以虎狼之势而吞诸侯。故商鞅之法生焉。②

《淮南子》指出了秦国风俗与商鞅变法的关系。世风民情作为立法的根据而被商鞅所注意：

> 故圣人之为国也，不法古，不修今，因世而为之治，度俗而为之法。故法不察民之情而立之，则不成，治宜于时而行之，则不干。③

《商君书》对变法的步骤做出了如下阐述：

---

① 《商君书·外内》。
② 《淮南子·要略》。
③ 《商君书·壹言》。

凡用兵，胜有三等：若兵未起则错法，错法而俗成，而用具。此三者行于境内，而后兵可出也。①

意思是说军队没有出动的时候，要建立法度；法度建立以后，才能养成风俗，战守的器物才能具备。"错法""成俗""用具"和"出兵"可以看作是商鞅变法的具体步骤："错法""成俗"是用新的法度去改变风俗，使百姓能够自觉地遵守新的法度，"制度时，则国俗可化，而民从制""夫圣人之立法、化俗，而使民朝夕从事于农也，不可不知也。"② 商鞅变法的实质就是要建立制度，使百姓能够自觉地养成专心从事农战的风习。只有这样，秦国才能可以无敌于天下。尚武风气的导向由内斗向外扩张的转变正是"错法"——"成俗"——"出兵"这一思想的具体运用。

"俗"是世代常行的传统风习。《说文解字》："俗，习也。"《周礼·天官·太宰》"六曰礼俗，以驭其民"句注："礼俗，婚姻丧纪旧所行也。"《地官·大司徒》："六曰以俗教安。"郑玄注："俗，谓土地所生习也。"《礼记·曲礼下》"入国而问俗"句注："俗，谓常所行与所恶也。"如何变"俗"，只有彻底改变社会组织形式和生产方式，再加上明确的价值引导，才能达到变"俗"的目的。

商鞅欲以法度养成风俗，意味着对旧有风俗的否定。要否定旧的风俗，必然要否定和破坏旧风俗的社会基础——聚族而居，而社会生产力的发展则为确立新的社会生产方式提供了可能。商鞅变法在秦地的成功，尤其是"拆分"大家庭和分户的措施，加速了旧有社会组织形式和社会生产方式的破坏，与此同时，旧的风俗习惯也被抛弃，整体的社会变革从而实现。因此，"错法"是针对改变旧的社会组织形式和旧的生产方式而建立新的制度，目的是培养新的风俗习惯，这是变法的首要任务。

变法的第二步是"成俗"，"成俗"的具体任务是建立新的风俗习惯。最基本的"俗"是价值观念。因此改变原有的习俗，即是改变旧的价值观念，形成新的价值观念。商鞅变法的两个亮点是农业和战争，军功爵是实现农耕政策的主要推动方式。新的价值观就是围绕着"军功爵"展开的。关陇地区

---

① 《商君书·立本》。
② 《商君书·壹言》。

日常生活内风俗的转变正是"军功爵"影响社会各方面的结果。

三、战国中期以后关陇地区的基层社会风俗

商鞅变法之前，秦人的尚武精神广泛存在于社会生活的各个方面，其中的重要表现就是私斗成风。商鞅变法，引导人们在对外战争中争取功名爵禄。杀敌立功，成为秦人追名逐利的基本手段。商鞅变法后，尚武精神只表现于国家发动的对外战争中，形成了"民勇于公战，怯于私斗"的局面，对秦国军队的士气和战斗力的提高起到了至关重要的作用。商鞅奖励军功的思想和政策被秦国后代君主继承和发扬，从而造就了一支英勇善战、士气旺盛的军队，军事强国的地位由此确立。

商鞅变法后秦国基层社会之风俗发生了什么样的变化，传世文献记载甚少，无法对其进行深入的研究。日书的发现，为我们探讨秦国的社会发展提供了重要的资料。尤其是 1986 年出土于原秦国核心区域，今甘肃天水市麦积区（原北道区）党川乡放马滩护林站的日书甲、乙种（简称《放简》日书，以下同）[1]，为我们探讨秦地的社会及其风俗提供了有力的证据，其内容与《睡虎地秦简》日书（简称《睡简》日书，以下同）相近，时代为战国晚期。通过对《放简》和《睡简》两种日书的比校，战国中晚期关陇地区社会生活及其风俗的概貌可以勾勒出来。

（一）生育与教育

《放简》日书甲种：

> 平旦生女，日出生男，夙食女，莫（暮）食男，日中女，日过中男16，旦则女，日下则男，日未入女，日入男，昏女，夜暮男，夜17未中女，夜中男，夜过中女，鸡鸣男19。[2]

---

① 何双全首先对日书的出土情况进行了介绍，见《天水放马滩秦简综述》，《文物》1989 年第 2 期。日书的图版和释文最终于 2009 年由中华书局出版，见甘肃省文物考古研究所编：《天水放马滩秦简》，中华书局，2009 年。

② 甘肃省文物考古研究所编：《天水放马滩秦简》，第 84 页。

简 16—19 说的是一天的各个时辰对男女出生概率的影响。战国秦代社会中下层人民之所以重视男女性别，是秦国的耕战政策施加给父母的影响。因为通过耕战，平民可以获得军功爵。军功爵又与经济、政治利益挂钩，因此平民通过军功爵能够摆脱贫困和获得更高的社会地位。相对于男子，女子获得军功爵的机会，可以说是微乎其微。因此，秦国的妇女的地位虽相对较高，但"重男轻女"的观念仍然很明显。如《睡简》日书甲种简九背壹："甲寅之旬，不可取妻，毋子。虽有，毋男。"简一四背伍："内居西南，妇不媚于君。"

健壮英勇是在战争中立功得爵的重要因素，男子是否健壮与出生时和出生后的身体素质均有关系，所以男子在出生是否健壮自然是父母要考虑的问题。于是父母赋予时辰、时令和季节以特殊的含义，认为它们能影响出生孩子的体质健康及其贫富前途。《睡简》日书甲种"生子"章颇能反映出这方面的情况：

> 以生子，喜斗。85 正壹
>
> 壬辰生子，武而好衣剑。148 正壹
>
> 丙寅生子，武以圣。142 正陆
>
> 甲戌生子，饮食急。140 正壹甲申生子，巧，有身事。140 正贰甲午生子，武有力，少孤。140 正叁甲辰生子，穀且武，而利弟。140 正肆甲寅生子，必为吏。140 正伍甲子生子，少孤，衣污。140 正陆
>
> 乙亥生子，穀而富。141 正壹乙酉生子，穀好乐。141 正贰乙未生子，有疾，少孤，后富。141 正叁乙巳生子，吉。141 正肆乙卯生子，要（腰）不蒿毒。141 正伍乙丑生子，武以攻（工），巧。141 正陆
>
> 戊寅生子，去父母南。144 正壹戊子生子，去其邦北。144 正贰戊戌生子，好田慰（野）、邑室。144 正叁戊申生子，宠，事君。144 正肆戊午生子，耆（嗜）酉（酒）及田猎。144 正伍戊辰生子，有宠。144 正陆①

由于出生时辰对于子女的前途和父母的影响关系甚大，因此时常有溺弃新生儿的事情出现。这一思想在中国流传甚广，后世也有类似做法。《后汉书·张奂传》载河西地区："其俗多妖忌，凡二月、五月产子及与父母同月生者，悉杀之"。而秦国称霸天下的野心需要大量的劳动力人口，鼓励多子，为保证人口的增长，秦国法律对于健全的婴儿，不管是因为家贫而杀子，还是因为过

---

① 睡虎地秦墓竹简整理小组编：《睡虎地秦墓竹简》，第 201~204 页《生子》章。

失而杀子的情况都是严令制止的。即使是杀死养子也是要处死刑弃市的，如《法律答问》："士伍甲毋子，其弟子以为后，与同居，而擅杀之，当弃市。"

　　商鞅变法后，秦国实行二十等爵制。而爵和官、田宅、食租税、免役减刑等政治特权挂钩，因此不同的爵制对应着不同的经济和政治地位。为摆脱贫困和获得更高的社会地位，秦人父母希望他们的孩子将来能够进入上层社会。《睡简》日书有着详尽的反映，如：简69正壹："生子，必有爵。"简76正壹："生子，为大夫。"简80正壹："生子，为大吏。"简82正壹："生子，为吏。"简84正壹："生子，必使。"简八七正壹："生子，为正。"简93正壹："生子，为邑梁。"秦"以吏为师"，吏的权力不小，因而百姓希望自己后代也能为吏从政，甚至是出使他国的大吏。为此，教育问题成为父母所要考虑的重要问题，为此教育甚严，有时还要使用体罚。《吕氏春秋·荡兵》曰："家无怒笞，则竖子、婴儿之有过也立见。"家中如果没有责打，小孩犯过错的事就会立刻出现。秦国自然和社会环境，使秦国父母很注意培养孩子的坚强，塑造他们生存的品质，因而一般是比较严厉的。耕战政策，使秦人热衷于战争，不可避免的对孩子一开始就产生了重视军功的影响，这也是一种潜移默化的教育方式，这也使得秦人好战、重战、乐战的精神得以一代一代的继承下来。

（二）日常生活

《放简》和《睡简》日书中均有衣食住行的内容，如"衣"章：
《放简》日书甲种：

　　衣新衣良日，乙丑、丁卯、庚午、辛酉、己巳、壬子。69
　　利（材）衣良日，丁丑、丁巳、乙巳、己巳、癸酉、乙亥、乙酉、己丑、己卯、辛亥。70①

《放简》日书乙种：

　　入月十四日、十七日、二十三日不可制衣冠带…………362②

---

　　①　通过与《睡简》日书比对，"利"当为"材"字，训为裁。引文见甘肃省文物考古研究所编：《天水放马滩秦简》，第86页。
　　②　甘肃省文物考古研究所编：《天水放马滩秦简》，第105页。

同样的话语见于《睡简》日书甲种：

衣良日，丁丑、丁巳、丁未、丁亥、辛未、辛巳、辛丑、乙丑、乙酉、乙巳、辛巳、癸巳、辛丑、癸酉。·乙丑、巳、酉，辛、巳、丑、酉，丁巳、丑，吉。丁丑材（裁）113背衣，媚人·入十月十日乙酉、十一月丁酉材（裁）衣，终身衣丝。十月丁酉材（裁）衣，不卒岁必衣丝。114背

丁酉被衣常（裳），以西有（又）以东行，以坐而饮酉（酒），矢兵不入于身，身不伤。118背

衣良日，乙丑、巳、酉，辛巳、丑、酉，吉。丁丑材（裁）衣，媚人。入七月七日日乙酉，十一月丁酉材（裁）衣，终身衣丝。十月丁酉119背材（裁）衣，不卒岁必衣丝。120背

丁酉材（裁）衣常（裳），以西有（又）以东行，以坐而饮酉（酒）矢121背兵不入于身，身不伤。122背①

以上几支简的主要内容有以下两个方面：一是列举了制作衣服和穿着衣服的好日子，二是选择好制作衣服和穿着衣服的日子，能得到三种结果："媚人""衣丝"和"矢兵不入于身，身不伤"。三种结果中，后两项最为重要。吴小强在解释《睡简》日书甲种"衣"篇中这样说道：

丝质衣服是造价昂贵的服装，只有贵族、富商、君王等上层社会的人士才能穿得起，在这里，"衣丝"与"肉食"的内涵是一致的，它代表高贵的等级身份及社会地位。衣丝就意味着从下层庶民进入上等阶层社会，不再穿布衣麻布了。"矢兵不入于身，身不伤"。这种衣服可能指铠甲战衣，也可以是普通衣裳，当它在良日制作时就具有了防箭防兵的神奇功能。②

人们之所以重视"穿衣"和"制衣"的日子，是因为"衣丝"和"矢兵不入于身，身不伤"所反映了以下社会历史背景："衣丝"反映的是军功爵制下的升迁、提高社会地位的问题，而"矢兵不入于身，身不伤"反映

---

① 睡虎地秦墓竹简整理小组编：《睡虎地秦墓竹简》，第224页。
② 吴小强：《秦简日书集释》，岳麓书社，2000年，第172~173页。

是频仍的战争对基层社会所施加的影响。日书"衣"章正是"农战政策"在基层社会人群心理的反映。

（三）从秦人的取名方式看秦国基层社会风貌

每个时代的姓名不仅仅是区别人与人之间的符号，也折射出这个时代的社会思想、信仰、习俗、道德观、文化心理及美学观念。通过战国中期以后秦人的取名方式，我们可以看到当时的秦国基层社会的风貌。

私印是秦人的取名方式最直接的反映。截至目前，见于正式著录的秦印中，姓名私玺约有六千方左右[①]。而战国的秦国、秦代以及部分汉初这三个时段的印虽不能完全区分清楚，但通过印章反映出来的历史文化信息主要为战国至秦统一前的时代特征。我们正是通过这些秦印，来说明秦人姓名所反映的秦国基层社会。

1.高疾　　2.傅疾　　3.苏疥　　4.侯疵　　5.张疕

6.王疢　　7.瘳疠　　8.靳瘳　　9.张破戎　　10.王敦狐（胡）

图 5 - 1 - 3　秦国姓名印举例

战国中期以后，秦国的基本政策是"农战政策"。上文提到健康是获得军功爵的首要条件，然而疾病不可避免，这是当时人们最苦恼的问题。也许在古人的心目中大概有这样的观念，即如果名字中用了某一种疾病名，就代

---

① 著录可参见刘钊《关于秦印姓名的初步考察》，复旦大学出土文献与古文字研究中心网站论文 http：//www. gwz. fudan. edu. cn/SrcShow. asp？Src_ ID = 1256。下文所引之玺印著录的简称为：《集粹》（《中国玺印集粹十六卷》）；《印类》（《中国玺印类编》）；《衡斋》（《衡斋藏印》）；《港续》（《香港中文大学文物馆藏印续集一》）；《珍秦》（《珍秦斋藏印·秦印篇》）；《辑存》（《古代玺印辑存》）；《集林》（《玺印集林》）；《黄释》（《黄宾虹古玺印释文选》）；《伏续》（《伏卢藏印续集》）；《分域》（《战国玺印分域编》）。

表这个人已经得过这种疾病，从此就不会再得这种疾病了。因此以疾病名和以从"疒"旁的字来命名的习俗在当时极为普遍。遍查秦印，以疾病名和以从"疒"旁的字有以下几种（如图5－1－3.1－8）：

病　袁病《印典》

疾　秦疾《印典》　　宋疾《印典》　　高疾《印类》　　垣疾《印典》
　　傅疾《集粹》

疥　乐疥《珍秦》　　苏疥《印类》　　司马疥《集粹》　　疥《衡斋》

瘭　乐瘭《集粹》

疵　矦疵《印典》　　徐疵《印典》

痈　李痈《印典》　　旃于痈《集粹》　　痈《印典》　　痈《港续》
　　宦痈《衡斋》

疕　张疕《印类》　　王疕《印类》　　医疕《印典》

瘴　陈瘴《印典》

癃　杨癃《印典》　　秦癃《印类》　　笭癃《集粹》

瘣　杨瘣《印典》　　邢瘣《伏续》

痎　王痎《印类》　　厨痎《辑存》

疗　瘳疗《分域》

瘳　靳瘳《集粹》

还有几方反映攻伐周边少数民族的秦印（如图5－1－3.9－10）①：

王敦狐（胡）《印典》　　张敦胡《集粹》　　从淳（敦）狐（胡）《印典》

王挈狐（胡）《印典》　　张破戎《珍秦》　　巧罢师《黄释》

尽管这几方秦印只反映了秦人攻伐少数民族的历史事实，但可以说明战争对于秦国社会所造成的影响，而且"罢师"还反映了人们对战争的不满情绪。

---

　① 刘钊把这几方印看作是攻击匈奴的反映，见刘钊《关于秦印姓名的初步考察》，复旦大学出土文献与古文字研究中心网站论文 http：//www. gwz. fudan. edu. cn/SrcShow. asp？Src_ID＝1256。但从铭文来看，把"胡"只理解为匈奴是片面的。"胡"当是秦人对西北少数民族的泛称，没有具体的指称。

通过对出土文献的梳理，我们确认商鞅变法后农战政策在秦国的基层社会中产生了重大影响。围绕着"农战"，秦国的价值观发生了重大变化，人们的社会心理也随之发生变化。

在"农战思想"的指导下，通过商鞅变法以及法治的轨道，整个关中地区的秦人风俗（包括埋葬制度）被纳入了"战时体制"状态——战争和生产。关陇地区风俗的转变适应了关陇地区的"战时体制"和"国家、社会的一体化"的需要，秦国"富国强兵"的计划得以实现，对于秦的统一事业发挥了重要的作用。

四、六国文化在关中基层社会中的融合

在关陇秦人葬俗发生变化的同时，我们还注意到关中地区的一些墓葬表现出与秦文化不同的葬俗，这一情况反映在西安南郊的潘家庄墓地、临潼新丰秦墓、咸阳市东北方向的塔儿坡墓地之中。

从总的方面来看，潘家庄墓地第一期（秦统一前后）以秦文化因素为主，如葬式以直肢葬为主，随葬品有典型的秦式器。但也出现了较多的头向朝北或朝东的墓葬，出土了三晋两周地区式仿铜陶礼器以及巴蜀文化的典型器物，在第一期的62座秦墓有40座墓葬出土仿铜陶礼器。而同时期关中地区秦墓，陶礼器在墓葬中所占比例很小，因此绝非陶器的主流。而此时期，三晋地区上自贵族，下至平民，都非常时兴用礼器随葬。[1] 综合近年来的考古发掘来看，可以总结出这样一个规律：头向北为三晋地区的常见葬式，头向东则为江汉地区楚墓的特征。综合各方面的情况来看，该墓地墓主人为外来人口，其中大部分迁居至咸阳内史附近的杜县，在接受秦本土文化的同时一定程度上保留自己本身文化的三晋与楚国移民。

新丰秦墓第三期（时代为战国末至秦代）中188座墓葬出土有陶鼎、陶壶、陶盒或其中一件陶礼器，占本期墓葬总数的40.1%。以铜礼器或仿铜陶礼器作为随葬是新丰秦墓突出的特点，又与西安南郊潘家庄世家星城62座秦墓有40座墓葬出土仿铜陶礼器有一定相似性，这种变化显然是受外来文化因素影响的结果。新丰秦墓的这种变化当是受三晋文化影响的结果。这种变化

---

① 李如森：《略论关中东周秦墓葬制与关东诸国的差异》，《北方文物》1993年第4期。

与大量东方移民进入关中有很大的关系。

塔儿坡墓地是战国晚期至秦代的一处重要的墓葬。滕铭予通过对塔儿坡墓地墓葬形制、人骨葬式、墓葬方向等因素的分析，认为塔儿坡墓地的墓主人生前可能属于不同人群或不同的文化传统。塔儿坡墓地的死者生前属于同一个地缘组织。[①]

不同人群融入关中基层社会组织的过程，也是不同人群对秦文化认同的过程，这一过程的实现，对于加速关中地区地缘社会的建立和社会的稳定起到了关键性的作用。

第二节　六国故地基层社会的文化改造和融合

秦在六国故地的文化改造反映在秦与六国文化融合的过程中。秦国在东进的过程中，把秦文化也带入了东方六国。墓葬形制、随葬品及其组合变化是反映秦与当地文化融合轨迹最直观的资料。通过这些要素，我们可以看到秦与各地文化的融合程度存在着地区性的差异，这种差异对秦汉之际的政治格局产生了重大影响。

关东地区基层社会人群的构成大体与关陇地区一致，包括迁入该地的秦人及其他移民，同时包含留居于原地的六国遗民。与关陇地区不同的是，战国中期以后，关东地区上至贵族，下至平民普遍随葬着陶礼器。此时的关陇地区除移入的六国移民外，基本不用陶礼器。因此，在识别关东地区基层社会人群的墓葬时，随葬的陶礼器是必须考虑的因素。

一、秦文化的东渐：秦人墓在六国故地的演变

通过分析战国中期以后六国故地的秦文化因素，我们可以看到秦人墓在六国故地的演变。

---

① 滕铭予：《秦文化：从封国到帝国的考古学观察》，学苑出版社，2003 年，第 146 页。

（一）三晋地区

三晋地区指的是战国时期韩、赵、魏所统治的晋中南和豫北地区。三国在这一地区的大体范围是：山西中部属赵国，山西西南、河南北部属魏国，山西东南部和部分河南北部地区属韩国。三晋地区与关中地区接壤，是秦东进的第一站。秦经略三晋的历程大致可以分为两个阶段：商鞅执政时期至秦伐巴蜀之前可划分为第一阶段；第二阶段为占领江汉平原之后，秦再次逐鹿中原至秦灭亡三晋为止。秦在这一地区先后设置了太原、上党、河东、河内、三川和颍川等郡。

秦占领三晋城邑之后，曾采取过迁出该地原有居民，而填之以移民的政策。《史记·秦本纪》载："（惠文君）十三年四月戊午，魏君为王，韩亦为王。使张仪伐取陕，出其人与魏。""（秦昭襄王）二十一年，错攻魏河内。魏献安邑，秦出其人，募徙河东赐爵，赦罪人迁之。"迁入三晋地区的秦人在死后葬于该地，同时原有居民在秦文化的影响下有选择地使用了秦文化因素的器物，故而三晋地区留下了大量具有秦文化因素的墓葬。

考古工作者在今三门峡、侯马地区和郑州地区发现了战国晚期至西汉早期的秦人墓：

从 1955 年始，考古工作者在今三门峡地区调查和发掘了大量的秦人墓。已经发表的材料有：上村岭、司法局、刚玉砂厂、三里桥、三门峡火电厂等秦人墓地和火电厂秦汉墓、陕县东周秦汉墓等，分布范围为今三门峡市中心以西的台上、台下和陕县大营乡黄村、南曲村之间。[①]

考古工作者在侯马地发现的秦文化遗存有：

乔村墓地位于侯马市东乔村之北的浍河北岸第一台地上，其东 2.5 千米为凤城古城。墓地东西长 1600、南北宽 800 米，总面积近 130 万平方米。自1959 年至今共进行了 14 次发掘工作，清理墓葬 1000 余座，年代大多为战国中期到两汉时期，出土各类文物 5000 余件，尤为重要的是发现竖穴基周围有

---

① 黄士斌、宁景通：《上村岭秦墓和汉墓》，《中原文物》1981 年特刊；三门峡市文物工作队：《三门峡市司法局、刚玉砂厂秦人墓发掘简报》，《华夏考古》1993 年第 4 期；三门峡市文物工作队：《三门峡市三里桥秦人墓发掘简报》，《华夏考古》1993 年第 4 期；三门峡市文物工作队：《三门峡市火电厂秦人墓发掘简报》，《华夏考古》1993 年第 4 期；三门峡市文物工作队：《河南三门峡市火电厂西汉墓》，《考古》1996 年第 6 期；中国科学院考古研究所编著：《陕县东周秦汉墓》，科学出版社，1994 年。

围沟的墓葬 40 余座，以屈肢葬为标志的秦或仿秦墓葬 900 余座。①

曲村墓地位于曲沃县东、翼城县西，为两县的交界之地，与天马相距 2.5 千米。1979 年后，曲村发现了不少秦汉墓葬。墓葬形制为洞室墓，葬式为屈肢葬以及随葬茧形壶、釜、甑、罐、缶等日用陶器的墓葬，当为秦人墓。

虒祁墓地位于侯马市高村虒祁村西北约 1.5 千米，北距台神古城约 2 千米，是虒祁遗址的一部分。山西省考古研究所侯马工作站从 1996 年 8 月至 2000 年 11 月、2003 年进行过六次发掘，清理出墓葬 1456 座②。已公布 10 座，从葬式、陶器组合以及形制来看，有 8 座墓葬的墓主人为秦人。

郑州地区春秋时期属郑，三家分晋后属韩，战国晚期秦庄襄王元年（公元前 249），秦伐韩，并置三川郡，这一地区则为秦所辖。岗杜位于郑州市西北，20 世纪 50 年代曾在这一带清理了战国到两汉时期的墓葬 47 座，23 座属于战国晚期至西汉早期秦人或其后裔的墓葬。③

移民至三晋地区的秦人，由于受到了当地文化系统的影响，表现出一些与关中秦人墓相异的特征：

1. 三门峡地区

三门峡地区的上村岭秦人墓地，其时代为战国晚期。根据器物的特征，该墓地又可以分为早、晚两段。上村岭的秦人墓具体地反映了秦人墓在三门峡地区变化的一些特点：第一，竖穴墓和直肢葬并非集中地出现在早期或晚期墓葬当中，而是前后交错地分散在两期之中。第二，从墓葬形制、葬式以及随葬品等方面来看，秦人墓可分为以下几种情况：一是采用当地文化的墓葬形制而保持秦式葬式，如早段的 CM88 号墓；二是采用中原文化的墓形与葬式而随葬秦式器物，如晚段的 AM208 号墓；三是采用中原文化葬式而墓形、随葬品仍为秦式，如大部分洞室——直肢葬墓；四是无论是其墓葬形制，还是其葬式，无论是其棺椁的结构，还是其随葬品，都强烈地表现出当地文

---

① 山西省考古所：《侯马乔村墓地》，科学出版社，2004 年。

② 从 1996 年 8 月至 2000 年 11 月进行过五次发掘，清理墓葬 1260 座，时代跨度为春秋晚期至汉代。见山西省考古研究所侯马工作站《山西侯马市虒祁墓地的发掘》，《考古》2004 年第 4 期。2003 年 5～7 月，为配合侯马高速公路连接线建设，又发掘墓葬秦汉 196 座，时代跨度为战国晚期至汉代，发掘的墓葬大部分为战国晚期秦文化墓葬，见山西省考古研究所侯马工作站《侯马虒祁东周至汉代墓地》，《中国考古学年鉴 2004》，文物出版社，2005 年，第 126 页。

③ 河南省文物工作队第一队：《郑州岗杜附近古墓葬发掘简报》，《文物参考资料》1955 年第 10 期。

化的风格，如晚段的 AM268 号墓，墓葬形制为竖穴墓，葬式为仰身直肢。值得注意的是，第四种情况普遍出现在战国晚期的几座铜器墓当中，而且它们的随葬品都是比较丰富的。这说明，秦人虽接受了繁文缛礼的作风，但是仍保持了关中的文化风格。

2. 侯马地区

洞室墓、屈肢葬以及典型的秦文化器物是判断乔村秦人墓的三个主要特征。通过对洞室墓、屈肢葬以及随葬品在整个墓地所占比例的分析，乔村墓地的主人以秦人为主，该墓地的文化面貌也以秦文化为主。

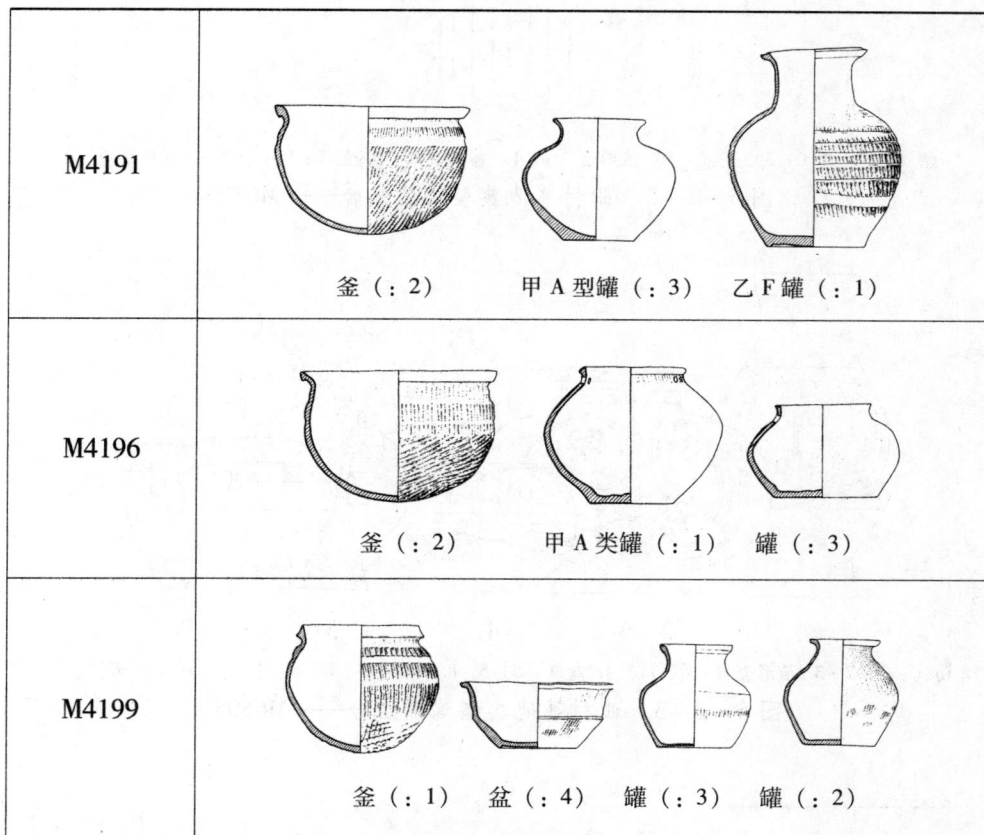

M4191	釜（：2）　　甲 A 型罐（：3）　　乙 F 罐（：1）
M4196	釜（：2）　　甲 A 类罐（：1）　　罐（：3）
M4199	釜（：1）　盆（：4）　罐（：3）　罐（：2）

图 5－2－1　乔村墓地秦人墓出土陶器

从乔村秦人墓出土的陶器形制来看（图 5－2－1），除了盆、一部分罐的形制（报告称甲类 A 型与乙类 D、E、F 型罐）具有典型的秦文化因素外，一部分罐和釜、的形制却具有三晋文化因素或秦晋文化融合的因素：

　　M4196 和 M4191 两墓出土的釜（M4196：2，M4191：2），其束颈、鼓腹以及器底纹饰等特征受到了秦文化陶釜因素的影响，但凸肩特征却与宝鸡、西安、三门峡地区等出土的秦陶釜并不相同，当是秦晋文化融合后的产物。M4199 出土的釜（M4199：1）所表现出来的深腹、斜沿等特征则很可能是继承了侯马铸铜遗址战国早期的陶釜形制[①]。M4196 出土的罐（M4196：3）在秦文化区少见或不见，属秦、晋文化因素融合的产物。M4199 出土的罐（M4199：2、3）的形制在关中及秦文化波及的区域里十分罕见，却能在山西侯马下平望[②]、牛村古城南墓地[③]发现其早期形态，该类罐当是典型的三晋文化器物。

鼎（：5） 盒（：3） 壶（：1） 茧形壶（：14） 钵（：13） 小壶（：9） 小盘（：7） 小匜（：8）

图 5-2-2　曲村墓地典型陶器组合——M6305

1. 钫（：3） 2-3. 茧形壶（：6、11） 4. 盒（：5） 5-8. 壶（：7、8） 6. 鼎（：4） 7. 小壶（：10）

图 5-2-3　曲村墓地典型陶器组合——M6505[④]

　　① 山西省考古所：《侯马铸铜遗址》，文物出版社，1993 年。
　　② 山西考古研究所侯马工作站：《侯马下平望墓地发掘报告》，《三晋考古》（第 1 辑），山西人民出版社，1994 年。
　　③ 山西考古研究所侯马工作站：《侯马牛村古城南墓地发掘报告》，《晋都新田》，山西人民出版社，1996 年。
　　④ 以上两图摘自邹衡主编：《天马—曲村（1980—1989）》（第三册），科学出版社，2000 年，第 1066、1072 页。

秦汉之际（秦庄襄王至汉初），曲村墓地的秦人墓出现了鼎、盒、壶、茧形壶、釜组合（M6305、M6505，图5－2－2、5－2－3）。该组合的特点是作为秦文化典型器物的茧形壶进入了陶礼器行列，并最终在西汉初年成为饰满彩绘的"礼器"（见M6505：6，图5－2－2.2－3）。茧形壶纳入当地文化组合系统，当是模仿的产物。关于模仿的主体和客体，杨哲峰认为"模仿的主动者似属外来系统，而被模仿的却是本地系统。"[①] 鼎、盒、壶、茧形壶、釜的组合当是秦文化模仿晋文化的产物。

3、郑州地区

郑州地区的秦人墓墓葬形制以洞室墓为主，葬式以蜷曲严重的屈肢葬为主。战国晚期，郑州地区开始出现洞室墓，当是外来文化影响的结果。鉴于发掘报告提供的有限信息，洞室墓中的屈肢和直肢葬式的比重无法做出统计。但报告又指出，洞室墓的墓主无论采用何种葬式，头向则一概向北。大量的考古资料已证明，头向北是三晋地区的常见葬式。由此可以推论出移居至郑州地区的一部分秦人采用了当地的葬式。

屈肢葬的变化同样反映了郑州地区的秦人受到了当地文化的影响：秦占领该地的初期，洞室墓均为屈肢葬式；秦汉之际，屈肢葬的数量减少且屈度变小，逐渐向直肢葬演化。[②]

郑州地区秦人墓随葬的日用陶器有釜、甑、盆、罐和尊、碗。从种类以及部分器物的形制来看，与关中地区同时期的秦墓无别，但也有不见于关中地区秦墓中的器物，如M157出土了小口、直领、圆底的尊，M153出土了碗。尊、碗是郑州地区的传统器物，郑州地区的秦人墓出现此类器物是秦文化受到当地文化影响的表现。

通过对三个地区秦人墓的分析，我们可以把战国晚期至秦汉之际三晋地区秦人墓所受到的当地文化葬俗之影响，归纳为以下几种情况：采用传统晋文化的墓葬形制、葬式而随葬秦式器物；或采用当地文化葬式而墓葬形制、随葬品为秦式；一些秦人的墓葬形制、葬式（仰身直肢、头向北）和其随葬品（随葬仿铜陶礼器鼎、盒、壶等）都强烈地表现出三晋文化的风格。

（二）楚地

战国时期的楚国疆域广大，今河南南部、陕西南部，湖北、湖南、安徽、

---

① 杨哲峰：《曲村秦汉墓葬分期》，《考古学研究》（四），第263页。
② 郑州岗社秦人墓的分期，可参见张辛《郑州地区的周秦墓研究》，《考古学研究》（二），北京大学出版社，1994年。

江西和吴越地区（江苏及浙江一部）等地都曾经纳入过楚国的统治范围，受楚文化的浸染很大。《淮南子·兵略训》曾言及楚威王时期（公元前339—前329年在位）的疆域为："南卷沅、湘，北绕颍、泗，西包巴、蜀，东裹郯、淮、颍、汝以为洫，江、汉以为池，垣之以邓林，绵之以方城"，时称"楚地半天下"①。秦在楚地先后设立了南阳、南郡、长沙、巫黔、淮阳、洞庭、苍梧、九江、东海、会稽、四川、淮阳等郡（表5-2-1、图5-2-4、）。②考古工作者在河南、湖北、湖南发现了秦人墓。③

表5-2-1 秦在楚地设郡一览表

郡名	设置时间	郡治	备注
汉中郡	前312年	南郑	秦之汉中郡为楚国汉中郡与秦所得之部分巴蜀地合置。
南阳郡	前272年	宛	楚之南阳郡。④
南郡	前278年	郢	
巫黔郡	前277年	不详	
长沙郡	前224年	临湘	
淮阳郡（陈郡）	前224年	陈	多数学者认为秦设淮阳郡，而无陈郡。⑤

---

① 《战国策·秦策四》。

② 湖南地区的设郡情况因里耶秦简的发现而被重新考虑。里耶秦简所记载的洞庭、苍梧两郡为文献所失载。关于两郡辖境的研究，多数学者均有论述，如周振鹤《秦代洞庭苍梧两郡悬想》，《复旦学报》2005年第5期；后晓荣：《秦代政区地理》，社会科学文献出版社，2009年。图5-2-5为后晓荣所划分的洞庭、苍梧两郡辖境图。但纵观全书，由于其研究缺乏断代的观念，故此图的可靠性不大，权作参考。截至目前，两郡的辖境划分仍没有得到很好的解决。好在湖南地区的设郡问题，在本书中充当的是历史背景的介绍，并不影响本书的结论。

③ 本书以秦朝在楚地设立的郡之辖境为基础，将发现秦文化的楚地重新划分为鄂北、江汉平原西部、湖南和皖中地区。

④ 杨宽认为秦之南阳郡是秦所占领的韩、魏南阳之地和楚的上庸之地合置而建立起来的。李晓杰认为韩、魏之南阳之地是太行山南、黄河北岸的狭长地带，为秦汉河内郡的辖地，与南阳郡无关。可参见李晓杰《中国行政区划通史·先秦卷》，复旦大学出版社，2009年，第451页。本书从李说。

⑤ 辛德勇：《秦始皇三十六郡新考》，《文史》2006年第1、2期；李晓杰：《中国行政区划通史·先秦卷》，第467页。

郡名	设置时间	郡治	备注
九江郡	前223年	寿春	
衡山郡	？	邾	分九江郡而置。
东海郡	？	郯	分薛郡而置。
洞庭郡	？	不详	两郡的辖境划分，学者分歧较大。在此存疑。
苍梧郡	？		
四川郡 （泗水郡）	前224年	沛县	文献秦之泗水郡，原为宋地，战国归楚。 从文物资料看，泗水郡实为四川郡。
会稽郡	前222年	吴县	原为吴越之地，战国归楚。

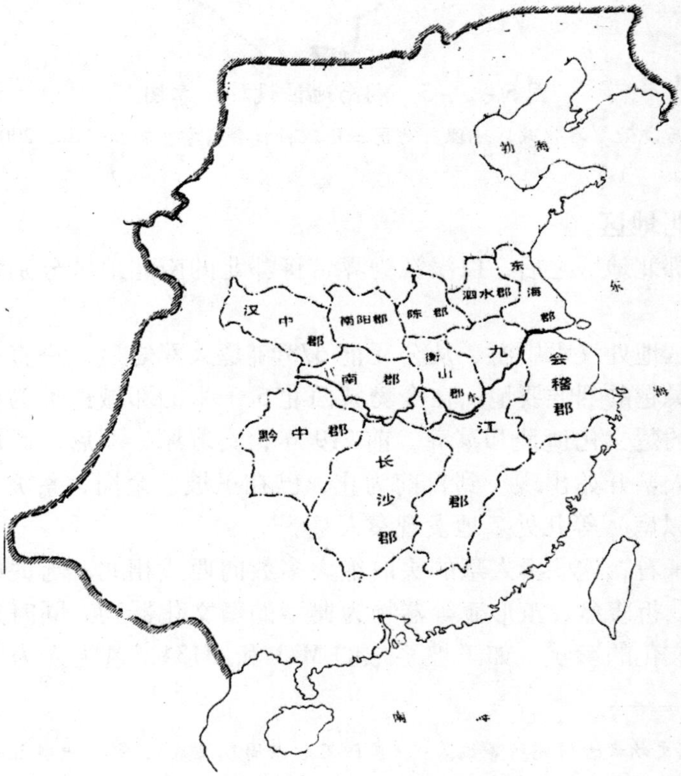

图 5-2-4　秦代楚地设郡示意图

（根据邹逸麟《中国历史人文地理》修改，科学出版社，2001年，第60页）

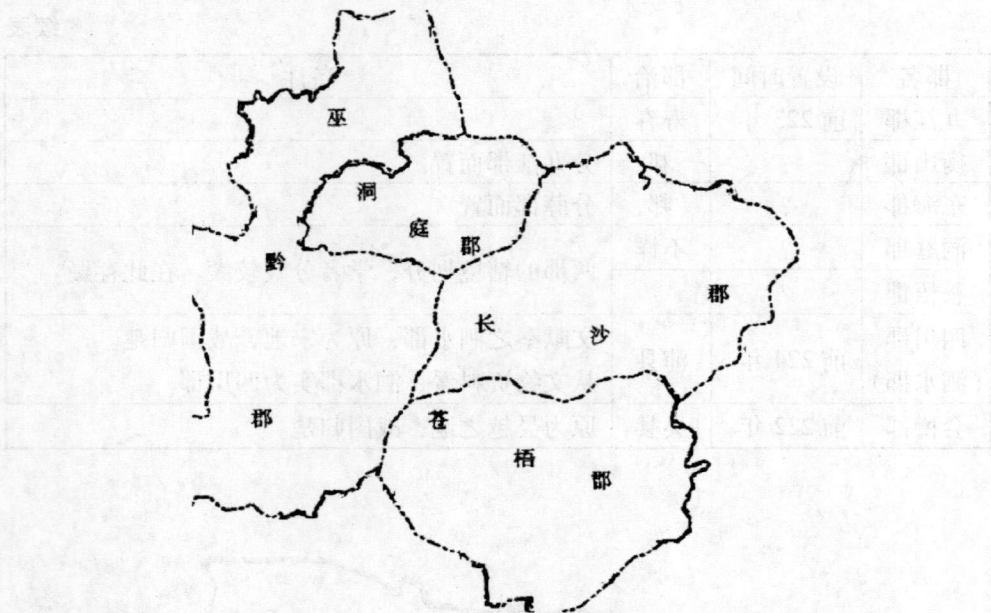

图 5-2-5　湖南地区设郡示意图

（根据后晓荣《秦代政区地理》彩图五修改，社会科学文献出版社，2009 年）

1. 鄂北地区

秦占领鄂北地区之后，以汉江为界，将鄂北的南北地区分别划归为南郡和南阳郡。

襄樊地区地处汉水中游，从公元前 678 年楚灭邓之后，一直是楚国北进中原，东伐吴越的咽喉要地。在今樊城西北 5 千米的邓城遗址为中心，分布着十分密集的楚文化遗址和墓葬。前 279 年，秦取鄢、邓后，此地即成为秦的辖地，秦人墓开始出现。到目前为止，已在王坡、余岗、蔡坡、山湾、郑家山（长江以南）等几处墓地发现秦人墓。[①]

从头向来看，这些秦人墓的头向绝大多数向西或相北，与关中秦墓的方向一致。釜、折腹盆、茧形壶等器物为典型的秦文化器物。同时这些秦人墓也受到了楚文化的影响。如王坡墓地的 M43 和 M134，墓主人为秦人的下层

---

① 湖北省文物考古研究所等编著：《襄阳王坡东周秦汉墓》，科学出版社，2005 年；湖北省博物馆：《襄阳山湾东周墓发掘报告》，《江汉考古》1983 年第 2 期；杨权喜：《襄阳山湾十八号秦墓》，《考古与文物》1983 年第 3 期；湖北省博物馆：《襄阳蔡坡战国墓发掘报告》，《江汉考古》1985 年第 1 期；湖北省文物考古研究所：《湖北襄樊郑家山战国秦汉墓》，《考古学报》1997 年第 8 期；襄樊市博物馆：《湖北襄阳余岗战国墓发掘简报》，《考古》1992 年第 9 期；襄樊市博物馆：《襄樊余岗战国秦汉墓第二次发掘简报》，《江汉考古》2003 年第 2 期。

224

统治者，或者是曾经与楚作战的低级将领。所出土的两件铜鼎为楚、越式鼎，铸造于秦占领鄂北地区之前，当是战利品而置于墓葬中。而郑家山 M62 随葬有鼎、钫、鏊、盘、匜等仿铜陶礼器，其器类为非典型的秦式组合，即由部分秦式器加入楚式器共同组合而成。

2. 江汉平原西部

该区域的大致范围为荆州、宜昌、荆门（原江陵县）以及孝感的云梦、安陆等广大地区。公元前 278 年，白起拔郢之后，将这一区域与汉江以南的鄂北地区合置为南郡。该地区发现的秦人墓主要分布在云梦、江陵、宜昌等地。[①]

最早出现的秦人墓，当为江陵九店的五座洞室墓。墓主人身份为刚进入江陵的秦军中的下层士卒。九店 M701、708 二墓的随葬器物为战国晚期后段的楚遗民所用的楚式器物。由于无秦器可用，故秦人墓在下葬时是采取了一种变通做法，在葬制方面采用秦人旧俗，而葬器则采用江陵当地现有的楚式器物。

该地从秦攻占之后到秦灭楚之前的四、五十年，进入了相对稳定的时期。秦国在这一时期不断地向该地派驻军队、委任官吏、徙人移民；而迁往这里的秦人也才得以从容地把关中地区的秦式器物如蒜头壶、鏊、釜、茧形壶、陶仓、陶灶等携带传布到这一地区来。不但蒜头壶、茧形壶等秦式器物在该地的秦人墓中大量出现，而且这些器物也在秦人以外的绝大多数墓葬中普遍涌现了出来。原先在该地区占统治地位的楚式平盖直腹高足鼎和楚式圆壶、圆缶，一度在秦人墓中出现过，但不久便销声匿迹、退出了墓坑。

江汉平原西部区域内所表现的秦人墓特征，总结如下：

墓向：墓向并不完全一致，既有东西向的，又有南北向的，以东西向的数量居多。云梦睡虎地 22 座秦墓，10 座头向北，12 座头向西。宜昌前坪的那 14 座战国秦汉之际的墓葬中，头向西向北的大抵应是秦人墓，如葛 M4、前 M12、16、28、29、31、36。大概到了汉代的早中期，由于岁月的流逝和周围环境的改变，埋葬制度中头向西向北的传统观念渐次被秦人及其后裔所淡漠、所忽略，于是一些出有铜蒜头壶、鏊等典型秦式器物但头却向东向南

---

① 《云梦睡虎地秦墓》编写组编：《云梦睡虎地秦墓》，文物出版社，1978 年；湖北省博物馆：《1978 年云梦秦汉墓发掘报告》，《考古学报》1986 年第 4 期；云梦县文物工作组：《湖北云梦睡虎地秦汉墓发掘简报》，《考古》1981 年第 1 期；湖北省文物考古研究所：《云梦龙岗秦汉墓地第一次发掘简报》，《江汉考古》1990 年第 3 期；湖北省文物考古研究所：《云梦龙岗 6 号秦墓及出土简牍》，《考古学集刊》（8）；云梦县博物馆：《湖北云梦木匠坟秦墓发掘简报》，《江汉考古》1987 年第 4 期；湖北省博物馆：《宜昌前坪战国两汉墓》，《考古学报》1976 年第 2 期；杨权喜：《襄阳山湾十八号秦墓》，《考古与文物》1983 年第 3 期。

的秦人墓开始出现了，如前坪 M14、24、25、26。

墓葬形制：都是小型的竖穴土坑墓，墓口略大于墓底，均呈长方形，未见封土堆和斜坡墓道。少数墓的墓坑在四个拐角处有供上下墓坑的脚窝，以及放置随葬器物的壁龛。有些墓还有二层台。墓坑里的填土，有五花土与青膏泥二种。

葬式：除葬式不明之外，他们的葬式可分为仰身直肢、仰身屈肢与侧身屈肢三种，其中以仰身直肢葬式最多，仰身屈肢的葬式次之，侧身屈肢的葬式最少。

随葬器物：随葬一部分铜鼎（以秦式鼎较多）、壶、蒜头壶、钫、鍪等铜器，以及陶釜、瓶、盂、小口瓮和小罐等一套日常生活用具，而不随葬陶鼎、敦、壶、钫等陶礼器（如睡虎地秦人墓，图5-2-6），保存较好的墓葬一般还有数量不等的漆器。

墓号	出土器物
M7（战国晚期）	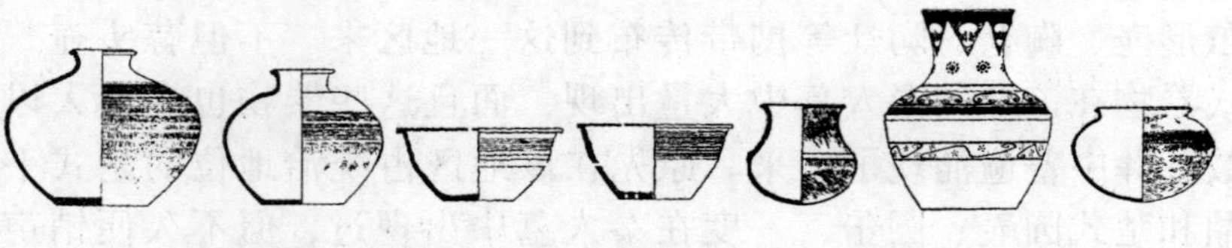 陶瓮(:2)　陶瓮(:1)　陶盂(:22)　陶甂(:21)　陶鍪(:5)　陶彩绘壶(:16)　陶釜(:20)
M9（秦统一前后）	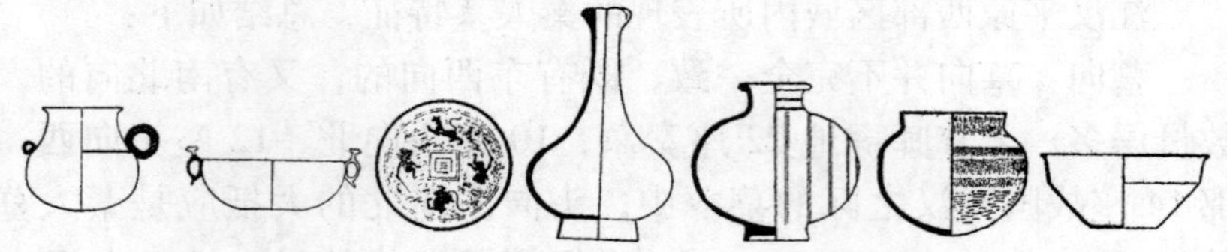 铜鍪(:46)　铜舟(:25)　铜镜(:60)　铜蒜头壶(:30)　陶茧形壶(:18)　陶釜(:56)　陶甂(:55)
M11（秦统一前后）	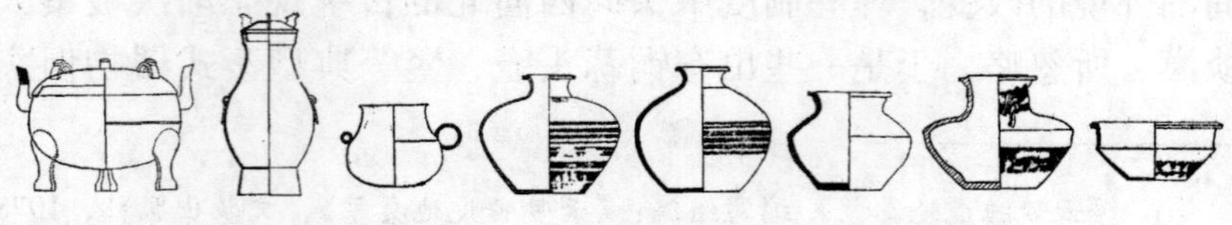 铜鼎(:54)　铜钫(:45)　铜鍪(:39)　陶瓮(:41)　陶瓮(:8)　陶罐(:32)　陶壶(:33)　陶甂(:30)

图5-2-6 睡虎地秦人墓地出土器物

从江汉地区西部的秦人墓来看，秦人受到的楚文化影响有：墓葬形制采用分厢，以青膏泥作为填土；具有楚地特色的器物——漆器，同时出现在关中和关东地区的秦人墓中。从头向来看,受当地环境的改变,西向北的传统观念渐次被秦人及其后裔所淡漠和忽略。

3. 湖南地区

通过与关中地区及其相邻地区秦人墓特征的比较,可以将以下几座湖南地区的墓葬大致定为秦人墓,其时代为战国晚期至汉初。

属于战国晚期前后段之交的有:

怀化地区(1座):78 溆浦马田坪 M24,墓坑设生土二层台和斜坡墓道,头向西。内出陶壶和玉璧各 1 件。此外还有鼎、矛、簋型盒、单弦纹素地镜和盘、匜等典型秦器以及楚式剑、戈等兵器(图 5-2-7)。① 从铜矛骹部上所刻之"少府"铭文,说明该墓的墓主人不可能是楚人。从出土的"中脯王"鼎的形制来看,与咸阳出土的秦鼎相同。故可判断此墓的墓主人为秦人。

大庸市(1座):大庸三角坪 M68,随葬的楚式陶礼器组合不全,伴出典型秦式铜兵器二件,其一为矛,形制与溆浦 M24 之"少府"矛如出一范,其二为铭文秦戈。② 墓主定为秦人大致不误。

以下几座墓葬的时代可定为秦代:

长沙地区(3座):56 长烈园 M018,洞室墓,头北,随葬陶坛、钵等日用陶器,且出铜戈和素地宽弦纹铜镜各 1 件③,贺刚将其墓主定为关中秦人。75 南塘冲 M13(方向与葬具不明),内出铜器一组,除铜鼎形制不明外,余铜蒜头壶和折腹平底盆皆为关中秦墓常见器形。墓主为秦人的可能性最大。④ 铜梓坡 M26,方向正北,出楚式与秦式两种铜器组合,楚式铜器为鼎、壶、盒,秦式铜器为鍪和宽弦纹素地铜镜(见图 5-2-7)。⑤ 高至喜根据器物比对,将该墓的时代定为秦代,墓主为秦人的可能性最大。⑥

---

① 湖南省博物馆等:《湖南溆浦马田坪战国西汉墓发掘报告》,《湖南考古辑刊》(第 2 辑)。
② 资料转引自贺刚《论湖南秦墓、秦代墓与楚文化因素》,《湖南考古辑刊》(第 5 辑)。
③ 罗敦静:《湖南长沙发现战国和六朝的洞室墓》,《考古通讯》1958 年第 2 期。
④ 湖南省博物馆:《三十年来湖南文物考古工作》,《文物考古工作三十年》,文物出版社,1979 年。贺刚:《论湖南秦墓、秦代墓与楚文化因素》,《湖南考古辑刊》(第 5 辑),1989 年。
⑤ 长沙市文物工作队:《长沙西郊桐梓坡汉墓》,《考古学报》1986 年第 1 期。
⑥ 高至喜:《略论秦镜及其与楚镜的关系》,《楚文化研究论集》(第二集),湖北人民出版社。

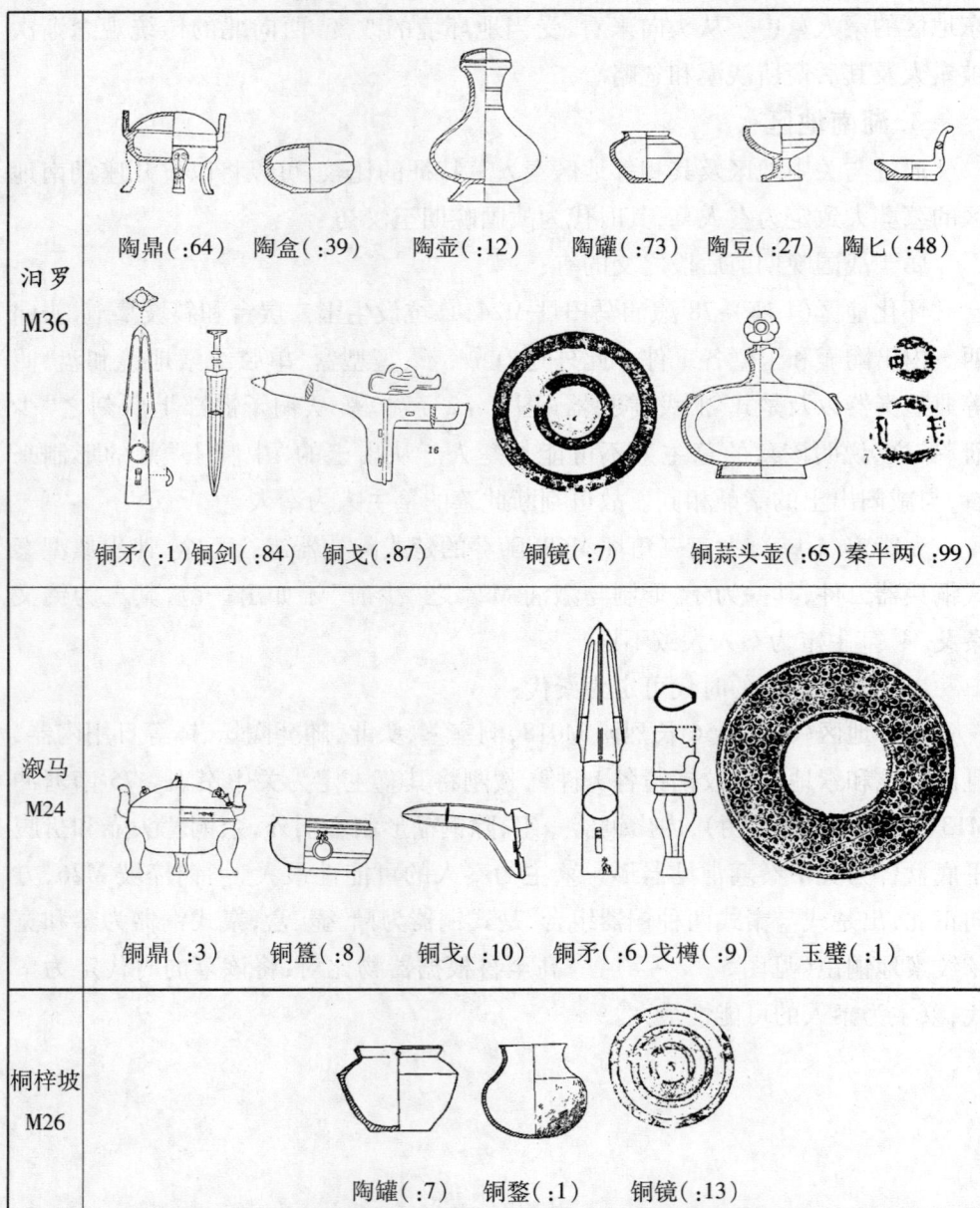

图 5－2－7 湖南秦人墓出土的典型器物图

岳阳地区（1 座）：83 汨罗永青 M36，方向 180°。内出大量楚式陶器（已受三晋文化影响）和兵器，伴出铜蒜头口扁壶、宽弦纹素地铜镜和半两钱等典型秦器一组（见图5-2-7）。①

湘西自治州（1座）：1978年于古丈白鹤湾发现，葬具已朽。墓内不见陶器，但出滑石壁一件和典型秦式铜器一组，包括双耳鍪、蒜头口扁壶、鎏金铜斗和夔龙纹镜各1件。②从器物形制及其组合等分析来看，此墓为秦人的可能性最大。

这些湖南秦人墓的特点为：1.未见有相对独立的秦人墓地和墓群，数量甚少，且常与楚汉墓杂处。此当是秦人驻足湖南的人数不多、时间甚短，故不可能形成聚族而葬的必然结果。2.墓葬形制和葬具多沿楚俗，除56长烈M018为洞室墓外，其余墓葬的墓坑结构、葬具结构、随葬品的放置位置等，皆与楚墓无异。3.墓葬头向居西、居北者比例较大，这与湖南楚墓绝大多数墓头东、头南的情形略有区别。这些墓葬所出楚式陶器大部分组合不全，但多见秦式贵重铜礼器和容器以及兵器，由此推测这些墓主多为南下的秦人士卒和下层官吏。

从随葬品来看，湖南地区秦人墓多有楚文化因素的器物：壶是湖南中小型楚墓中最常见的器物之一，秦人墓中亦常见，一直延续至汉代。秦代壶多为侈口或盘口，长颈扁腹下垂，圈足外侈，盖上无纽，有的肩部尚有铺首，还有的施黑衣朱绘。盖上无纽、盘口、圈足外侈均是继承战国晚期晚段楚式壶的风格③。湖南秦人墓中所出方壶、盘、匜、勺、小罐等陶器，均是对楚式同类陶器的继承。

二、六国故地对秦文化的认同

考古发掘资料所反映出来的六国故地的民众对秦文化的认同程度虽然不尽一致，但这种认同为秦与六国文化的融合奠定了基础。

---

① 湖南省博物馆：湖南省博物馆：《汨罗县东周、秦、西汉、南朝墓发掘报告》，《湖南考古辑刊》（第3辑）。

② 资料转引自贺刚《论湖南秦墓、秦代墓与秦文化因素》，《湖南考古辑刊》（第5辑）。

③ 高至喜：《略论战国晚期楚墓》，《商周青铜器与楚文化研究》，岳麓书社，1999年。

（一）三晋地区

通过对墓葬形制、葬式以及随葬品组合等要素的分析，在乔村墓地中仍有三晋遗民。秦人虽迁徙当地的民众，但并不代表当地的民众全部迁徙至外地。留居于该地的原住民在秦占领该地后，一部分保持了原有文化的特征，如 M627、M630、M483 外，还有一些人受秦文化的影响，或多或少地融入了秦文化的因素。情况可以分为以下几种：

一是采用秦人的屈肢葬，仍采用洞室或竖穴等原有的墓葬形制和器物特征。如 M4249，洞室墓，由于受秦人屈肢葬的影响而呈现出微屈的状态，随葬当地传统的釜和罐；M4269，微屈，竖穴土坑墓，随葬当地文化传统的罐。

二是采用原有的墓葬形制和葬式，使用了秦文化的器物。如 M4123，竖穴土坑墓，直肢葬，随葬的钵为典型的秦文化器物。此外，该墓出土的罐为秦晋文化融合的产物。

三是或采用秦人的屈肢葬和器物，仍原有的墓葬形制。如 M4267，葬式微屈，洞室墓，随葬有典型的秦文化器物——盆。

除以上三种情况外，尚不能排除下面一种情况，即当地的遗民全部采用了秦人的葬式、墓葬形制和器物特征。由于找不到表示当地土著身份的证据，所以这类墓难以从秦人墓中辨别出来。

（二）两周地区

两周地区指的是洛阳周边地区。公元前 256 年，秦灭西周，"西周君尽献其邑三十六，口三万"，"后七年（公元前 249）秦庄王灭东周，东西周皆入于秦"[①]。此后，秦在包括西周七县之地的河、洛、伊流域置三川郡[②]，郡治即在东周洛阳成周城。战国晚期至秦汉之际，洛阳地区墓葬的主要特点是：墓葬形制仍以竖穴土坑墓为主，主要葬式是直肢葬。从战国晚期开始，洛阳

---

① 《史记·周本纪》。
② 《战国策·西周策》。

地区开始出现洞室墓和葬式屈肢过甚的墓①。结合秦占领洛阳的历史背景，洛阳地区出现的洞室墓与屈肢过甚的葬式当与秦文化在这一地区的传播有关。

在墓葬形制为洞室墓与葬式屈肢过甚的墓葬中，随葬陶器的基本组合为鼎、豆（盒）、壶、盘（碗）、匜、小壶等，也有釜、盆、罐的组合（极个别的情况），未见典型的秦文化器物蒜头壶、双耳釜、小口罐、圈足壶等。这是洛阳秦墓与关中秦墓的区别之一，区别还表现在洞室墓与屈肢葬墓的比例上：

战国晚期以后，在关陇地区的秦墓中，洞室墓占 70% 左右，而在洛阳地区只占 30% 左右；关中秦墓葬式屈肢过甚的屈肢葬在整个屈肢葬中占绝大多数。而洛阳地区，仰身屈肢葬占绝大部分，屈肢过甚的葬式只占整个屈肢葬中的小部分，如中州路 172 座屈肢葬墓的屈肢卷屈弧度一般在 90 度以上，小于 30 度以上为 27 座；烧沟 40 座屈肢葬，45 度以下的只有 9 座；西关至涧西的 22 座屈肢葬墓中，42 度以下的只有 8 座。②

由此可见，战国中期以后洛阳地区的墓葬虽然已经具有不少秦文化的因

---

① 考古发现证实，从春秋时期开始，洛阳地区就开始出现仰身屈肢葬墓，当为传统的周文化因素。而战国晚期洛阳地区出现的屈肢葬与前者明显不同，应属外来文化因素。战国晚期以后，洛阳地区发现的洞室墓和屈肢葬墓有：1952 年秋，在洛阳东关瀍河东岸的泰山庙发掘的 3 座战国晚期墓，有一座是洞室，两座是竖穴。见郭宝钧、林寿晋《1952 年秋季洛阳东郊发掘报告》，《考古学报》第 9 册，1955 年；1953 年 8 月，全国第二届考古工作队员训练班，在洛阳老城西北的烧沟发掘了战国晚期的竖穴墓 43 座，洞室墓 16 座，见王仲殊《洛阳烧沟附近的战国墓葬》，《考古学报》第 8 册，1954 年；1954—1955 年在配合洛阳中州路修建工程中发掘的 260 座东周墓中，有战国晚期和末期竖穴墓 51 座，洞室墓 4 座。见中国科学院考古研究所《洛阳中州路》（西工段），科学出版社，1959 年；1952 年春至 1959 年 10 月河南省文物工作队配合洛阳基本建设工程，在洛阳西关、西工、涧西等地发掘了战国晚期和末期竖穴墓 17 座，洞室墓 9 座。见河南省文化局文物工作队第二队编印《洛阳周墓发掘报告》（1953—1955 年），内部资料未正式出版；1983 年在洛阳西工区（东周王城东墙外）发掘 18 座东周墓，其中有一座战国晚期的洞室墓（70 - 11M5），另有一座屈肢过甚的战国中期竖穴墓。见中国社会科学院考古研究所《1983 年洛阳西工区墓葬发掘简报》，《考古》1985 年第 6 期；1993 年 9 月在洛阳郊区关林镇洛阳钢厂发掘战国晚期墓 10 座，其中竖穴墓 4 座，洞室墓 6 座。见洛阳市文物工作队《洛阳钢厂秦墓发掘简报》，《华夏考古》1997 年第 3 期。1997 年在洛阳市北郊邙山脚下发掘的战国西汉墓中的秦汉之际的墓葬，土洞室墓，部分屈肢葬，显示出秦丧葬文化对中原地区的冲击，但原有的葬俗仍占主要地位。见洛阳市第二文物工作队《洛阳邙山战国西汉墓发掘报告》，《中原文物》1999 年第 1 期。上述墓葬计有 200 余座，其中竖穴墓 110 座，其余洞室墓有 100 多座。2005 年 3—7 月，洛阳市文物工作队在关林皂角树村西侧的龙康安置小区工地发掘清理出战国中晚期墓 132 座，部分墓为洞室墓和屈肢葬墓，见《洛阳市关林秦墓》，《中国考古学年鉴 2006》，文物出版社，2007 年。

② 统计数据来自张剑《洛阳秦墓的探讨》，《考古与文物》1999 年第 5 期。

素，但是受秦文化因素的影响有限，保留着较多的当地文化因素，反映了秦与两周文化的融合：从屈肢葬，以至出现蹲踞式和拥有洞室墓等因素来看，当为秦文化因素；从竖穴墓盒的形制以及双带孔片状或无孔片状耳矮锥足鼎来看，说明它们与传统的周文化有着更多的一致性。可以推测洞室墓与屈肢过甚的墓，其墓主人有两种可能，一是秦人，与三晋地区的秦人一样，接受了当地文化；二是当地土著，受到了秦文化的影响。

（三）楚地

楚地受到秦文化影响的地方有：

1. 鄂北地区

在襄樊地区已发现的五处秦人墓地（见上文）中，除山湾外，王坡、余岗、蔡坡、和郑家山（长江以南）墓地亦葬有楚遗民墓。从四处墓地发现的楚遗民墓来看，这些墓葬的埋葬习俗、棺椁制度以及随葬品特征基本继承了楚国势力退出该地之前的楚文化特征，如随葬品多以偶数成套下葬。由于秦人势力的介入，一些楚遗民墓受到了秦文化的强烈影响，在日用陶器中加入了鍪、釜等典型的秦式器物。

襄阳是楚国邓的旧治，自然成为秦人重点把守和经营的地方。秦在这一地区内推行了较为强力的秦化措施，对楚遗民社会进行全面的改造。在考察战国晚期鄂北地区的文化面貌时，我们可以看到该地除大量的秦人墓之外，留居此地的楚遗民受到了秦文化的侵染，故而楚遗民墓呈现出较为明显的秦文化风格。

2. 江汉平原西部

秦占领该地后，留住于原居住地的楚人成为秦统治下的楚遗民。受秦文化的影响，该地发现秦文化因素的楚墓很多，其中江陵地区最为典型，如：

王家台 M15，仅随葬 3 件陶器，但却兼有秦楚两种特征（图 5 - 2 - 8），所出陶盂、小壶为传统的楚式器，见于江陵雨台山 M64、189，但同出陶釜则明显为秦式风格。[①] 从此墓兼用秦、楚两种日用陶器来看，当为秦占江陵后不久，时代为战国晚期后段偏早。

岳山 M15 保留了楚式的陶礼器组合，其陶礼器为陶二鼎，由陶鼎、盒、壶

---

① 荆州地区博物馆：《江陵王家台 15 号秦墓》，《文物》1995 年第 1 期。

各2件组成，此礼器组合较规整，与一般楚墓中的礼器群无异，但器物则已演变为秦式器。① 此墓所出陶鼎（图5-2-8）已演变成为矮足的秦式鼎，但盒、壶仍保留了楚遗民墓的一般特征。此墓的具体年代当为战国晚期后段偏晚。

江陵凤凰山M70，其墓主人是一个名叫"冷贤"楚遗民。但该墓随葬有陶甗、盂和小口瓮等秦文化因素的器物，说明该墓已采用秦俗，是楚人秦化的一个典型墓例。② 从器物特征看，该墓的时代为秦统一前后。

扬家山M135级别较高，时代为秦汉之际。随葬有铜礼器群，但铜礼器均为秦式，铜礼器组合方面略具楚风，保留了楚文化的传统，基本组合为铜鼎、盂、钫（图5-2-8），此组合与战国晚期楚墓中的铜礼器组合基本一致，唯器物几乎全为秦式器，仅有一件较特殊的铜釜甗具楚式器物特点。③墓葬器物所反映的文化面貌已完全是秦文化，楚文化在墓葬器物中仅剩下一些十分微弱的遗痕。此墓可能为秦化的楚人墓，从墓葬的特征可以看到楚人到秦代至汉初时已全面接受了秦文化，反映了秦文化已完成了对江陵地区楚人的文化改造。

可以说，上面所提到的四座墓葬反映了战国晚期至汉初江陵地区楚人对秦文化逐步认同的历史进程。

除上面提到的一些典型的墓葬外，靠近江陵地区的一些楚墓也多多少少融入了秦文化因素。与上述四座楚墓相比，秦文化因素对这些楚墓的影响较小：

湖北荆州市沙市区肖家山一号墓，墓葬西距郢城东垣约5.2千米，为长方形竖穴土坑墓，墓口残长3.8米、宽3.1米，墓底残长3.2米、宽1.9米。墓坑内填有青膏泥，有一椁两棺，椁内置棺，空出头部和右侧形成头箱和边箱。内棺有人骨一具。随葬品分三处放置，铜壶、铜蒜头壶、内装铜镜和梳篦的漆奁、木质天平衡杆、青铜砝码及陶瓮等放在头箱内，耳杯等放在边箱内，铜剑、玉牌饰等放于棺内。从墓葬形制、器物组合、器形等看，该墓具有浓厚的楚文化因素，同时也渗入了典型的秦文化特征。④ 墓中属于秦器的

① 湖北省江陵县文物局、荆州地区博物馆：《江陵岳山秦汉墓》，《考古学报》2000年第4期。

② 陈振裕：《从湖北发现的秦墓谈秦楚关系》，载湖北省社会科学院历史研究所编：《楚文化新探》，湖北人民出版社，1981年。陈振裕：《略论湖北秦墓》，《文博》1986年第4期。

③ 湖北省荆州地区博物馆：《江陵扬家山135号秦墓发掘简报》，《文物》1993年第8期。

④ 荆州博物馆：《湖北荆州市沙市区肖家山一号秦墓》，《考古》2005年第9期。

主要是铜蒜头壶和凤鸟纹铜镜（图5-2-8）。根据蒜头壶的特点，可判定该墓的年代当在秦统一之后。

荆门罗坡岗墓地时间为战国中期后段（秦将白起拔郢前后）到战国晚期晚段（秦统一六国前后），报告将其分为两段三期。[①] 从主要陶器的组合、葬式、器物形态方面，为楚人墓地。M127 出土的陶壶（M127：3，图5-2-8）和 M134 出土的盂（或称盆，M134：2，图5-2-8）所呈现出的屈腹风格，明显受到了秦文化的影响。而这一风格一直影响着罗坡墓地发展的始终，而且越到后期越显强烈。但是秦文化因素所受到的影响仍旧有限。考古资料显示，这里的楚遗民墓一直延续到战国晚期后段，而其下限已达秦统一前后，而且这段时间楚式铜鼎依旧流行于此墓地。

从考古资料和目前的研究来看，该地区除了江陵及其附近地区之外，这里的楚遗民墓延续着楚文化，其特征与河南、安徽、湖南等地战国末期楚墓的文化特征相似，并与当地战国晚期楚墓保持了延续发展的序列。说明江陵之外的楚遗民在秦占领之后，仍旧顽强地保持着旧俗。这种情况在睡虎地秦墓出土的《语书》中亦有反映："今法律令已具矣，而吏民莫用，乡俗淫失（泆）之民不止，是即法（废）主之明法殹（也），而长邪避（僻）淫失（泆）之民，甚害于邦，不便于民。"[②]

3. 湖南地区

湖南地区有一部分秦式日用陶器与组合齐全的楚式陶礼器同出的墓葬：

如86 溆丰 M7、M14，方向为 355°和 80°。土坑竖穴，皆出陶鼎、敦、壶、豆等楚式（已受中原文化影响）陶礼器二套（M14 多出一陶盒），滑石璧各一件、秦式实用陶器各一组（M14 出釜、甑，M7 出釜、甑、蒜头口壶，见图5-2-8）。[③] 此二墓与湖南各地战国末期楚墓比较，在陶礼器组合上存在直接的联系。但在器物形态和新出的器类上，又显现出明显的区别，且均出汉墓中常见的滑石璧。大庸 M14，方向200°，伴出陶方壶和盆各 1 件，且出仿铜秦式陶鼎、镶壶、釜、甑、熏炉、半两钱和滑石壁；M160，方向110，

---

① 湖北省文物考古研究所、荆门市博物馆编著：《荆门罗坡岗与子陵岗》，科学出版社，2004 年。

② 睡虎地秦墓竹简整理小组编：《睡虎地秦墓竹简》，第 15 页。

③ 怀化地区文物工作队等：《溆浦县中林、丰收楚、秦、西汉墓清理简报》，《湖南博物馆文集》，岳麓书社，1991 年。

出楚式陶礼器二套，伴出釜、甑、熏炉、琉璃器、铜镜。[①] 这类墓的特点是皆不出铜容器和兵器（个别墓中出铜镜），但都并出组合齐全的楚式陶礼器和秦式日用陶器，且多见滑石璧和半两钱。

此类墓的主人，可能是接受了秦人风习的楚遗民，但也不排除是受当地楚俗影响的关中移民。

4. 皖中地区

秦占领皖中的时间为秦灭楚之后，秦文化亦影响到了此地。有学者把安徽舒城秦家桥 M1—3 归之为楚墓，从文化传统的继承上来讲是合适的，但出土的漆耳杯（M3：3，图 5－2－8）、漆盒（M1：13，图 5－2－8）、铜匜等器皆与云梦秦人墓相同，显系秦器。[②]

岳山 M15	陶鼎（:22)	陶盒（:20)	陶壶（:23)
王家台 M15	陶釜（:1)	陶盂（:3)	小壶（:2)

---

① 资料转引自贺刚《论湖南秦墓、秦代墓与秦文化因素》，《湖南考古辑刊》（第5辑）。
② 安徽省文物工作队：《安徽文物考古工作新收获》，《文物考古工作三十年》，文物出版社，1979年；杨立新：《江淮地区楚文化初论》，《楚文化研究论集》（第一集），荆楚书社，1987年；舒城县文物管理所：《舒城县秦家桥战国楚墓清理简报》，《文物研究》（第6辑）。

扬家山 M135	铜鼎（:1） 铜盂（:79）铜钫（:74）铜蒜头壶（:13）铜洗（:72） 釜甑（:4） 陶壶（:29） 陶盂（:47） 陶罐（:43） 陶瓮（:78）
肖家山 M1	陶瓮（:8）铜蒜头壶（:01） 铜镜（4-1） 铜剑（:2） 铜剑（:1）
淑丰	**M7** 陶鼎（:8） 陶蒜头壶（:7）陶敦（:10） 陶盘（:2） 滑石璧（:1） 陶釜（:12） 陶甑（:13） 陶豆（:6） **M14** 陶甑（:2） 陶釜（:3）

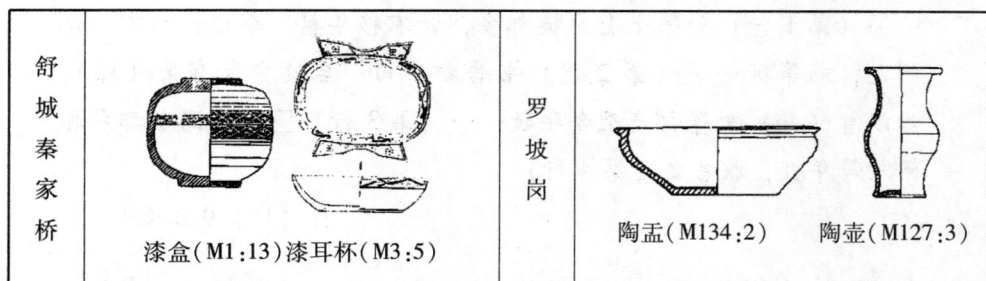

図 5 - 2 - 8　楚人墓出土典型器物图

三、出土文献所见秦对楚地的文化改造

秦对楚地占领之后，在大力推行秦制的同时，欲通过改造楚地文化的方式，从而达到与关中文化趋同，以巩固秦在楚地统治稳定的目的。睡虎地秦简《日书》《语书》以及里耶秦简等出土文献，揭示了秦对楚地文化改造的进程，大大加深了我们对楚地文化变迁的认识。

（一）推行秦制：里耶行政文书和户籍简的解读

户籍制度和编伍制度是秦制在楚地基层社会推行的基础，故而秦国在占领两湖地区之初，即着手这两项制度在当地的推行。里耶户籍简和行政文书成为研究湘西地区推行秦制的原始资料。

1. 户籍制度和乡里制度：楚地推行秦制的基础

里耶秦简未发现之前[①]，秦代户籍制度的有关文献记录较少，无法对其做出深入地研究。里耶户籍简和相关行政文书的发现，为我们深入认识秦的户籍制度和秦楚户籍制度的差异提供了坚实的地下资料。

廿六年五月辛巳朔庚子，启陵乡□敢言之：都乡守嘉言渚里

---

①　里耶秦简于 2002 年 6 月在湘西龙山县里耶古城 1 号井中发现，共发掘出 36000 余枚简（牍），约 20 万字，性质为秦始皇二十五年至秦二世二年迁陵县级政府的部分档案。内容涉及户籍制度（户籍简）、各级政府之间的往来公文与司法文书（行政文书）、物资登记（祠先农简）和里程（里程简）等方面。其丰富的内容，成为研究秦代县级政府行政运作以及历史地理、经济、军事、天文历法的珍贵材料。

……（第 1 行）劾等十七户徙都乡，皆不移年籍。令曰：移言。今问之，劾等徙……（第 2 行）书告都乡曰：启陵乡未有枼（牒），毋以智（知）劾等初产至今年数……（第 3 行）□□□谒令都乡具问劾等年数，敢言之（第 4 行）

J1（16）9 正面①

J1（16）9 正面记载的是始皇帝二十六年五月二十日，启陵乡向县令报告：都乡守嘉要求启陵乡渚里提供载有劾等十七户年龄的簿籍。因为秦令有明文规定：迁居需移交相关簿籍并上报。然而启陵乡没有相关簿籍，无从确知这些人的年龄，故请求县廷命都乡自行询问这些人的年龄。

迁陵启陵乡户籍年龄的缺失很可能是由以下原因造成的：一种原因是秦在占领迁陵的战争中，启陵乡的户籍散失；另一种原因与秦楚户籍制度的差异有关。而后一种的可能性较大一些。

有关楚国户籍制度，我们可以通过有限的传世文献和 1986 年出土于湖北荆门市包山 2 号墓中的包山楚简②得到大致的了解。通过对相关文献的解读，楚国户籍制度的内容大致包括以下几个方面：人口的"著籍"和亡者"削籍"的人口登记，以及想要迁徙异地者的"更籍"等。这些内容均由州、里一级行政组织来管理并向上级报告。

包山简 1—13 保存了验查名籍的案件记录，为楚国的户籍制度提供了佐证。

简 2—4：

鲁昜（阳）公以楚币（师）后韹（城）莫（郑）之哉（岁），冬柰之月，刭令彭国命之于王大子而以阩（登）刭人，所幼未阩（登）刭之玉腐（府）之典。刭戲（沈）之少僮鹽族邨一夫、瘇一夫，凥（处）于邨区淲邑，凡君子二夫，敚是其箸之。③

---

① 释文见湖南省文物考古研究所《里耶发掘报告》，岳麓书社，2007 年，第 194 页。

② 湖北省荆沙铁路考古队：《包山楚简》，文物出版社，1991 年。

③ 简 2—4 的释文参考了陈伟《楚地出土战国简册（十四种）》和刘信芳的《包山楚简解诂》的成果。简 7—8、简 90 和简 126—127 的释文出处均与简 2—4 同。

简 7—8：

　　齐客陈豫贺王之戠（岁），八月乙栖（酉）之日，王廷于蓝郢之游宫，安（焉）命大莫嚣屈易（阳）为命：邦人内（纳）其溺典，臧王之墨以内（纳）其臣之溺典。喜之子庚一夫，尻郢里，₇ 司马徒箸之；庚之子暗一夫，暗之子疟一夫，未在典。₈

　　"典"，整理小组考释为"典册"。彭浩认为登记名籍的"典"按照行政隶属关系分别收藏①。楚简中关于人口登记的都称作"某某之典"，如简 12 "某瘤之典"和简 11 的"陈豫之典"等。楚国的"玉府"当与周官中的"天府"相类。《周礼·秋官·小司寇》："及大比。登民数，自生齿以上。登于天府。""玉府之典"当指收藏在玉府中的人口名籍，楚国的名籍登记可能是每年一次。② 所谓的"溺典"也就是藏匿人口。

　　简 2—4 记载的是"鲁阳公以楚币后城郑"之岁，也就是楚怀王九年（公元前 320）③ 剡地整理户籍的情况。剡地的长官彭围奉太子的命令登记当地的人口（即阩人），而这次登记户籍遵循的原则是：未成年人（幼）不在登记的范围之内，即简文所说的"所幼未阩（登）剡之玉膺（府）之典"。然私家奴婢，如剡毆具有"少僮"身份的郏、瘤却在登记户籍的范围之内。"毆"，黄锡全释为"湛"，刘信芳释为"沈"，李运福释为"剡"，李天虹认为是"锐"的异体，李零疑为"烈"④。以上诸家虽对释读众说纷纭，但其意为基层社会的行政区划却达成了相同的意见。

　　简 7—8 记录的也是整理户籍的情况，这次整理户籍的时间是楚怀王八年（公元前 321），由楚怀王亲自主持，王太子、大莫敖发布法令，众多官员具体负责。在整理户籍的过程中，查出了脱漏于户籍之上的人口有两人——暗、疟，两人的关系为父子，居住地是郢里。从这次清理户籍的举动来看，脱漏户籍的惩罚是相当严重的。从简 7 所记"以入其臣之溺典"来推测：逃漏户

---

① 彭浩：《包山二号楚墓卜筮祭祷竹简的初步研究》，《楚文化研究论集》（第二集），湖北人民出版社，1991 年。

② 陈伟：《包山楚简初探》，武汉大学出版社，1996 年，第 127 页。

③ 《包山楚简》报告中推出简 2—4 记录的年份是公元前 320 年，简 7—8 的年份为公元前 321 年。

④ 相关解释参见陈伟等《楚地出土战国简册（十四种）》，第 5 页，注释 [4]。

籍的人、奴婢连同记载这些人情况的“典”一并没入了官府，惩罚的方法可能是补充劳役和征战。

两条简文还同时说明了楚国的户籍制度必须登记居住地，如郙、瘽居住在鄟区溙邑，晤、疕居住在郢里。

根据《周礼·地官·比长》的记载，居民徙居他地，必须在官府办理手续。楚国的户籍制度遵循了这一点：

包山简90：

> 緐（繁）丘少司败远悖䛼笲，言胃（谓）：緐（繁）丘之南里信又（有）龏（龚）酉，酉以甘匿之戠（岁）为偁（隶）于鄀，居□里。

包山简126—127：

> 子左尹命漾陵之宫大夫謒州里人墬（阳）锎之与其父墬（阳）年同室与不同室。大宫痎、大驻尹市（师）言胃（谓）：墬（阳）锎不与其父墬（阳）年同室。锎居郢，与其季父鄻连嚣墬（阳）必同室。

简90、简126—127两条简文都是地方行政组织下辖之人迁居情况的记录。少司败，楚国官名。“悖”，原报告和《楚地出土战国简册（十四种）》（为行文方便，下文均简称《简册》）均未释，本书从刘信芳之释读①。“远悖”作何解，现在还无从解释。从上下文意思来看，可能有两种解释：一种可能是繁丘官吏少司败的名字，第二种可能是与下文“䛼笲”意思相同，原报告在“远悖”和“䛼悖”之间用顿号处理，大概基于此种原因。两种解释皆因没有相应的证据来证实，故在此存疑。“䛼笲”刘信芳读为“复节”，即“以节复命”②。简90大概记载的内容是：繁丘的少司败向主管户籍的上一级报告：原居住在繁丘的龚酉，由于某种原因迁居到“□里”。

“謒”从刘信芳所释，作“督查”之意③。简126—127的大致意思是：

① 刘信芳：《包山楚简解诂》，第86页。

② 刘信芳：《包山楚简解诂》，第87页。

③ 刘信芳：《包山楚简解诂》，第119页。

左尹命令漾陵之宫大夫督查州里人阳铴与他的父亲阳年是同室还是不同室。大宫瘥、大驮尹师报告说：阳铴不与他的父亲阳年同室，而是居住在郢，与他的叔叔阳必同室（阳必的职务是鄯地的连嚣）。我们从中看到以下信息：阳铴是"（漾陵之）州里人"（见简128），却居住于郢，由此可见阳铴原来居住在州里，后迁居到郢的。

户籍管理中对死去之人要除去名籍，在楚简中也得到了印证。包山简32记录的内容是要求邸阳君之州里公等绶"以所死于其州者之居尻名族致命"，反映了户籍制度死者要除去名籍的规定。

从以上所论可以推知：秦楚户籍制度的共同点是遵循了生者著籍、死者削籍以及迁徙时，迁出方需向迁徙地移交户籍的原则。两者的差异是：楚国的户籍制度只记录成年人口和家内奴婢，而秦国户籍制度所涉及的具体年龄、授田数及家庭成员构成等方面的记录，在楚国的相关文献中均未发现有记载。关于两者差异的成因，尚未有足够的证据来解释，还有待于进一步的研究。

由于户籍制度是秦国在新占领区征发徭役和推行各项制度的基础，所以在始皇帝二十六年（公元前221），秦刚刚占领湘西之初，即在迁陵推行秦国的户籍制度。经过整合拼复缀合后的里耶户籍简，共有整简10枚，残简14枚（段）。[①] 从整简来看，户籍简的大致内容为：户主籍贯、爵位、姓名、户主的妻子、母亲、兄弟以及子女等家庭成员的情况，如户籍简K27：

第一栏：南阳户人荆不更蛮强
第二栏：妻曰嗛
第三栏：子小上造□
第四栏：子小女子驼
第五栏：臣曰聚伍长[②]

---

① 湖南省文物考古研究所：《里耶发掘报告》，第203页。
② 湖南省文物考古研究所：《里耶发掘报告》，第203页。关于户人蛮强的族属和爵位问题，学者多有讨论。有学者认为蛮强的族属是苗蛮，见魏斌《吴简释姓——早期长沙编户与族群问题》，武汉大学历史系魏晋南北朝隋唐史研究室编《魏晋南北朝隋唐史资料》（第24辑），2008年。和蛮强一样，其他户籍简中的户人爵位之前也带有"荆"字。有关这一现象解释，陈絜认为楚在灭国之前，为抗击强秦，楚国曾用广授民爵的方式笼络当地的民心，以鼓励民众参战；而秦人占领该地后，出于优渥楚人的需要，在整理户籍时，照录不误，承认既有的事实，见陈絜《里耶"户籍简"与战国末期基层社会》，《历史研究》2009年第5期。此种解释，可备一说。

第一栏是户人的所住地、爵位、姓名。第二栏是妻，第三栏是子男，第四栏是子女，最后一栏纪录户人的"臣"及户人担任伍长之职。

户籍简为秦国征收租税和徭役提供了根据。J1（16）5、JI（16）6和J1（16）9的内容相同，是对征发徭役注意事项的相关说明，尤其是各种身份人群的徭役征发顺序做了说明。

J1（9）1—12为同一组文书档案，记录了迁陵的邻县——阳陵县在追讨12个人政府债务的过程中，请求上级对12人的行踪进行查证。如J1（9）1记录的是阳陵县请求上级主管部门对毋死行踪进行查证，并由毋死服役之县代为追讨债务：

> 卅三年四月辛丑朔丙午，司空腾敢言之：阳陵宜居士五（伍）毋死有赀，余钱八（第1行）千六十四毋死戍洞庭郡不智（知）何县署，今为钱校券一上谒，言洞庭尉令（第2行）毋死署所县责以受（授）阳陵司空。……（第3行）。……

J1（9）1正面①

简文的主要意思是：秦始皇三十三年四月六日，阳陵县司空腾报告：本县宜居里无爵平民毋死尚有罚款八千零六十四钱未交，不知毋死在洞庭郡何县何部门服役。所以向洞庭郡递交了一份"钱校券"，请求上级（洞庭郡尉）命令毋死所在之县向毋死索取之后交付给阳陵县的司空。

从以上事实证明，户籍制度是秦国进行基层行政运作的基础。到秦始皇三十三年（公元前214），户籍制度已经在湘西全面铺开和贯彻执行。

同时，乡里制度在迁陵县得到了全面的贯彻：

> 卅二年正月戊寅朔甲午，启陵乡夫敢言之：成里典、启陵（第1行）邮人缺，除士五（伍）成里、匄。[成]为典，匄为邮人。谒令、（第2行）尉以从事敢言之（第3行）

J1（8）157正面②

---

① 湖南省文物考古研究所：《里耶发掘报告》，第185页。
② 湖南省文物考古研究所：《里耶发掘报告》，第184页。

J1（8）157 说明"里典"和"邮人"等基层组织主管人员的任命必须上报县令进行审批，由此可见秦国对基层组织的控制是相当紧密的。

鉴于资料的欠缺，秦国在江陵地区推行户籍制度的过程无法获知，然而秦国在江陵地区推行户籍制度和乡里制度确是不容怀疑的事实。江陵地区的户籍制度推行的情况当与迁陵县的情况大致相同。

通过户籍制度和乡里制度，秦国实现了对两湖地区基层社会的统治。

2. 秦制在楚地的推行

里耶秦简公布的行政文书是隶属洞庭郡迁陵县的官府档案，记录了该地人口、土地、赋税、吏员、刑徒的登记及其增减和原因，仓储管理和粮食俸禄发放，道路、邮驿、津渡的管理和设备添置，兵器的管理和调配，中央政府政令的传达和执行，民族矛盾、民事纷争的处理等方面的情况。这些文书不仅揭开了秦代县级行政区政务的运行状况，同时也说明了秦制在湘西地区推行取得了明显的效果。

文书制度的形成，是战国中晚期以后郡县制度的产物。战国中、晚期以来，晋、楚、秦等各国相继出现了对所辖领地进行直接控制的新型管理方式——郡县制度，作为维持郡县制正常运行最基础的手段——行政文书制度，得到全面的实施，为秦汉以后"以文书治天下"模式的形成奠定了基础。通过文字所制作的政令制书、公函信件、财务报表、人事档案，经过传递、收发、批复和执行的程序，以行政文书为媒介，对社会实施行政管理和控制。里程简正是这一制度下的产物。[1] 如里耶简 J1（16）52：

> 鄢到销百八十四里（第 1 行）
>
> 销到江陵二百四十六里（第 2 行）
>
> 江陵到孱陵百一十里（第 3 行）
>
> 孱陵到索二百九十五里（第 4 行）
>
> 索到临沅六十里（第 5 行）
>
> 临沅到迁陵九百一十里（第 6 行）
>
> 凡四 千四百里（第 7 行）[2]

---

① 截至目前，在楚地发现的有关里程简有两批，一批为里耶出土，另一批在北京大学 2010 年入藏的秦简之中。

② 见《里耶发掘报告》彩版四十右上，释文见该书的第 199 页。

　　秦国注重"无宿治"行政效率，官吏必须熟悉文书传递的距离远近，以便安排文书传递，避免行政的延误。

　　里耶简所公布的行政文书的性质属于同级官府之间的移行文书和下级官府向上级提交的上行文书。这些文书大致可以归纳为两种类型，体现了官府对文书处理的两种方式：

　　一类是"一事一文一牍"的单件文书，是进入行政传递流程的原件文书；由于单件去文已经被发送到对方官署，故而现存的文书作存档留底之用，没有参与行政传递过程。此类单件文书木牍的正背面有许多空白之处。

　　另一类是"一事多文一牍"的多件文书，这类木牍文书包含多份同一类事件、不同时间撰写的相关文书、以及多次签收发送信息记录。这类文书是利用单件文书木牍正背面的空白处，经过文吏的整理归类，将同一事件的相关文书续补后形成。

　　这些行政文书"代表的不是被传送的文书本身，而是文书形式的资料库（Database）"①。虽然对文书的处理方面体现了务实性的要素，但是真正参与行政运行的是簿籍。

　　名籍和账簿是簿籍的两项重要内容：名籍是征发劳役的依据，而户籍又是名籍的重要组成部分，这在上文中已作了交代。账簿用于记录物品出纳。里耶简公布的祠先农简，是账簿的一种，记录了从仓库中取出钱、谷物、器具的情况，例如秦始皇三十二年（公元前215）三月为祭祀先农（神农），从仓库中取出了祭祀用的盐、酒、肉等。当日祭完毕后，仓库管理官员将祭祀所用谷物、盐、酒、肉等出售。但是祠先农简并非用于汇报、整理的账簿，而是从仓库取东西时实际使用的出库符。鉴于资料的限制，账簿中有关缴纳租税、仓库的钱谷等物保管和出纳以及俸禄发放的记录还无法获知，因而这一问题的解决还需要资料的补充和完善。

　　以上所论，可以获知：迁陵县是通过簿籍这一文书体系，进行着劳役分配和财务管理，从而构建出以县为基本单位的情报系统，为郡县制度的实施提供了技术上的保障。秦制在楚地的推行，也为秦在楚地的文化改造提供了制度上的保证。

---

　　① ［日］藤田胜久：《里耶秦简与秦帝国的情报传达》，见《里耶古城·秦简与秦文化研究——中国里耶古城·秦简与秦文化国际学术研讨会论文集》，科学出版社，2007年，第163页。

（二）改造风俗：睡虎地《语书》和《日书》的民俗解读

秦在改造楚地风俗的过程中，在使用法律手段渗透秦人的意识形态的同时，也采取了吸收楚文化成果为自己服务的政策。

1、从《语书》看秦对楚地风俗的改造

晓谕官吏或民众的文告——《语书》①，颁布于秦始皇十九年（公元前228）"南郡备警"②的第二年。秦律虽然在南郡早已公布，但官吏并没有认真执行，南郡旧俗严重危害着秦在该地的统治，这种情形迫使南郡守腾决心花大力气改造楚地的风俗。

A、从《语书》发布的背景看整饬南郡风俗的必要性

从分析南郡守腾身份以及来南郡的目的入手，笔者推测颁布《语书》，整饬南郡，与灭楚战争有着密切的关系。

"南郡守腾"，史书无载。《史记·秦始皇本纪》和同书《六国年表》中都记有一名叫腾的人。史书记载的两人，其活动均在秦始皇统一六国的时间内，所以一些学者认为《秦始皇本纪》和《六国年表》中的"南阳假守腾""内史腾"和南郡守腾是同一个人，这种说法是可信的。"腾"在灭韩之战中立了大功——俘获了韩王安。高敏认为"腾"调任南郡，与韩王安被安置于南郡境内有关。③除了安置韩王安以外，笔者认为腾调任南郡守的还有其他目的，当是我们理解腾颁布《语书》的突破口。与《语书》同出的《秦律杂抄》中，涉及军事的秦律占据了十一种。而更要注意的是，秦律的一种——

---

① 《语书》属于训诫类的文书。吴福助说，语，动词，劝诫他人之意，"语书"一词当是晓谕官吏或民众的文告之意。"语书"二字当是归卷入档或作为宣教材料时的称谓。见李均明《秦汉简牍文书分类辑解》，文物出版社，2009年，第53页。《语书》的内容见睡虎地秦墓竹简整理小组编《睡虎地秦墓竹简》，文物出版社，1990年，释文部分的第13~16页。

② "南阳备警"一事来源于《睡虎地秦墓竹简·编年纪》。对于"南阳备警"这一事件的说法，目前有三种观点：（1）整理小组引《史记·秦始皇本纪》："荆王献青阳以西，已而畔（叛）约，击我南郡，故发兵诛，得其王，遂定其地"。在此基础上，刘海年认为《语书》是应付楚国进攻这一事件后所采取的措施。见刘海年《云梦秦简〈语书〉探析——秦始皇时期颁行的一个地方性法规》，《学习与探索》1984年第6期。（2）晁福林认为"南阳备警"应作"南阳备敬"，当是迎接秦始皇到南郡巡视，见晁福林《"南阳备警"说质疑》，《江汉考古》1980年第6期；（3）工藤元男认为"南阳备警"，当是防备秦始皇十九年楚哀王和负刍争夺王位的内乱余波影响到南郡而对此严加防范，见《睡虎地秦简所见秦代国家与社会》，第361页。

③ 高敏：《云梦秦简初探》，河南人民出版社，1981年版，第36页。

《效律》作为单独的篇章出土，似可说明腾在重新颁布的法律时，把《效律》突显了出来。出土的《效律》，其内容多与兵器、铠甲和皮革等战争物质的保管有关，这也能够说明腾整饬南郡有明显的军事目的。

如再联系当时的历史背景和南郡的地理位置，笔者更加相信腾调任南郡守与灭楚的准备工作关系重大。

战国晚期，在秦的打击下，韩、魏已基本成为秦国的附庸国，而对秦国统一事业造成障碍的只有赵、楚。赵将李牧的存在，使得秦赵的战争处于焦灼状态。同时楚国疆域广大，从秦国倾全国六十万之兵灭楚来看，吞并楚国并不是轻而易举的事，需作准备工作，从腾整饬南郡到秦国全面灭楚，准备工作经历了三年左右的时间。赵、楚二国之中，秦国首先解决的是赵国。公元前228年，秦国分兵两路进攻赵国，并第二年灭赵。灭赵之后，秦国开始全力对付楚国。从秦楚的态势来看，南阳郡和南郡是秦对楚的前沿阵地，而尤以南郡的战略地位最为重要：南郡处于长江中游，其东面是楚国的九江郡，同时也是楚国首都寿春的所在地；其南面为楚国的长沙郡。三地均由长江相连。秦国在南郡已经营了五十余年，基础较为牢固。因此占领上述九江和长沙两郡，无论从地理环境，还是政治环境来看，南郡无疑是最理想的前沿阵地。

战国中期以后，在商鞅变法的影响下，秦国在关中地区形成了高效的政府运作效率——"无宿治"，"无宿治"的工作效率在秦国统一战争中发挥了重要作用。然而秦国在南郡的基层机构运作效率却不尽如人意，这对于全面灭楚的准备工作是极为不利的。造成影响工作效率低下的重要因素，是遗留在楚地的"恶俗"。为了灭楚准备工作的顺利进行，整饬各级政府的运作效率是重心，而为了达到整饬的效果，就必须对原有"风俗"进行彻底地改造。《语书》就是针对以上两个问题而颁布的。

B. 从《语书》看乡俗对秦统治的危害性

尽管秦国对占领区内的基层社会进行了改造，建立了户籍等各项制度。但是当地民风依然存在，对秦国在南郡的统治造成了不利的影响。

南郡属于西楚，《史记·货殖列传》记载的西楚风俗是：

> 夫自淮北沛、陈、汝南、南郡，此西楚也。其俗剽轻，易发怒，地薄，寡于积聚。江陵故郢都，西通巫、巴，东有云梦之饶。陈在楚夏之交，通鱼盐之货，其民多贾。

楚国的民众崇尚个体自由，"其俗剽轻，易发怒"，"信鬼巫，重淫祀"①，藐视国家秩序，使得南郡的楚遗民社会，在秦占领之后，其社会和国家基本处于二元的对立状态：

> 今法律令已具矣，而吏民莫用，乡俗淫失（泆）之民不止，是即法（废）主之明法殹（也），而长邪避（僻）淫失（泆）之民，甚害于邦，不便于民。②

南郡的楚遗民还与基层的官员上下其手，破坏秦在南郡颁布的法令：

> 闻吏民犯法为间私者不止，私好、乡俗之心不变，自从令、丞以下智（知）而弗举论，是即明避主之明法殹（也），而养匿邪避（僻）之民。③

"淫失（泆）之民"，指的是原楚国统治下的没落贵族和一些不从事农业生产的人；睡虎地秦简《日书》乙种称"盗"为"为间私者"。"淫失（泆）之民"和"为间私者"与楚地的旧传统有着千丝万缕的关系，平时游手好闲、奸淫盗窃，影响社会治安和生产，如遇战争则会逃避兵役，与秦国的耕战政策格格不入。同时，这些人还会与境外的楚国势力相呼应，作"内应"。故而这些人对秦国在南郡的统治危害极大。

此外，楚遗民中的"贾"，也是造成社会与国家力量处于二元对立状态的原因。商人破坏耕战，其危害性早被法家人士所警觉，"要靡事商贾，为技艺，皆以避农战。民以此为教，则粟焉得无少"④。楚地的商贾已对农耕造成了极大的影响，"淫泆"之民不从事生产，当与此有关，故而《语书》有重申田法的必要性。

C. 从《语书》看楚地旧俗的改造

楚地的旧俗为什么没在秦统治南郡的五十一年里进行彻底的改造，继

---

① 《汉书·地理志》。
② 睡虎地秦墓竹简整理小组编：《睡虎地秦墓竹简》，第13页。
③ 睡虎地秦墓竹简整理小组编：《睡虎地秦墓竹简》，第13页。
④ 《商君书·农战》。

续危害着秦国在该地的统治，其主要原因恐怕还是基层官吏的"不作为"——不按秦律办事的结果，因为南郡的基层官员多为楚人。改造楚地风俗的突破口是检举和打击不利于秦统治的犯罪行为，这是遏制恶俗蔓延，增强秦在南郡统治力量的最有效途径。在惩戒犯罪行为的同时，法律也可以发挥"以教导民"，"使之之于为善"和"毋距于罪"的教育和防范作用，这同样需要基层官吏们的作为。所以改变楚地的旧俗，关键是在于整顿吏治，整顿吏治就要规范官吏的操守，加强对楚地基层官吏的监督。如果这些具有楚人身份的基层官吏能在楚遗民中间竖立起执行秦法的模范作用，秦在南郡的统治就能收到"上行下效"之功。为此，《语书》中用大段篇幅区别了"良吏"和"恶吏"的标准，以期教育楚地的基层官吏。

良吏的标准是：

> 明法律令，事无不能殹（也）；有（又）廉絜（洁）敦悫而好佐上；以一曹事不足独治殹（也），故有公心；有（又）能自端殹（也），而恶与人辨治，是以不争书。①

良吏表现在业务上明晰法律，通习各项事务，其道德品行是：廉洁、忠诚、老实，能为君效力，不独断一曹的事务，有公正之心，能不断地纠正自己的错误，不愿与别人分开处理事务，不在办事中争强。

恶吏的表现是：

> 恶吏不明法律令，不智（知）事，不廉絜（洁），毋（无）以佐上，綸（偷）随（惰）疾事，易11口舌，不羞辱，轻恶言而易病人，毋（无）公端之心，而有冒抵（抵）之治，是以善斥（诉）事，喜争书。争书，因恙（佯）瞋目扼12（腕）以视（示）力，吁询疾言以视（示）治，誈认丑言麃斫以视（示）险，坑阆强肮（伉）以视（示）强。②

---

① 睡虎地秦墓竹简整理小组编：《睡虎地秦墓竹简》，第15页。
② 睡虎地秦墓竹简整理小组编：《睡虎地秦墓竹简》，第15页。

恶吏在业务上不明法律，不通习事务。在道德品行上，昏庸无知，不廉洁，不能为君效力，苟且偷懒，遇事推脱，搬弄是非，轻率地口出恶言侮辱别人，无公正之心，办事时争强，故作勇敢，瞪眼，说假话，自高自大，蛮横无理，故作能干。

秦国奉行法治主义，重视吏治，并用吏教化辖区民众，这在《语书》得到了充分的证明。

腾在南郡推行的改造旧俗和官吏风气，从短期的考虑来看，当是为了南郡的稳定统治，为灭楚提供前进基地；从长远的目的来看，改造旧俗的目的是为了让占领区内的人民，与关中地区的秦人一样，实现个人与国家利益的一致，进而将占领区逐步改造成为稳固的地方行政区域。

2. 从睡虎地秦简《日书》看秦对楚文化的改造

《日书》是古代日者选择时日、占断吉凶的实用手册，类似现今流行于民间的通书或黄历①。刘信芳、胡文辉等人通过对九店楚简《日书》（下文简称为九店《日书》）与睡简《日书》的对比研究，从《日书》中分辨出了楚人和秦人的《日书》。② 同时，放简日书，也为秦、楚《日书》的甄别工作提供了参考依据。笔者正是在这一基础上，通过睡简《日书》的内容来考察秦文化是怎样对楚文化进行改造的。

通过睡简和九店《日书》的相关内容的比较，睡简《日书》中的《秦

---

① 就笔者所知，近年来出土的战国秦汉时期的《日书》，计有以下几批：（1）湖北江陵九店楚简《日书》；（2）上海博物馆藏战国楚简《日书》残片；（3）湖北云梦睡虎地秦简《日书》甲、乙种；（4）甘肃天水放马滩秦简《日书》甲、乙种；（5）湖北沙市周家台关沮秦简《日书》；（6）湖北江陵岳山秦牍《日书》；（7）江陵王家台汉简《日书》；（8）湖北随州孔家坡汉简《日书》；（9）北京大学入藏汉简《日书》。《日书》反映的是中下层庶民、士人和低级官吏等人群的生老病死、衣食居行以及心理状态，是研究战国秦汉时期基层社会生活和文化的直接材料。根据相关报道和发掘情况，除放马滩秦简以外，其他几批资料与湖北地区的关系密切。通过这些资料，我们已经可以构建出楚地比较完整的楚—秦—汉的《日书》发展序列，而这一发展序列又可以比较清晰地反映出战国秦汉时期楚地被秦文化和汉文化改造的历史。

② 有关秦、楚《日书》差异的研究有：刘信芳《九店楚简日书与秦简日书比较研究》，《第三届国际中国古文字学研讨会论文集》，香港中文大学中国文化研究所、中国语言及文学系1997年发行。胡文辉《睡虎地秦简中的楚〈日书〉》，《华学》第四辑，紫禁城出版社，2000年。晏昌贵《略论睡虎地日书秦简〈日书〉对楚〈日书〉的继承与改造》，见丁四新主编《楚地简帛思想研究（三）》，湖北教育出版社，2007年。

除》与九店楚简中的《建赣》和《结阳》有着密切的关系①：

A、《秦除》和《建赣》的关系

九店楚简的《建赣》为简13—24②。

从十二日值的名称来看，九店楚简中的《建赣》所列的名称为建、赣、敓、坪、盇、工、坐、盍、城、复、窓、敓，睡简《日书》中《秦除》的日值名称为：建、除、盈、平、定、执、彼、危、成、收、开、闭。《秦除》的日值名称亦见于放简《日书》。"建、平"对应"建、坪"，可视为字同；"定"与"窓"、"彼"与"坐"、"危"与"盍"音近③；"收"与"复"、"闭"与"敓"（"敓"有衰微之义）义近。

从吉凶的说辞来看，睡简《日书》："平日，可以取妻、入人、起事。简746"与楚简中《坪日》所说相近。睡简"建日，良日也"与九店《日书》"建日"为"吉日"相近。当然，也有不同的地方，如睡简《日书》"盈日可以筑间牢，可以产，可以筑宫室，为啬夫，有疾难起简745"与九店《日书》"敓"日的说辞不同。

秦简中的"秦除"与楚简中的"建赣"既有渊源又有区别。秦简《秦除》按照秦俗的需要对楚简中的"建赣"进行了重新编订，规律是"大致保留了楚简《建赣》的日值之名，对其繁难字、方言字作了辨证与改订，对《建赣》的吉凶说辞几乎是尽数删除。"④

B、《秦除》与《结阳》的关系

九店楚简的《结阳》为简25—36，内容节录如下：

> 巳、午、未、申、栖（酉）、戌、亥、【子】、丑，是胃（谓）
> 结日。25

---

① 以下所引的睡简《日书》的各篇名称均来自《秦简日书集释》，九店楚简的篇名来自刘信芳的《九店楚简日书与秦简日书比较研究》。

② 详细内容参见湖北省文物考古所、北京大学中文系《九店楚简》，中华书局，2000年，第45～47页。

③ 刘信芳：《九店楚简日书与秦简日书比较研究》。刘乐贤则认为楚简中的"坐"当释为"危"，对应秦简中的日值名"危"，见刘乐贤《楚秦选择术的异同及影响——以出土文献为中心》，《历史研究》2006年第6期。

④ 刘信芳：《九店楚简日书与秦简日书比较研究》。

午、未、申、栖（酉）、戌、亥、子、丑、寅，是胃（谓）易
（阳）日。26

（辰）、巳、午、未、申、栖（酉）、戌、亥、子、丑、寅、卯，是
胃（谓）交日。27①

该篇的十二日值之名及其吉凶说辞几乎为睡简的《日书》中甲、乙两种
所照录（见睡简日书 731－742，897－920，受篇幅限制，不再引）。

观察九店"建赣"和"结阳"的说辞，两篇虽在各月的地支上有重合之
处，然在一些吉凶的说辞中存在着互相矛盾的地方。《秦除》的抄写者很可
能考虑到两者的吉凶说辞不同后，根据自身的需要，删除了"建赣"中的说
辞，保留了"结阳"的说辞，反映楚《日书》内容的《建赣》和《结阳》
在《秦除》中完成了合流。《秦除》表现的是移民至楚地的秦人，通过改造
和吸收楚文化，完善了自己的《日书》系统。

用二十八宿占卜是睡简《日书》中判断吉凶的一种方法，而睡简《日
书》存在着两个起点：或以营室宿为起点，或以角宿为起点。工藤元男通过
对甲、乙两种《日书》相关内容的研究，指出以营室宿为起点是秦人的占卜
方式，而以角宿为起点则属于楚人的占卜方式。② 这一情况也在周家台秦简
《日书》中得到了证实：周家台秦简《日书》，虽以八月、角宿开头，但正月
仍以营室为起点③。睡简《日书》甲种中的《除》篇是秦占领楚地后楚人的
建除，其建除以正月子日为起点，然而每月配属的各种星宿是以营室宿为起
点的。同时工藤元男还指出，《除》篇与以营室为起点的二十八宿所显示的
每月朔日是一致的④。《除》反映秦占领下的楚人习俗所受到的秦文化影响。

除历法之外，秦对楚文化的改造还反映在葬日、制衣等社会习俗等方方面
面。胡文辉对睡简《日书》甲、乙两种版本的性质作了具体的分析之后，指出
甲种存在着两个系统（分别命之以甲 A、甲 B），甲 B、乙种是秦占领楚地后由
秦地流传至楚地的日书。甲种《日书》是在甲种 B 的基础上，补充了部分在楚

① 湖北省文物考古所、北京大学中文系：《九店楚简》，第 48 页。
② 参见工藤元男著，广濑薰雄、曹峰译：《睡虎地秦简所见秦代国家与社会》的第四章
和第九章相关内容，上海古籍出版社，2010 年版。
③ 周家台秦简 131 壹—143 壹。湖北省荆州市周梁玉桥遗址博物馆编：《关沮秦汉墓简
牍》，中华书局，2001 年。
④ ［日］工藤元男著，广濑薰雄、曹峰译：《睡虎地秦简所见秦代国家与社会》，第 315 页。

地流传的《日书》（甲 A）内容而成。① 蒲慕州也指出，睡简《日书》"很可能是一部杂糅了秦、楚两方面民俗的作品"② 因限于篇幅，不再一一展开。

睡简《日书》反映了秦人在改造楚文化的过程中，并不是一味地推行秦文化，而是注意吸收楚文化的成果为自己服务。同时，秦人通过对《日书》的改造，还把关中地区的鬼神观念和宗教思维带入了楚地，影响到了当地楚人的宗教信仰。

（三）官方规范用语的推行：里耶 8－455 号木方的解读

里耶 8－455 号木方的发现③，为我们认识秦朝在楚地规范用语的情况提供了珍贵的地下资料。由于木牍图版尚未公布，释文还存在着探讨的余地，所以只能就公布的释文内容作一些简单的探讨。

秦始皇在其即位的第二十六年，统一六国之后，推行了"书同文"的措施。动因是：秦与六国文字异形，严重影响着文书和政令的传达。为此秦朝在字形的规范工作方面做了大量工作，大致采取了四种措施：（1）固定各种偏旁符号的形体；（2）确定每个偏旁在字体中的位置；（3）每字所用偏旁固定为一种，不得用其他偏旁代替；（4）统一每字的书写笔数字。④

异形的问题解决了，但是在各地存在着的一字多音、一字多义和通假、方言等语言现象在短时间是无法消除的。因此除了"书同文"，秦在各地的规范用语也是迫切之事。从文献记载的"黔首""皇帝""制""诏"等一些规范用语外，我们很难再从传世文献中找到更多的信息，而里耶 8－455 号木方则为我们提供了更多的规范用语。

木方的规范用语分为两类：一是有关秦朝皇帝、皇室、官名相关词汇的变更；二是日常用语词汇称谓的变更。木方的作者抄写这些用语是有目的性的：保证文书用语和日常言谈的规范性。

文书用语的规范，在同出的 36 支里耶简中也有反映：除文书中常见的

---

① 参见胡文辉《睡虎地秦简中的楚〈日书〉》，《华夏》（第四辑），紫禁城出版社，2000 年。

② 蒲慕州：《睡虎地秦简〈日书〉的世界》，《历史语言研究所集刊》第 62 本第 4 分册，1993 年。

③ 张春龙、龙京沙：《湘西里耶秦简 8－455 号》，《简帛》（第 4 辑），上海古籍出版社，2009 年。

④ 俞伟超、高明：《秦始皇统一度量衡和文字的历史功绩》，《文物》1973 年第 12 期；又见高明《略论汉字形体演变的一般规律》，《考古与文物》1980 年第 2 期。

"敢言之""敢告"等惯用语外，对上的行文中需要用表示敬意的"上""谒"等词语；对下行文则有"书到言""听书从事""其以律令行事""它如律令"等命令性的用语；告知收文者必须有"告""谓"等语。而有关秦朝皇帝、皇室词汇的变更，其重要性已经超出了规范文书用语的范围。

日常中的言谈应答需谨慎对待，因为木方所记载的词汇，其变更之前的用法犯忌，是万万不能使用的。对于一个在新主子手下为吏的楚人[1]，在书面用语中可能出错的概率低，但在口头用语中就很难保证了。口头用语最为谨慎，所以在木方中抄写完之后，放在醒目的位置，时时刻刻都要警醒。木方记载"毋敢曰猪曰彘"，应理解为不要把"猪"称为"彘"。胡平生说："大概'猪'是正读，其他皆为地方性称谓。"[2]"猪"只是一个平常的词汇，之所以能进入木方的规范用语系列之中，是因为秦国的上计制度中，"猪"的繁育数量是考察地方官员政绩的重要内容。睡虎地秦简中有几次提到"猪"，而无一处"彘"。[3]除了用于文书和法律规范用语之中，"猪"的用法也多用于日常的言谈之中。由此可以想见，与农作物和畜牧有关的用语当在秦的规范用语之中。

木方有这样一条："更詑曰谩"，张春龙引《说文》"沇州谓欺曰詑"。段注："此不见于《方言》，《方言》'秦谓之谩'。""詑"是口头用语，这是用秦地方言改他地方言的实例。

《方言》一书中保存有战国时代楚地的地方方言：

第6卷第54条[4]：

爰、嗳，恚也。楚曰爰，秦晋曰嗳，皆不欲应而强畣之意也。

郭璞在"爰、嗳，恚也"下注道："谓悲恚也。""不欲应而强畣"，心中自然会感到悲恚。《方言》第12卷第1条："爰、嗳，哀也。"郭璞注："嗳，哀而恚也。"戴震疏证："前卷六内：爰、嗳，恚也。楚曰爰，秦晋曰嗳。'

---

① 胡平生：《里耶秦简8-455号木方性质刍议》，《简帛》（第4辑），上海古籍出版社，2009年。

② 胡平生：《里耶秦简8-455号木方性质刍议》。

③ 《秦律杂抄·仓律》简63："猪、鸡之息子不用者，买（卖）之，别计其钱。"《法律答问》简50："上造甲盗一羊，狱未断，诬人曰盗一猪，论可（何）殹（也）？当完城旦。"

④ 第几卷第几条引用的是周祖谟和华学诚在校释《方言》时的编号，以下同。

注云：'谓悲恚。'此注云：'哀而恚。'盖义可互见。《广雅》：'爱、嗳，愁也。'""爱""嗳"都有"悲伤""哀痛"的意思。楚方言中"爱"（恚、哀），见于《楚辞·九章·怀沙》。王引之说："《楚辞·九章》：'曾伤爱哀，永叹喟兮。''爱哀'，犹'曾伤'，谓哀而不止也。"[①] "爱""嗳"与"咺"音近。《方言》第 1 卷第 8 条："咺……痛也。凡哀泣而不止曰咺。……燕之外鄙、朝鲜洌水之间，少儿泣而不止曰咺。""爱"（哀、恚），从战国到汉代都是楚方言中的词。

《方言》卷 9 第 18 条：

　　辕、軙，锒辖也。关之东西曰辕，南楚曰軙，赵魏之间曰锒辖。

《楚辞·离骚》："齐玉軙而并驰"。王逸注："軙，锢也。一云车辖也。"
《方言》卷 10 第 35 条：

　　颔、颐，颔也。南楚谓之颔，秦晋谓之颔。颐，通语也。

《楚辞·离骚》："长颥颔亦何伤。"王逸注："颥颔，不饱貌。"颥颔是叠韵词。颥字《说文》训"饭不饱面黄起行也。"颔，《说文》训"面黄也"。
《方言》第 1 卷第 1 条：

　　党、晓、哲，知也。楚谓之党，或曰晓。

"晓"的本义是"天亮"。引申为"明"，再引申为"知晓""了解"。《荀子·非相》："法先王，顺礼义，党学者。"郝懿行《补注》："法先王，顺礼义，出言可以晓悟学者。"俞樾《平议》："党学者，犹言晓学者。"荀子虽然是赵国人，但晚年为楚兰陵令，家于兰陵，死后亦葬于兰陵，其著作中有楚方言词语。所以将这则《方言》的资料作为楚国的语言材料是可信的。"党"后来写成"懂"。钱绎《方言笺疏》："今人谓知为懂，其党声之转欤？"章炳麟《新方言·释言》："《方言》：'党，知也。'今谓了解为党。音如懂。""党"古音属于阳部，"懂"古音属于东部。东、阳相近，这是楚方

---

　　① 见《广雅疏证·释诂二》"爱、嗳、愠、愁，恚也"条下王念孙所引。

言的特点。^①"党"属于楚方言中固有的词。

楚地与秦地方言上的差异，要比《方言》记载复杂得多。大量方言的存在，对政令的畅通造成的障碍是巨大的。对于以"文书治天下"的秦朝，在楚地推行规范的语言——秦地方言，以代替楚地方言也就在情理之中了。

根据以上所述，我们可以归纳一下秦在楚地推行规范用语的情况。官方的规范用语当在两个层次中进行：第一层次规范有关皇帝、皇室的用语，体现最高统治者的权力至上；第二层次规范文书和口头用语，以备文书和平时的政府工作日常应答之用。

我们再看一些秦楚两地之间的用语和用字上的差异，就能更加深入理解秦在楚地推行规范用语的意义。

秦楚两地之间的用语差异，除了《方言》所显示的情况之外，还可以从古文字资料得到印证^②，如：

表示谦让、辞让之"让"，秦地用"讓"，见睡虎地秦简《为吏之道》简11："恭敬多讓"；楚地用"壤"来表示，如郭店简《成之闻之》简34："壤而处贱"，上博简《容成氏》简10："尧以天下壤于贤者"等。

表示次第之"次"，秦地用"次"，如睡虎地秦简《语书》简8："以次传"。楚地则用"即"表示，如郭店简《老子丙》简1："其即（次）亲誉之"，上博简《容成氏》简50："其即，吾伐而代之"等。

表示郡县之"县"，秦地假"縣（悬）"为郡县之"县"，见于秦印、秦陶文、睡虎地秦简、龙岗秦简等；楚地则假"睘"为县，如出土于新蔡故城的战国封泥^③。

表示陈列之"陈"，秦地假借"陈（姓）"表示，楚地可以用"申"表示，如上博简《容成氏》简53："武王素甲以申（陈）于殷郊"。

表示掩埋之"掩"，秦地用"掩"，楚地则用"弇""埪"。郭店简《成之闻之》简15、16"是以民可以敬导也，而不可弇也"。上博简《昭王毁室》简3："仆将埪（掩）亡老"等。

秦楚之间在字形和用语上的差异，是秦朝在楚地推行"书同文"政策和

①　可参见董同龢《与高本汉先生商榷"自由押韵"说兼论上古楚方音特色》，《国立中央研究院历史语言研究所集刊》第7本第4分册，商务印书馆，1936年。
②　以下所引之古文字资料的"郭店简"指《郭店楚简》，"上博简"指《上海博物馆藏战国楚竹书》。
③　周晓陆、路东之：《新蔡故城战国封泥的初步考察》，《文物》2005年第1期。

规范用语的重要背景。秦朝在楚国推行"书同文"和规范用语的政策，保证了秦在楚地文书的畅达，从而保证国家机器的有效运转。

通过对睡虎地秦简日书、语书以及里耶行政文书、8-455号木方等相关文献的解读，我们可以看到楚地在秦占领之后文化改造的情况。秦国欲通过推行秦制和文化改造双管齐下，以使楚地与关中一样，政令畅通，个人利益与国家利益达到一致，从而维护秦在楚地的稳定统治。秦在楚地进行文化改造的途径和措施有：在楚地推行秦地的文字和用语，以秦法为教育和惩戒的手段来改造楚地的旧传统和旧习俗。当然，秦人在改造楚文化的过程中，也注意吸收楚文化的成果为自己服务。总而言之，通过对楚地的文化改造，秦统治下的南郡，秦楚文化达到了高度的融合。而秦统治下的南楚（里耶古城在此范围之内）地区，秦楚文化也有一定的融合，这在考古发掘中也得到了印证。

四、六国故地文化改造和融合的过程

通过六国故地在秦占领之后的文化变迁，我们来复原六国故地文化改造和变迁的过程：

（一）三晋地区文化改造和融合的过程

乔村墓地有助于我们理解三晋地区文化被秦国改造和变迁的过程：

战国早期，乔村墓地发现的战国早期墓葬数量虽不多，仍沿袭传统的竖穴直壁平底形制。葬式为仰身直肢葬，头向北，随葬鼎、豆、壶、盘、匜这一晋国传统的仿铜陶礼器组合，来确定其墓主身份和层次。以上因素表明这一时期的人群为晋文化系统的魏人。

战国中期以后，葬式、头向和随葬品方面仍依上述传统发展，头向以北为主，向东次之。除8座墓随葬仿铜陶礼器外，绝大多数墓不随葬陶器，而仅见随葬带钩或石圭等其他小件器物，甚至许多墓没有发现一件随葬器物。墓葬形制发生较大变化，出现了大量的斗状墓、斗状近底直壁墓、生土二层台墓、正洞室墓、偏洞室墓以及围墓沟等多种墓葬形制，这种变化是晋国传统文化自身和外来文化冲击的结果。例如生土二层台墓葬的年代可以追溯至春秋中期的秦地，斗状墓葬亦然，因此乔村墓地发现的二层台和斗状墓葬是秦文化影响的产物。蜷曲特甚的屈肢葬并没有在这一时期内发现。所以这一时期的考古文化面貌仍为晋文化传统。

战国晚期以后，变化继续加大：流行有生土二层台的竖穴墓，洞室墓洞室变短，正洞室墓出现大量棺道，洞室墓的数量较前期增多。墓向北向为主被东向为主取代。屈肢葬大量出现，而屈肢葬无疑是秦文化的典型特征之一。洞室的变短与屈肢葬的大量出现相适应，墓向的显著变化又是伴随着秦文化的植入而发生的。秦文化虽在植入的过程中融入了当地的一些风俗传统，如一些釜、罐的形制加入了三晋文化的因素，但从墓葬形制、墓向、葬式和随葬品种类等文化因素来看，秦文化已成为战国晚期乔村墓地文化的主流，秦人是该地主要的人群。考古资料表明，秦晋文化融合是这一时期乔村文化面貌中最显著的特征。

西汉早期，窄长条竖直壁墓道与土洞室是这一时期的两大墓葬形制。随葬陶器呈现出两种不同类型的文化因素：一种是以关东地区传统的仿铜陶礼器，以鼎、盒、壶、锜、罐或盒、壶、罐为基本组合形式；另一种是体现秦文化因素的罐、壶或罐、壶、盆等组合形式。前一种组合形式为该类型墓葬的主要组成部分，而后一种组合形式在保留了原有特征的基础上，吸收了晋文化同类型陶器的合理成分。秦、晋文化因素正逐步地融合于汉文化之中。

秦文化之所以能在三晋地区生根并融入当地文化之中，原因是多方面的。首先，三晋地区与关中地区东西相邻，交流由来已久。自春秋中期的秦穆公开始，秦晋之间战事不断，频繁的争霸战争为两地思想、文化上的交流提供了更多的机会。魏国李悝变法 37 年后，秦国所实行的"初租禾"，其举措和目的与魏国都极为相似，因此有学者认为秦实行"初租禾"极可能是受到了魏变法而国力强盛的启示。此外，商鞅变法中废井田开阡陌、奖励耕战、实行军功爵制等一系列举措正是三晋法家思想的鲜明体现。此后，三晋之人在秦为官者更络绎不绝。其次，秦采用了"诱三晋之人耕秦地，而使秦人应敌于外"的策略，使大批三晋移民陆续迁徙到秦国腹地的关中地区。这些移民不但包括了社会上层的文人名士，还有大量普通民众，他们将三晋的思想、文化带入了秦地。同时，秦对三晋的大部分地区实行了驱逐当地原住居民，迁徙秦人于此以及在当地推行秦制和秦文化的措施，秦文化必定会带入并生根于三晋地区。而正是两地相近的历史积淀为两种文化的交流和最终融合提供了文化基础，为秦国在三晋地区的统治奠定了牢固的基础。

（二）楚地文化改造和融合的过程

通过对楚地秦、楚文化因素的分析，我们可以清楚地看到能够完整反映楚地文化改造和融合过程的地区是江汉平原西部的江陵地区和鄂北的襄樊地区。

江陵地区文化改造的过程，大致经过了以下四个发展阶段：

第一阶段，秦占领江陵之初。从考古学文化面貌所反映出的信息来看，白起拔郢后，楚室东迁。但仍有不少的楚人留居江汉地区，其身份为楚国的下层居民，故在文化上仍然保持着楚文化的传统。而此时秦在江陵地区还只有单纯的驻军，普通秦人尚未进入江陵地区。不但如此，秦在江陵的驻军还需在社会生活上仰仗楚遗民提供生活用品，而且这些秦军似乎也没有融入江陵本地的社会生活，缺乏对江陵地区风土的基本认识，如挖掘洞室墓。在这一最初阶段，江陵的秦军和楚遗民相安无事，基本上是和平共处，楚文化仍然是江陵地区文化空间的主体。可以想见，此时秦对江陵的统治还停留在单纯的军事占领阶段，并没有在江陵地区强行推广秦文化，强制故楚地居民接受秦俗秦制。

第二阶段，楚遗民所坚守的传统楚文化开始解体，并开始接受秦文化的影响。江陵高台一号墓较集中地体现了这一点。此时秦在该地的统治机构是否已开始强制推行秦文化、强制楚遗民放弃楚文化改用秦俗尚不清楚。

第三阶段，楚遗民开始全面接受秦文化，在墓葬中，秦式器已取代楚式器成为墓葬器物的主流，岳山 M15 较集中地体现了这一趋势，岳山 M15 已初具秦文化的基本面貌。但在这种秦文化面貌的墓葬中，传统的楚文化仍有较强的影响。此时，秦在江陵地区的统治机构已开始对楚遗民社会进行了政治、经济和文化上的全面整合。经过这种整合，江陵地区的基层社会开始成为秦国家组织的有机组成部分，而不再仅仅是一种表面上的军事占领。秦国的南郡通过对基层社会全方位的整合，开始拥有了对楚遗民社会的民政管辖权。

第四阶段，已进入秦代。该地的楚人除了因地理条件的限制而不得不采用的楚式墓葬形制等方面的因素外，在器物方面已基本使用秦文化的东西，楚文化只剩下一些十分微弱的遗痕。江陵地区已被秦统治达七十余年之久，生活在江陵地区的主体居民虽然仍有可能主要是原来的楚人，但已完全被秦文化所同化，可以视为秦人了。

鄂北的襄樊地区，其文化融合的过程大致与江陵地区相似。从秦、楚墓葬所反映的特征来看，从秦国势力介入此地开始，留居此地的楚遗民受到了秦文化的侵染，并且一些墓葬所具有的秦文化风格明显。

需要指出的是，白起拔郢到秦统一前后，在江陵和襄樊地区的周围，楚文化顽强地延续了下来。文献显示白起拔郢之后为秦所占的故楚地，其区域统治中心是江陵的纪南城、鄂北的鄢、邓两城。在这些地区，秦人推行了较为强力的秦化措施，对楚遗民社会进行全面的改造，但在这些区域统治中心较远的边缘地区，秦人显然没有或者无力对楚遗民进行文化上的改造。因此，在这些离区域统治中心较远的边缘地区，楚遗民仍然保持着楚文化的传统，楚文化在楚遗民中继续得到了延续和发展。这种情况亦反映在秦所占领的其他楚地，要改变这一状况，必须经历相当长的时间。

湖南地区文化改造的情况可以通过历史文献和湖南地区的考古发现大致勾勒出来：

战国时期的湖南地区，尤其是西部地区，是秦楚争夺的焦点。史载："（昭襄王）三十年，蜀守若伐楚，取巫郡及江南为黔中郡"。"武安君因取楚，定巫、黔中郡。"[1]《史记·六国年表》楚顷襄王二十二年栏"秦拔我巫、黔中"。关于"江南"的地望，谭其骧、桑秀云等力主清江流域说[2]。由于黔中地区是秦国与楚国之间的要害之地，而黔中的得失关系到楚的安危，因此在秦占有该地区的第二年，楚便将这一地区再次夺回。"三十一年……楚人反我江南。"[3] "（顷襄王）二十三年，襄王乃收东地兵，得十余万，复西取秦所拔我江旁十五邑为郡，距秦。"[4] "江旁十五邑"，从《秦本纪》《楚世家》以及《六国年表》之文对照可知，当是楚国的黔中郡。黔中地区一直到秦王政二十三年，秦灭楚后才又将这一地区夺取。

这一历史进程在考古资料中得到了印证：战国晚期前后段之际，湖南西部的怀化地区出现过少量的秦人墓葬和典型秦器，而怀化地区在战国时期属于楚国的黔中郡辖境之内，这表明秦的政治势力曾经抵达过这些地区。与楚墓和楚器相比之下，这里的秦文化因素是十分微弱的。此后，战国晚期后段的墓葬中，这些地区极少见或不见秦器。到了秦代，秦的政治势力不仅覆盖

---

① 《史记·白起列传》。

② 谭其骧主编：《中国历史地图集》第一册图45-46，中国地图出版社，1982年。桑秀云：《黔中、黔中郡和武陵郡的关系》，《历史语言研究所集刊》第52本第3分册，1981年。

③ 《史记·秦本纪》。

④ 《史记·楚世家》。

了战国晚期前段时间占领的地区，而且覆盖了整个湖南地区，并设立了巫黔、洞庭、长沙等郡进行管理。在这一时期发现的湖南墓葬中，秦器又突然出现，且出土秦器的墓葬比例不低，可见秦文化已对当地楚文化造成了很大的冲击。这一现象说明，秦人在改造基层社会组织的过程中，秦文化在不断地涌入，而且有部分楚人已经接受了秦的习俗。这一时期墓葬中出土的随葬器物组合有秦式、楚式和秦楚式三类，而秦楚式组合是大宗。[①] 然而由于秦祚之短，湖南地区在秦灭亡之前，秦楚之间的文化融合远远没有达到江陵地区那样深远的程度。

就皖中地区所发现的墓葬资料来看，尚无法对皖中地区的文化改造进行复原。由于秦在皖中地区的统治时间较湖南更短，可以推想秦人还没有来得及对该地文化整合就灭亡了，所以秦对该地文化改造的程度是相当有限的。

从楚地的文化改造和秦楚文化融合的情况看，我们亦发现这样一个现象：越早纳入楚国统治范围的地区与秦文化的融合程度越深，反之越松散，而这些地区又恰恰是秦国越早占领的楚地。湖北地区为楚国统治的核心地区，开发时间较早，又与关陇文化区、三晋文化接壤，从地理环境上容易受中原文化和秦文化的影响。从江汉平原地区所反映的考古文化面貌来看，其主要表现为楚、中原文化和秦文化交汇的面貌，如鄂东出现的仿铜陶礼器组合鼎、盒、壶中的盒的流行与中原文化和秦文化影响有关。从湖南、安徽的楚墓中所看到的秦文化因素却远远低于湖北，而这两地区的越文化因素却多于湖北地区，这就很能说明地域、环境对文化融合的影响。

（三）燕齐地区的文化改造

考古资料显示，在燕齐地区的基层社会之中，秦文化对当地文化影响是有限的，反映了秦对燕齐地区文化改造的情况：

就燕地而言，具有秦文化因素的器物仅在原燕国的边疆，后成为秦帝国北部边境的地区出现，除发现"秦半两"之外，基本不见秦文化因素的铜器和日用陶器。所以就总体而言，秦文化对燕文化的影响远不及燕文化对秦文化的影响深远。直到西汉早期，这里的文化面貌还保持着战国晚期燕文化的

---

① 参见徐少华《湖南秦墓初论》，《中国考古学会第七次年会论文集》，文物出版社，1992年。

面貌，可见当地文化的顽强。①

目前在山东地区的临淄商王墓地 M2 出土了蒜头壶、雁足灯等秦文化典型的铜器②，可以作为秦文化向齐地传播的实例。蒜头壶、燕足灯在齐地的出现，目前仅此一例，因此不排除这些器物为战争缴获的可能。此外，在临淄两醇墓地发现过战国晚期的土洞墓，这与秦灭齐的历史事件相吻合③，但相关的报告未发表土洞墓出土的随葬品，因此无法对其文化因素进行分析。可见，研究秦齐文化在基层社会之间的交流还有待于资料的完善。

秦朝未能在燕齐地区实现整齐划一的秦制，与其在该地的统治时间不长有关，这是造成秦文化在燕齐地区的基层社会中影响甚微的重要原因之一。

秦朝虽以法家作为治国的指导思想，却在齐地实行了儒家的忠孝思想以达到"行同伦"的目的。秦始皇在统一六国后的一段时间内，在各地推行秦制以规范社会秩序的同时，在意识形态领域采用了兼容并蓄的开放政策。儒家的忠孝思想容易使人们在意识形态领域形成尊卑等级的观念，而秦法的本质在于强制推行尊卑等级秩序。维护等级秩序方面，法、儒两家的目的是一致的。所以用法律整齐秩序、移风易俗的同时，辅之以儒家的忠孝观念，对稳定秦在齐地的统治甚为必要。故而，秦始皇大力倡导齐鲁地区的风俗习惯。"男女礼顺，慎遵职事。昭隔内外，靡不清净，施于后嗣。"④ 由于秦实行了有别于关中的政策，所以在秦朝在齐地的统治还算稳定。

五、文化改造和融合对秦统一的影响

秦通过对六国故地的文化改造，逐步实现了秦与六国文化的融合。
本尼迪克特说过：

> 当我们明确认识到文化行为是局部的，人为的、极易变化的时候，文化行为的意义也不会衰竭。它也有达到整合的趋向。一种文化，就像一个人，或多或少有一种思想与行为的一致模式。……当

①　可参见《中国考古学·秦汉卷》，中国社会科学出版社，2010 年，第 408～409 页。
②　临淄博物馆、齐故城博物馆：《临淄商王墓地》，齐鲁书社，1997 年。
③　山东省文物考古所等：《临淄两醇墓地发掘简报》，《海岱考古》（第 1 辑）。
④　《史记·秦始皇本纪》。

那些最不协调的行为被完全整合的文化接受后，它们常常通过最不可能的变化而使它们自己代表了该文化的具体目标。①

这段话对我们理解文化融合的原因及其发展方向，具有启发意义。

从以上论述中，我们可以看到战国时期的秦文化与六国文化的融合不仅表现在物质文化领域，也表现在精神文化领域之中。不仅反映在各国的上层社会之中，也反映在下层民众社会之中。文化趋同的方式是通过文化改造和融合的方式实现的，改造和融合的越多，说明其文化趋同的程度越高，秦在该地统治的基础越巩固。政府改造文化的措施和民间的力量均对文化融合产生了重要的影响：政治措施、战争、移民等因素把异地文化传播至当地。

此外，民间的力量也不可小视，"人们从周围地区可能的特质中选择出可利用的东西，放弃不可用的东西。人们还把其他的特质加以重新铸造，使它们符合自己的需求"，"所有导向谋生、婚配、战争、崇拜神灵等五花八门的行为，根据文化内部发展起来的无意识选择原则，转化为一致的模式"。② 所以"无意识"的选择，也是加速文化认同的重要因素之一。

加速秦对六国文化改造和秦与六国文化融合的基础是周文化。七国均脱胎于西周时期的诸侯国，它们都曾不同程度的吸收了周文化的因子，并结合当地文化，最终形成了具有各自特色的区域文化特征。尽管学者们将秦文化的发展过程划分为两个截然不同的阶段——春秋型与战国型，但是周文化的要素则贯穿于整个秦文化的发展过程之中。战国中期以后，随着商鞅变法在秦国获得成功，秦国的对外战争频繁。秦与六国文化碰撞和交流也频繁起来，加快了文化融合的过程。起初是秦国全面学习中原文化，尤其是对三晋文化的吸收。此后，秦文化随着战争和移民等方式向六国传播。这一文化交流的双向过程，加速了秦文化与六国文化逐步走向融合的过程。这一过程的实现，与七国文化中所具有的周文化要素有着莫大的关系。

正是在这种长期的文化碰撞和交流中，各个区域文化所呈现出的你中有我，我中有你的局面会随着时间而日益深入。秦文化所具有的开放精神使其能够广纳百川，加之其有周文化的基础，因此能够吸收和改造六国文化，使得秦文化逐渐形成了更高层次的统一体。当这一统一体向其他地区传播时，文化上的相似性便成为文化认同的基础，并促使各种文化之间在更深层次上走向趋同，

---

① ［美］露丝·本尼迪克特：《文化模式》，社会科学文献出版社，2009年，第45页。
② ［美］露丝·本尼迪克特：《文化模式》，第43页。

其结果必然是文化上的统一，统一的文化便由此形成。到了西汉中期以后，各地区域文化除了风俗上的一些差异之外，基本上达到了一致的状态。而统一局面的形成又促进了这种统一的进一步发展。"几个地区同时期的汉墓随葬器物的文化特征的统一性，正是其政治上统一局面的一个反映"①。秦王朝的统一以及巩固统一的各种措施在这一过程中起到了不小的作用，而这一过程的逐步完成，无疑又为秦汉帝国统一的局面增添了文化上的砝码。

我们可以透过秦与六国文化融合的过程，得出这样一个认识：相对于政治转换的速度而言，文化转换是一个相对缓慢的进程。在文化转换的过程中，我们可以看到政治上的转换会随着文化转换的进程而向深度推进，秦对六国的军事占领只是政治改变的一种表面进程。深层次的政治改变是随着文化转换的进程而稳步推进的，推进的结果是秦在占领区的统治不再仅仅是一种单纯意义上的军事占领，而是通过军事占领这一手段，随着文化面貌上的转换和文化整合的进程，使国家权力有机地整合到基层社会之中，从而将军事占领区建设成为国家的有机组成部分。

秦末农民起义首发于秦统治薄弱的安徽，继之以吴越地区，起义没有在三晋、江陵地区首发。这一格局，也印证了秦文化与六国交流和融合所呈现出的地区不平衡性，从侧面反映出秦统一后在原六国属地政治的统治程度。

汉高帝十二年设置的郡国分制也颇能反映出文化对秦统一的影响：

图 5-2-9 显示，西汉初期划归中央直辖体制的郡中，上党、河东、河内、河南、南郡、南阳郡六郡原属六国故地。这些地区要么是战国晚期秦占领最早的地区，要么是与秦文化有紧密联系的地区。战国时期上党、河东、河内、河南四郡所属的地域为三晋两周地区，属三晋文化系统，法家思想繁荣，经过秦国的长期经营，至战国末期该地的文化面貌基本与关中地区相近。楚国的南阳地区，楚文化与三晋文化兼而有之。从春秋中晚期开始，这里的墓地制度、棺椁制度、随葬器物的组合形制等诸多方面都与中原文化有密切联系。如在随葬器物方面，豫西南地区战国时期墓葬中随葬的若干陶器的形制、彩绘风格以及器物组合中多见豆等特征，均与三晋两周地区相近。② 南郡在战国时期属于楚国的核心区域，但由于秦对此地占领的时间早，到秦汉

① 湖北省博物馆：《云梦大坟头一号墓》，《文物资料丛刊》（4）。

② 中国社会科学院考古研究所：《中国考古学·两周卷》，中国社会科学出版社，2004年，第 353~354 页。

之际已完全被秦文化所同化。到了西汉初期，秦文化与六郡当地文化已经融合的相当紧密，并逐渐形成了与关中相似的文化格局。

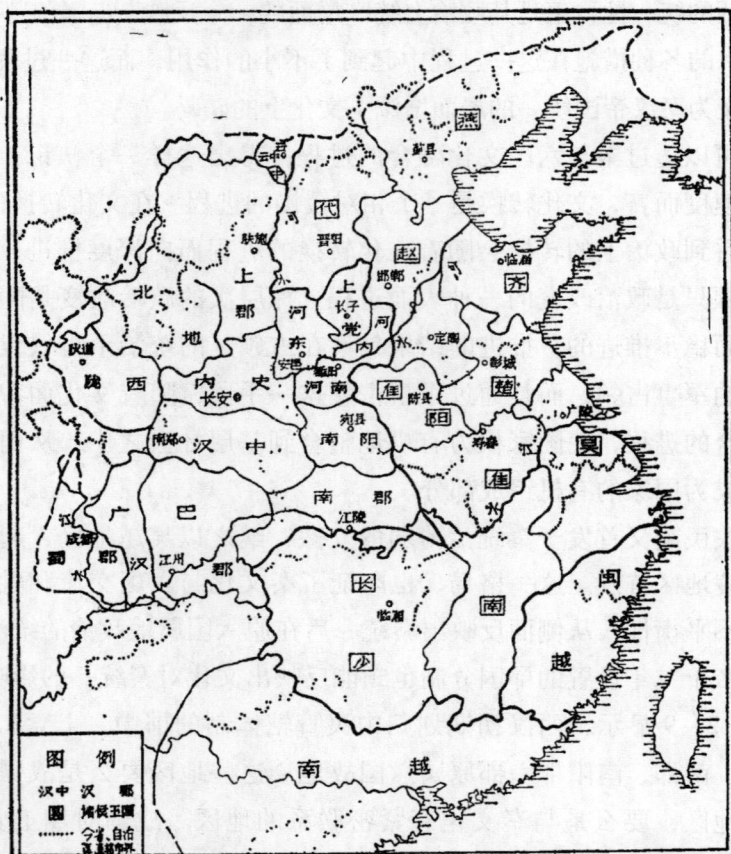

图 5 - 2 - 9　汉高帝十二年十王国、十五汉郡示意图

(图中粗线以东为十王国，以西为十五汉郡，摘自周振鹤《西汉政区地理》地图二)

在六郡之外的其他关东地区，分属十个诸侯国，为秦占领时间较晚的地区，考古资料表明，到了西汉初年秦文化与当地文化的融合还不尽明显，可以想见秦制在当地的推行效果并不明显。尤其吴越地区，是秦汉王朝统治疆域内最不稳定的地区。① "汉承秦制"，西汉王朝在这些地区推行与关中相同的政策在短时间内很难实现。

---

①　参见冷鹏飞《释"东南有天子气"——秦汉区域社会文化研究》，《学术研究》1997年第 1 期。

西汉郡国分治的史实充分说明文化改造和融合对秦汉统一局面的形成所产生的重大影响。

本章小结

在一个特定时期内，一个地区的政治发生变化时，会引起文化面貌的改变。在这个过程中，长期的政治统治会对文化的发展演变起到一定的作用，而这种文化一旦完成转变，就会反过来对政治发生影响。战国中期以后秦地与秦文化影响之地区所发生的文化上的转变，充分说明了政治与文化互动关系。

商鞅变法改变了关陇地区的葬俗，习俗也为之一变，这种变化与战国中期以后秦国推行的"农战"政策密切相关。战国中期以后，六国人民大量移民关中，并迅速融入关中基层社会之中，各种文化在关中地区基层社会之中交汇和融合，大大增加了关中基层社会的地缘因素。

秦在三晋、楚地和燕齐地区推行秦制和"书同文"等相关的文化措施，充分说明秦占领六国并不是单纯意义上的军事占领，而是通过推行文化的方式，促成政治上的深层次变革，把军事占领区逐渐演变成国家的地方行政区划，以增强秦在各地的统治基础。正是通过秦制的推行和改造文化的途径，加深了六国故地民众对秦文化的认同，文化上的渐趋统一，加强了秦在各地统治的文化基础。

第六章　秦与巴蜀戎狄的文化融合
和秦多民族帝国的形成

秦王朝不仅统一了东方六国，也确立了对巴蜀地区和一部分西北、北方戎狄地区的统治。通过文化上的交流与融合，这些地区的文化面貌逐步与秦文化趋于一致，成为秦王朝对其统治的文化基础。

第一节　秦文化与巴蜀文化的交流和融合

以秦占领巴蜀地区为标志，巴蜀文化加速了向秦文化的转化，而这一转变是通过秦文化、楚文化和巴蜀文化在该地区的不断交流和融合完成的。

巴蜀地区的文化交流和融合，是以秦、楚、蜀三方在汉中的争夺以及秦灭巴蜀的历史背景为前提的。因此本节有必要先对秦入巴蜀地区的过程做一介绍。

一、秦据巴蜀地区的过程

本节所论述的巴蜀地区包括今天的四川、三峡地区①和陕南三个地区（图6-1-1）。秦占据上述地区的过程大致如下：

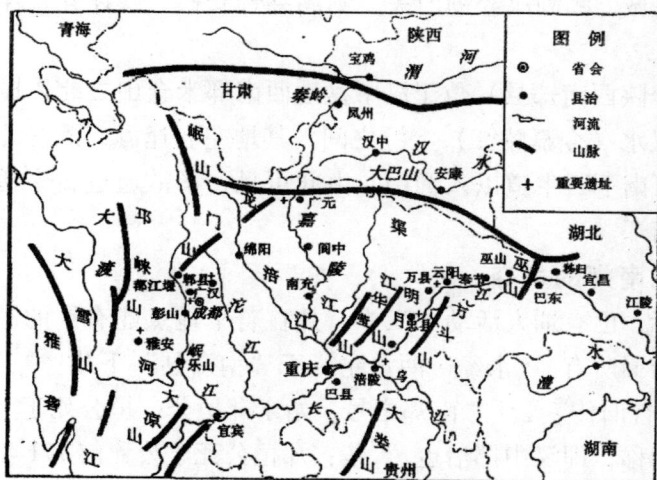

图6-1-1　四川、三峡与陕南（汉中）地理形势图
（采自孙华《四川盆地的青铜时代》第3页图1）

----

①　"三峡地区"从狭义上，指的是西起重庆市奉节瞿塘峡口处的白帝城，东到宜昌西陵峡南津关的狭长地带；从文化传统和更大区域地理特征来归纳，是指四川宜宾以下，直至湖北宜昌的长江干流及其主要支流所覆盖的区域。见国务院三峡工程建设委员会办公室、国家文物局编著《峡江地区考古学文化的互动与诸要素的适应性研究》，科学出版社，2009年，第4页。除"三峡地区"之外，尚有"峡江地区""三峡库区"等概念。孙华、李明斌对"峡江地区"概念均有界定："峡江地区系指四川盆地东部西陵峡以西、重庆以东的沿长江地区"，见孙华《四川盆地的青铜时代》第五章，科学出版社，2000年；"峡江地区，指原四川东部，今重庆境内长江沿岸的宽谷、支流坝地域"，见李明斌《峡江地区龙山时代遗存初步研究》，《东南文化》2000年第1期。"三峡库区"的概念源于三峡水利工程，指西起江津白沙镇，东至三峡大坝坝址——宜昌三斗坪，长达700余千米，水面面积达1084平方千米的巨大水库及周边地区。本书采取的是"三峡地区"狭义的概念，基于以下几个方面的考虑：1. 峡江地区的概念不包括湖北西部地区，而先秦时期的湖北西部地区和重庆地区都是巴文化的活动区域。故峡江地区弃之不用。2. 三峡库区不具备人文和地理的特征，也无法涵盖本书所要论述的内容。3. 狭义上的"三峡地区"概念较符合先秦时期秦对巴蜀地区的统治区域。秦在这一地区设置了巴郡和南郡，巴郡的范围大致为今天的重庆地区。湖北西部地区在白起拔郢之后，划入了南郡。

267

（一）秦、蜀与楚三方势力在汉中地区的争夺

秦是通过石牛道灭蜀的，"周慎王五年（公元前 316）秋，秦大夫张仪、司马错、都尉墨等从石牛道伐蜀。蜀王自于葭萌拒之，败绩。"[①] 石牛道的线路是：自褒谷口（谷口在汉中市留坝县北部）向西南经陕西省汉中市的留坝县、勉县烈金坝（亦名金牛驿）、宁强县五丁峡（亦名金牛峡），再经广元市元坝区昭化古城、溯剑溪经剑门关、剑阁县普安镇、武连驿、梓潼县西达成都金牛坝。

南郑（今陕西南郑县）位于汉中盆地西南部米仓山之北，扼东汉水（今汉江）与西汉水（今嘉陵江）上源之间。其地左右逢源，既可北出褒斜道以进中原，又可南下石牛道以入蜀中。由此可见，秦欲通过石牛道灭蜀，必须攻占汉中的南郑。

1. 秦蜀南郑的争夺

商周之际，已有蜀人活动于汉中，并在若干地点建有蜀的军事据点。此时南郑尚不为蜀所有。《水经·沔水注》于"南郑县"下载："县故褒之附庸也"，又引《耆旧传》云："南郑之号，始于郑桓公。桓公死于犬戎，其民南奔，故以南为称，即汉中郡治也。"按：郑桓公死于公元前 771 年。可见春秋初年南郑为郑之遗民所居。但不久，其地即被蜀国占领。《华阳国志·蜀志》载开明二世，"开明位号曰丛帝，丛帝生卢帝，卢帝攻秦至雍。"蜀北上伐秦，必经褒斜道前出，故知此时蜀国已先期攻克南郑。由此看来，至少在春秋前期，即公元前 7 世纪前半叶，南郑已并入蜀国版图。

秦在穆公之后，东进受阻。于是企图南略汉中，以作为东进的战略要地。《史记·六国年表》载秦厉共公二十六年（公元前 451），"左庶长城南郑"。《集解》引徐广曰："一本二十年城南郑也。"秦城南郑，说明秦最迟于公元前 451 年攻取了蜀之南郑，并构筑城池以备蜀师。秦取南郑的十年之后，即躁公二年（公元前 441），"南郑反"，蜀师收复南郑。此后，由于秦与三晋战争不断，加之内乱，秦无暇顾及汉中。

史家对于秦再次占领南郑的时间存在着分歧，先将《史记》的记载罗列如下：

《秦本纪》："秦惠公十三年（公元前 387），伐蜀，取南郑。"

―――――――――――――

① 《华阳国志·蜀志》。

《六国年表》秦惠公十三年下记载："蜀取我南郑。"

分歧基于对两条史料的理解。任乃强、段渝等人认为南郑于公元前387年秦夺占之后的当年又被蜀人重新夺取。① 日本学者平势隆郎在其著作《新编东周史记年表》中考证出"秦惠公"当指"秦惠文君"，司马迁误作出子父惠公。秦惠公十三年当作秦惠文君十三年，所以第二次发南郑的时间为周慎靓王二年（公元前326）。② 对于《秦本纪》与《六国年表》关于南郑归属矛盾的记载，平势隆郎却未作解释。李晓杰在平势隆郎的基础上，对这一矛盾进行了如下阐释：

> 其实《六国年表》所记恐有讹误。《水经·河水》曰："（河水）东过南郑县南。"郦道元注曰："县，故褒之附庸也。周显王之世，蜀有褒汉之地，至六国，楚人并之。怀王衰弱，秦略取焉。周赧王二年，秦惠王置汉中郡，因水名也。"此处明言秦在楚怀王之时夺取了南郑，而秦惠文君十三年为楚怀王元年，与上引《秦本纪》所叙相符。如是则《六国年表》所载"蜀取我南郑"疑为"我取蜀南郑"之讹。③

结合史料和秦惠文王灭蜀的路线等因素综合考虑，李说更为合理。笔者从之。

2. 秦、楚汉中的争夺

《水经注·沔水篇》载："周显王之世（公元前368—前321年），蜀有褒汉之地，至六国，楚人兼之。怀王衰弱，秦略取焉。"可见，楚争夺汉中地区当不晚于楚威王时期。秦灭巴蜀后，全力与楚逐鹿于汉中。秦惠文王更元十三年，秦军击楚于丹阳，虏其将屈匄，斩首八万；又攻楚汉中，取地六百里，楚丹阳及汉中郡为秦所得。《史记·楚世家》载："（怀王）十七年春，与秦战丹阳，秦大败我军，斩甲士八万，虏我大将军屈匄、裨将军逢侯丑等七十

---

① 可参见任乃强《华阳国志校补图注》第64页注（3）；段渝《四川通史》（第一册），四川大学出版社，1993年，第80页。

② ［日］平势隆郎编著：《新编史记东周年表——中国古代纪年研究序章》，东京大学东洋文化研究所，1995年，第20页。

③ 李晓杰：《中国行政区划通史·先秦卷》，第367页。

余人，遂取汉中之郡。楚怀王大怒，乃悉国兵复袭秦，战于蓝田，大败楚军。"《秦本纪》载："（惠文王）十三年，庶长章击楚于丹阳，虏其将屈匄，斩首八万；又攻楚汉中，取地六百里，置汉中郡。"《樗里子甘茂列传》亦载："明年（按，指秦惠文王更元十三年），（樗里子）助魏章攻楚，败楚将屈匄，取汉中地。"《华阳国志·蜀志》载："（周赧王）三年，分巴、蜀置汉中郡。"

据《新编史记东周年表》的考证，《楚世家》中的楚怀王十七年当作十五年，楚怀王十五年即秦惠文王更元十三年（公元前 312）。[①] 故由上述史载可知公元前 312 年秦夺取了楚之汉中郡。秦在楚汉中郡的基础上合并部分巴蜀之地而重新设置汉中郡。至此，三方在汉中地区的争夺终以秦取得胜利而告结束。

（二）秦灭巴蜀

蜀国统治集团内部矛盾是秦灭巴蜀的导火索。蜀与巴世仇，战争不断。蜀国开明王朝分封至汉中重镇的王弟苴侯私下交好于巴，引起蜀王震怒。周慎靓王五年（公元前 316），蜀王亲率大军伐苴侯，占领葭萌。"苴侯奔巴，巴为求救于秦。"[②] 巴、苴和蜀同时告急于秦，为秦军南下提供了充分借口。然而在南下伐蜀还是东进伐韩的问题上，秦群臣之间发生了分歧。最终，秦惠王最终采纳司马错的建议，于公元前 316 年遣张仪、司马错、都尉墨率大军南下伐蜀。蜀王仓促应战，亲率蜀军迎战与葭萌，为秦军大败。蜀王败逃至武阳（彭山县东北），被秦军追杀。蜀王太子率残部败死在白鹿山（彭县北）。冬十月，秦军扫荡了蜀的反秦势力，一举兼并蜀国。

蜀亡之后，一位号为安阳王的蜀王子率领所部 3 万人辗转南迁，最后到达交趾。此事见于《水经·叶榆水注》所引之《交州外域记》的记载：

> 交趾（按：指今越内北部红河地区）昔未有郡县之时，土地有
> 雒田，其田随潮水上下，民垦食其田，因名为雒民。设雒侯、雒民：
> 主诸郡县。县多为雒将，雒将铜印青绶。后，蜀王子将兵三万来讨
> 雒王、雒侯，服诸雒将。蜀王子因称为安阳王……后南越王尉佗举

① ［日］平势隆郎编著：《新编史记东周年表——中国古代纪年研究序章》，第21页。
② 《华阳国志·蜀志》。

众攻安阳王……安阳王发弩，弩折，遂败。安阳王下船径出于海。今平道县后王宫城，见有故处。①

秦于公元前316年十月平定蜀地之后，又移师东进，取巴之江州、阆中，俘虏巴王，巴国灭亡。巴国灭后，巴的宗支仍存，据守江州以东的枳继续与秦形成对峙。陈寿《益部耆旧传》记载："昔楚襄王灭巴子，封废子于濮江之南，号铜梁侯。"《战国策·燕策二》记载："楚得枳而国亡"，可以得出巴子灭于楚的时间当不晚于公元前280年。从"楚得枳而国亡"的记载来看，至迟在秦昭襄王二十八年（公元前279）及二十九年（公元前278）取楚之鄢、郢后，枳地为秦所得，隶属巴郡。《汉书·地理志》载枳县属巴郡，所以可以推测秦巴郡亦当领有枳县，其置县的时间当在秦取楚之枳地后。

二、秦与巴蜀文化融合的文献考察

秦占领蜀地的初期，其统治基础是非常不牢靠的，发生了三次叛乱。三次叛乱中，尤以第二次的影响最大。公元前301年，"蜀反，司马错往杀蜀侯恽"②，后来秦国为其平反。但此事还有下情："初则炎旱，三月后霖雨；七月，车溺不得行。丧车至城北门，忽陷入地中"③。尽管这一事件被加上了浓厚的感情色彩和神话的成分，但至少反映了一部分蜀人的怀旧和伤感，借以发泄怨愤的情绪④。由此可见，秦占领蜀地，并不代表蜀人就认同了秦的统治。在经历了长达30年后的斗争之后，秦在巴蜀地区的统治才得以巩固。"秦王三次封王子为蜀侯，而三次疑而诛之，说明秦地与蜀地在政治文化方面的隔别，也说明秦对于蜀地新占领区的统治尚缺乏信心"，"蜀地终于'但置

---

① 陈桥驿：《水经注校证》，中华书局，2007年，第861页。

② 《史记·六国年表》。

③ 《华阳国志·蜀志》。

④ 关于蜀侯恽的身份，《华阳国志》载："封子恽为蜀侯"。《史记·秦本纪》："武王取魏女为后，无子。"蒙文通、任乃强、泷川资言等据此认为，恽是蜀侯通国之子，继承了父亲的王位。对于《史记》的理解可以有二，一是武王与魏女无子，二是武王可能无嫡子，而有庶子。但从武王即位年龄之考虑，即使有子，但子尚小不足以外封。故蒙等之说可从。

郡守'，表明秦对于蜀地的统治已经具有与其他地区同样的稳固性"。①

以李冰出任蜀郡守为标志，蜀人开始逐步认同秦人的统治，加速了秦蜀文化融合的步伐。在治理蜀郡期间，李冰充分注意到了当地文化的习惯，从而赢得了蜀人的尊重。

《华阳国志·蜀志》载：

> 秦孝文王李冰为蜀守，冰能知天文、地理，谓汶山为天彭门，乃至前（氐）县，见两山对如阙。因号天彭阙；仿佛若见神，遂从水上立祀三所，祭用三牲，珪璧沈濆。

《水经注·江水一》注引的《风俗通》，生动记述了有关李冰与江神搏斗并刺杀江神的传说："秦昭王使李冰为蜀守，开成都两江，溉田万顷。江神岁取童女二人为妇，冰以女与神为婚，径至神祠，劝神酒"，说明李冰对于蜀地传统习俗的尊重，但李冰搏杀江神，反映的是秦国对蜀地文化的改造。"酒杯恒澹澹，冰厉声以责之，因忽不见。良久，有两牛斗于江岸旁，有间，冰还，流汗，谓官属曰：吾斗大亟，当相助也。南向腰中正白者，我绶也，主簿刺杀北面者，江神遂死。""蜀人慕其气决，凡壮健者，因名'冰儿'也。"② 蜀人对李冰等人的敬慕，反映了蜀地对秦文化某些成分的认同。

大规模的移民是加速秦蜀文化融合的主要推动力。周赧王元年（公元前314），"秦惠王封子通国为蜀……戎伯尚强，乃移秦民万家实之。"③ 这是秦向巴蜀的第一次大移民。若以一家五口计，仅这一次就五万人。移往巴蜀的具体地点虽未交代，但从此次移民的目的在于对付"戎伯"看，应是移民到蜀郡，再考虑到秦政府很快就在成都平原兴建成都、郫、临邛三个城市的情况，推测这批移民大部分移居在这三角形地带内。另外还有一部分秦人移居到了川西南。《太平寰宇记》卷七四《嘉州罗目县》说："秦水，在县西一百二十里，昔秦惠王伐蜀，移秦人万家以实蜀中；秦人思秦之泾水，乃呼此水为泾水，唐天宝六年改为秦水。"这支秦人移居于此，当与开明部族一支在蜀

---

① 王子今：《秦兼并蜀地的意义与蜀人对秦文化的认同》，《四川师范大学学报》（社会科学版）1998年第2期。

② 陈桥驿：《水经注校证》，第767页。

③ 《华阳国志·蜀志》。

亡后向西南逃窜的事件有关（见上文）。

第二次大规模的移民在秦王政九年。秦王政平定长信侯嫪毐之乱后，迁其舍人 4000 余家至蜀，家彦陵，此次移民达 2 万人。

移民之后的蜀地，外来人群是最主要的人群，对秦风秦俗在蜀地的推广有重要作用。"蜀地娶嫁设太牢之厨膳，妇女有百两之（徙）〔从〕车，送葬必高坟瓦椁，祭奠而羊豕夕（牺）牲，赠祥兼加，赙赗过礼"的风俗，皆"染秦化故也"①。

由于蜀人对秦文化的逐步认同，形成了蜀地原有文化传统渐次与秦文化相接近的历史趋势。于是就天文与人文的关系而言，出现了所谓"（蜀地）星应舆鬼，故君子精敏，小人鬼黠，与秦同分，固多悍勇"② 和"巴、蜀亦关中地也"③ 的说法，成为秦汉时期民间所能够普遍接受的观念。司马迁在《史记·货殖列传》中说到的"关中"以及班固在《汉书·地理志下》中说到的"秦地"，都纳入了蜀地。

秦占领巴地之后，与"巴郡阆中夷人"订盟，规定了"秦犯夷输黄龙一双，夷犯秦，输清酒一钟。夷人安之"。④《后汉书·南蛮列传》在禀君条下又载："及秦惠王并巴中，以巴氏为蛮夷君长。"意即禀君蛮仍由巴氏君长统辖。这一情况在睡虎地秦简中亦有反映，《法律答问》："'臣邦人不安其主长而欲去夏者，勿许。'可（何）谓'夏'"和"'真臣邦君公有罪，致耐罪以上。令赎。'可（何）谓'真'？臣邦父母产子及产它邦是谓'真'。可（何）谓'夏子'？臣邦父、秦母谓也。"这说明，秦在少数民族地区设置郡、县，委派守令的同时，并未废除"蛮夷邑君侯王"，实行的是郡、县守令与臣邦君长并存的双轨制。可见，秦政权并没有打乱巴郡"夷人"的内部结构，并不干预其内部事务。由于秦在这一地区所采取了相当开放的统治方式和文化政策，因此秦占领后的巴地并没有发生反叛秦国的事件。随着秦在巴地统治的深入，秦巴文化的融合也在逐步深化。通婚是加速秦巴文化融合的一个重要途径。"秦惠王并巴中，以巴氏为蛮夷君长，世尚秦女，其民爵比不更，有罪得以爵除。"⑤

---

① 《华阳国志·蜀志》。
② 《华阳国志·蜀志》。
③ 《史记·项羽本纪》。
④ 《后汉书·南蛮列传》。
⑤ 《后汉书·南蛮西南夷列传》。

秦与巴蜀文化融合的基础是秦对巴蜀地区的开发，开发主要表现在经济和交通两个方面。

经济方面：秦始皇时，将大批六国豪民迁入巴蜀。所谓豪民，多为工商之家，他们进入巴蜀后，继续其工商本业，推动了巴蜀商业的进一步发展。如卓氏、程郑等，就是在临邛冶铁，倾销于滇、蜀各地，以致"富致僮千人，田池射猎之乐，拟于人君"①。秦初并巴蜀时，对巴蜀地区流行的巴蜀货币"桥形币"采取不予取缔的宽松政策，即令到秦始皇统一天下货币时，巴蜀桥形币仍可在境内见到。秦政府对巴蜀地方货币的这种政策，实际上是鼓励巴蜀地区原有工商业的继续发展。与此同时，秦政府也在巴蜀地区大力推行秦货币"半两钱"，并允许民间私铸。这些情况表明秦王朝对巴蜀地区社会经济等方面的深层改造已在不知不觉地进行着，对于土著巴人社会模式的最终转变将具有更大意义，而这种转变也必将对巴蜀文化的转型产生重大影响。

交通方面：出于统治的需要，秦在占领巴蜀地区之后，对其内部的水陆交通进行了整治和扩建，较占领之前更加发达。李冰充分利用了川西平原河渠纵横的特点，"穿二江成都之中，此渠皆可行舟"②，在青衣江、岷江合流处"通正水道"，以利行驶舟船，还疏通了文井江、白水河等水道③，使川西平原通往巴蜀各地的水路更加便利，军令、政令的畅达更加迅速便捷，同时文化交往也更加便利。然而，由于受地形的限制，川东平行岭谷间的崇山峻岭和川西高原的高山峡谷，以及川西南山地的雄浑群山，所以较之蜀地，巴地交通的改善程度在秦统治时期不是太大。

经济的繁荣和交通的便利，为成都最终成为秦汉时期的大都会提供了坚实的基础，同时增强了巴蜀地区对秦汉王朝的向心力。

三、秦与巴蜀文化融合的考古学观察

巴蜀地区是秦文化、楚文化与巴蜀文化的交汇区，它们在这些地区此消彼长的变化态势，反映了文化交流、走向融合和统一的历史进程。

秦在巴蜀地区共设立了汉中郡、蜀郡、巴郡三个郡级建制：汉中郡的辖

① 《史记·货殖列传》。
② 《史记·河渠书》。
③ 《华阳国志·蜀志》。

境包括今陕西省秦岭以南，湖北省郧县、保康以西，大巴山以北地区；蜀郡的辖境在今四川省阆中以西，松潘、天全以东，宜宾、石棉以北地区；巴郡的辖境在今四川阆中以东，重庆市涪陵以西之间（图6-1-2）。为论述方便，本节根据现在的行政区划，把巴蜀地区分为四川、重庆和陕南三个地区，并分别就三个地区的考古学文化面貌进行讨论。

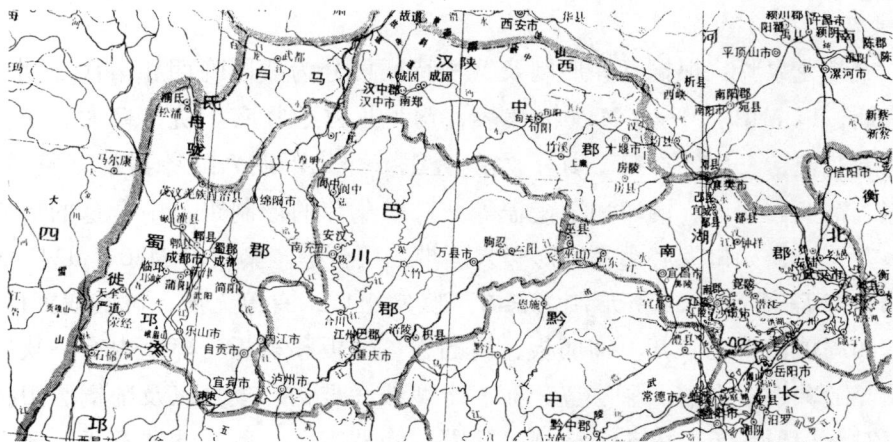

图6-1-2　巴蜀地区设郡图（战国中晚期至秦朝）

（摘自谭其骧《中国历史地图集》第二册，第11-12页）

（一）四川地区的文化交流

考古资料显示，战国中晚期四川地区呈现出多种文化因素交流的态势。

1. 四川地区的秦人墓所表现的文化因素

四川地区秦人墓集中在4处：青川县郝家坪[①]、成都市龙泉驿[②]和荥经县曾家沟[③]、古城坪[④]，四处均分布在四川盆地西部地区的交通要冲沿线和城邑之间。

[①] 四川省博物馆、青川县文化馆：《青川县出土秦更修田律木牍——四川青川县战国墓发掘简报》，《文物》1982年第1期。

[②] 成都市文物考古研究所、龙泉驿区文物管理所：《成都龙泉驿区北干道木椁墓群发掘简报》，《文物》2000年第8期。

[③] 四川省文管会、雅安地区文化馆、荥经县文化馆：《四川荥经曾家沟战国墓群第一、二次发掘》，《考古》1984年第12期；四川省文物管理委员会、荥经县文化馆：《四川荥经曾家沟21号墓清理简报》，《文物》1989年第5期。

[④] 荥经古墓发掘小组：《四川荥经古城坪秦汉墓葬》，《文物资料丛刊》（4）。

275

青川郝家坪墓地：墓地位于白龙江下游，时代在战国中期和晚期。该墓地墓葬形制皆为竖穴土坑墓，无墓道，有一部分墓有生土二层台。除部分墓葬无葬具外，有棺椁者可分为一棺一椁、有棺无椁、有椁无棺几类。棺椁外均填塞白膏泥。随葬陶器有鼎、豆、盒、壶、罐、双耳罐、盆、釜、蒜头壶等，以鼎、豆、壶和鼎、盒、壶为常见的两种组合。铜器有鼎、镜、带钩、鍪等；漆器有扁壶、双耳长盒、圆盒、奁、耳杯、圆壶、鸱鸮壶、匕、碗、卮等。[①]

成都龙泉驿：根据墓葬形制及器物特征可分为战国晚期和秦代二期：战国晚期，以 M12、M18、M19 为代表，均为长方形竖穴土坑，口大底小。填土为五花土，一般经夯打，其下为白膏泥。葬式不明。随葬器物有陶器盖、陶釜、铜戈、铜矛、铜印和漆奁盖等。三座墓葬的形制跟关中秦墓的形制特征多有符合，如口大底小长方形竖穴、带二层台等。秦代有 M20、M24、M31 和 M34 四座墓葬。[②] 墓葬形制为长方形竖穴土坑，有椁无棺，坑底横置枕木，枕木四周填白膏泥，其上铺底板，置挡板、壁板和盖板。椁室内有一狭长形边箱。随葬铜器有鍪、釜、盘、匜、半两钱、带钩、工具以及削铜圆刃折腰钺、对称弓形耳矛、扁茎无格剑等兵器，陶器有釜、瓮，漆器有盂，还有木器盖、木纺轮等物。

荥经古城坪墓地：墓地在荥经县西 2 千米荥河南岸的高台地坪上，共发掘 3 座墓葬（M1—3），时代为战国晚期至秦统一前后。[③] 三座墓葬均为长方形竖穴土坑墓，葬具均为一棺一椁，墓坑大小基本相同。棺椁外填充白膏泥。其中 M1、M2 以漆器为主，铜、陶器次之，多置于足箱内。M3 仅随葬一件器物。漆器有耳杯、奁、圆盒、双耳长杯、扁壶等；铜器为釜、鍪、镜等；陶器有瓮、罐等。

荥经曾家沟墓地：简报发表七座墓葬材料，并将 11—16 号定为战国早期、21 号墓为战国中期。宋治民把七座墓葬的时代定在战国晚期。[④] 这七座墓的形制均为竖穴土坑墓，无墓道，大多数留有熟土二层台。葬具有一棺一椁、仅有棺或仅有椁三类。随葬器物主要是陶器和漆器。陶器有罐、釜两类，

---

① 宋治民：《略论四川的秦人墓》，《考古与文物》1984 年第 2 期。

② 20 号墓报告定为战国晚期，因其墓所出土的陶盆与陇县店子秦代 281 号墓之陶盂形制相近，其年代断在秦代较为合适。

③ 荥经古墓发掘小组：《四川荥经古城坪秦汉墓葬》，《文物资料丛刊》(4)。

④ 宋治民：《四川战国墓葬试析》，《四川文物》1990 年第 5 期。

漆器有扁壶、双耳长盒、圆盒、奁、耳杯等。

通过这些秦人墓出土器物的分析，可以发现多种文化在四川地区的交汇：

A.　秦文化因素

从墓葬形制来看，四川地区的秦人墓多为长方形竖穴土坑，口大底小，部分墓有生土或熟土二层台；葬具分有棺有椁、单棺或单椁三类。这些特征亦见于关中地区，如二层台在关中地区的秦人墓中普遍流行；如在甘肃天水放马滩发掘的 13 座战国晚期的秦人墓中，有 7 座为一棺一椁，6 座为单椁。

随葬品除了半两钱、铜蒜头壶、铜戈（龙泉驿 M19：3，图 6 - 1 - 3.12）和刻有秦文字的铜印（龙泉驿 M19：10，图 6 - 1 - 3.13）等典型的秦文化器物之外，还发现了不见于关中秦人墓中的漆器：扁壶（出土有郝家坪 M1 和 M26，图 6 - 1 - 3.1、7）和双耳长盒（郝家坪 M1，图 6 - 1 - 3.2）。通过对考古资料的统计发现，两类漆器不见于楚墓，却常见于云梦睡虎地的秦人墓。据此推断，漆扁壶、双耳长盒的文化因素属于秦文化。

此外，在龙泉驿 M34 中发现的一件带钩（图 6 - 1 - 3.17），与云梦睡虎地 M13 和陇县店子 M279 出土的同类器形制相近。[①] 店子 M279 和睡虎地 M13 的时代均为秦统一之后，三件器物的时代又一致，故可将龙泉驿 M34 出土的带钩定性为秦式带钩。

B.　巴蜀文化因素

关中地区的釜、鍪，是在巴蜀地区的釜、鍪形制的基础上发展变化的，其形制已与巴蜀当地的同类器物有差别。四川地区秦人墓中出现的釜（图 6 - 1 - 3.20、26）、鍪（图 6 - 2 - 3.16）形制虽然是从关中传入的，但仍具有巴蜀文化的因素。

在青川墓地出土的陶罐（M1：1，图 6 - 1 - 3.6）、带钩（M26：7，图 6 - 1 - 3.11）、琉璃珠（出现于郝家坪 M13 之中）等器类，常见于当地的船棺葬中，这些随葬品应视为巴蜀文化的典型器物。

龙泉驿墓地出土的圆刃折腰钺（M34：7，图 6 - 1 - 3.23）、对称弓形耳矛（M24：7）和扁茎无格剑（M24：11）、小铜削（M34：5，图 6 - 1 - 3.21）、瓮（M34：19，图 6 - 1 - 3.22）属于典型的巴蜀文化器物。

曾家沟 M16 出土了一件敞口圜底罐（图 6 - 2 - 3.27），此外 M21 出土有敞口束颈圜底罐和圜底釜，而圜底器是典型的巴蜀文化器物，因此 M16 和

---

① 云梦睡虎地秦墓编写组：《云梦睡虎地秦墓》，文物出版社，1981 年，图版二十九.3。

M21 出土的这三件器物具有巴蜀文化的因素，然而 M21 出土的两件器物因破坏严重、已成碎片而无法复原。此外，在曾家沟 M16 出土的一枚小铜印章（M16：24），刻有阳文，类似巴蜀符号，又具有汉字结构（图 6 – 1 – 3.28）。因此，铜印章当与巴蜀文化有关。

C. 楚文化因素

秦灭并巴蜀之后，秦文化对于四川盆地所起的作用远远大于楚文化对该地区的影响。但是，在四川地区的秦人墓中也出现了楚文化的因素：

在墓葬结构上，成都龙泉驿墓群的坑底设枕木，受到了楚文化的影响[1]。

秦人的漆器，是在继承了江汉地区楚地漆器工艺的基础上发展起来的，并随着秦国的对外扩张而带至各地。四川地区秦人墓出土的漆器，除上文提到扁壶、双耳长盒之外，其器形均继承了楚文化的传统，如匕（图 6 – 1 – 3.5）、奁（图 6 – 1 – 3.9、25）、耳杯（图 6 – 1 – 3.8、24）、碗（图 6 – 1 – 3.4）、卮（图 6 – 1 – 3.10）等。在青川墓地中，漆耳杯与长沙左家公山出土的漆耳杯相似，相似的漆耳杯还见于江陵雨台山、长沙杨家湾等地；漆奁也与左家公山与杨家湾出土的漆奁接近[2]。此外，成都龙泉驿战国晚期 19 号秦人墓所出漆奁盖（M19：16，图 6 – 1 – 3.15）不像秦之彩绘纹样那样凝重、规矩、强调秩序，而符合典型的楚文化彩绘飘逸、空灵、浪漫的传统。

在铜器上，在青川战国晚期的秦人墓地中，虽没有楚墓鼎、敦、壶的礼器组合，但鼎、盒和壶的器形与楚墓出土的同类器物接近（如 M1 出土的陶鼎，图 4 – 2 – 3.3）。龙泉驿 M19 号出土的铜矛（图 6 – 1 – 3.14）、铜盘（图 6 – 1 – 3.18）、铜匜（图 6 – 1 – 3.19）为楚文化因素器物，与湖北当阳赵家湖战国早期楚墓的同类（JM98：9）形制相近。[3]

四川地区秦人墓所出现的楚文化因素，是楚文化长期影响四川地区的结果。从考古文化面貌上来看，晚期的蜀文化墓葬中有较多的楚文化器物出土，并带有一定的楚文化色彩，甚至浸润到上层意识形态中（如采用楚式青铜礼器成为晚期

---

① 李明斌：《浅析广州西汉前期墓葬中的楚文化因素》，《四川大学考古专业创建三十五周年纪念文集》，四川大学出版社，1998 年。

② 吴铭生：《长沙左家公山的战国木椁墓》，《文物》1954 年第 12 期；《长沙楚墓出土的漆器》，《文物》1957 年第 7 期。湖北省荆州地区博物馆：《江陵雨台山楚墓》，文物出版社，1984 年。

③ 湖北省宜昌地区博物馆、北京大学考古系：《当阳赵家湖楚墓》第 134 页图九六之 4，文物出版社，1992 年。

蜀文化高等级墓葬中的常见)。正是持久的文化浸润，使楚文化因素在四川地区被普遍发现。当秦人占领蜀地后，就不可避免地要受到楚文化的浸染。

墓葬	时代	出土器物		
		秦文化因素	楚文化因素	蜀文化因素
郝家坪 M1	战国晚期	 1　2	 3　4　5	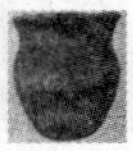 6
郝家坪 M26	战国晚期	 7	 8　9　10	 11
龙泉驿 M19	战国晚期	 12 13	 14 15	 16
龙泉驿 M34	秦代	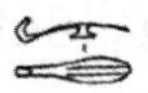 17	 18　19	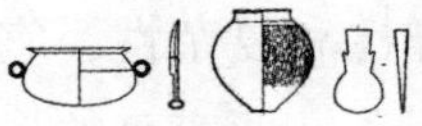 20 21 22 23
曾家沟 M16	战国晚期		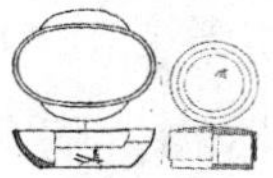 24　25	 26 27 28

图 6 - 1 - 3　四川地区秦人墓出土的器物图

铜器：13、28. 印章　16. 鍪　18. 盘　19. 匜　20. 釜

陶器：3. 鼎　6. 罐　22. 瓮　26. 腹　27. 圜底罐

兵器：12. 戈　14. 矛　23. 钺

漆器：1、7. 扁壶　2. 双耳长盒　4. 碗　5. 匕　8、24. 耳杯　9、15、25. 奁　10 卮

其他：11、17. 带钩　21. 铜削

2. 四川地区蜀人墓所现的秦文化及其他文化因素

秦占领蜀地之后，秦文化也影响到了当地的蜀人墓葬。

成都羊子山 172 号墓随葬陶器有小口圜底罐（釜）、茧形壶；铜器有容（礼）器鼎、甗、釜、甑、罍、钫、盉、匜、盘、双耳鍪等，兵器有剑、戈、

矛、弩机、镞等；漆（木）器有盒、奁；玉器有璧、瑗、环及剑鞘上的附件。[①] 从圜底陶罐、铜釜、铜甑、直援戈、梭叶弓耳矛、带钩等文化因素看，该墓为巴蜀文化的墓葬。但是随葬器物出土的铜鼎、铜炉、铜盉、铜钫、有格剑、弧纽羽纹镜等是典型的秦和三晋式的器物，陶器中带圈足的茧形壶（图6-1-4.4）是秦人专用的器物。漆器和部分铜器为楚文化因素的器物。该墓的主人很可能是臣服于秦国的蜀人贵族后裔。此墓是秦、楚、蜀等多种文化融合的集中反映。该墓出土的铜器较之其他的蜀人墓葬，其铜器"组合"已不能构成单一的文化特征，而分属不同的文化内涵（上文已经论述），反映晚期蜀文化对外来文化的态度：或兼容并蓄，或有选择性的利用。对外来因素的选择，晚期蜀文化更多的偏好于能体现农耕世界先进政治、意识形态方面的器物。同时，又对具有较高实用性的器物进行有限的利用。而此时的农耕文化，除了三晋两周文化之外，也包括了秦、楚等文化。如是，级别较高的晚期蜀文化墓葬所呈现出的多样文化面貌，应是当时周围少数部族上层墓葬中的一种普遍现象。

大邑五龙乡18、19号蜀人墓[②]，集中反映了秦代蜀人墓葬文化面貌的多样性和复杂性，它既有占主导地位的蜀墓本质，又广泛吸取了当地相关文化因子。两座墓的形制为长方形竖穴土坑，未发现葬具，墓底和四壁均涂抹青膏泥。随葬器物有陶盆、陶豆、铜鍪、釜甑、柳叶形剑、对称弓形耳矛、长胡内刃戈、有格剑、弩机等。其中陶豆、铜鍪、釜甑、柳叶形剑、对称弓形耳矛均为晚期巴蜀文化器物，陶盆（图6-1-4.5）为秦文化器物，陶缶（M19：25，原报告为Ⅲ式罐）为楚文化器物，长胡内刃戈、弩机、有格剑（图6-1-4.7-9）虽为三晋文化因素的器物，但已融入于关中社会之中，并被秦带入蜀地，因此可视为秦文化因素的器物。

大邑五龙3号墓Ⅰ式釜（M3：16 图6-1-4.1）和成都附近的蒲江县东北公社[③] M2出土的Ⅰ式罐（M2：26，图6-1-4.2）的肩部都上耸，这种特征在关中B型釜[④]中表现明显，如战国晚期蓝田泄湖M14：4、大荔朝邑

① 四川省文物管理委员会：《成都羊子山第172号墓发掘报告》，《考古学报》1956年第4期。
② 四川省文管会、大邑县文化馆：《四川大邑县五龙乡土坑墓清理简报》，《考古》1987年第7期。
③ 四川省文物管理委员会、蒲江县文物管理所：《蒲江县战国土坑墓》，《文物》1985年第5期。
④ 滕铭予：《关中秦墓研究》，《考古学报》1992年第3期。

M103：1 等。蒲江县东北公社敞口罐 M2：17 与临潼战国末期至秦代上焦村同类器 M11：6 形制相近①。

新都战国木椁墓，时代为战国中期。②其墓葬形制、随葬品的组合形式、造型、种类和纹饰等方面，反映了文化面貌的多样性。铜兵器和铜印章上的巴蜀符号反映了蜀文化因素仍占主导地位；就墓葬形制而言，其底部腰坑的设置明显受到关中文化的影响③。从随葬品的组合形式和造型来看，则包含了楚文化的因素。

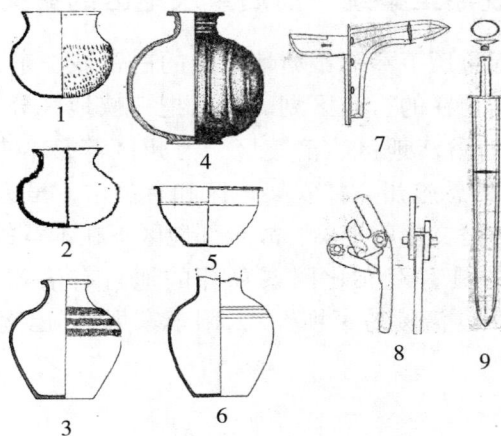

图 6-1-4 四川地区蜀人墓葬出土的秦文化因素图

陶器：1. 釜（五龙乡 M3：16）2. 罐（蒲江 M2：26）3. I 式小口陶瓮（什邡 M50：18）
4. 茧形壶（羊子山 M172：49）5. 盆（五龙乡 M19：26）6. II 式小口瓮（什邡 M59：14）

铜器：7. 戈（五龙乡 M19：2）8. 弩机（五龙乡 M19：31）9. 有格剑（五龙乡 M19：9）

什邡市城关墓地④第四期（战国末期至秦代）为典型的巴蜀文化墓葬群

---

① 中国社会科学院考古研究所陕西六队：《陕西蓝田泄湖战国墓发掘简报》，《考古》1988 年第 12 期；陕西省文管会等：《朝邑战国墓葬发掘简报》，《文物资料丛刊》（2），文物出版社；秦俑考古队：《临潼上焦村秦墓清理简报》，《考古与文物》1980 年第 2 期。
② 四川省博物馆：《四川新都战国木椁墓》，《文物》1981 年第 6 期。
③ 彭文：《从蜀墓腰坑设置看巴蜀文化与关中文化的交流》，《考古与文物》1996 年第 6 期。
④ 四川省文物考古所等：《什邡城关战国秦汉墓地》，文物出版社，2006 年。

之一，其中该期的Ⅰ式小口瓮（M50：18，图6-1-4.3）与甘肃天水放马滩年代为秦统一前的秦墓 M1 所出的Ⅲ式罐（原报告定名）[①] 相似；Ⅱ式小口瓮（M59：14 图6-1-4.6）与湖北云梦睡虎地 M11 出土的Ⅱ式瓮相似。并且从该期开始，什邡城关墓地开始出现秦"半两"钱。

这些资料成为秦王朝对四川地区统治的生动写照，也反映了四川地区多种文化因素共存并走向统一的进程，与当时的历史变迁和状态相符的。正是这种动态的变化趋势，使蜀文化在走过数千年历程后，迅速地融会进秦汉文化之中。

（二）战国晚期至秦统一前后重庆地区的秦文化因素分析

三峡地区为西起重庆市奉节瞿塘峡口处的白帝城，东到宜昌西陵峡南津关的狭长地带。根据现在的行政区划，可以把三峡地区分为东、西两部，西部为重庆市辖区内的黔江地区、涪陵区、万州区等，本书称之以"重庆地区"；东部为湖北省的恩施州、神农架林区和宜昌市，虽为巴文化的发祥地，但战国晚期已完全被楚文化所浸染，故东部地区不在本章的讨论范围之内。

重庆地区发现的具有秦文化因素墓葬的地点有涪陵小田溪[②]、涪陵镇安[③]、涪陵黄溪公社[④]、涪陵易家坝[⑤]、云阳李家坝[⑥]、巴南冬笋坝[⑦]、万州包

---

① 甘肃省文物考古研究所、天水市北道区文化馆：《甘肃天水放马滩战国秦汉墓群的发掘》，《文物》1989 年第 2 期。甘肃省文物考古研究所：《天水放马滩秦简》，中华书局，2009 年。

② 四川省博物馆、重庆市博物馆、涪陵县文化馆：《四川涪陵地区战国小田溪土坑墓清理简报》，《文物》1974 年第 5 期；四川省文物管理委员会、涪陵地区文化局：《四川涪陵小田溪四座战国墓》，《考古》1985 年第 1 期。四川省文物考古研究所、涪陵地区博物馆、涪陵市文物管理所：《涪陵市小田溪 9 号墓发掘简报》，《四川考古报告集》，文物出版社，1998 年。

③ 北京市文物研究所三峡考古队、涪陵区博物馆：《涪陵镇安遗址发掘报告》，《重庆库区考古报告集·1999 卷》，科学出版社，2006 年。

④ 四川省文物管理委员会、涪陵县文化馆：《四川涪陵西汉土坑墓发掘简报》，《考古》1984 年第 4 期。

⑤ 重庆市博物馆、涪陵县文化局：《涪陵县易家坝西汉墓清理简报》，《考古与文物》1990 年第 5 期。

⑥ 李家坝秦文化因素墓葬发现至少有二，其一据四川大学考古专业 1997 年考古发掘资料，该墓为一岩坑墓，隔澎溪河与李家坎东周墓地相望，墓中有积石二层台，出土器物中有铜蒜头壶等，其二参见四川大学历史文化学院考古系、云阳县文物管理所：《云阳李家坝 10 号岩坑墓发掘报告》，《重庆考古报告集·1997 年》，科学出版社，2001 年。

⑦ 四川省博物馆：《四川船棺葬发掘报告》，文物出版社，1960 年；西南博物院、四川省文物管理委员会：《四川巴县冬笋坝战国和汉墓清理简报》，《考古通讯》1958 年第 1 期。

上①、开县余家坝墓地②、万州中坝子③等（图6-1-5），时间跨度为战国晚期至西汉初。

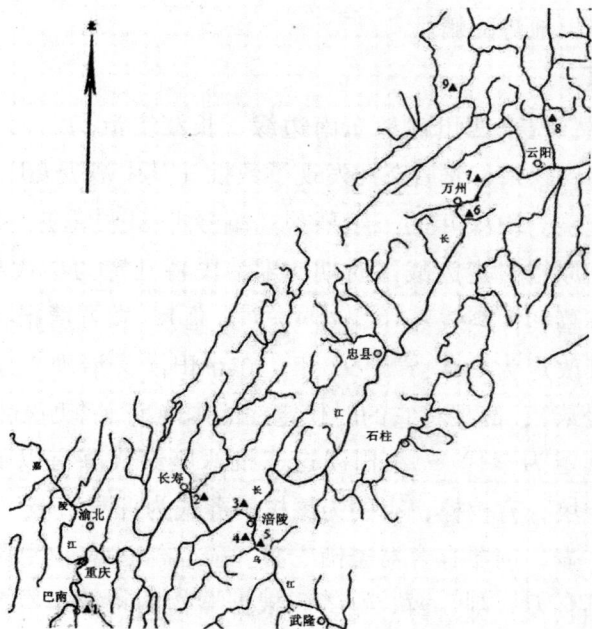

1. 冬笋坝 2. 镇安 3. 黄溪公社 4. 易家坝 5. 小田溪 6. 包上 7. 中坝子 8. 李家坝 9. 余家坝

图6-1-5 战国晚期至秦统一前后重庆地区秦文化遗存分布图

（据《峡江地区考古学文化的互动与诸要素的适应性研究》第148页图4-1-8修改）

　　综合秦灭巴蜀前后的巴文化特征以及与楚、秦文化关系等因素，又可将重庆地区划分为三个分区：东部区、中部区和西部区。

　　各区所对应的行政区划及地貌特征为：

　　西部区主要指涪陵以西的地域，包括涪陵、重庆市区、巴县冬笋坝等地区，其地理特征以低山和丘陵为主，地势较为平坦开阔；中部区主要是指丰

---

　　①　荆州博物馆、重庆市文化局、重庆市万州区文管所：《万州包上秦汉墓发掘报告》，《重庆库区考古报告集·2001卷》，科学出版社，2007年。

　　②　山东大学考古系、重庆市文物局、开县文物管理所：《开县余家坝墓地发掘简报》，《重庆库区考古报告集·2000卷》，科学出版社，2007年。

　　③　西北大学考古队、万州区文物管理所：《万州中坝子遗址东周时期墓葬发掘报告》，《重庆库区考古报告集·1998卷》，科学出版社，2003年；西北大学文博学院：《万州中坝子遗址第三次发掘简报》，《考古与文物》2002年第3期。

都至奉节之间的沿江地域，包括忠县、万州、开县、云阳等县，这一区域多分布有平行岭谷，地势已较为狭窄；东部区主要指奉节以东的地域，包括奉节、巫山等地，这一区域为长江三峡的瞿塘峡、巫峡所在地，南北向的高山阻隔，水流湍急，地势陡峭。

1. 西部区

涪陵小田溪：位于四川盆地东南边缘、长江支流乌江西岸一级台地上，从20世纪70年代以来，先后在此发现了数批（其中清理九座，已公布八座）长方形竖穴土坑墓。1972年的三座墓葬（编号1—3号墓），规模较大，随葬器物十分丰富，原报告定为战国时期，宋治民将其定为秦代墓。[①] 1980年清理3座小型土坑墓和1座残墓（编号4—7号墓），发掘简报将其时代定在战国时期，现将其改定为秦代。[②] 1993年，在小田溪又清理一座长方形竖穴土坑墓（编号9号墓），简报将它的时代定在战国晚期，李明斌根据葬具和铜器组合特点，将其定为秦代。[③] 小田溪这三批八座秦代墓有以下共同特点：均为长方形竖穴土坑，有棺椁，有的为漆棺。葬式为仰身直肢（9号墓）。随葬陶器有釜、豆、壶，铜器有容器釜甑、鍪、壶、缶、盆，兵器有戈、矛、剑、钺、弩机，工具有刀、削、凿、锯等。根据器物的特征来看，它们都是巴人的墓葬。属于晚期巴蜀文化的器物有：陶釜、陶豆，铜釜甑、辫索耳铜釜、鍪、柳叶形剑、圆刃折腰钺、对称弓形耳矛和无胡戈，属于秦文化因素的器物有如壶、盆、弩机、（图6-1-6.1-3）等。

涪陵镇安遗址：第二期（战国晚期）墓葬出土有秦式铜戈（图6-1-6.4）及秦式瓮（图6-1-6.10）；第三期（秦代）墓葬出土有秦半两（M15）。此外各期墓葬随葬陶器均为日用陶器，不见陶礼器，随葬铜器基本上为生活用具和兵器，不见铜礼器，这种丧葬习俗具有鲜明的秦文化特征。

涪陵黄溪公社：1982年，考古单位在涪陵黄溪公社点易大队，清理了两座土坑墓。两墓均为长方形土坑竖穴，其中M2还有生土二层台。M1出土的器物有铜甑、铜盆、铜镜、带钩、半两钱、陶豆、陶罐（小口广肩平底）及玉璧等；M2出土的器物有铜釜甑、铜盆、铜弩机、铜鼎、铜钫、铜蒜头壶、

① 宋治民：《略论四川战国秦墓葬的分期》，《中国考古学会第一次年会论文集(1979)》，文物出版社，1980年。
② 宋治民：《蜀文化与巴文化》，四川大学出版社，1998年。
③ 李明斌：《论四川盆地的秦人墓》，《四川文物》2006年第3期。

铜釜、铜镜、铜鍪、陶罐、铁剑等。根据器物特征，学者将其时代定为西汉初期。两座墓葬仍然保留有一定的巴蜀文化因素，如铜釜甑，但其典型的巴蜀式兵器等已经不见，新出现了较多的秦文化因素：蒜头壶、铜鼎、弩机（图6-1-6.5-7）以及半两钱等。

涪陵易家坝：易家坝M2，时代为西汉初期。出土的器物有铜鼎、铜钫、陶罐和陶珠等，其中铜钫、绳纹陶罐，是关中地区秦人墓葬中常有的随葬品，属典型的秦文化因素。

巴南冬笋坝：在第二期（时代为秦并巴蜀之后至秦汉之际）墓葬中，新出现了靴形铺、长胡三穿刃内戈、改装形有格铜剑、半两钱等中原、秦文化因素。其中长胡三穿刃内戈（图6-1-6.8）、半两钱等为典型的秦文化因素的器物。

从墓葬规模和随葬品来看，西部区发现的这些墓葬除镇安外，其墓主人当为巴地的上层贵族。

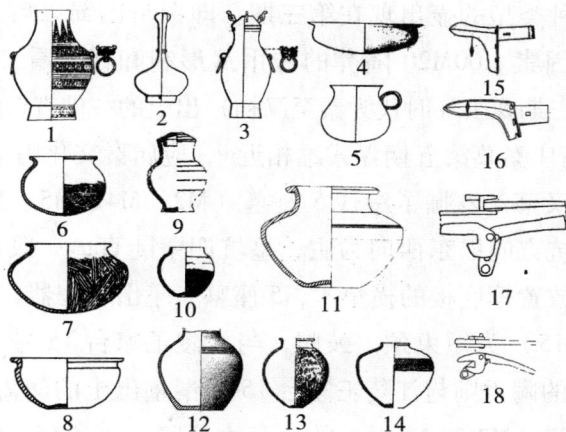

铜器：1. 壶（涪陵小田溪4：11）2. 蒜头壶（黄溪公社M2：17）3. 钫（黄溪公社
　　　M2：16）4. 盆（涪陵小田溪1：30）5. 鍪（开县余家坝M8：5）

陶器：6、7. 釜（万州包上M11：1、M6：3）8. 盂（万州包上M7：3）9. 壶（云阳李
　　　家坝97M54：5）10、11. 罐（云阳李家坝98M3：3、中坝子27：1）12、13、14.
　　　瓮（涪陵镇安M15：2、云阳李家坝97M18：1、云阳李家坝97M48：2）

铜兵器：15、16. 戈（冬笋坝M56：7、涪陵镇安M18：9）17、18. 弩机（黄溪公社
　　　M2：10、涪陵小田溪M9：11）

　　　1、4、10涪陵小田溪　　　12、16涪陵镇安　　　2、3、17黄溪公社
　　　9、10、13、14云阳李家坝　　15　冬笋坝　　　6、7、8万州包上
　　　5余家坝　　　11中坝子

图6-1-6　重庆地区巴人墓葬中的秦文化因素

285

2. 中部区

云阳李家坝巴人墓地：战国晚期（原报告定为第三期早段），该墓地出现秦文化因素，主要体现在少量的瓮、壶等陶器以及战国半两钱上，这些陶器大约占整个墓地出土陶器总数的 6% 左右。如瓮仅 2 件，可分为两型（A、B 型，图 6-1-6.11、12），同出于第三期早段的 97M48。这种小口陶瓮是战国晚期以后秦墓中较为流行的日用陶器，随着秦的统一进程，这一文化因素被带到了其他地区，在四川、湖北等地战国晚期到秦、汉前期的许多墓葬中也常可见到，故属于秦文化因素。不过李家坝的陶瓮有些特别之处，主要表现在底部都较小，如 B 型瓮直口、方唇，上腹部还有菱形和横折暗纹，则更具地方特色。这些都可以看作是秦文化因素在李家坝的变异。97M54 出土一件壶（图 6-1-6.13），无耳，假圈足较矮，器身和盖上饰瓦棱纹，与楚式陶壶风格相差甚大，而此形制陶壶在战国晚期及稍后的秦墓中却常可见到。从时代上看，这种类型的壶出现在第三期，即秦举巴蜀以后，显然是巴人秦后出现的秦文化因素。00M20 随葬的钱币从形制和钱文看，均为战国半两，属秦文化因素。三期晚段（时代为秦至汉初）出土的一件直口陶罐（图 6-1-6.14），与凤翔高庄秦墓第五期Ⅳ式罐相近[1]，应属秦文化因素。

万州包上秦汉墓：发掘了秦代 5 座墓（M2、M4、M5、M6、M7），均为竖穴土坑墓，墓坑方向以东西向为主，墓坑四壁陡直，一般在墓底两端各挖有一道凹槽，以放置椁底板的横垫木，5 座墓 3 座出有陶器，其中 M6 出土的釜（图 6-1-6.15）为短束颈，鼓腹，与江陵王家台 15 号秦墓出土的陶釜近似。[2] M7 出土的陶盂则与江陵王家台 15 号秦墓出土的陶盂相同。[3] 另外还发掘了两座西汉墓（M3 和 M11），均为长方形竖穴土坑墓。M11 出土陶器组合为罐、釜（图 6-1-6.17）、甑，并出有"半两"铜钱，其中陶釜与江陵王家台 15 号秦墓出土的陶釜近似。

万州中坝子遗址：1998 年发掘的 M27 为第三期墓葬（秦代）[4]，其蜷曲特甚的葬式和出土的陶罐形式（图 6-1-6.18）可以明显看出秦文化的影

---

① 吴镇烽、尚志儒：《陕西凤翔高庄秦墓地发掘简报》，《考古与文物》1981 年第 1 期。
② 荆州地区博物馆：《江陵王家台 15 号秦墓》，《文物》1995 年 1 期。
③ 荆州地区博物馆：《江陵王家台 15 号秦墓》，《文物》1995 年 1 期。
④ 西北大学考古队等：《万州中坝子遗址东周时期墓葬发掘报告》，《重庆库区考古报告集·1998 卷》，科学出版社，2003 年。

响。继 1998 年发掘后，又发掘出 3 座秦代到汉代早期的墓葬①。其中 M34、M35，均带有二层台，出土遗物极少。而二层台又是秦文化墓葬的典型特征。

开县余家坝墓地：位于渠口镇王安村，2000 年共发掘 53 座墓葬。其中战国墓葬为 45 座，已经刊布了 M5、M7、M8、M9、M10、M13、M15、M18 等 8 座墓葬的详细资料，这 8 座墓均出土有秦式器物，如铜鍪②，是随葬品的基本组合之一。此外还出土壶和有首剑等具有楚文化因素的器物。这种由复杂的文化因素所构成的文化面貌表明，余家坝墓地的文化性质是在特定的历史背景下多种文化的复合体。报告称墓地的绝大多数墓葬都使用秦人特有的铜鍪和陶鍪，说明墓地的时代已进入秦人灭巴（前 316 年）之后的战国中期偏晚至战国晚期。

从墓葬规模和随葬品来看，中部区所发现的这些墓葬的墓主人的地位低于巴地的上层贵族，当属于巴地的中下层贵族或平民。

3. 东部区

尚未在该区发现战国至西汉初期的秦文化遗存。

总结起来，重庆地区的秦文化呈现出以下特点：墓葬形制方面，均为土坑竖穴，部分墓葬有二层台；随葬器物，如秦式鼎、蒜头壶、钫壶、秦式鍪等典型的秦文化器物均有发现，但未见茧形壶。纵观秦代前后的重庆库区墓葬，其随葬品主要以鼎、盒、壶（钫）为基本的铜礼器和仿铜陶礼器组合，此外还有用于日常生活的釜、豆，平底罐等陶器。需要说明的是，在这一地区所发现的战国晚期到西汉早期之墓葬中的一些中原文化因素，其中也应该与秦文化因素有关。

较之于重庆以西的蜀地，秦文化对重庆地区的巴文化的影响远不及对蜀文化的影响，这与当时的历史背景是一致的。公元前 316 年，秦国势力南下，轻取已退避至阆中的巴国，随即与楚在三峡地区展开数十年的争夺，至公元前 278 年，终将楚国势力赶出峡江，控制了西部区。此后秦楚争夺的焦点便转移至中部和东部地，秦利用了西部区的巴人与楚作战，这使得西部区的巴人组织、传统基本得以保存，直到战国末期巴人仍掌握有较多巴式铜兵器。

---

① 西北大学文博学院：《万州中坝子遗址第三次发掘简报》，《考古与文物》2002 年第 3 期。

② 鍪虽起源于巴蜀地区，但经过秦文化的改造之后，秦鍪与巴蜀式铜鍪有了很大的差异。其区别在于巴蜀式为单环耳鍪，而秦式为一大一小的双环耳鍪，此外还衍生出一种折腹型的秦鍪。秦朝以后巴蜀之地的铜鍪已经被秦鍪所取代。演变过程可参见陈文领博《铜鍪研究》，《考古与文物》1994 年第 1 期。

中部区，由于军事上的失利、军事控制权的易主，而此前存在晚期巴文化与楚文化共存的局面，因楚文化影响的减弱而被打破，晚期巴文化在日常生活领域出现了一定程度的复苏。与此同时，秦文化因素在中部区开始有较多的发现。而在东部区，几乎看不到秦文化因素的影子。原因在于楚文化在东部区占据绝对主导地位，而巴文化的因素一直在战国中晚期的各类遗址和墓葬中占据着较小的比例。秦灭楚后，秦文化的因素开始向受楚文化影响的东部区渗透，由于时间和政策等综合因素的作用，其影响甚微。

（三）汉中（陕南）地区的文化交流

汉中是秦、蜀、楚势力争夺的重点区域，上文已详细论述。这一情况也反映到了考古资料中：1979 年 2 月，在汉中市北郊杨家山曾发现一座秦汉之际墓葬（发掘者定为秦墓），此墓为东西向长方形，口大底小，墓口向下 5.5 米处留有生土二层台一周，台高 0.21、宽 0.22 米。墓室四壁及底部有积炭，墓坑内填土为白膏泥与黄土，且经过夯打。葬具为一椁一棺，棺椁下铺垫有两道用白膏泥土坯砌成的土台，死者骨骸已腐朽无存，故葬式不明。随葬品主要有铜器鼎 4 件、鍪 2 件、蒜头扁壶 2 件、钫 4 件、甑 1 件、盘 1 件、弩机 1 件、镜 1 件，此外还有陶器茧形壶 4 件、彩绘钫 1 件、圜底罐 4 件，玉质印章 1 枚，半两铜钱 1246 枚。[①] 此墓的墓向和形制均与关中地区秦墓相似，随葬品中的铜鼎、鍪、蒜头壶、钫、陶茧形壶、彩绘钫以及铜镜、铜钱等亦为关中秦墓常见的器物。在文化因素方面，此墓应以秦文化因素为主要特征。另外，此墓在结构上积炭和填白膏泥具有明显的楚文化特征，而随葬品中的圜底陶罐则具有较明显的巴蜀文化特征。据此，可以认定此墓的墓主人是秦人，其文化特征以秦文化为主，又包容了巴蜀及楚文化的因素。

四、秦与巴蜀文化融合对秦统一巴蜀地区的作用

由于秦在巴蜀地区，维持了该地区原有社会结构和文化，因此巴蜀地区所表现出的秦与巴蜀文化之间的融合呈现出自上而下、逐步深入的过程。

以占有外来文化礼器是巴蜀上层贵族作为地位与身份的区别标识，说明

---

① 何新成：《汉中杨家山秦墓发掘简报》，《文博》1985 年第 5 期。

农耕文化以秦文化为主要途径，向巴蜀地区扩展的过程中，首先为周围少数部族上层所认可和接受，同时也证明了此时的农耕文化是先进和符合历史潮流的，进步和强调秩序的政治体制对于整合、形成周围少数部族对农耕世界的向心力，可以说起到了决定性的作用。上文提到的黄溪公社两座西汉墓葬中也可以看到秦文化在巴地的影响，从器物等文化要素统计来看，两座墓葬的巴蜀文化因素已经越来越少，秦文化因素明显，一些西南夷的文化因素也已基本不见。

随着大量关中和其他地区移民进入巴蜀地区，移民和土著居民之间可以相互选择文化，成为除了巴蜀贵族自上而下的影响之外，巴蜀地区文化向秦文化转变的另一原因，而这种演变过程是在经济交流和日常生活中不知不觉中进行的。

通婚是秦与巴蜀文化融合的一种途径，秦文化随着通婚传入了巴蜀地区。通婚的意义，正如张金光在其著作中所论述的那样：

> 标识着古代政治国家组织的质变，和大中国华夏民族意识的新的质的升华，一个新的以原华夏族为主体的包括了更多族类的大民族共同体正在酝酿形成中，至此，才将民族共同体与具有一定政治疆域的政治国家组织统一起来。[1]

从通婚的这一意义来看，秦与巴蜀文化的融合，为秦在巴蜀地区的统治建立了牢固的精神纽带。

秦国在巴蜀地区适当的文化政策以及文化上的认同和调整，促进了巴蜀文化的继续发展，对于秦在巴蜀地区统治的稳定意义重大。作为秦对楚战争以及统一战争的前进基地和物资基地，巴蜀地区在秦国的统一战争中发挥了重要作用。随着统一战争的进程，原有的战国时代形成的不同文化间交流的空间和频率、广度和深度都是空前的，对西南地区产生了强大的冲击，从文化认知上有利于建立统一的多民族国家——秦帝国及随后更为强盛的汉王朝。

---

① 张金光：《秦制研究》，上海古籍出版社，2004年，第50页。

第二节　秦文化与戎狄文化的交流和融合

西戎族群[①]主要分布在陇山东西一带，其活动范围为今甘肃东部、宁夏中南部，此外还包括关中——秦国腹地的一些民族。生活在北方地区的少数族群有白狄、林胡和楼烦，其活动范围为今天陕北、宁夏东部和内蒙古中南部，即史称的"河南地"[②]或"新秦中"[③]的地方，核心区域为鄂尔多斯地区。本书姑且把生活在这些地区的白狄、林胡和楼烦等族群称之为北"狄"族群[④]。

纳入秦势力范围的戎狄地区，其文化面貌逐步呈现出"秦化"或"中原化"的趋势。这一文化上的演变对秦统一局面的形成意义重大。

一、秦在戎狄地区的扩张

秦是在西周王室退出渭河平原，戎人进入关中的情况下建国的。因此，从建国起，秦国便与戎人在西北展开了争夺，历时几个世纪。随着秦国势力

---

① "戎"是西周以来中原人士对于异族的称谓，并不限于西方族群。"戎"的最初含义，为手持武器的入侵者，可参见王国维《鬼方昆夷猃狁考》，《观堂集林》卷十三，中华书局，1959年。战国中后期，"戎""狄""蛮""夷"等词与方位相结合，形成了东夷、南蛮、西戎、北狄的概念，"西戎"被用来指代生活于西北的族群，被中原称作"羌"。春秋以来，"西戎"指的是生活于黄河以西泾、渭流域的戎人。《谏逐客书》："益国二十，遂霸西戎。"本书所论述的"西戎"地区，专指西方族群，即春秋战国时期居住在今甘肃东部、宁夏中南部和秦国腹地——关中的族群。

② 《史记·秦本纪》。

③ 《史记·平准书》。

④ 根据辛迪的研究，狄最初为一个族群的自称，随着与中原诸国联系的加强，自称族名转变为中原诸国对有共同特征人群的称谓。春秋晚期成为对所有北方少数族群的泛称。见辛迪《两周戎狄考》，北京大学博士学位论文，2006年，第97页。另，在陕北、宁夏东部和内蒙古中南部发现的多是鄂尔多斯式青铜器，而田广金在《鄂尔多斯式青铜器》（文物出版社，1986年）一书中，把鄂尔多斯式青铜器的族属概括为"狄—匈奴文化"。综合以上两说，本书把生活在这些地区的族群统称为北"狄"族群。

的不断壮大，一些西戎地区的少数民族聚居地被秦所吞并。战国中期以后，一些北"狄"地区也纳入了秦的势力范围之内。

（一）秦并西戎考——秦在西戎地区势力的扩张

秦建国之初，其势力范围大致在陇山以东、泾渭流域以南地区，以长武（上孟村）—灵台—陇县为界与西戎族群南北相对①。为争夺生存环境，秦与西戎族群展开了长达几个世纪的战争。聚居于秦周围的西戎族群，最重要的莫过于"西戎八国"："秦穆公得由余，西戎八国服于秦，故自陇以西有绵诸、绲戎、翟、獂之戎，岐、梁山、泾、漆之北有义渠、大荔、乌氏、朐衍之戎"②。

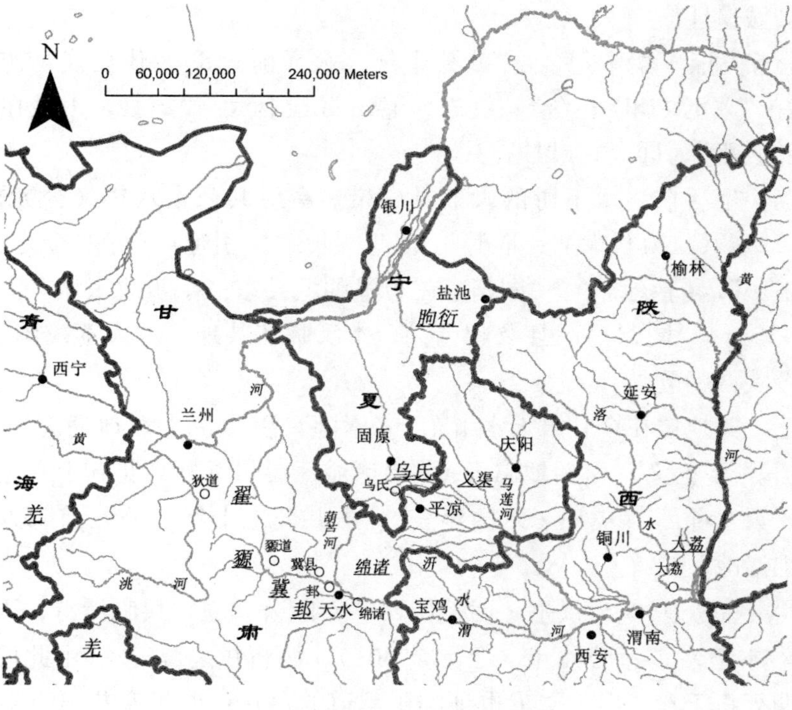

●当代城市　○秦县　*大荔* 戎名

图6-2-1　春秋战国时期西戎分布图③

---

① 本节所说的"秦统治区域"与"西戎地区"即以此条线为界。
② 《史记·匈奴列传》。
③ 据复旦大学历史地理研究中心"中国历史地理信息系统V.4.0"制作，感谢刘江博士的帮助。

春秋战国时期并入秦国版图的西戎族群，周振鹤、史党社等人均有详细的考证①。今天甘肃西部的冀，天水地区的邽、绵诸、獂，平凉地区的乌氏，庆阳、宁县一带的义渠，陕西大荔一带的大荔之戎（见图6-2-1）均纳入了秦国的版图。

邽，《史记·秦本纪》："武公十年（公元前688），伐邽、冀戎，初县之。"秦有下邽县，因武公十年伐邽、冀戎，置有上邽；又再取邽戎之地设此县，为加以区别故取名下邽。《水经·渭水注》："渭水又东迳下邽县故城南，秦伐邽置邽戎于此，有上邽，故加下也"。秦封泥有"下邽丞印"。上邽县的地望，雍际春根据放马滩地图考证其地在今甘肃天水市麦积区（原北道区）②。下邽县的地望在今陕西渭南市临渭区巴邑镇，又名废下邽镇，是最早的下邽县城遗址③。

冀，《史记·秦本纪》："武公十年（公元前688），伐冀戎，初县之。"秦官印有"冀丞之印"。《清一统志》卷二百五十六："冀县，古城在（巩昌府）伏羌县南"，即今甘肃甘谷县。

大荔，生活在洛水下游的大荔县一带。秦厉共公十六年（公元前461）灭于秦，"以兵二万伐大荔，取其王城"。《集解》引徐广曰："今之临晋也。临晋有王城"。《括地志》："同州东三十里朝邑县东三十步故王城。大荔近王城邑。"又云："同州冯翊县及朝邑县，本汉临晋县地，古大荔戎国。"汉临晋县即今陕西朝邑县。

绵诸，其地望在今甘肃天水市东。《索隐》引《汉书·地理志》："天水有绵诸道。"《正义》引括地志云："绵诸城，秦州秦岭县北五十六里。汉绵诸道，属天水郡。"《史记·六国年表》，厉共公二十年（公元前457），"公将师与绵诸战"。

獂，秦有獂道，《后汉书·西羌传》："秦献公初立，兵临渭首，灭狄、獂戎。"《秦本纪》："孝公元年（公元前361），西斩戎之獂王。"由此可知獂在战国中期灭亡于秦。出土文献也证实了獂道的存在：如相家巷出土秦封泥有

---

① 周振鹤：《西汉政区地理》，人民出版社，1987年；《〈二年律令·秩律〉的历史地理意义》，《学术月刊》2003年第1期。史党社：《秦关北望——秦与戎狄文化关系的研究》，复旦大学博士学位论文，2008年；后晓荣：《秦代政区地理》，社会科学文献出版社，2009年。

② 雍际春：《天水放马滩木板地图研究》，甘肃人民出版社，2002年。

③ 王仲德编：《古县下邽》，陕西人民出版社，2001年，第94页。

"獂道丞印"①；湖北出土的西汉初年的《张家山汉简·二年律令·秩律》有
"獂道"。关于其地望，《正义》引《括地志》云："獂道故城在渭州襄武县
东南三十七里。古之獂戎邑。汉獂道，属天水郡。"旧说在陇西，但近年在静
宁县的李店汉墓中出土了"獂""獂司马"的印，因此有些学者认为獂道应在
静宁一带。②

　　乌氏，《史记·匈奴列传》："岐、梁山、泾、漆之北有义渠、大荔、乌
氏、胸衍之戎。"《正义》注："氏音支，《括地志》云'乌氏故城在泾州安
定县东三十里。周之故地，后入戎。秦惠王取之，置乌氏县也。'"秦封泥有
"乌氏丞印"③。《读史方舆纪要》卷五十八陕西七泾州乌氏城亦记："'在安
定县东三十三里。'……汉因之，属安定郡。"秦乌氏县治所在今甘肃省平凉
市西北。

　　胸衍，地望在今宁夏盐池一带。汉于其故地置胸衍县，属于北地郡。《正
义》引《括地志》曰："盐州，古戎狄居至，即胸衍戎之地，秦北地郡也。"
惠文王时期（公元前338—前311年在位）其地入于秦。

　　狄，秦有狄道县，为陇西郡郡治。《读史方舆纪要》："故城在今临洮府
治西南"，即今甘肃省临洮市。《太平寰宇记》151卷："狄道县，本秦旧县，
其地故西戎别种所居，秦取以为县。"《水经·河水注》："《百官表》曰：县
有蛮夷谓之道，公主所食曰邑。应劭曰：反舌左衽，不与华同，需有译言乃
通也。汉陇西郡治，秦昭王二十八年置。"马非百指出秦昭王二十八年（公
元前279）置狄道县，则狄地入秦之年代当与此时间相近。

　　义渠，生活在今庆阳马莲河流域的董志塬一带，东、北可达陕北、内蒙
古，西可及平凉、宁夏一带。《史记正义》引《括地志》云："宁州、庆州，
西戎，即刘拘邑城，时为义渠戎国，秦为北地郡也。"义渠是当时西北最大的
少数民族之一，与秦有多次交锋，对峙长达百年之久。"至（周）贞王二十五
年，秦伐义渠，虏其王。后十四年，义渠侵秦至渭阴。后百许年，义渠败秦师
于洛。后四年，义渠国乱，秦惠王遣庶长操将兵定之，义渠遂臣于秦。后八年，
秦伐义渠，取郁郅。后二年，义渠败秦师于李伯。明年，秦伐义渠，取徒泾二

　　①　周晓陆等：《于京新见秦封泥中的地理内容》，《西北大学学报》（哲学社会科学版）
2005年第4期。
　　②　史党社：《考古资料所见秦史中的少数民族及其文化》，《秦汉文化比较研究——秦汉
兵马俑比较暨两汉文化研究论文集》，三秦出版社，2002年。
　　③　周晓陆等：《于京新见秦封泥中的地理内容》。

十五城。及昭王立，义渠王朝秦，遂与昭王母宣太后通，生二子。至王赦四十三年，宣太后诱杀义渠王于甘泉宫，因起兵灭之，始置陇西、北地、上郡焉。"[1] 从秦对义渠开始战争到义渠被灭，大致经历了以下三个阶段：秦惠文君十一年（公元前 327），县义渠，以其君为臣；惠文君后十年（公元前 315），伐取义渠二十五城。秦昭襄王最后灭义渠置陇西、北地等郡。

（二）秦在北"狄"地区的扩张

秦势力向这一地区的扩张，始于公元前 328 年魏纳上郡十五县给秦，范围为今陕北延安地区至榆林地区南部的无定河流域。此后不久张仪"筑上郡塞"，秦之势力到达鄂尔多斯东南一带。秦昭王三十六年（公元前 271）灭义渠后，秦筑长城保卫上郡等地（图 6-2-2）。这条长城即是战国秦长城，其具体走向为：以西方甘肃洮河流域起，向东北绵延 1500 公里，东北端至于鄂尔多斯。

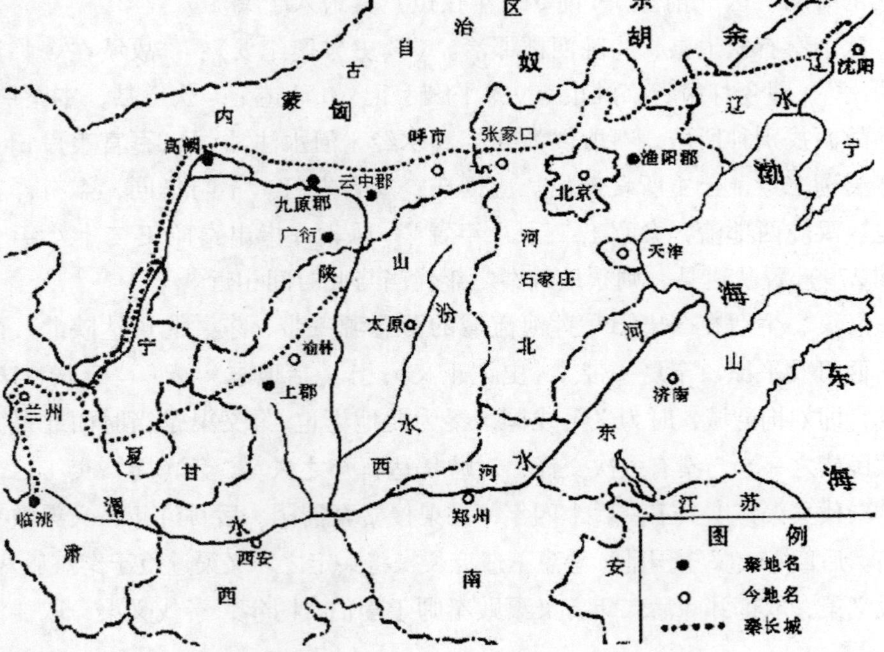

图 6-2-2 战国及秦代长城示意简图
（据陈平《关陇文化与嬴秦文明》，第 743 页修改）

---

[1] 《后汉书·西羌传》。

战国中期以后，赵国经武灵王"胡服骑射"之后，国力大增，其势力亦深入至这一地区，并于公元前300年前后设置了九原和云中两郡。由此这一地区呈现出三足鼎立之势：秦、赵、"狄"以及后来崛起的匈奴。公元前234年，九原和云中两郡入秦。

秦灭赵后，于秦始皇三十二年（公元前215）派蒙恬将众斥逐匈奴"略取河南地"，次年"自榆中并河以东，属之阴山，以为三十四县，城河上为塞"。此时秦所取的"河南地"，当指赵长城以西，不包括乌加河以北河套（小套）在内的鄂尔多斯西部，即图6-2-2所显示的兰州以东与宁夏交界的岔口北上至"高阙塞"（今包头市西北）。河上塞从榆中（今兰州东）延伸而来，并与阴山南麓的赵长城相接（图6-2-2高阙至张家口以北，后成为秦"万里长城"的一部分），本属于赵国的云中、九原两郡也包括在内。后来秦又越过这道防线，斥逐匈奴至于阳山以北，筑长城于阳山之上（今天乌加河以北的狼山）[①]。到公元前214年，秦的势力已经到达今天的河套地区以及阴山更多的地方。楚汉之际，秦自顾不暇，匈奴才得以"复稍度河南与中国界赞故塞。"[②] 这个"故塞"，据辛德勇的考证，当指秦昭王长城—旧九原西南侧赵长城—赵北长城所构成的那道防线，而云中、九原两郡仍属于秦汉王朝的防线以内。[③] 本书涉及的北狄族群，其活动的范围均在高阙至张家口一线的长城以南地区。

二、秦与戎狄族群的文化交流与融合

出于制戎、和戎的需要，秦国吸收了西戎文化的因素。秦穆公（春秋中晚期）以后，秦对戎狄地区基本处于优势状态，秦文化开始向戎狄地区传播。春秋战国时期戎狄文化虽对关陇地区产生了一定的影响，但远不及秦文化对新占领的戎狄地区之影响。

考古资料为我们探讨春秋战国时期秦与西戎民族的文化交流提供了实

---

　　① 赵在阴山南麓和秦在阳山所筑的长城，其具体线路可参见谭其骧《中国历史地图集》第二册，中国地图出版社，1982年，第5~6页。

　　② 《汉书·匈奴传》。

　　③ 辛德勇：《张家山汉简所示汉处西北边隅边境解析——附论秦昭襄王长城北端走向与云中九原两郡战略地位》，《历史研究》2006年第4期。

物依据：

（一）秦统治区域所见之戎狄文化因素

西周时期，秦文化与周文化的关系密切，其文化特征主要表现为周文化的特征。从春秋开始，随着与周边文化的交流和融合，秦文化面貌发生了巨大变化，屈肢葬、土洞墓、茧形壶、铲形足袋足鬲等一系列独具特色的文化因素开始流行。而这些文化因素均可以从西北少数民族地区找到源头，故有人将早期的秦文化视为西北地区的羌戎部族文化，有学者称之为秦文化的"戎狄性"，《春秋经》也视秦为戎狄。这一现象反映了这样一个历史事实：秦人在西北扩张的过程中，不仅控制了大量戎狄人口，而且吸收了他们的文化，使自己的文化面貌发生了明显变化。戎狄族群也渐渐认同了秦文化，而成为"秦人"。

春秋战国时期，在秦人统治区域内所见到的戎狄文化因素有以下数例：

1. 在春秋早期至战国早期的关中秦人墓葬中，可以发现这一时期流行宽扁柄兽面格的柱脊短铜剑，柄部有的作椭圆柱体，饰镂空蟠螭纹，茎的两侧各有突齿；有的柄部作中间内曲的喇叭口形（图6-2-3）。

这种短剑均可在北方系青铜短剑中找到相似的制品。由此反映了戎狄文化对关中秦人的影响。这一情况直到战国早期后段简公六年"令吏初带剑"之后，铜剑才被代之以中原式风格的剑。[①] 比较典型的为1978年在陕西宝鸡西泉村M1的一件铜剑（图6-2-3.1）。根据铜器的特征及其与周边两座墓葬（M2、M3）的排列规律，可将该墓的年代定为春秋早期。铜剑锋利，有中脊，断面作菱形，残长22.5厘米，剑柄9.5厘米，据残刃延伸，剑锋折断4或5厘米，全长约27—28厘米，这是"北方式"青铜短剑的标准规格。刃身下部有单缘勾勒的"兽面纹"，剑柄镂空雕铸四只老虎一类的猛兽，从中缘分成两边，左右对称，每边两只，前后相随，左右双虎虎口张开相对，足半曲、爪亦联成抱拳状。装饰动物花纹的青铜短刀短剑是燕山南北长城内外地带极具特征的文化现象，从殷商流行到战国，根据杜正胜对北方动物纹饰的研究，把此剑划归其分类后的第二类组。宁城南山根M101，皆有类似的母题，剑柄浮雕左右二虎，口足两两相对。按宁城南山根墓葬的时代约当西周

---

① 陈平：《试论春秋型秦兵的年代及有关问题》，《考古与文物》1986年第5期；又见《关陇文化与嬴秦文明》，江苏教育出版社，2005年，第560页。

晚期到春秋早期，和上文对于此墓的推断年代符合。主人的族属也许是秦族，但也不能排除其他族群的可能性，甚至包括所谓的"周余民"。从墓葬所透露的信息来看，这位墓主人即使是戎人，从其随葬的器物来看其基本观念也是肯定周礼的，当属于"秦化"或者是"中原化"了的戎人。[①]

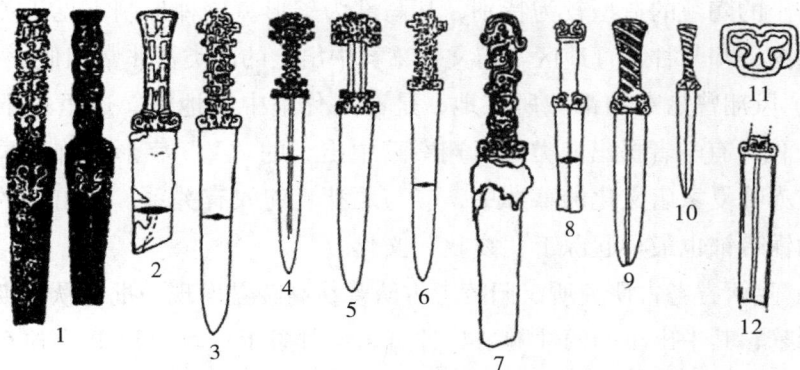

1. 宝鸡西高泉 M1　2. 灵台景家庄 M1　3. 凤翔八旗屯 BM27　4、5、6. 宝鸡益门 M2：1、2、3　7. 陇县边家庄　8. 宝鸡谭家村 M24：1　9. 西安阎良区　10. 秦护军剑　11. 宝鸡博物馆藏 I03219　12. 凤翔八旗屯村西

图 6－2－3　关中秦墓出土北方草原式短剑

（摘自陈平《关陇文化与嬴秦文明》，第 449 页）

2. 通过对陇县店子村 224 座墓葬的全面分析比较中发现：这里属于春秋晚期以前的秦墓，基本上都表现出秦文化的面貌；从战国早期开始，该墓地出现了一些新的文化因素，如陇店 M1 和 M33 出土的绳纹罐；M23、M27、M48、M50、M89、M93、M97 和 M228 各出一鬲，其肩、颈部附一双对称的宽扁状环耳；M91 所出的一件双耳罐；M113、M193、M264、M275、M267 出素面双耳陶壶、彩壶。这些双耳器的造型特征与秦文化的同类器之间有着非常明显的差异，却与甘青地区和关东地区北部黄土高原长城地带的春秋战国时期的文化相近。[②] 甘青地区辛店文化和寺洼文化中的双耳罐的年代早于秦

---

① 宝鸡市博物馆等：《宝鸡县西高泉村春秋秦墓发掘记》，《文物》1980 年第 9 期。杜正胜：《周秦民族文化"戎狄性"的考察——兼论关中出土的"北方式"青铜器》，《周秦文化研究》，陕西人民出版社，1998 年。

② 陕西省考古研究所编著：《陇县店子秦墓》，三秦出版社，1998 年，第 161 页。

墓中所出的双耳罐，而陕北清涧李家崖战国晚期到秦代的墓葬中也出现了较多以素面为主的双耳罐，与文献中所说的"白狄"的文化有关①。双耳器在陇县店子墓地出现，当是受到北方地区古代文化的影响。

3. 陕西宝鸡晁峪的6座东周时期的墓葬，其墓葬形制、葬式、随葬器类的组合等都具有关中秦墓的一般规律，因此6座墓均为秦人墓。但其中6号墓所出土的陶甗的造型较为特别，其鬲部为釜形。这种形制不见于关中地区的秦墓内，却与甘、青地区辛店文化墓葬中出土的同类器非常相似。②

4. 凤翔曾是秦的都城所在地，是秦文化集中的地方。这里也不乏"戎狄"文化。有学者提出，类似凤翔秦墓中出土的"V"字形纹饰最早发现于内蒙古赤峰夏家店文化的墓葬中，应与北狄、匈奴有关系；而出土的陶鍑和板状的铜带饰也最早起源于"戎狄"文化。③

5. 陕西省考古研究所汉阳陵考古队曾在高陵县发现一批春秋晚期至战国中期秦墓，其中出土的两件陶鬲与甘肃东部甘谷毛家坪上层B类遗存极为相似，以前却在关中未曾发现，为典型戎狄文化的东西。④

6. 欧亚草原"动物纹"是戎狄文化的最重要的特征之一，"动物纹"在战国时期的关中地区大量出现，亦反映了戎狄文化对秦文化的影响：

西安半坡M24出土一件铜杖头（图6－2－4.1）⑤，时代为战国晚期。杖头下端为圆形鉴，外饰上下两组"云龙纹"，上立一圆雕动物，作蜷曲状。这个造型与固原、鄂尔多斯的"竿头饰"造型（图6－2－4.5－8）相似，当是同一用途，可能是北方游牧民族张旗的饰件。这件器物从题材、构图上看，属北方文化的属性；而"云龙纹"却属于中原文化因素。⑥再联系M24竖穴土洞墓、仰身屈肢等墓葬特征来看，可以断定这件器物的文化归属还是秦文化，是在西戎文化影响下的产物。

① 陕西省考古研究所陕北考古工作队：《陕西清涧李家崖东周、秦墓发掘简报》，《考古与文物》1987年第3期；杨建华：《陕西清涧李家崖东周墓与"河西白狄"》，《考古与文物》2008年第5期。

② 陕西省考古研究所：《陕西宝鸡晁峪东周秦墓发掘简报》，《考古与文物》2001年第4期。

③ 史党社：《考古资料所见秦史中的少数民族及其文化》，《秦汉文化比较研究——秦汉兵马俑暨两汉文化研究论文集》，三秦出版社，2001年。史党社：《甘宁地区秦相关文物考察报告》，《秦文化论丛》（第八辑）。

④ 《陕西省高陵县益尔公司秦墓发掘简报》，《考古与文物》2003年第6期。

⑤ 金学山：《西安半坡的战国墓葬》，《考古学报》1957年第3期。

⑥ 杜正胜：《周秦民族文化"戎狄性"的考察——兼论关中出土的"北方式"青铜器》。

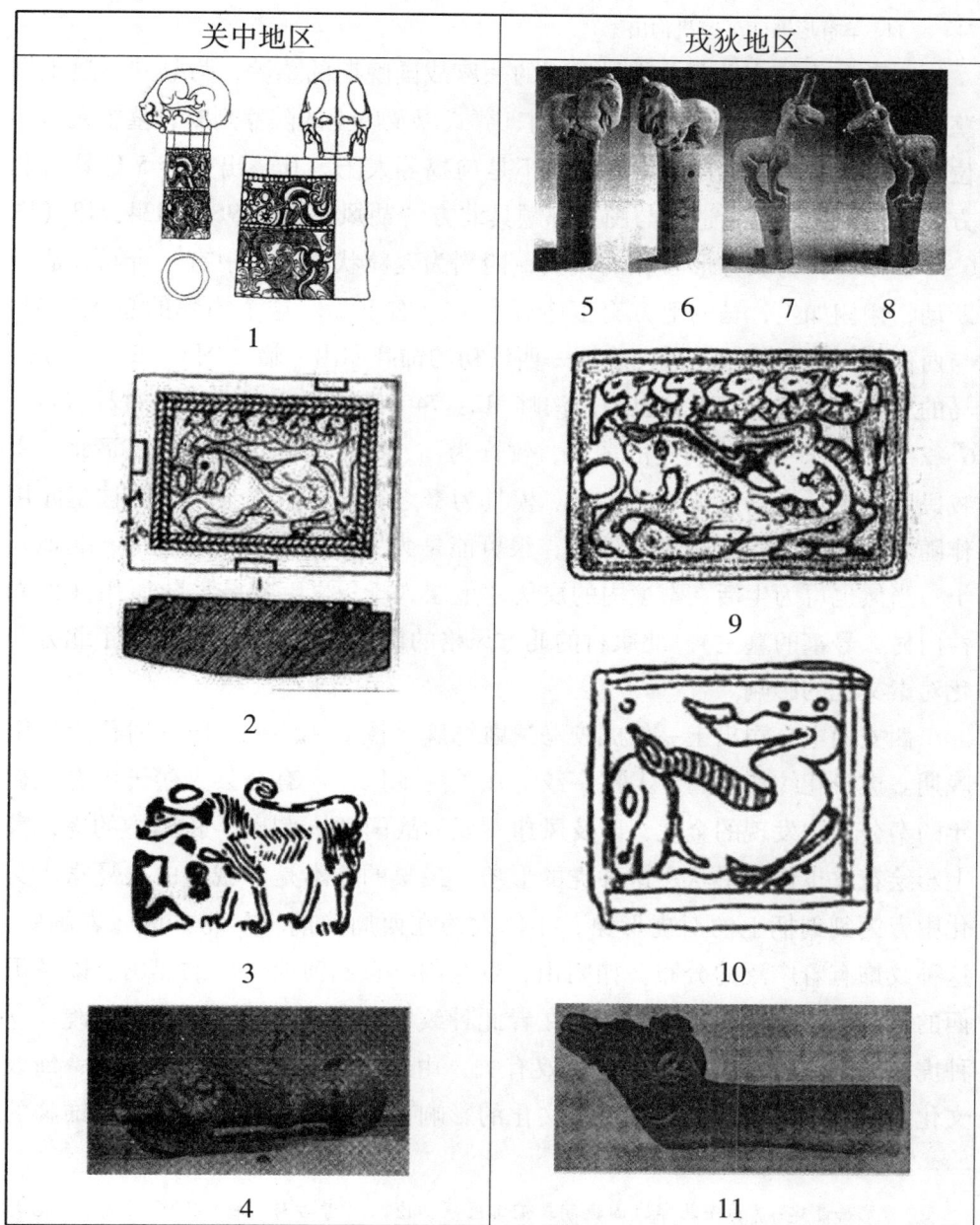

图6-2-4　关中与戎狄地区动物纹对比图

1. 铜杖头（西安半坡 M24：1）　2. 马饰牌模具（西安北郊 M34：13）　3. 虎咬马透雕饰牌（西电公司出土）　4. 羊首车軎（西安后围寨出土）　5、6. 竿头饰（速机沟出土）

7、8. 竿头饰（玉隆太出土）　　9. 马饰牌（西伯利亚出土）　　10. 马纹金饰片（西沟畔 M2：

74）　11. 羊首形饰件（速机沟出土）

　　1999 年在西安北郊北康村发现的一座战国晚期的墓葬，为竖穴墓道土洞墓、东西向、屈肢[①]。根据墓葬形制、葬式以及出土的陶器判断，墓主人为一位有一定身份地位的铸铜工匠，而不是匈奴等人士。其墓出土有 5 件具有北方风格的饰牌模具，造型与图案都颇具北方"胡风"。标 99SXLM34：13（图 6－2－4.2），为长方形带扣的模具，四周为麦粒状框边，中有一奔马，造型跃动，栩栩如生，马的上方有五个怪兽首、右下二。这个饰牌的总体造型，与西伯利亚发现年代在战国晚期—西汉初的饰牌如出一辙（图 6－2－4.9）；[②]马的后腿反转置于背上，也与西沟畔 M2：74 剑鞘金饰片上的马纹一样（图 6－2－4.10）。[③] 其他模具的图案，纹饰为马、鹰、羊等，反映的都是北方畜牧民族的生活场景或常见的主题。模具为秦之官物，由于某种原因被工匠用作随葬品。秦造作"胡风"器物，很可能是为了供应自己北边上郡、北地人士，当然也可为生活在秦境内的戎狄"上层人士""臣邦君长"所用（例如益门村二号墓的墓主）。北康村的北方风格的饰牌模具的发现，说明了北方文化对秦文化的影响。

　　西安西电公司出土一件虎咬马透雕饰牌（图 6－2－4.3）[④]，时代为战国晚期。虎身花纹作平行"V"字纹。在关陇地区，还有礼县大堡子山春秋初年的秦公墓中发现的金虎，以及凤翔发现的战国"人刺虎"瓦当中的虎，身上彩绘花纹也作此形状。这种虎的形象，最早的标本是宁城南山根夏家店文化中青铜剑剑柄上的对虎形象，年代大约在西周晚期。在北方地区岩画中，这种纹饰有着广泛的分布。如阴山、贺兰山，直到河西走廊的黑山、以及更西的天山、阿尔泰山岩画，都存在者此种纹饰之虎，年代大致东早西晚。这种虎向西的传播，应与北狄、匈奴有关，由此也可看出秦与"北狄"、匈奴文化的关系。由于这种花纹对秦文化的影响甚久，因此可以认为这件饰牌的

---

　　① 见岳连建：《西安北郊战国晚期筑铜工匠墓初论》，《考古与文物》2002 年先秦考古增刊。罗丰：《中原制造——关于北方动物纹金属牌饰》，《文物》2010 年第 3 期。

　　② 田广金、郭素新：《鄂尔多斯式青铜器》，第 84 页，图五二：3，第 99 页。

　　③ 伊克昭盟文物工作站、内蒙古文物工作队：《西沟畔匈奴墓》，《文物》1980 年第 7 期，图四：4。

　　④ 资料引自王长启《西安市文管会藏鄂尔多斯式青铜器及其特点》，《考古与文物》1991 年第 4 期，图二：12。

母题来自于北方，但工艺却是"秦式"的。

西安后围寨出土一件二十一年羊首车軎（图6-2-4.4）[①]，时代为战国末期。铜质卷缘，长22.3、高9厘米。圆身，卷缘口直径8厘米，穿长1.8、宽0.7厘米。器首作羊头型，中部凸带外侧有鸟首突出。铭文作"廿一年寺工献，工上造旦"，据此考证是秦始皇二十一年（公元前226）所做器。总体造型特别是首部的羊头形状，与鄂尔多斯准噶尔旗速机沟出土的战国晚期羊首形饰件（图6-2-4.11）相似[②]。同类器物还可举秦昭王时期（公元前306—前251年）的（宣）"太后"车軎，车軎上有"太后"的刻铭，就是以权势很大的宣太后的名义设立机构所制造的器物[③]。此器所具有的鄂尔多斯青铜器的风格，可以看作是北方系青铜文化对秦文化的传播现象。秦官物用此造型，足以说明此种因素已经成了"秦文化"的一部分。

（二）戎狄地区所见之秦文化因素

战国中期以前的戎狄地区，其文化面貌的变迁过程可以用"游牧化"来概括。这一游牧化过程，开始于西周中期。大约自公元前2000年开始，这一地区气候逐渐向干冷发展，致使这里的生业与社会呈现出一种农牧混合经济和武装化的趋势[④]，"从西周中期开始，长城沿线的北方文化带陆续进入游牧经济阶段。春秋中期到晚期的遗址数量很少，但是进入春秋晚期至战国早期，遗址数量大增，表明了游牧经济的普及以及新的更加适应环境的经济形态所带来的社会大发展。"[⑤] 固原、庆阳、天水出现的这些北方风格的器物，正是这个大游牧化背景下的结果。

春秋早期，秦国势力开始介入戎狄地区，遏制了这些地区游牧化的扩散。其表现以下两种情况：一是纳入秦国势力范围的戎狄地区，其文化面貌被秦文化所取代；二是纳入秦势力范围的戎狄族群接受了秦文化，呈现出农耕与

[①] 陕西省博物馆：《介绍陕西省博物馆收藏的几件战国时期的秦器》，《文物》1966年第1期，图六、七、八。

[②] 盖山林：《内蒙古自治区准葛尔速机沟出土一批铜器》，《文物》1965年第2期，图四。

[③] 王辉：《秦铜器铭文编年集释》，三秦出版社，1990年。

[④] 王明珂：《鄂尔多斯及其邻近地区专化游牧业的起源》，《历史语言研究所集刊》，第65本第2分册，1994年。

[⑤] 杜正胜：《欧亚草原动物文饰与中国古代北方民族之考察》，《历史语言研究所集刊》第64本第2分册，1993年；杨建华、曹建恩：《略论中国北方地区古代游牧民族文化发展模式》，《吉林大学社会科学学报》2007年第5期。

游牧混合的文化面貌。

1. 戎狄地区的秦人墓

在戎狄地区发现的秦人墓有：

A. 固原地区

坪乐墓地，位于固原县头营乡。头营公社坪乐出土的这批器物，计有鼎1、壶1、卣1、戈1、剑1、铃5、银镦1。鼎上铭文有秦小篆，但也具隶意，所以推断年代上限也可能在汉初。① 此地位于秦昭王长城以北，以此推测年代上限当不早于秦取"河南地"的那一年，即公元前214年②。

B. 平凉地区

庙庄墓地，位于甘肃省平凉县东四十里铺公社庙庄大队的庙嘴坪上，探测出四座陪葬车马的战国晚期中型墓葬（M6—9），在清理的M6、M7中，每墓随葬车子一辆，墓葬出土器物与关中秦墓以及睡虎地秦墓相似，其中M7出土的铜鼎形灯，带有明显的秦器风格。③

C. 内蒙古中南部地区

广衍是秦上郡比较靠北的一个县，其位置在今天鄂尔多斯东南部、准噶尔旗西南部之旧川掌公社（今称勿日图高勒）。该地原属赵，为秦昭王二年（赵武灵王二十年，公元前305年）赵西略胡地榆中（今陕西榆林一带、黄河以南的地区）而设立之城邑。④ 据李晓杰的考证，广衍入秦的时间不会晚于秦昭襄王十二年（公元前295）。⑤ 广衍已发现古城一座，清理墓葬18座。根据遗物判断古城年代当在战国晚期至新莽时期。⑥ 18座墓葬的形制都是竖穴土坑，有木质葬具，其中14座墓属于战国晚期—汉初（即简报所的I—III期），具有典型的秦文化特征。14座墓中有10座是屈肢葬，随葬品中的小口陶瓮、罐形陶壶、双耳铜釜，以及罐、壶、甑、盒等日用陶器，与关中及其他地区秦人墓的同类器物基本相同。在墓葬中，仍然能发现北方系畜牧文化对此的影

---

① 资料转引自史党社《秦关北望——秦与戎狄关系研究》，复旦大学博士学位论文，2008年，第133页。

② 《史记·秦始皇本纪》。

③ 甘肃省博物馆、魏怀珩：《甘肃平凉庙庄的两座战国墓》，《考古与文物》1982年第5期。

④ 杨宽：《战国史料编年辑证》，上海人民出版社，2001年，第702页。

⑤ 李晓杰：《中国行政区划通史·先秦卷》，第374~375页。

⑥ 内蒙古语文历史研究所、崔睿：《秦汉广衍古城及其附近的墓葬》，《文物》1977年第5期。

响，例如随葬牛首、蹄和牛羊肢骨。而出土的双耳夹砂罐、双耳或单耳陶罐、双耳铜釜和四系钮半圆铜壶，都是具有游牧民族色彩的器物。这些墓葬的墓主人应该为秦移民。自公元前4世纪末期以后，秦的势力深入到鄂尔多斯。广衍这样的城池，当是作为军事堡垒存在的。秦在这里的民众，以移民为主，因为秦本来到这里就是为了争夺这个"过渡地带"的土地的。后来秦代蒙恬因河为塞，筑四十四县城，也当以移民为主。在这里发现的畜牧文化因素，说明迁移到边地的"秦人"，接受了一些当地游牧文化的传统因素。

2. 戎狄族群对秦文化的接受

春秋至秦统一前后，固原、庆阳、天水以及内蒙古中南部相继纳入秦的统治范围内，考古工作者在这些地区戎狄族群的墓葬中发现了秦文化因素和中原文化因素的器物。戎狄族群墓葬中出现的部分中原文化器物，是通过秦文化传入该地的。

A. 天水地区

马家塬墓地位于甘肃张家川回族自治县西北17公里的木河乡，2007年发掘以来，已经发掘墓葬8座，出土有大量金、银、铜错金银、铁、未知金属器、包金铜、陶、骨、玛瑙珠、釉陶珠等文物2200件，墓地的时代当为战国晚期[1]。有四座墓（M1、M2、M3、M13）出土的随葬车辆完整，有的车极其华丽，车上所装饰的金银箔、铜花片饰、动物装饰具有北方草原文化的一些特征。此外，M1、M2和M3三座墓葬均以大量的马、牛头骨随葬或祭祀。从M1—M3反映的文化面貌来看，这三座墓葬的主人，很可能是战国时代秦人统治下的，接受了秦文化的某一支戎人首领。铜壶（图6-2-6.3）、茧形壶以及底部的铭文（图6-2-6.4）是典型的秦文化器物。

甘肃清水县白驼乡刘坪村墓地历年的征集品[2]，属于东周时期的器物的文化成分非常复杂：鹤嘴斧、小铜管、马面饰、铲形饰和卧鹿形铜饰属于北方系青铜文化，而剑（图6-2-6.5）和刀（图6-2-6.6）则有很浓的中原文化因素，金饰片与庆阳地区的饰牌很相似，是北方系群体动物饰牌与中原文化因素的混合物。

---

① 甘肃省文物考古研究所、张家川回族自治县博物馆：《2006年度甘肃张家川回族自治县马家塬战国墓地发掘简报》，《文物》2008年第9期。早期秦文化联合考古队、张家川回族自治县博物馆：《张家川马家塬战国墓地2008~2009年发掘简报》，《文物》2010年第10期。

② 李晓青、南宝生：《甘肃清水县刘坪近年发现的北方系青铜器及金饰片》，《文物》2003年第9期。

B. 固原地区

马庄墓地 M1、M5 为战国晚期的戎人墓，M1 出土一件铜戈（M1：30，图 6 - 2 - 6.1），其形制介于秦文化的西沟道 M26（战国中期）和咸阳塔儿坡 M21375（战国晚期）[1] 出土的戈之间。故判定 M1 出土的铜戈为秦式铜戈。M5 出土一件卷云纹的琵琶形带钩（M5：19，图 6 - 2 - 6.2），与朝邑战国早期墓葬中的同类器物近似。[2] 该器物的文化属性可以确定为秦文化。

C. 庆阳地区

根据文献记载，庆阳地区是义渠的聚居地。从葬马习俗和随葬品等方面来看，庆阳地区三晋文化因素占了很大的比例。其中葬马坑为整马埋葬，其葬马方式与北方其他殉牲的方式完全不同。从其出土的器物来看，庆阳地区除车马器方面与甘宁地区的其他地区（北方系青铜文化的特征）表现出同步性外，其他器类具有秦文化和其他中原地区文化的因素，其中以戈最多，几乎每个时期都有。这些戈的形制与关中地区秦墓出土的戈相似。庆阳地区只使用少量北方式的武器和工具。除了具有实用功能的戈（图 6 - 2 - 6.7、8）以外，还有反映农耕地区文化成分的龙纹饰牌（图 6 - 2 - 6.9 - 11）。"这些饰牌的纹饰反映的是中原文化成分与北方系青铜文化成分的融合，而不是简单的借用或模仿"[3]。饰牌所反映的中原文化因素当是随秦文化传播的结果。通过饰牌和戈等中原文化和秦文化因素的器类可以说明这一地区对农耕文化的认同程度。

D. 内蒙古中南部

根据内蒙古中南部所反映的考古学文化来看，我们可以将该地划分为东西两部分，大致以呼和浩特市为界，东区是以大青山的东段两城、岱海为中心的地区；西区以鄂尔多斯高原为中心，向北扩展到河套地区甚至阴山山脉的个别地区；毛庆沟墓地[4]和西沟畔墓地[5]，反映了东西部对待以秦文化为代

---

[1]　陕西雍城考古工作队：《陕西凤翔八旗屯西沟道秦墓发掘简报》，《文博》1986 年第 3 期；咸阳市文物考古研究所：《塔儿坡秦墓》，三秦出版社，1998 年。

[2]　宁夏文物考古研究所：《宁夏固原杨郎青铜文化墓地》，《考古学报》1993 年第 1 期；陕西省文管会、大荔县文化馆：《朝邑战国墓发掘报告》，《文物资料丛刊》（2），文物出版社，1973 年。

[3]　杨建华：《春秋战国时期中国北方文化带的形成》，文物出版社，2004 年，第 56 页。

[4]　内蒙古工作队：《毛庆沟墓地》，见田广金、郭素新：《鄂尔多斯式青铜器》。

[5]　伊克昭盟文物工作站、内蒙古文物工作队：《西沟畔战国墓》，见《鄂尔多斯式青铜器》。

表的农耕文化，其接受的程度是不一样的。

毛庆沟墓地位于内蒙古凉城县蛮汉山南麓，墓地的年代跨度为战国中期至秦统一前后。从毛庆沟墓地的墓葬排列顺序看，战国中晚期出现了东西向和南北向交错墓葬的现象。由于南北向的墓葬只随葬有带钩，而没有发现北方系青铜文化特征的器物，因此可以判断出南北向墓葬的主人是农业民族。带钩是代表该区秦文化和农耕文化因素的典型器物，在该墓地出土有带钩的15 座墓葬中，有 7 座为东西向，说明当地族群受到了农耕文化的影响。如 M58 出土的两件琵琶形铜带钩（M58：7①、②，图 4 - 2 - 6.13、14），与河北省邯郸百家村 M3 出土的同类器物①相似；同时，该墓还出土有一件中原式的铜戈（M58：1，图 6 - 2 - 6.12），亦见于河北省邯郸百家村 M3。M58 出土的带钩和铜戈均为三晋文化因素的器物。通过比较发现，M49 出土的一件铜带钩（M49：2，图 6 - 2 - 6.15）与云梦睡虎地秦墓 M13 出土的带钩形制相似，属秦式带钩②。M58 的时代属于战国早期，而 M49 的年代为秦统一之后。M58 和 M49 出土的铜带钩为赵、秦在内蒙古中南部地区的活动提供了考古上的证据。

西沟畔 M2，年代为战国晚期。该墓出土有两件大小一样的虎豕咬斗纹金饰牌（M2：26、27，图 6 - 2 - 6.17）。金饰牌的背面边缘处，有战国晚期的秦文字，M2：26 的文字为"一斤五两四朱少半"和"故寺豕虎三"（图 6 - 2 - 5），M2：27 为"一斤二两廿朱少半"等字。此外，在七件银虎头（节约）（M2：13 - 19）的背面亦刻有秦文字，其中 M2：13 为"少府（少府）二两十四朱"（图 6 - 2 - 6.16）。

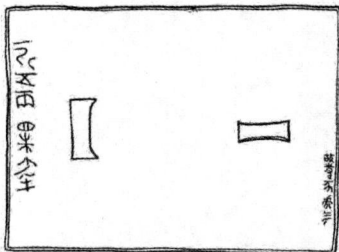

图 6 - 2 - 5　虎豕咬斗纹金饰牌上的文字

---

① 河北省文化局文物工作队：《河北邯郸百家村战国墓》，《考古》1962 年第 2 期。
② 《云梦睡虎地秦墓》编写组：《云梦睡虎地秦墓》，文物出版社，1981 年，图版二十九.3。

　　西沟畔 M2 出土的刻有战国文字的器物多是金银制品，是上层人物使用的，属于借用和模仿。这一现象表明：在很少见到中原文化工具、武器和饰件的地区，却在贵金属的制作工艺上模仿中原并在自己作品上刻有文字记录（以记录重量为主）的工匠，很可能是由农耕世界地区到达该地区的。因此该地的贵族并没有产生对农耕文化更深层次的认同。

　　戎狄地区融入秦文化较为彻底地当属天水和庆阳地区。到战国中晚期，天水地区的东北部和庆阳地区已经完全纳入了秦国的统治范围，这些地区所呈现出来的文化面貌，与关中的秦文化相同。"天水、陇西、北地、上郡，与关中同俗，然西有羌中之利，北有戎狄之畜。"①

　　内蒙古中南部地区文化的变迁，与匈奴、赵、秦三方势力在此一地区争夺有关②。在争夺的过程中，受秦文化和农耕文化较深的东部最终融入于秦汉王朝的势力范围内。西部所出现的秦文化或农耕文化的因素，主要是移民的结果，该地区的上层贵族墓地出现的秦文化因素是借用和模仿的结果，并未对农耕世界产生深层次上的文化认同。

地区	铜器	武器	车马器	装饰
固原		1		2
天水	3 4	5　6		

---

① 《史记·货殖列传》。
② 可参见杨建华《春秋战国时期中国北方文化带的形成》，第 141～142 页。

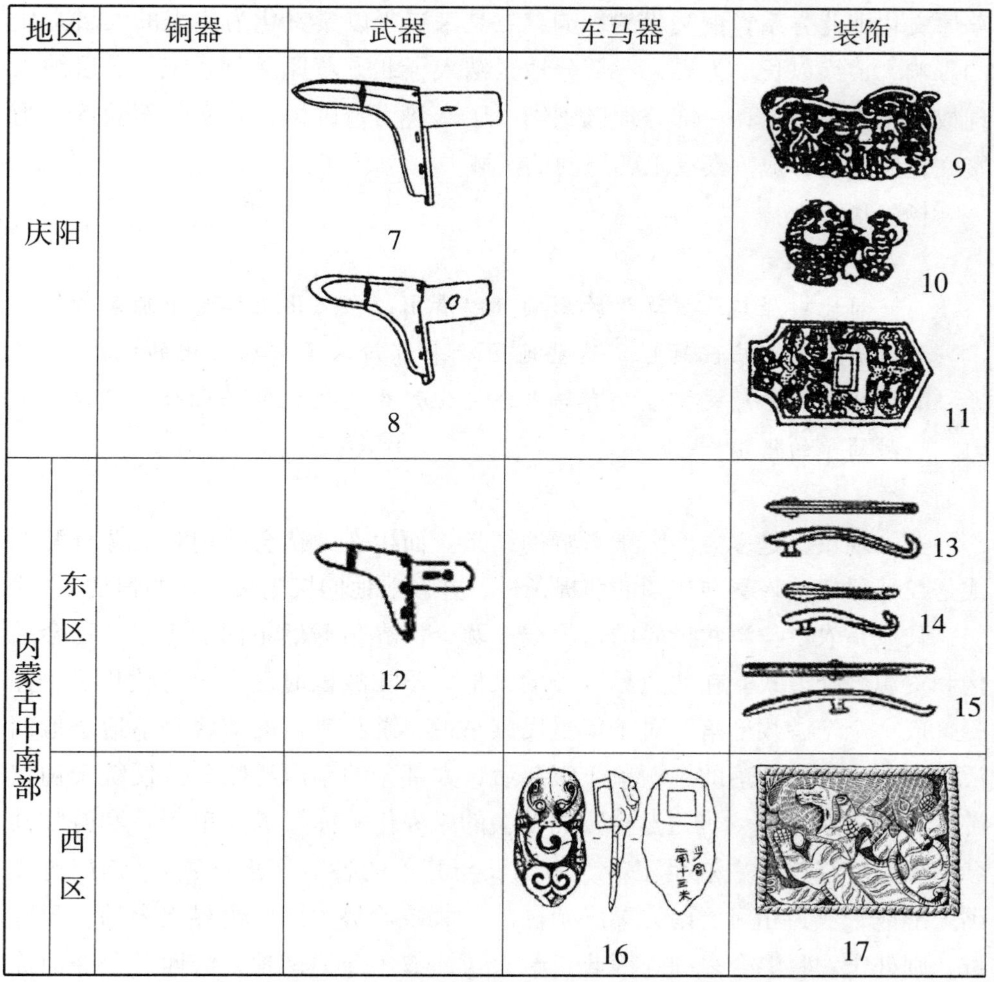

地区		铜器	武器	车马器	装饰
庆阳			7 8		9 10 11
内蒙古中南部	东区		12		13 14 15
	西区			16	17

图6-2-6　戎狄地区受农耕文化影响的器物

1、2. 马庄 M1、M5　3、4. 马家塬　5、6. 清水县刘坪村采集　7、8. 庆阳袁家村、石喇

9、10、11. 庆阳采集　12. 毛庆沟 M58　13、14、15. 毛庆沟 M58、M58、M49　16、17. 西沟畔 M2

三、秦与戎狄文化交流对秦多民族帝国形成的作用

可将戎狄族群纳入秦势力范围的历史进程归纳如下：

第一阶段为西周早期至春秋晚期以前，长武（上孟村）—灵台和陇县以南地区以及天水的东南部的少数民族（主要是西戎民族）地区在这一时期纳入了秦的势力范围。第二阶段春秋晚期至战国时期为渭水流域之外的戎狄地区纳入了秦统治范围内。这一地区主要受两种文化的影响：一是来自于北方草原文化即北方系青铜文化的影响，二是来自于以秦文化为代表的农耕文化的影响。最终以长城为界，一部分地区纳入了北方草原文化系统，最后纳入匈奴的统治范围内；一部分地区则纳入了秦势力范围内，其文化面貌逐步为秦文化所代替，成为秦汉王朝统治的区域。

杨建华指出：

> 对比中原与北方草原的影响可以看出，在文化上接受中原影响的只有冀北与庆阳地区，这些地区后来都归入了中原文化的版图。其他地区的中原文化多没有与当地文化产生文化之间的融合，只是一种简单的借用。①

这一现象应是多方面因素影响的结果。而生态、社会结构和资源分配方式是戎狄民族纳入秦文化圈的前提条件，并影响他们接受秦文化的程度。

长城是农耕与游牧世界的边界线，两个世界是截然不同的生态、社会结构和资源分配方式。在此边界以外的人群，早在战国时已完全游牧化了，并凝聚成一个个游牧部落。对于华夏民族来说，游牧盛行的地区是不适于他们活动的。当匈奴部落的冒顿单于崛起后，大部分的草原游牧部落便统于匈奴游牧"国家"之下。通过整合定居社会的中央化领袖权威（单于）和游牧社会的分裂性结构（左右贤王、二十四长与其下的各级部落首领），匈奴游牧国家形成，成为相对于南方秦汉帝国的一大政治势力。而边界之内的戎狄人群，则处于农牧混合之间。因此，秦人与匈奴争夺河南地，与西羌争夺河湟谷地，都是为了扩大农业生产的空间，基本上不会侵占游牧地区。

> 秦霸西戎，不但将一些具有浓郁农业色彩的戎狄方国纳入秦版图之内，还迫使众多以游牧为业的戎狄部落远徙，从而推进了农牧分界线的西移。②

秦国在夺取上述地区后，采取了筑长城以巩固占领区的方法。至秦朝时，长城已扩展至阳山附近，秦的万里长城也由此形成。这样一来，万里长城之

---

① 杨建华：《春秋战国时期中国北方文化带的形成》，第56页。
② 朱宏斌、朱学文：《秦农业地域拓展与农业生产结构的演替》，《秦文化论丛》（第十辑）。

外的游牧人群变成"汉人"的可能性大大减小了。同时，在万里长城之内的秦边境地区，秦国通过移民开垦荒地、驻军和兴建交通等措施，加强了这些地区与内地之间的经济和文化等各方面的联系，用以避免边境地区"汉人"变成游牧人群的可能。

中国历史上的民族及其文化始终处于变化之中，并随着历史的转移而不断损益其内容。和关中地区西周时代的周人（或西土之人）一样，东周时代的秦人在接受礼乐化的同时，也在融合着西北民族，吸收着他们的文化。正是周秦文化中所含有的"戎狄性"因素，为中国历史的发展注入了新的活力。也正是秦文化中的"戎狄性"因素，使得秦文化较之于其他东方六国文化，更能够适应统一大业的需要：戎狄性催生了秦人领袖——国君的绝对权威，造就了秦人淡薄的宗法意识，进而推动了秦国的人才选拔制度向"唯能是举"的方向发展；戎狄族群"全民皆兵"的生活，影响了秦人的生活状态，促进了战国中期以后关陇地区"战时体制"的形成。

秦文化的产生和成长，始终处于秦与戎狄文化并存的情况下发生的，二者的对立、交流的相互关系，从很大程度上决定了秦文化的面貌，成为秦文化"戎狄性"的来源之一。考古资料证实，正是借助于戎狄文化的吸收，造就了春秋中期以后独特的秦文化。在秦与戎狄互相学习的长期过程中，戎狄地区也出现了文化趋同，成为少数民族地区最终融入华夏文化的原因和动力之一。文化上的最终融合，为秦国乃至后世王朝对这些地区的统治和开发奠定了基础。此后这些地区始终处在统一的中原王朝统治之下，至此，农耕地区和半游牧民族逐渐融合在一起，帝国的多民族格局初步形成，文化上的趋同当是维系统治的最重要的因素之一。

戎狄文化对统一的影响，也表现在"汉人"的形成过程之中。

"汉人"是后世汉民族、中华民族的核心和基础，而秦汉时代是"汉人"形成的关键时期。秦汉文化与"戎狄"文化分布的基本格局和层次，无疑也影响了这个"汉人"认同。在广泛的"汉人"认同产生的过程中，秦文化与境内外"蛮夷"文化的碰撞、交流所导致的相似的文化因素的传播，是"汉人"认同产生过程中有机的一环，是不能割裂、不可省略的。血缘是维系一个民族最重要的因素之一，而随着戎狄地区"秦化"（或"中原化"）过程的深入，少数民族地区的血缘社会结构也会逐步被地缘社会所代替。从这个意义上讲，秦与戎狄文化交流所导致的戎狄地区"秦化"（或"中原化"）过程，最终促成了汉民族的形成，成为秦汉王朝统一局面形成的重要环节。

本章小结

本章分析的是秦与少数民族、族群文化交流对秦帝国版图和战国时期民族融合的影响。得出的认识如下：

1. 巴蜀和一些戎狄地区能最终纳入秦文化圈，原因在于这些地区适宜农业生产，与农耕世界有着相似的生活方式，是巴蜀戎狄族群主动地学习农耕文化的动力。

2. 经济开发、改善交通设施和移民等措施，加速了秦与巴蜀戎狄地区文化交流和巴蜀戎狄地区的"秦化"进程。

3. 巴蜀戎狄地区与秦文化交流和融合呈现出地区性的差异，当与秦对少数民族和族群地区管理方式上的因地制宜有关：蜀地的管理者经历了由蜀地贵族向秦人的转变，秦人是通过少数民族或族群的上层贵族对巴地和戎狄地区进行间接统治的。

4. 秦与戎狄族群经历了长期的文化交流，其结果是秦文化中的"戎狄性"因素日渐浓厚，对秦的统一大业产生了重要作用。

5. 秦与巴蜀戎狄地区的文化交流和融合，其结果是：奠定了秦汉王朝在边境地区的实际统治区域，推动了中华民族的核心——"汉人"的形成。

结 语

一、本书主要观点的归纳

本书以上诸章以"文化"为视角，考察了秦献公至秦始皇统治前期（以焚书坑儒为界），先后纳入秦国统治范围的关陇、六国故地、巴蜀地区以及西北地区的部分戎狄族群活动区域内的文化。在分析传统观念、区域文化差异与制度之间的关系，以及梳理学术文化、礼仪文化、基层社会文化和少数民族（或族群）文化的变迁等问题的基础上，深入地探讨了秦能够统一六国并扩大帝国疆域的文化因素。得出了如下认识：

（一）大约在秦穆公时期，秦地最核心的传统观念——集体意识、开放务实以及功利主义已基本形成，它们是在长期残酷的生存环境和军事斗争下逐步形成的。战国中期以后，这些传统观念与外来的法家思想相结合，促成了秦国制度的变革，彰显了秦国制度的先进性，奠定了秦统一的基石。

战国中期以后的秦国农业和工商业的状况是：秦国在统一之前实行了旨在控制民众谋生手段，驱使民众一心耕战的经济制度，表现了秦人的集体意识和国家至上的观念。以"公"为中心的价值观念在制度中得到了加强，使得人们只能在法律的范围之内追求财富名利，谨守秩序。

以客出仕和以军功相结合的秦国仕进制度，是秦人开放和务实精神的反映，既体现了"不拘一格"的选用标准，又体现了法家思想中以军功和事功作为晋升标准的人才管理制度。这种制度保证了大批人才在秦国的脱颖而出，为秦国的统一事业做出了重要贡献。

"虎狼之师"不仅是秦人尚武精神的反映，更是秦人集体取向的功利价值观的体现。以商鞅为代表的法家人士，制定了严厉的赏罚措施，使得秦地的尚武精神和功利主义得到了完美的结合，由此奠定了秦国军事强国的地位。

作为秦人的务实精神和功利主义的反映——秦人对数字的关注，对战国中期以后的制度变革产生了重大影响。制度呈现出数字化的特征，如以斩首数量衡量军功的大小，用田宅亩数、奴婢数量确定军功的等级，并用数字来控制武器和手工业产品的标准化等等，把制度分解成一个个易于民众接受和掌握的数字，大大方便了制度的实施，是秦国制度先进性的表现之一，保证了秦国国家机器的高效运转。

（二）战国七雄中，除韩、燕两国国力弱小之外，其他五国均有统一六国的条件，结局却是秦国统一六国，其原因值得深思。东方列国与秦国不同的区域文化特征（见表7-1），成为导致东方国家灭亡的文化原因之一：

表7-1　秦楚魏赵齐五国的文化特征

国家	文化特征
秦国	重功利、轻仁义；不重宗法；唯"大"是求，造就了秦人的开放务实、国家至上观念以及功利主义，法治色彩浓厚。
楚国	崇尚老庄、淫祀鬼神和追求浪漫，具有浓厚的神巫特色和个性自由。
魏国 赵国	"重法隆礼"，具有法儒杂糅的特点；虽崇尚功利，却不乏深厚的人道主义和道德观念。
齐国	重物利，尚奢侈和华丽；重贤尊亲并重，具有浓厚的人治色彩。

以个性自由和神巫文化为突出特色的楚文化，使得楚国制度中的个体本位色彩突出：以贵族个人意志作为判案的依据，以血缘为纽带的贵族充斥于楚国的各级机构之中。这一特征使得楚国在争霸的过程中无法形成凝聚力，是楚败于秦国最根本的原因之一。

不乏"民本"和"民主"思想的齐文化，败于秦国的文化原因有二：一是齐地奢侈成风，导致齐人"怯于公战"。这种风气是齐国在经济上贯彻"富民"政策的结果，而"富民"政策正是"民本"思想的反映。二是在"民主"思想的影响下，齐国的仕进制度虽采用了重亲与尊贤的办法，但甄别的标准难度大，同时也无法避免君主昏聩给政治生活带来的不利影响。

杂糅了儒家和道家文化因子的三晋文化，影响了三晋国家的变法指导思想和未来政治的发展方向，进而导致了三晋最终走向灭亡的命运：韩国变法以"道法"为指导思想，用来加强君对臣的统辖关系；赵、魏两国在变革中也实行过和秦国类似的"霸法"措施，然从两国变法的主体指导思想来看，有明显的"儒法"倾向。而从三晋未来的政治发展方向来看，变法没有从根本上改变三晋宗法政治的影响，导致三晋人才的大量流失，国家失去了活力。

（三）秦统一的过程大致可以分为"中兴"（公元前384—前326年）、"霸业"（公元前325—前247年）和"帝业"（公元前246—前212年）三个阶段，诸子学说及其代表人物在每个阶段中所作出的贡献如下：

"中兴"时期的跨度为献公至惠文君称王之前，活跃在这一时期的诸子学派是墨家和法家：秦在西河之战中的败绩，促发了献公的改革。献公招募大量墨家人士入秦，墨家的防御思想得到重视，西河地区军事防御体系的形成，不仅给国内的改革创造了良好的外部环境，也初步扭转了秦军在西河地区不利的军事态势。继任的孝公继续了献公的改革，任用法家人士——商鞅，进行了旨在以"富国强国"为目的的变法。变法的结果，使秦国的经济和军事实力提高。提升经济和军事实力之后的秦国，对外战争节节胜利，至惠文君称王之前，秦国东进的通道——西河之地被彻底打开。

"霸业"阶段历经惠文王至庄襄王时期。这一时期有两大突出的问题：一是兵员和粮食问题；二是如何打破六国联合对秦国的威胁。兵员和粮食问题的凸显，是秦国对外战争扩大的结果。这一问题最终由秦法家——商鞅学派来解决的：通过"徕民政策"来补充从事农业生产的劳动力；通过奖励垦荒来增加农田面积；通过户口制度掌握国家资讯，用以合理安排农业和战争的民力；通过完善土地规划书，提高单位土地面积内承载的民众数量。

秦国是通过张仪的"连横"和范雎的"远交近攻"来打破六国对秦国威胁的。这一时期的纵横家领导了秦国的霸业，扮演了外交家和兵家两种角色，既为秦国的对外扩张提供了有利的外交环境和正确的战略决策，又使得秦对六国的战争以及军事态势处于绝对的优势，并一直持续到了六国的最后灭亡。秦国的兵学适应了日益扩大了的战争需要，在吸收三晋兵学的基础上，形成了进攻为主，防御兼顾的指导思想，使得秦国在统一战争中游刃有余。

功利思潮在这一时期的秦地迅速蔓延，为秦国最大限度地调动人力物力进行统一战争提供了源源不断的精神动力。推动秦地功利思想的蔓延的原因有二：一是战争的升级，"军战第一、农耕第二"的思想取代了"农战并举"的思想，从而为秦人立功创造了更多的机会；二是纵横家、墨家的某些学说因与秦地的功利主义相符合，而汇流于秦地功利主义的思想观念之中，对秦地功利思想的蔓延同样起到了推波助澜的作用。

"帝业"阶段为秦王嬴政即位至"焚书坑儒"前后。这一时期秦国的诸子学说呈现整合化的趋势，整合的方向是：建立以政权合法性、行政合理化以及思想文化控制为内容的天下统治秩序。建立天下统治秩序建立的前提条件是完成对六国的最后一击。秦始皇采用了兵家顿弱和尉缭子提出的"先灭韩魏"、以重金瓦解六国抵抗力量的主张，完成了对六国的最后一击。

秦统一前后，《吕氏春秋》和以《为吏之道》《为吏治官黔首》为代表的官吏道德准则，以整合诸子学说为手段，在行政合理化、官吏修养和施政问题上对建立秦帝国的政治秩序进行了尝试和探索。

"集权"不仅是构建行政合理化的重要内容之一，也是天下统一秩序的核心问题。统一前后的秦法家——商鞅学派在"法""势"和"术"思想的指导下，糅合了儒、道有关君臣关系学说和名学思想，确立了秦帝国的中央集权君主专制政体。秦帝国通过采纳"五德终始说"和"议帝号"的活动，找到了统治秩序和施政措施的合法依据。在行政合理化和文化思想控制的问题上，法家所主张的郡县制和"以今非古"的文化政策，在与儒家的分封制和"师古"文化主张的争论中，占据上风，成为构建秦帝国统治大厦的支柱。

（四）秦国礼仪文化的研究是学术界长期忽略的问题，尤其是对商鞅变法至秦统一之际礼仪文化研究的忽视。战国中期至秦统一前后，秦国礼仪文化的演变，反映了秦国君臣关系的变迁，进而对统一六国产生了重要的作用。

战国中期至秦统一前后，秦国的礼仪文化演变的总体特征是：君主礼仪不断得到强化，臣礼不断衰落。

君主礼仪的强化突出表现在营国制度、祭祀制度、陵寝制度和车马制度等相关的礼仪文化上，是血缘政治时代向地缘政治时代过渡的反映：

春秋至战国时期，秦国国都格局经历了"庙"和"朝"关系的演变，反映了国家事务的重心逐渐由祭祀向行政事务过渡。国家事务重心的演变，标志着国家行政事务的领导者——君主的权力得到了加强。秦国君主在完善"時祭"和"封禅"等祭天仪式以表现"受命于天"和君主地位至高无上的同时，也对山川祭祀和民间的祭祀进行了厘定，标志其疆域范围的扩大和治民之权（治民之权是地缘政治最突出的表现）的实现，从而完成了天子身份的构建。秦国国君的陵寝规模在不断扩大的同时，在形制上采用了天子级别的亚字形，代替了诸侯级别的中字形。陵寝制度上的变化，既是国君身份变化的反映，也是权力逐步加强的体现。需要注意的是，规定"岁首"也是天子治民之权的反映。

与此相反，臣礼呈现出不断衰落的趋势：一是墓葬的棺椁形制趋于简单，反映了墓葬功能的简化；二是在礼器组合趋于简单的同时，这一时期的同级别官员，较之战国中期以前，享用礼器的数量也在降低。

君臣之间在舆服上的差别，更反映了臣礼的衰落：在臣民中间，随葬车马逐渐由表现身份的象征转变为财富多寡的象征；然而国君有意突出了车马制度在表现君主权力上的作用，在车马装饰上极尽豪华，增加君主车马的数量，创立了金根车和副车等制度。在服饰上，秦始皇把关东君主的头冠分别赐予不同级别的官吏，强化君臣差别的用意十分明显。

君主礼仪强化，臣礼衰落，是秦国君臣关系变化的结果。战国中期以后秦国礼仪文化的发展方向是构建能反映秦国君臣关系和新等级结构下的礼仪制度，以维护这一时期秦国国君权力高度集中，臣子权力逐步分化的君臣权力结构。

礼仪文化是秦国君强臣弱权力结构的反映：秦国国君不仅是社会生活和统一事业中的主导者，又要用采用礼仪等手段鼓励臣子为秦国的统一事业建功立业。君强臣弱的权力结构，成为秦国国家机器高效运转的重要原因之一。从这个意义上说，礼仪文化保证了统一事业的顺利进行。

（五）考察基层社会的文化有助于理解秦统一的文化原因：在基层社会中，秦与某一地区的文化趋同程度越高，说明秦在该地统治的基础越牢固。战国中期以后，秦国在关陇地区和六国故地基层社会中的文化改造过程，突显了改造之后的文化对秦统一所产生的作用：

战国中期以后，"耕战政策"在关陇地区全面铺开，其结果是：国家与社会实现了一元化，社会力量处于国家力量的绝对支配之下，葬俗简化，价值观趋于功利化。这样的文化背景，更便于国家最大限度地调度人力物力进行统一战争。与此同时，移民至关中地区的六国民众采用了秦文化的器物作为随葬品，对秦文化产生了认同，表明他们正逐步地融入关中的基层社会组织之中。

相邻的地理环境、频繁的争霸战争和移民，为秦与三晋地区的思想文化交流提供了更多的机会，这种交流在上层社会和基层社会均有反映：秦国的意识形态是三晋法家思想的体现；移民政策，又把秦与三晋地区的基层社会文化融汇在一起。故而三晋地区在秦占领之后，对秦文化产生了深厚的认同。相近的文化积淀，为三晋地区秦晋文化的最终合一奠定了基础。

秦在楚地的基层社会推行了户籍和乡里制度的同时，还对当地的文化进行了改造，以加强秦在当地统治的基础。秦在楚地推行的文化措施有：在楚地用秦法来改造楚地的旧传统和旧习俗，推行"书同文"和以秦地方言为基础的规范用语。在改造楚文化的过程中，秦人也注意吸收楚文化的成果为自己服务。

受考古发掘资料的限制，秦占领之后的燕齐基层社会与秦文化交流和融合还不能作深入的研究，但秦在燕齐地区推行的"书同文"的文化政策，以及在齐鲁地区推行的风俗教化，加强了秦在燕齐地区的统治。

秦在占领区内推行秦制和改造当地文化的措施，有助于秦在六国故地统治的逐步深入，有助于军事占领区向地方行政区的转化。秦文化与六国文化融合的总体趋向是文化面貌的渐趋统一，秦对各地区的统治基础随着文化面貌的统一而不断地得到加强。

（六）探讨少数民族或族群文化的变迁，可以深入理解历代王朝疆域扩展和多民族国家能够维系的原因，统一后的秦帝国又是一个疆域广大的、统一的多民族的国家，所以研究秦帝国统一的文化原因，不能不探讨秦统辖区域内的少数民族或族群文化的变迁：

生态、社会结构和资源分配方式影响了秦与巴蜀、戎狄地区的文化交流和融合的程度。相似的农业生产方式使得巴蜀和一些戎狄地区能最终纳入秦文化圈，并在纳入秦文化圈后，主动地学习以秦文化为代表的先进的农耕文化，进而显示出与农耕世界相似的文化面貌。

经济开发、改善交通设施和移民等措施，加速了秦与巴蜀戎狄地区文化交流和巴蜀戎狄地区的"秦化"过程。

考古资料表明：巴地、蜀地和戎狄地区的"秦化"程度不同，当与秦对少数民族和族群地区管理方式上的因地制宜有关：蜀地的管理者经历了由蜀地贵族向秦人的转变，而纵观秦在巴地和戎狄地区的统治时期，秦人是通过少数民族或族群的上层贵族对基层进行间接统治的，所以秦文化在巴地和戎狄地区的推行经历了自上而下的过程，秦化的过程当经历了相当长的时期，而蜀地秦化的过程只经历了较短的时间。

通过与戎狄族群长期的文化交流，秦文化中的"戎狄性"因素日渐浓厚。"戎狄性"造就了秦国宗法色彩的淡薄和君主权力的高度集中，推动了秦国"唯能是举"的人才选拔制度规范化；而戎狄族群"全民皆兵"的生活状态则深深影响了秦人，使得秦人能够适应日益残酷的战争生活。因此，秦文化较之关东的六国文化，更能够适应统一大业的需要。

秦与巴蜀戎狄地区的文化交流和融合，其总体趋势是：加速了各地区文化之间的趋同，推动了中华民族的核心——"汉人"的形成，对于秦汉王朝统一局面的形成具有重大的意义，秦汉王朝多民族的疆域格局初步形成，由此奠定了秦汉王朝在边境地区的实际统治区域。

二、对相关问题的进一步思考

在本书各章对秦帝国统一文化因素问题探讨的基础上，笔者对以下两个问题有了更深入的认识：

1. 文化与制度的关系

秦国之所以能够在战国初期政治、文化和军事等方面均落后于东方六国的情况下，奋发图强、并迅速崛起，一统六国，其重要的原因在于战国中期以后的秦国，实现了传统观念和社会变革之间的有效接轨，而这一点却是东方六国所不能及的。

传统观念与社会变革之间的关系，实际是文化与制度的关系问题。制度是由三个层面组成的：一是基本层面，是一个自生自发的规范层面，反映了价值观念、道德伦理、风俗习惯等传统文化因素；二是制度的实施层面，包含了机构和组织等要素；三是高级层面，是国家经法律制度所确认的政治、经济、社会、文化等制度的体现。而制度的第二和第三个层面，包含了上层精英对制度的设计。传统观念和上层精英的设计理念分别对制度的特征和体系产生了影响。而制度一旦形成，便产生了强化和完善传统习惯和制度设计的作用。这便是文化与制度之间的关系。

这种关系在战国时期的具体表现是：

战国中期以后秦国内部所发生的制度变革，既受到了秦地传统观念的影响，又体现了上层精英的设计理念。无论是官僚制度、经济制度、军事制度的变革，还是礼仪制度的演变，均打上了传统观念和设计者的烙印。秦地的传统观念促进了制度的变革，而制度上的变革又发扬和强化了秦地的传统观念。诸子学说作为上层精英们对国家社会的探索和体验的总结，其所阐发的君臣关系、国家组织原则和机构设置等内容，建构了秦帝国的大一统模式。而与秦国并立的东方六国，其制度虽体现了上层设计者的理念，然而东方传统观念和习惯所设置的重重阻碍，使得东方六国的变革虽在一定程度上实现了富国强兵，但原有的社会结构并没有改变，进而对东方社会发展的进程产生了重要影响。

秦文化与制度的关系可以用图7-1表示出来：

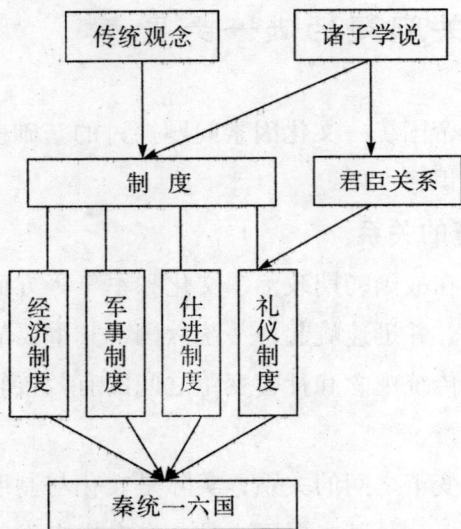

图7-1　文化、制度与统一的关系示意图

2. 秦帝国渐趋统一的文化格局是西周以来农耕文化和草原文化互相融合的结果

秦帝国的建立，实现了各个农耕民族与部分半农半牧的族群之间的统一，促进了汉民族的形成，秦汉帝国的实际统治疆域亦由此奠定。而汉民族的形成，与秦汉帝国疆域内统一的文化格局有密切的关系。这种文化格局的形成，是西周以来农耕文化和北方游牧民族或族群所创造的草原文化互相融合的结果：

文化融合不仅在农耕世界的各个区域之间展开，也在部分农耕世界区域与半农半牧的族群之间展开。战国时期的列国文化都曾吸收了周文化的因子，并结合当地文化，而形成了具有各自特色的区域文化特征。也正是周文化的因子，使得农耕世界的各种区域文化之间呈现差异性的同时，亦出现了文化融合和同一的趋势。而通过对周文化的吸收，半农半牧族群加速了其向农耕文化转变的进程；而通过对草原文化的吸收，农耕文化也注入了新鲜的血液，促进了农耕文化进一步的繁荣和发展。文化上的融合，维系了帝国统治区域内各民族和族群之间的联系。

战国中期以后纳入秦统治范围内的关陇、六国故地、巴蜀和戎狄地区，其文化趋同的过程如图 7 – 2 所示：

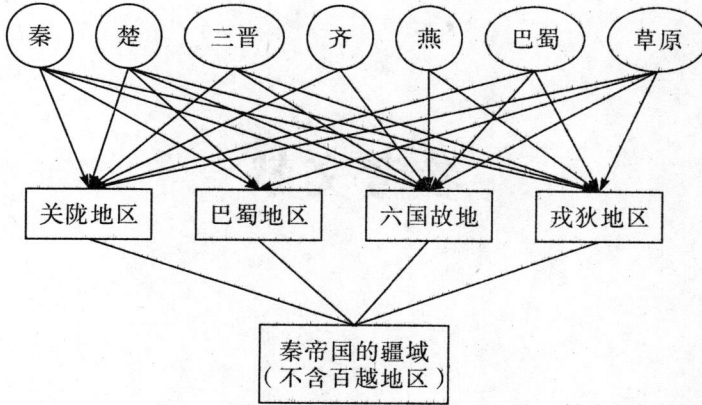

注：○代表文化类型，□代表地区，→代表文化的传播

图 7 – 2　渐趋统一的秦帝国文化示意图

参考文献

一、基本典籍类

汉·郑玄注，唐·贾公彦疏. 仪礼注疏［M］//十三经注疏整理委员会. 十三经注疏整理本. 北京：北京大学出版社，1999.

汉·郑玄注，唐·贾公彦疏. 周礼注疏［M］//十三经注疏整理委员会. 十三经注疏整理本. 北京：北京大学出版社，1999.

汉·郑玄注，唐·孔颖达等正义. 礼记正义［M］//十三经注疏整理委员会. 十三经注疏整理本. 北京：北京大学出版社，1999.

晋·杜预注，唐·孔颖达等正义. 春秋左氏传正义［M］//十三经注疏整理委员会. 十三经注疏整理本. 北京：北京大学出版社，1999.

孙诒让. 周礼正义［M］. 北京：中华书局，2008.

杨伯峻. 春秋左传注［M］. 北京：中华书局，1981.

徐元诰. 国语集解［M］. 北京：中华书局，2002.

焦循. 孟子正义［M］. 北京：中华书局，1987.

王先谦. 荀子集解［M］. 北京：中华书局，1988.

蒋礼鸿. 商君书锥指［M］. 北京：中华书局，1986.

黎翔凤. 管子校注［M］. 北京：中华书局，2004.

孙诒让. 墨子间诂［M］. 北京：中华书局，2001.

王斯睿. 慎子校正［M］. 上海：上海商务印书馆，1935.

王先慎. 韩非子集解［M］. 北京：中华书局，1998.

吴起. 吴子［M］//文渊阁四库全书景印本：726 册. 台北：台湾商务

印书馆，1975.

陈鼓应. 黄帝四经今注今译 ［M］. 北京：商务印书馆，2007.

陈奇猷. 吕氏春秋校释 ［M］. 上海：上海古籍出版社，2003.

华学诚. 扬雄方言校释汇证 ［M］. 北京：中华书局，2006.

司马迁. 史记 ［M］. 北京：中华书局，1997.

刘向. 战国策 ［M］. 上海：上海古籍出版社，1985.

班固. 汉书 ［M］. 北京：中华书局，1962.

范晔. 后汉书 ［M］. 北京：中华书局，1973.

应劭撰，王利器校注. 风俗通义校注 ［M］. 北京：中华书局，2010.

常璩著，任乃强校注. 华阳国志校补图注 ［M］. 上海：上海古籍出版社，1987.

郦道元著，陈桥驿校证. 水经注校证 ［M］. 北京：中华书局，2007.

何清谷校注. 三辅黄图校注 ［M］. 西安：三秦出版社，2006.

贺次君. 括地志辑校 ［M］. 北京：中华书局，1980.

杜佑撰，王文锦等点校. 通典 ［M］. 北京：中华书局，1988.

朱熹. 楚辞集注 ［M］. 上海：上海古籍书店，1979.

董说. 七国考 ［M］. 北京：中华书局，1956.

顾炎武著，黄汝成集释. 日知录集释 ［M］. 长沙：岳麓书社，1994.

顾祖禹著，贺次君，施和金点校. 读史方舆纪要 ［M］. 北京：中华书局，2005.

严可均辑. 全汉文 ［M］. 北京：商务印书馆，1999.

孙楷. 秦会要 ［M］. 上海：上海古籍出版社，2004.

王念孙. 广雅疏证 ［M］. 南京：江苏古籍出版社，1984.

金鹗. 求古录礼说 ［M］. 上海：上海书店，1988.

凌廷堪. 礼经释例 ［M］. 台北："中央研究院"中国文哲研究所，2002.

二、工具书

何琳仪. 战国古文字典 ［Z］. 北京：中华书局，2004.

李守奎. 楚文字编 ［Z］. 上海：华东师范大学出版社，2003.

骈宇骞，段叔安. 二十世纪出土简帛综述 ［Z］. 北京：文物出版

社，2006.

谭其骧. 中国历史地图集 [Z]. 北京：中国地图出版社，1982－1987.

徐在国. 战国文字论著目录索引 [Z]. 北京：线装书局，2003.

许雄志. 秦印文字汇编 [Z]. 郑州：河南美术出版社，2001.

张懋镕. 青铜器论文索引（1983－2001）[Z]. 香港：香港明石文化国际出版有限公司，2005.

张懋镕. 青铜器论文索引（2002－2006）[Z]. 北京：线装书局，2009.

中国考古学会. 中国考古学年鉴（1985－2008）[Z]. 北京：文物出版社，1986－2009.

三、考古发掘简报与报告

（按地区排序）

山东省

临淄博物馆，齐故城博物馆. 临淄商王墓地 [M]. 济南：齐鲁书社1997.

山东省文物考古所等. 临淄两醇墓地发掘简报 [C] //张学海. 海岱考古：第1辑. 济南：山东大学出版社，1989：274－282.

河南省

河南省文物工作队第一队. 郑州岗杜附近古墓葬发掘简报 [J]. 文物参考资料，1955（10）：3－23.

河南省文物研究所，泌阳县文化馆. 河南泌阳县发现一座秦墓 [J]. 华夏考古，1990（4）：43－50.

河南省文物研究所. 新蔡葛陵楚墓 [M]. 郑州：大象出版社，2003.

洛阳市文物考古工作队. 洛阳钢厂秦墓发掘简报 [J]. 华夏考古，1997（3）：24－28.

南阳市文物考古研究所. 河南南阳市拆迁办秦墓发掘简报 [J]. 华夏考古，2005（3）：24－28.

三门峡市文物工作队. 河南三门峡市火电厂西汉墓 [J]. 考古，1996（6）：6－15.

三门峡市文物工作队. 三门峡市火电厂秦人墓发掘简报 [J]. 华夏考古，

1993（4）：54 – 67.

三门峡市文物工作队. 三门峡市三里桥秦人墓发掘简报［J］. 华夏考古，1993（4）：35 – 53.

三门峡市文物工作队. 三门峡市司法局、刚玉砂厂秦人墓发掘简报［J］. 华夏考古，1993（4）：12 – 34.

中国社会科学院考古研究所. 陕县东周秦汉墓［M］. 北京：科学出版社，1994 年.

淅川县文管会. 淅川县马川秦墓发掘简报［J］. 中原文物，1982（1）：47.

驻马店地区文管会，泌阳县文教局. 河南泌阳秦墓［J］. 文物，1980（9）：15 – 24.

山西省

山西考古所侯马工作站. 山西侯马市虒祁墓地的发掘［J］. 考古，2002（4）：41 – 59.

山西省考古所. 侯马铸铜遗址［M］. 北京：文物出版社，1993.

山西考古研究所. 侯马乔村墓地［J］. 北京：科学出版社，2004.

邹衡. 天马—曲村（1980—1989）［M］. 北京：科学出版社，2000.

陕西省

宝鸡市考古队. 陕西陇县韦家庄秦墓发掘简报［J］. 考古与文物，2001（4）：9 – 19.

何欣云. 宝鸡李家崖秦国墓葬清理简报［J］. 文博，1986（4）：5 – 9.

陕西省考古研究所. 宝鸡建河墓地［M］. 西安：陕西科学技术出版社，2006.

何新成. 汉中杨家山秦墓发掘简报［J］. 文博，1985（5）：8 – 11.

金学山. 西安半坡的战国墓葬［J］. 考古学报，1957 年（3）：63 – 92.

临潼县文化馆. 陕西临潼发现秦墓［J］. 考古，1965（5）：257.

秦俑考古队. 临潼上焦村秦墓清理简报［J］. 考古与文物，1980（2）：42 – 50.

陕西省考古研究所，北京大学考古实习队. 铜川市王家河墓地发掘简报［J］. 考古与文物，1987（2）：1 – 8.

陕西省考古研究所. 陕西宝鸡晁峪东周秦墓发掘简报［J］. 考古与文物，2001（4）：3 – 8.

雍城考古队. 陕西凤翔西村战国秦墓发掘简报 [J]. 考古与文物，1986
（1）：8 – 35.

雍城考古队. 陕西凤翔高庄秦墓地发掘简报 [J]. 考古与文物，1981
（1）：12 – 38.

陕西省考古研究所. 陕西长武上孟村秦国墓发掘简报 [J]. 考古与文物，
1984（3）：8 – 17.

陕西省考古研究所. 陇县店子秦墓 [M]. 西安：三秦出版社，1998.

陕西省考古研究所. 陕西省高陵县益尔公司秦墓发掘简报 [J]. 考古与
文物，2003（6）：3 – 15.

陕西省考古研究所. 陕西铜川枣庙秦墓发掘简报 [J]. 考古与文物，
1986（2）：7 – 20.

陕西省考古研究所. 西安北郊明珠花园秦墓发掘简报 [J]. 考古与文物，
2002（6）：3 – 17.

陕西省考古研究所. 西北农林科大战国秦墓发掘简报 [J]. 考古与文物，
2006（5）：37 – 47.

陕西省文管会，大荔县文化馆. 朝邑战国墓葬发掘简报 [C] // 文物编
辑委员会编. 文物资料丛刊2. 北京：文物出版社，1978：75 – 91.

陕西省文物管理委员会. 秦都栎阳遗址初步勘探记 [J]. 文物，1966
（1）：10 – 18.

陕西省雍城考古队，尚志儒，赵丛苍. 陕西凤翔八旗屯西沟道秦墓发掘
简报 [J]. 文博，1986（3）：1 – 31.

陕西省雍城考古队. 一九八一年凤翔八旗屯墓地发掘简报 [J]. 考古与
文物，1986（5）：23 – 40.

王久刚. 西安南郊山门口战国秦墓清理简报 [J]. 考古与文物，1994 年
（1）：21 – 26.

吴镇烽，尚志儒. 陕西凤翔八旗屯秦国墓葬发掘简报 [C] // 文物编辑
委员会编. 文物资料丛刊3. 北京：文物出版社，1980：67 – 85.

始皇陵秦俑考古发掘队. 秦始皇陵东侧第二号兵马俑坑钻探试掘简报
[J]. 文物，1978（5）：1 – 19.

西安市文物保护考古所. 西安南郊秦墓 [M]. 西安：陕西人民出版
社，2004.

西安市文物保护研究所. 西安北郊尤家庄二十号战国墓发掘简报 [J].

文物，2004（1）：4-16.

陕西省考古研究所. 西安北郊秦墓［M］. 西安：三秦出版社，2006.

陕西省考古研究院. 陕西长安神禾塬战国秦陵园遗址田野考古新收获［J］. 考古与文物，2008（5）：111-112.

陕西省考古研究所. 秦始皇帝陵园考古报告（1999）［M］. 北京：科学出版社，2000.

陕西省考古研究所. 秦始皇帝陵园考古报告（2000）［M］. 北京：科学出版社，2006.

陕西省考古研究所. 秦始皇帝陵园考古报告（2001-2003）［M］. 北京：科学出版社，2007.

咸阳市文物考古研究所. 任家咀秦墓［M］. 北京：科学出版社，2005.

咸阳市文物考古研究所. 塔儿坡秦墓［M］. 西安：三秦出版社，1998.

咸阳市博物馆. 陕西塔儿坡出土的铜器［J］. 文物，1975（6）：69-75.

咸阳市文物考古研究所. 泾阳宝丰寺秦墓发掘简［J］. 文博，2002（5）：3-6.

咸阳市文物考古研究所. 咸阳石油钢管钢绳厂秦墓清理简报［J］. 考古与文物，1996（5）：1-9.

咸阳市文物考古研究所. 咸阳塔儿坡战国秦瓮棺葬墓发掘简报［J］. 文博，1998（3）：3-11.

陕西省考古研究所，秦始皇兵马俑博物馆. 华县东阳［M］. 北京：科学出版社，2006.

张海云. 芷阳遗址调查简报［J］. 文博，1985（3）：5-13.

中国社会科学院考古研究所栎阳发掘队. 秦汉栎阳城遗址的勘探和试掘［J］. 考古学报，1985（3）：353-382.

甘肃省

甘肃省博物馆，魏怀珩. 甘肃平凉庙庄的两座战国墓［J］. 考古与文物，1982（5）：21-33.

甘肃文物考古研究所. 甘肃秦安上袁家秦汉墓葬发掘［J］. 考古学报，1997（1）：57-80.

甘肃省文物考古研究所，张家川回族自治县博物馆. 2006年度甘肃张家川回族自治县马家塬战国墓地发掘简报［J］. 文物，2008（9）：4-28.

早期秦文化联合考古队，张家川回族自治县博物馆. 张家川马家塬战国墓地 2008 – 2009 年发掘简报［J］. 文物，2010（10）：4 – 26.

湖北省

楚皇城考古发掘队. 湖北宜城楚皇城战国秦汉墓［J］. 考古，1980（2）：114 – 122，196.

湖北省博物馆. 1978 年云梦秦汉墓发掘报告［J］. 考古学报，1986（4）：479 – 525.

湖北省博物馆. 宜昌前坪战国两汉墓［J］. 考古学报，1976（2）：115 – 148.

湖北省鄂城县博物馆. 鄂城楚墓［J］. 考古学报，1983（2）：223 – 254.

湖北省荆州地区博物馆. 江陵雨台山楚墓［M］. 北京：文物出版社，1984.

荆州博物馆. 湖北荆州市沙市区肖家山一号秦墓［J］. 考古，2005（9）：16 – 19.

荆州市荆州区博物馆. 荆州擂鼓台秦墓发掘简报［J］. 江汉考古，2003（2）：16 – 22.

武汉大学历史系考古专业，宜城县博物馆. 宜城雷家坡秦墓发掘简报［J］. 江汉考古，1986（4）：1 – 7.

黄州古墓发掘队. 湖北黄州太平寺西汉墓发掘［J］. 江汉考古，1983（4）：27 – 34.

襄樊市博物馆. 湖北襄樊市余岗战国至东汉墓发掘报告［J］. 考古学报，1996（3）：339 – 360.

襄樊市博物馆. 湖北襄阳余岗战国墓发掘简报［J］. 考古，1992（9）：795 – 802.

襄樊市博物馆. 襄樊余岗战国秦汉墓第二次发掘简报［J］. 江汉考古，2003（2）：3 – 15.

襄阳地区博物馆. 湖北襄阳擂鼓台一号墓发掘简报［J］. 考古，1982（2）：147 – 154.

湖北省文物考古研究所，襄樊市考古队，襄阳区文物管理处. 襄阳王坡东周秦汉墓［M］. 北京：科学出版社，2005.

杨权喜. 襄阳山湾十八号秦墓［J］. 考古与文物，1983（3）：20 – 21.

湖北省文物考古研究所. 江陵九店东周墓［M］. 北京：科学出版社，1995.

湖北省宜昌地区博物馆，北京大学考古系. 当阳赵家湖楚墓［M］. 北京：文物出版社，1992.

云梦县博物馆. 湖北云梦木匠坟秦墓发掘简报［J］. 江汉考古，1987
（4）：37－41.

云梦县文物工作组. 湖北云梦睡虎地秦汉墓发掘简报［J］. 考古，1981
（1）：27－47.

云梦睡虎地秦墓编写组. 湖北云梦睡虎地秦墓［M］. 北京：文物出版
社，1981.

湖南省

湖南省博物馆. 汨罗县东周、秦、西汉、南朝墓发掘报告［C］//湖南
省文物考古研究所. 湖南考古辑刊：第3辑. 长沙：岳麓书社，1986：45
－85.

湖南省博物馆，怀化地区文物工作队. 湖南溆浦马田坪战国西汉墓发掘
报告［C］//湖南省文物考古研究所. 湖南考古辑刊：第2辑，长沙：岳麓
书社，1984：38－63.

湖南省文物管理委员会. 长沙左家塘秦代木椁清理简报［J］. 考古，
1968（9）：456－458.

湖南省文物考古研究所. 里耶发掘报告［M］. 长沙：岳麓书社，2007.

山东省

四川省博物馆，青川县文化馆. 青川县出土秦更修田律木牍——四川青
川县战国墓发掘简报［J］. 文物，1982（1）：1－21，97－99.

四川省博物馆. 四川新都战国木椁墓［J］. 文物，1981（6）：1－16，97
－103.

四川省文管会，大邑县文化馆. 四川大邑县五龙乡土坑墓清理简报［J］.
考古，1987（7）：604－610.

四川省文物管理委员会. 成都羊子山第172号墓发掘报告［J］. 考古学
报，1956（4）：1－20.

四川省文物管理委员会等. 四川荥经曾家沟21号墓清理简报［J］. 文
物，1989（5）：21－30.

四川省文物管理委员会等. 四川荥经曾家沟战国墓第一、二次发掘［J］.
考古，1984（12）：1072－1084.

四川省文物考古所等. 什邡城关战国秦汉墓地［M］. 北京：文物出版
社，2006.

四川省文物考古研究所. 四川省考古报告集［M］. 北京：文物出版

社，1998.

荥经古墓发掘小组. 四川荥经古城坪秦汉墓葬［C］//文物编辑委员会编. 文物资料丛刊4. 北京：文物出版社，1981：70 – 74.

成都市文物考古研究所，龙泉驿区文物管理所. 成都龙泉驿区北干道木椁墓群发掘简报［J］. 文物，2000年（8）：21 – 32.

重庆市

重庆市文物局，重庆市移民局. 重庆库区考古报告集：1997卷［M］. 北京：科学出版社，2001.

重庆市文物局，重庆市移民局. 重庆库区考古报告集：1998卷［M］. 北京：科学出版社，2003.

重庆市文物局，重庆市移民局. 重庆库区考古报告集：1999卷［M］. 北京：科学出版社，2006.

重庆市文物局，重庆市移民局. 重庆库区考古报告集：2000卷［M］. 北京：科学出版社，2007.

重庆市文物局，重庆市移民局. 重庆库区考古报告集：2001卷［M］. 北京：学出版社，2007.

四、出土文献类

陈伟等. 楚地出土战国简册（十四种）［M］. 北京：经济科学出版社，2009.

甘肃省文物考古研究所. 天水放马滩秦简［M］. 北京：中华书局，2009.

高明. 古陶文汇编［M］. 北京：中华书局，1990.

湖北省荆沙铁路考古队. 包山楚简［M］. 北京：文物出版社，1991.

湖北省荆州市周梁玉桥遗址博物馆. 关沮秦汉墓简牍［M］. 北京：中华书局，2001.

湖北省文物考古所，北京大学中文系. 九店楚简［M］. 北京：中华书局，2000.

荆门市博物馆. 郭店楚墓竹简［M］. 北京：文物出版社，1998.

刘信芳、梁柱. 云梦龙岗秦简［M］. 北京：科学出版社，1997.

罗福颐. 古玺汇编［M］. 北京：文物出版社，1998.

睡虎地秦墓竹简整理小组. 睡虎地秦墓竹简［M］. 北京：文物出版社，1990.

张家山二四七号汉墓竹简整理小组. 张家山汉墓竹简（二四七号墓）［M］. 北京：文物出版社，2001.

朱汉民，陈松长. 岳麓书院藏秦简（一）［M］. 上海：上海辞书出版社，2011.

陈松长. 岳麓书院藏秦简（四）［M］. 上海：上海辞书出版社，2015.

张春龙，龙京沙. 湘西里耶秦简 8－455 号［C］//武汉大学简帛研究中心主办. 简帛：第四辑. 上海：上海古籍出版社，2009.

康殷，任兆凤. 印典［M］. 北京：国际文化出版公司，1994.

黄濬. 衡斋藏印. 民国二十四年钤印本，1936.

王仁聪. 香港中文大学文物馆藏印续集一［M］. 香港：香港中文大学文物馆，1996.

萧春源. 珍秦斋藏印·秦印篇［M］. 澳门：临时澳门市政局文化暨康乐部，2000.

牟日易. 古代玺印辑存［M］//香港集古斋影印本，香港：香港集古斋，1999.

林树臣. 玺印集林［M］//中国历代印谱丛书影印本. 上海：上海书店，1991.

浙江省博物馆. 黄宾虹古玺印释文选［M］. 上海：上海书画出版社，1995.

陈汉第. 伏卢藏印续集［M］//上海涵芬楼影印本. 上海：上海涵芬楼，1926.

孙慰祖，徐谷富. 秦汉金文汇编［M］. 上海：上海书店出版社，1997.

［日］菅原一广. 中国玺印集粹［M］. 东京：二玄社影印本，1996.

［日］小林庸浩. 中国玺印类编［M］. 天津：天津人民美术出版社影印本，2004.

周晓陆，路东之. 秦封泥集［M］. 西安：三秦出版社，2000.

周晓陆. 二十世纪出土玺印集成［M］. 北京：中华书局，2010.

五、专著与研究文集（含学位论文）

B

白奚. 稷下学研究：中国古代的思想自由与百家争鸣［M］. 北京：三联书店，1998.

C

曹旅宁. 秦律新探［M］. 北京：中国社会科学出版社，2002.

岑仲勉. 墨子城守各篇简注［M］. 北京：中华书局，1959.

陈畅. 岱海地区战国时期墓地研究［D］. 长春：吉林大学，2008.

陈光田. 战国玺印分域研究［M］. 长沙：岳麓书社，2009.

陈隆文. 先秦货币地理研究［M］. 北京：科学出版社，2008.

陈平. 关陇文化与嬴秦文明［M］. 南京：江苏教育出版社，1997.

陈成国. 秦汉礼制研究［M］. 长沙：湖南教育出版社，1994.

陈伟. 包山楚简初探［M］. 武汉：武汉大学出版社，1996.

陈振裕. 楚文化与漆器研究［C］. 北京：科学出版社，2003.

程维荣. 道家与中国法文化［M］. 上海：上海交通大学出版社，2000.

池桢. 静静的思想之河——战国时期国家思想研究［D］. 郑州：郑州大学，2004.

D

丁兰. 湖北地区楚墓分区研究［M］. 北京：民族出版社，2006.

丁四新. 郭店楚竹书《老子》校注［M］. 武汉：武汉大学出版社，2010.

杜正胜. 编户齐民［M］. 台北：联经出版事业公司，1992.

段清波. 秦始皇帝陵园考古研究［M］. 北京：北京大学出版社，2011.

G

高敏. 云梦秦简初探（增订本）［M］. 郑州：河南人民出版社，1981.

高至喜. 商周青铜器与楚文化［C］. 长沙：岳麓书社，1999.

顾颉刚. 秦汉的方士与儒生［M］. 上海：上海人民出版社，1978.

郭德维. 楚系墓葬研究［M］. 武汉：湖北教育出版社，1995.

国务院三峡工程建设委员会办公室，国家文物局. 峡江地区考古学文化的互动与诸要素的适应性研究［M］. 北京：科学出版社，2009.

F

冯鹤. 阴阳五行学说与秦汉大一统政体的形成 [D]. 北京：中国社会科学院研究生院，2007.

傅斯年. 民族与中国古代史 [M]. 石家庄：河北教育出版社，2002.

H

洪家义. 吕不韦评传 [M]. 南京：南京大学出版社，1995.

后晓荣. 秦代政区地理 [M]. 北京：社会科学文献出版社，2009.

胡克森. 融合：春秋至秦汉时期从分裂走向统一的文化思考 [M]. 北京：人民出版社，2010.

湖南省楚史研究会. 楚史与楚文化研究 [C]. 北京：求索杂志社，1987.

胡适. 中国中古思想史长编 [M]. 合肥：安徽教育出版社，1999.

黄留珠. 秦汉仕进制度 [M]. 西安：西北大学出版社，1985.

黄尚明. 蜀文化研究 [M]. 武汉：华中师范大学出版社，2007.

黄锡全. 先秦货币通论 [M]. 北京：紫禁城出版社，2001.

黄晓芬. 汉墓的考古学研究 [M]. 长沙：岳麓书社，2003.

J

姜波. 汉唐都城礼制建筑研究 [M]. 北京：文物出版社，2003.

K

孔繁. 荀子评传 [M]. 南京：南京大学出版社，1997.

L

蓝永蔚. 春秋时代的步兵 [M]. 北京：中华书局，1979.

雷戈. 道术为天子合：后战国思想史论 [M]. 石家庄：河北大学出版社，2008.

雷戈. 秦汉之际的政治思想与皇权主义 [M]. 上海：上海古籍出版社，2006.

雷虹霁. 秦汉历史地理与文化分区研究——以《史记》《汉书》《方言》为中心 [M]. 北京：中央民族大学出版社，2007.

李栋. 先秦礼制建筑考古学研究 [D]. 济南：山东大学，2010.

李海荣. 北方地区出土夏商周时期青铜器研究 [M]. 北京：文物出版社，2003.

李零. 中国方术考（修订本）[M]. 北京：东方出版社，2001.

李零. 中国方术续考 ［M］. 北京：东方出版社，2000.

李龙海. 汉民族形成之研究 ［M］. 北京：科学出版社，2010.

李笑岩. 先秦黄老之学渊源与发展 ［D］. 济南：山东大学，2009.

李学勤. 东周与秦代文明 ［M］. 上海：上海人民出版社，2007.

栗劲. 秦律通论 ［M］. 济南：山东人民出版社，1985.

梁云. 战国时代的东西差别：考古学的视野 ［M］. 北京：文物出版社，2008.

梁治平. 法律的文化解释 ［M］. 北京：三联书店，1994.

林剑鸣. 秦史稿 ［M］. 上海：上海人民出版社，1981.

刘彬徽. 楚系青铜器研究 ［M］. 武汉：湖北教育出版社，1995.

刘彬徽. 江汉文化与荆楚文明 ［M］. 南京：江苏教育出版社，2008.

刘海年. 战国秦代法制管窥 ［M］. 北京：法律出版社，2006.

刘乐贤. 睡虎地秦简日书研究 ［M］. 台北：文津出版社，1994.

刘庆柱. 古代都城与帝陵考古学研究 ［M］. 北京：科学出版社，2000.

刘信芳. 包山楚简解诂 ［M］. 台北：艺文印书馆，2003.

刘泽华. 先秦政治思想史 ［M］. 天津：南开大学出版社，1984.

M

马非百. 秦集史 ［M］. 北京：中华书局，1982.

马利清. 原匈奴、匈奴历史与文化的考古学探索 ［M］. 呼和浩特：内蒙古大学出版社，2005.

马戎. 中华民族凝聚力形成与发展 ［M］. 北京：北京大学出版社，1999.

蒙文通. 古史甄微 ［M］. 成都：巴蜀书社，1998.

蒙文通. 周秦少数民族研究 ［M］. 上海：龙门联合书局，1958.

缪文远. 七国考订补 ［M］. 北京：中华书局，1984.

O

欧阳凤莲.《商君书》思想研究 ［D］. 哈尔滨：东北师范大学，2009.

P

庞慧.《吕氏春秋》对社会秩序的理解与构建 ［M］. 北京：中国社会科学出版社，2009.

彭华. 燕国史稿 ［M］. 北京：中国文史出版社，2005.

彭华. 阴阳五行研究（先秦篇）［D］. 上海：华东师范大学，2004.

彭绍辉. 楚国法律制度研究［M］. 武汉：湖北教育出版社，2012.

彭曦. 战国秦长城考察与研究［M］. 西安：西北大学出版社，1990.

Q

钱穆. 先秦诸子系年考辨［M］. 北京：商务印书馆，2001.

瞿同祖. 中国法律与中国社会［M］. 北京：中华书局，1981.

邱文山等. 齐文化与先秦地域文化［M］. 济南：齐鲁书社，2003.

R

饶胜文. 布局天下——中国古代军事地理大势［M］. 解放军出版社，2002.

饶宗颐，曾宪通. 云梦秦简日书研究［M］. 香港：中文大学出版社，1982.

S

沈长云，魏建震等. 赵国史稿［M］. 北京：中华书局，2000.

施觉怀. 韩非评传［M］. 南京：南京大学出版社，2002.

施谢捷. 古玺汇考［D］. 合肥：安徽大学，2006.

史党社. 秦关北望——秦与戎狄文化的关系研究［D］. 上海：复旦大学，2008.

宋公文，张君. 楚国风俗志［M］. 武汉：湖北教育出版社，1995.

宋杰. 先秦战略地理研究［M］. 北京：首都师范大学出版社，1999.

宋玲平. 晋系墓葬制度研究［M］. 北京：科学出版社，2007.

宋蓉. 汉代郡国分制的考古学观察［D］长春：吉林大学，2009.

苏秉琦. 苏秉琦考古学论述选集［C］. 北京：文物出版社，1984.

孙华. 四川盆地的青铜时代［M］. 北京：科学出版社，2000.

孙季萍，冯勇. 中国传统官僚政治中的权力制约机制［M］. 北京：北京大学出版社，2010.

孙占宇. 放马滩秦简日书整理与研究［D］. 兰州：西北师范大学，2008.

T

汤浩. "轴心时代"新理念——先秦诸子行政理念刍言［M］. 长沙：岳麓书社，2005.

唐致卿. 齐国史［M］. 济南：山东人民出版社，1992.

滕铭予. 秦文化. 从封国到帝国的考古学观察［M］. 北京：学苑出版

社，2003.

田广金，郭素新. 鄂尔多斯式青铜器 [M]. 北京：文物出版社，1986.

田继周. 先秦民族史 [M]. 成都：四川民族出版社，1988.

田延峰. 秦思想研究 [D]. 西安：西北大学，2004.

童书业. 先秦七子思想研究 [M]. 济南：齐鲁书社，1982.

W

王国维. 观堂集林 [M]. 北京：中华书局，1959.

王焕林. 里耶秦简校诂 [M]. 北京：中国文联出版社，2007.

王辉. 秦出土文献编年 [M]. 台北：新文丰出版公司，2000.

王明珂. 华夏边缘：历史记忆与民族认同 [M]. 台北：允晨文化出版公司，1997.

王青. 海岱地区周代墓葬研究 [M]. 济南：山东大学出版社，2002.

王学理，梁云. 秦文化 [M]. 北京：文物出版社，2001.

王子今. 秦汉区域文化研究 [M]. 成都：四川人民出版社，1998.

吴良宝. 战国东周时期金属货币研究 [M]. 北京：社会科学文献出版社，2005.

吴十洲. 两周礼器制度研究 [M]. 台北：五南图书出版公司，2004.

吴小平. 汉代青铜容器的考古学研究 [M]. 长沙：岳麓书社，2005.

吴小强. 秦简日书集释 [M]. 长沙：岳麓书社，2000.

吴晓筠. 商周时期车马埋葬研究 [M]. 北京：科学出版社，2009.

吴振武.《古玺文编》校订 [M]. 北京：人民美术出版社，2011.

X

辛迪. 两周戎狄考 [D]. 北京：北京大学，2006.

谢维扬. 周代家庭形态 [M]. 哈尔滨：黑龙江人民出版社，2005.

邢兆良. 墨子评传 [M]. 南京：南京大学出版社，1993.

徐卫民. 秦都城研究 [M]. 西安：陕西人民教育出版社，2000.

徐卫民. 秦公帝王陵 [M]. 北京：中国青年出版社，2002.

Y

严耕望. 严耕望史学论文选集 [C]. 台北：联经出版事业公司，1991.

杨华等. 楚国礼仪制度研究 [M]. 武汉：湖北教育出版社，2012.

杨建华. 春秋战国时期中国北方文化带的形成 [M]. 北京：文物出版社，2004.

杨建华，蒋刚. 公元前2千纪的晋陕高原与燕山南北 [C]. 北京：科学

1993（4）：54－67.

三门峡市文物工作队. 三门峡市三里桥秦人墓发掘简报［J］. 华夏考古，1993（4）：35－53.

三门峡市文物工作队. 三门峡市司法局、刚玉砂厂秦人墓发掘简报［J］. 华夏考古，1993（4）：12－34.

中国社会科学院考古研究所. 陕县东周秦汉墓［M］. 北京：科学出版社，1994年.

淅川县文管会. 淅川县马川秦墓发掘简报［J］. 中原文物，1982（1）：47.

驻马店地区文管会，泌阳县文教局. 河南泌阳秦墓［J］. 文物，1980（9）：15－24.

山西省

山西考古所侯马工作站. 山西侯马市厵祁墓地的发掘［J］. 考古，2002（4）：41－59.

山西省考古所. 侯马铸铜遗址［M］. 北京：文物出版社，1993.

山西考古研究所. 侯马乔村墓地［J］. 北京：科学出版社，2004.

邹衡. 天马—曲村（1980—1989）［M］. 北京：科学出版社，2000.

陕西省

宝鸡市考古队. 陕西陇县韦家庄秦墓发掘简报［J］. 考古与文物，2001（4）：9－19.

何欣云. 宝鸡李家崖秦国墓葬清理简报［J］. 文博，1986（4）：5－9.

陕西省考古研究所. 宝鸡建河墓地［M］. 西安：陕西科学技术出版社，2006.

何新成. 汉中杨家山秦墓发掘简报［J］. 文博，1985（5）：8－11.

金学山. 西安半坡的战国墓葬［J］. 考古学报，1957年（3）：63－92.

临潼县文化馆. 陕西临潼发现秦墓［J］. 考古，1965（5）：257.

秦俑考古队. 临潼上焦村秦墓清理简报［J］. 考古与文物，1980（2）：42－50.

陕西省考古研究所，北京大学考古实习队. 铜川市王家河墓地发掘简报［J］. 考古与文物，1987（2）：1－8.

陕西省考古研究所. 陕西宝鸡晁峪东周秦墓发掘简报［J］. 考古与文物，2001（4）：3－8.

雍城考古队. 陕西凤翔西村战国秦墓发掘简报［J］. 考古与文物，1986（1）：8－35.

雍城考古队. 陕西凤翔高庄秦墓地发掘简报［J］. 考古与文物，1981（1）：12－38.

陕西省考古研究所. 陕西长武上孟村秦国墓发掘简报［J］. 考古与文物，1984（3）：8－17.

陕西省考古研究所. 陇县店子秦墓［M］. 西安：三秦出版社，1998.

陕西省考古研究所. 陕西省高陵县益尔公司秦墓发掘简报［J］. 考古与文物，2003（6）：3－15.

陕西省考古研究所. 陕西铜川枣庙秦墓发掘简报［J］. 考古与文物，1986（2）：7－20.

陕西省考古研究所. 西安北郊明珠花园秦墓发掘简报［J］. 考古与文物，2002（6）：3－17.

陕西省考古研究所. 西北农林科大战国秦墓发掘简报［J］. 考古与文物，2006（5）：37－47.

陕西省文管会，大荔县文化馆. 朝邑战国墓葬发掘简报［C］//文物编辑委员会编. 文物资料丛刊2. 北京：文物出版社，1978：75－91.

陕西省文物管理委员会. 秦都栎阳遗址初步勘探记［J］. 文物，1966（1）：10－18.

陕西省雍城考古队，尚志儒，赵丛苍. 陕西凤翔八旗屯西沟道秦墓发掘简报［J］. 文博，1986（3）：1－31.

陕西省雍城考古队. 一九八一年凤翔八旗屯墓地发掘简报［J］. 考古与文物，1986（5）：23－40.

王久刚. 西安南郊山门口战国秦墓清理简报［J］. 考古与文物，1994年（1）：21－26.

吴镇烽，尚志儒. 陕西凤翔八旗屯秦国墓葬发掘简报［C］//文物编辑委员会编. 文物资料丛刊3. 北京：文物出版社，1980：67－85.

始皇陵秦俑考古发掘队. 秦始皇陵东侧第二号兵马俑坑钻探试掘简报［J］. 文物，1978（5）：1－19.

西安市文物保护考古所. 西安南郊秦墓［M］. 西安：陕西人民出版社，2004.

西安市文物保护研究所. 西安北郊尤家庄二十号战国墓发掘简报［J］.

出版社，2008.

杨宽. 古史新探［M］. 北京：中华书局，1981.

杨宽. 中国古代陵寝制度史研究［M］. 上海：上海古籍出版社，1985.

杨宽. 中国古代都城制度史［M］. 上海：上海古籍出版社，1993.

杨宽. 战国史（增订本）［M］. 上海：上海人民出版社，1998.

杨宽，吴浩坤. 战国会要［M］. 上海：上海古籍出版社，2005.

杨玲. 中和与绝对的抗衡：先秦法家思想比较研究［M］. 北京：中国社会科学出版社，2007.

杨英. 祈望和谐——周秦两汉王朝祭礼的演进及其规律［M］. 北京：商务印书馆，2009.

于振波. 秦汉法律与社会［M］. 长沙：湖南人民出版社，2000.

俞伟超. 先秦两汉考古学论集［M］. 北京：文物出版社，1985.

余宗发. 先秦诸子学说在秦地的发展［M］. 台北：文津出版社，1998.

余宗发. 云梦秦简中思想与制度钩摭［M］. 台北：文津出版社，1992.

Z

张弘. 战国秦汉时期商人和商业资本研究［M］. 济南：齐鲁书社，2003.

张金光. 秦制研究［M］. 上海：上海古籍出版社，2003.

张立文. 中国学术通史·先秦卷［M］. 北京：学苑出版社，2004.

张立文. 中国学术通史·秦汉卷［M］. 北京：学苑出版社，2004.

张文立，宋尚文. 秦学术史探赜［M］. 西安：陕西人民出版社，2004.

张闻捷. 楚国青铜礼器制度研究［M］. 厦门：厦门大学出版社，2015.

张亚初，刘雨. 西周金文官制研究［M］. 北京：中华书局，1986.

张有智. 先秦三晋地区的社会与法家文化研究［M］. 北京：人民出版社，2002.

张正明. 楚史［M］. 武汉：湖北教育出版社，1995.

赵殿增. 三星堆文化与巴蜀文明［M］. 南京：江苏教育出版社，2005.

赵海洲. 东周秦汉时期车马埋葬研究［D］. 郑州：郑州大学，2007.

赵小雷. 法家与先秦诸子的关系［D］. 西安：西北大学，1997.

郑良树. 商鞅及其学派［M］. 上海：上海古籍出版社，1989.

郑良树. 商鞅评传［M］. 南京：南京大学出版社，1998.

郑倩琳. 战国时期道家之宇宙生成论［D］. 台北：台湾师范大学，2003.

中国社会科学院考古研究所. 中国考古学·两周卷 [M]. 北京：中国社会科学出版社，2004.

中国社会科学院考古研究所. 中国考古学·秦汉卷 [M]. 北京：中国社会科学出版社，2010.

中华书局编辑部. 云梦秦简研究 [C]. 北京：中华书局，1981.

周波. 战国时代各系文字间的用字差异现象研究 [D]. 上海：复旦大学，2008.

周海峰. 晋南地区战国秦汉铜器墓研究 [D]. 长春：吉林大学，2002.

周山. 中国学术思潮史·子学思潮卷 [M]. 上海：上海社会科学院出版社，2006.

周振鹤. 西汉政区地理 [M]. 北京：人民出版社，1987.

周振鹤，李晓杰. 中国行政区划通史（总论·先秦卷）[M]. 复旦大学出版社，2009.

朱凤瀚. 中国青铜器综论 [M]. 上海：上海古籍出版社，2009.

朱世学. 三峡考古与巴文化研究 [M]. 北京：科学出版社，2009.

邹逸麟. 中国历史人文地理 [M]. 北京：科学出版社，2001.

[英] 爱德华·泰勒著，张连树译. 原始文化 [M]. 上海：上海文艺出版社，1982.

[英] 特瑞·伊格尔顿著，方杰译. 文化的观念 [M]. 南京：南京大学出版社，2003.

[日] 工藤元男著，广濑薰雄、曹峰译. 睡虎地秦简所见秦代国家与社会 [M]. 上海：上海古籍出版社，2010.

[日] 藤田胜久著，曹峰、广濑薰雄译.《史记》战国史料之研究 [M]. 上海：上海古籍出版社，2008.

[日] 渡边信一郎著，徐冲译. 中国古代的王权与天下秩序——从中日比较史的视角出发 [M]. 北京：中华书局，2008.

六、相关研究论文

C

蔡靖泉. 楚文化在秦统治时期的存在和影响 [J]. 江汉考古，1997（1）：55–61.

曹旅宁. 从里耶秦简看秦的法律制度——读里耶秦简札记 ［C］//吴永琪. 秦文化论丛：第十一辑. 西安：三秦出版社，2004：282 – 293.

陈畅. 毛庆沟墓地年代学研究 ［J］. 考古与文物，2010（1）：69 – 73.

陈絜. 里耶"户籍简"与战国末期的基层社会 ［J］. 历史研究，2009（5）：23 – 40，190.

陈平. 浅谈江汉地区战国秦汉墓的分期和秦墓的识别问题 ［J］. 江汉考古，1983（3）：51 – 62.

陈平. 试论关中秦墓青铜容器的分期问题（上）［J］. 考古与文物，1984（3）：58 – 73.

陈平. 试论关中秦墓青铜容器的分期问题（下）［J］. 考古与文物，1984（4）：62 – 71.

陈平. 试论战国型秦兵的年代及有关问题 ［C］//中国考古学会. 中国考古学研究论集——纪念夏鼐先生考古五十周年. 西安：三秦出版社，1987：310 – 335。

陈文领博. 铜鍪研究 ［J］. 考古与文物，1994（1）：66 – 76.

陈振裕. 从湖北发现的秦墓谈秦楚关系 ［C］//湖北省社会科学院历史研究所. 楚文化新探. 武汉：湖北人民出版社，1981：200 – 216.

陈振裕. 略论湖北秦墓 ［J］. 文博，1986（4）：17 – 24.

程远. 国家意识与秦的统一和速亡 ［J］. 人文杂志，1996（4）：75 – 79.

D

丁岩. 神禾原战国秦陵园主人试探 ［J］. 考古与文物，2009（4）：62 – 66.

杜正胜. 周秦民族文化"戎狄性"的考察——兼论关中出土的"北方式"青铜器 ［C］//周秦文化编委会. 周秦文化研究. 西安：陕西人民教育出版社，1999：507 – 536.

段渝. 秦汉时代的四川开发与城市体系 ［J］. 社会科学研究，2000（6）：134 – 140.

G

甘怀真. 秦汉的"天下"政体：以郊祀礼改革为中心 ［J］. 新史学，2005，16（4）：13 – 56.

高至喜. 略论秦镜及其楚镜的关系 ［C］//楚文化学会编. 楚文化研究论集：第二集. 武汉：湖北人民出版社，1991：243 – 259.

葛剑雄. 论秦汉统一的地理基础 ［J］. 中国史研究，1994（2）：20 – 29.

郭德维. 试论江汉地区楚墓、秦墓、西汉前期墓的发展与演交 [J]. 考古与文物, 1983 (2): 81 – 88.

郭殿臣. 秦灭义渠及其地望 [J]. 西北史地, 1996 (1): 6 – 9, 58.

郭淑珍. 秦人的尚武精神与秦统一 [C] //秦始皇兵马俑博物馆《论丛》编委会. 秦文化论丛: 第二辑, 西安: 西北大学出版社, 1993: 326 – 338.

H

韩梅, 孙福轩. "望祭""望祀"议 [J]. 中国史研究, 2006 (4): 8.

韩伟, 焦南峰. 秦都雍城考古发掘研究综述 [J]. 考古与文物, 1988 (5、6): 111 – 126.

韩伟. 略论陕西春秋战国秦墓 [J]. 考古与文物, 1981 (1): 83 – 93.

韩伟. 试论战国秦的屈肢葬仪渊源及其意义 [C] //中国考古学会编辑. 中国考古学会第一次年会论文集. 北京: 文物出版社, 1980: 204 – 211.

何炳棣. 国史上的"大事因缘"解谜——从重建秦墨史实入手 [N]. 光明日报, 2010 – 6 – 3 (10).

何晋. 秦称虎狼考 [J]. 文博, 1999 (5): 41 – 50.

贺刚. 论湖南秦墓、秦代墓与秦文化因素 [C]. //湖南省文物考古研究所. 湖南考古辑刊: 第5辑. 长沙: 岳麓书社, 1989: 165 – 182.

贺润坤. 论秦的宗法制——兼谈胡亥篡位与秦朝灭亡的根本原因 [J]. 文博, 1990 (5): 112 – 118.

呼林贵. 秦俑艺术的流派及渊源 [J]. 文博, 1985 (1): 30 – 32.

胡淀咸. 四川青川秦墓《为田律》木牍考释 [J]. 安徽师范大学学报, 1983 (3): 57 – 63.

胡进驻, 张卫星. 秦公王陵墓制管窥 [C] //吴永琪. 秦文化论丛: 第十三辑. 西安: 三秦出版社, 2006: 367 – 388.

胡克森. 秦、楚文化对战国至秦汉统一格局影响之比较研究 [J]. 武汉大学学报 (人文科学版), 2008 (5): 593 – 598.

胡平生. 里耶秦简8 – 455号木方性质刍议 [C] //武汉大学简帛研究中心. 简帛: 第四辑. 上海: 上海古籍出版社, 2009: 17 – 26.

胡文辉. 睡虎地秦简中的楚《日书》 [C] //饶宗颐. 华学: 第四辑. 北京: 紫禁城出版社, 2000: 108 – 117.

胡永庆. 论三门峡秦人洞室墓的年代 [J]. 中原文物, 2001 (3): 37 – 40.

黄留珠. 试论秦始皇对祭祀制度的统一 [J]. 人文杂志, 1985 (2): 84 – 88.

黄朴民. 齐鲁兵学的文化特征与时代精神 [C] //山东师范大学齐鲁文化研究中心. 齐鲁文化研究：第一辑. 济南：山东文艺出版社，2002：84-90.

黄朴民. 三晋兵学的建树及其特色 [N]. 光明日报，2006-1-6 (11).

黄尚明. 湖北襄樊市区附近的秦移民遗存探讨 [J]. 考古与文物，2006 (1)：70-76.

黄盛璋. 秦兵器分国断代及有关问题研究 [C] //中国古文字研究学会. 古文字研究：第二十一辑. 北京：中华书局，2001：227-285.

L

冷鹏飞. 释"东南有天子气"——秦汉区域社会文化研究 [J]. 学术研究，1997 (1)：52-57.

黎明钊. 里耶秦简：户籍档案的探讨 [J]. 中国史研究，2009 (2)：5-23.

李陈奇. 秦代墓葬初探 [J]. 史学集刊，1982 (3)：70-76.

李范文. 先秦羌戎融华考 [J]. 宁夏社会科学，1992 (2)：2-10.

李进增. 关中东周秦墓与秦国礼制兴衰 [J]. 考古与文物，1991 (1)：82-90.

李零. 秦骃祷病玉版的研究 [C] //袁行霈. 国学研究：第六卷. 北京：北京大学出版社，1999：525-548.

李如森. 略论关中东周秦墓葬制与关东诸国的差异 [J]. 北方文物，1993 (4)：18-27.

李文初. 法家思想与秦王朝的兴亡 [J]. 暨南大学学报，1980 (1)：54-61.

李晓杰. 战国秦县新考 [C] //历史地理：第二十二辑. 上海：上海人民出版社，2007：58-82.

李学勤. 战国时代的秦国铜器 [J]. 文物参考资料，1957 (8)：38-40.

李学勤. 睡虎地秦简《日书》与楚汉社会 [J]. 江汉考古，1985 (4)：60-64.

李学勤. 秦玉牍索隐 [J]. 故宫博物院院刊，2000 (12)：41-45.

李自智. 东周列国都城的城郭形态 [J]. 考古与文物，1997 (3)：69-75.

梁云. 秦汉都城和陵墓建制的继承与变异 [J]. 陕西师范大学学报（哲学社会科学版），1999 (9)：11-18.

梁云. 周代用鼎制度的东西差别 [J]. 考古与文物，2005 (3)：49-59.

刘坤. 先秦诸子行政管理思想的特点及现代转型 [J]. 太原师范学院学报（社会科学版），2009 (2)：53-55.

刘乐贤. 楚秦选择术的异同及影响——以出土文献为中心 [J]. 历史研究，2006（6）：19 – 31.

刘曙光. 三门峡上村岭秦人墓的初步研究 [J]. 中原文物，1985（4）：78 – 80.

刘信芳. 九店楚简日书与秦简日书比较研究 [C] //香港中文大学中国文化研究所，中国语言及文学系. 第三届国际中国古文字学研讨会论文集. 北京：中华书局，1997 年：517 – 544.

刘修明. 秦王朝统治思想的结构和衍变 [J]. 学术月刊，1988（1）：64 – 70.

刘玉堂，贾济东. 楚秦审判制度比较概观 [C] //楚文化研究会编. 楚文化研究论集：第 6 集. 武汉：635 – 643.

刘志平，谭宝刚. 秦汉的礼制与法制初探 [J]. 沙洋师范高等专科学校学报，2005（3）：9 – 13.

吕静. 秦代行政文书管理形态之考察——以里耶秦牍性质的讨论为中心 [EB/OL]. （2010 – 2 – 21）（2010 – 2 – 22）. http：//www. bsm. org. cn/show_ article. php？ id = 1225.

Q

乔梁. 中国北方动物饰牌研究 [C] //吉林大学边疆考古研究中心编. 边疆考古研究：第 1 辑，北京：科学出版社，2002：13 – 33.

S

邵会秋、曹建恩. 河套东部地区东周墓葬出土工具武器研究 [J]. 中国历史文物，2010（1）：43 – 53.

商庆夫. 睡虎地秦简《编年记》的作者及其思想倾向 [J]. 文史哲，1880（4）：65 – 72.

史党社. 秦祭祀制度考论 [J]. 大同高等专科学校学报（综合版），1995（4）：50 – 62.

史党社. 试论云梦秦简《日书》的楚文化色彩 [C] // 陕西历史博物馆馆刊编辑部. 陕西历史博物馆馆刊：第三辑. 西安：西北大学出版社，1996：154 – 159.

史党社. 甘宁地区秦相关文物考察报告 [C] // 袁仲一. 秦文化论丛：第八辑. 西安：陕西人民出版社，2001：440 – 490.

史治民，景润刚. 三门峡秦人墓形制演变与随葬器物浅析 [C] //许海星，杨海清. 三门峡考古文集. 北京：档案出版社，2001.

史党社. 考古资料所见秦史中的少数民族及其文化［C］// 秦始皇兵马俑博物馆编. 秦汉文化比较研究：秦汉兵马俑比较暨两汉文化研究论文集. 西安：三秦出版社，2002：514－546.

史党社，田静. 秦与三晋学术的关系——以《尉缭子》《韩非子》为例［C］// 吴永琪. 秦文化论丛：第十一辑. 西安：三秦出版社，2004：29－53.

斯维至. 秦兵马俑所见的羌戎文化［J］. 文博，1994（6）：3－6.

宋少华. 湖南秦墓初论［C］//中国考古学会. 中国考古学会第七次年会论文集. 北京：文物出版社，1992：189－212.

宋远茹. 明珠花园秦墓的分期及相关问题的讨论［J］. 考古与文物，2002（6）：66－69.

宋治民. 略论四川战国秦墓葬的分期［C］//中国考古学会. 中国考古学会第一次年会论文集. 北京：文物出版社，1980：265－277.

宋治民. 略论四川的秦人墓［J］. 考古与文物，1984（2）：83－90.

孙忠家，陈纪然. 择吉风俗对秦汉社会生活的影响［C］//吴永琪. 秦文化论丛：第十二辑，西安：三秦出版社，2005：324－337.

T

谭前学. 秦始皇为何不焚"卜筮"之书［C］// 中国秦汉史研究会. 秦汉史论丛：第七辑. 北京：中国社会科学出版社，1998：261－271.

陶正刚. 公元前三世纪后秦文化对山西的影响［C］//吴永琪. 秦文化论丛：第九辑. 西安：西北大学出版社，2002：104－109.

滕铭予. 关中秦墓研究［J］. 考古学报，1992（3）：281－300.

滕铭予. 论关中秦墓中洞室墓的年代［J］. 华夏考古，1993（2）：90－97.

滕铭予. 论秦釜［J］. 考古，1995（8）：731－736.

滕铭予. 论秦墓中的直肢葬及相关问题［J］. 文物季刊，1997（1）：72－80.

滕铭予. 论东周时期秦文化的发展与扩张［C］// 张忠培，许倬云. 中国考古学的跨世纪反思（下）. 香港：香港商务印书馆，1999：399－426.

滕铭予. 从考古学看中国古代从封国到帝国的转变［J］. 吉林大学社会科学学报，2003（5）：81－85.

滕铭予. 咸阳塔尔坡秦墓地再探讨［J］. 北方文物，2004（4）：7－14.

滕铭予. 宝鸡建河墓地的年代及相关问题［C］//吉林大学边疆考古研究中心. 边疆考古研究：第8辑. 北京：科学出版社，2010：129－138.

田静，史党社. 论秦人对天或上帝的崇拜［J］. 中国史研究，1996（3）：134－143.

田亚岐，赵士祯. 东周时期关中地区国人秦墓棺椁的演变［J］. 考古与文物，2003（4）：55－58.

田亚岐. 东周时期关中秦墓所见"戎狄"文化因素探讨［J］. 文博，2003（3）：17－20.

W

王春芳. 从里耶简看秦代文书和文书工作［J］. 大学图书情报学刊，2005（2）：91－93.

王恩田. 东周齐国铜器的分期与年代［C］//中国考古学会编辑. 中国考古学会第九次年会论文集. 北京：文物出版社，1997：276－297.

王晖. 秦惠文王行年问题与先秦冠礼年龄的演变［C］//秦始皇兵马俑博物馆《论丛》编委会. 秦文化论丛：第二辑. 西安：西北大学出版社，1993：30－41.

王健. 名家思潮与秦制文化创新发微［C］//吴永琪. 秦文化论丛：第十二辑，西安：三秦出版社，2005：271－284.

王明珂. 鄂尔多斯及其邻近地区专化游牧业的起源［J］. 历史语言研究所集刊，1994，65（2）：375－434.

王绍东. 论商鞅变法对秦文化传统的顺应与整合［J］. 内蒙古大学学报（人文社会科学版），2003（6）：94－99.

王先福. 襄阳秦墓初探［J］. 考古与文物，2004（先秦考古增刊）：219－225.

王先福. 襄樊邓城区域楚墓地考析［J］. 江汉考古，2006（4）：46－54.

王晓田，高青山，贾珍果. 从秦和东方六国墓葬的不同看商鞅变法的彻底性［J］. 考古，1974（5）：290－293.

王学理. 神禾塬秦墓墓主考［C］//成建正. 陕西历史博物馆馆刊：第15辑. 西安：三秦出版社，2008：47－51.

王玉哲. 论先秦的"戎狄"及其与华夏的关系［C］.//北京大学中国传统文化研究中心. 北京大学百年国学文粹史学卷. 北京：北京大学出版社，1998：309－321.

王子今. 秦兼并蜀地的意义与蜀人对秦文化的认同［J］. 四川师范大学学报（社会科学版），1998（2）：110－118.

王子今. 论秦汉雍地诸畤中的炎帝之祠 [J]. 文博, 2005 (6): 20 - 25.

王子今. 秦统一原因的技术层面考察 [J]. 社会科学战线, 2009 (9): 222 - 231.

王子今. 秦文化的超地域特征和跨时代意义 [J]. 长安大学学报 (社会科学版), 2010 (9): 1 - 5.

吴小强.《日书》与秦社会风俗 [J]. 文博, 1990 (2): 87 - 92.

X

肖永明. 读岳麓书院藏秦简《为吏治官及黔首》札记 [J]. 中国史研究, 2009 (3): 59 - 68.

谢崇安. 试论秦式扁壶及其相关问题 [J]. 考古, 2007 (10): 62 - 73.

谢高文. 咸阳塔儿坡秦墓墓主身份考 [J]. 咸阳师范学院学报, 2006 (3): 5 - 8.

谢尧亭. 围墓沟初探 [C] //吴永琪. 秦文化论丛: 第十二辑, 西安: 三秦出版社, 2005: 107 - 118.

熊铁基. 释《南郡守腾文书》——读云梦秦简札记 [J]. 中国史研究, 1979 (3): 159 - 160.

熊铁基. 秦代的道家思想 [C] //秦始皇兵马俑博物馆《论丛》编委会. 秦文化论丛: 第三辑. 西安: 西北大学出版社, 1994: 152 - 163.

徐卫民, 杨念田. 秦法家思想新论 [C] //吴永琪主编. 秦文化论丛: 第十辑. 西安: 三秦出版社, 2003: 47 - 53.

徐卫民. 秦都城中礼制建筑研究 [J]. 人文杂志, 2004 (1): 145 - 150.

许成、李进增. 东周时期的戎狄青铜文化 [J]. 考古学报, 1993 (1): 1 - 12.

许凌云. 古今之争与焚书坑儒 [J]. 孔子研究, 1999 (1): 87 - 95.

Y

杨华. 战国秦汉时期的里社与私社 [C] //牟发松. 社会与国家关系视野下的汉唐历史变迁. 上海: 华东师范大学出版社, 2006: 109 - 129.

杨建华. 东周时期北方系青铜文化墓葬习俗比较 [C] //吉林大学边疆考古研究中心. 边疆考古研究: 第1辑. 北京: 科学出版社, 2002: 156 - 169.

杨建华, 曹建恩. 略论中国北方地区古代游牧民族文化发展模式 [J]. 吉林大学社会科学学报, 2007 (5): 140 - 146.

杨建华. 陕西清涧李家崖东周墓与"河西白狄" [J]. 考古与文物,

2008（5）：34 – 38.

杨谨. 秦镜与秦人的宗教信仰［C］//吴永琪. 秦文化论丛：第十二辑，西安：三秦出版社，2005：159 – 173.

杨宽. 释青川秦牍的田亩制度［J］. 文物，1982（7）：83 – 85.

杨锡璋，李经汉. 从考古学上看秦和东方六国的社会差别［J］. 考古，1974（5）：294 – 298.

杨晓华. 楚国户籍制度简论［J］. 黑龙江教育学院学报，2010（12）：1 – 3.

杨亚长. 略论陕南地区的战国墓葬［J］. 考古与文物，1997（4）：42 – 45.

杨哲峰. 茧形壶的类型、分布与分期试探［J］. 文物，2000（8）：64 – 72.

杨哲峰. 曲村秦汉墓葬分期［C］//北京大学考古学系. 考古学研究（四）. 北京：科学出版社，2000：238 – 265.

叶文宪. 秦公墓为什么朝向东方——谈谈墓葬的朝向问题［J］. 历史教学问题，1987（1）：51 – 54.

叶小燕. 秦墓初探［J］. 考古，1982（2）：65 – 73.

雍际春. 秦文化与秦早期文化概念新探［J］. 西安财经学院学报，2007（4）：5 – 10.

俞伟超，高明. 周代用鼎制度研究（上）［J］. 北京大学学报（哲学社会科学版），1978（1）：84 – 98.

俞伟超，高明. 周代用鼎制度研究（中）［J］. 北京大学学报（哲学社会科学版），1978（2）：84 – 97.

俞伟超，高明. 周代用鼎制度研究（下）［J］. 北京大学学报（哲学社会科学版），1979（1）：83 – 96.

俞伟超. 方形周沟墓与秦文化的关系［C］//中国历史博物馆馆刊：1993（2）：3 – 13.

岳起，秦鸣. 咸阳任家咀秦墓的主要收获［J］. 咸阳师范学院学报，2006（3）：1 – 4.

Z

臧知非. 从"悉招文学方术士甚众"到"焚书坑儒"：秦朝文化政策的转变及其影响再探［C］//秦始皇兵马俑博物馆. 秦俑秦文化研究——秦俑学第五届学术讨论会论文集. 西安：陕西人民出版社，2000：70 – 80.

臧知非.《墨子》、墨家与秦国政治［C］//秦始皇兵马俑博物馆. 秦汉文化比较研究：秦汉兵马俑比较暨两汉文化研究论文集. 西安：三秦出版社，2002：583 – 601.

臧知非. 周秦风俗的认同与冲突——秦始皇"匡饬异俗"探论 [C] //吴永琪主编. 秦文化论丛：第十辑. 西安：三秦出版社，2003：11 – 32.

张凤喈. 先秦四家七子论国家政治体制（上） [J]. 学术研究丛刊，1982（4）：118 – 126.

张凤喈. 先秦四家七子论国家政治体制（下） [J]. 学术研究丛刊，1983（1）：99 – 104.

张海云，孙铁山. 秦人木椁墓浅论 [J]. 考古与文物，2006（5）：74 – 76.

张剑. 洛阳秦墓的探讨 [J]. 考古与文物，1999（5）：62 – 71.

张俊民. 秦代的讨债方式——读《湘西里耶秦代简牍选释》[C] //周天游. 陕西历史博物馆馆刊：第10辑. 西安：三秦出版社，2003：288 – 292.

张宁. 试论秦王朝的文化政策 [C] //复旦大学历史系中国思想文化史研究室. 中国文化研究集刊3. 上海：复旦大学出版社，1986：89 – 103.

张文立. 多元结构的秦人心态 [J]. 文博，1990（5）：119 – 129.

张文立. 秦始皇帝的文化思想与文化政策 [C] //秦始皇兵马俑博物馆《论丛》编委会. 秦文化论丛：第三辑. 西安：西北大学出版社，1994：164 – 201.

张文立. 秦时的阴阳五行学说 [C] //黄留珠. 西北大学史学丛刊：第四辑. 西安：三秦出版社，2001.

张辛. 郑州地区的周秦墓研究 [C] //北京大学考古系. 考古学研究（二）. 北京：北京大学出版社，1994：166 – 188.

张泽栋. 试论云梦秦墓陶器年代分期 [J]. 江汉考古，1997（2）：58 – 60.

赵成玉. 略论三门峡秦人墓 [C] //许海星，杨海清. 三门峡考古文集. 北京：中国档案出版社，2001：92 – 93.

赵化成. 甘肃东部秦和羌戎文化的考古学探索 [C] //俞伟超. 考古学类型学的理论与实践. 北京：文物出版社，1989：145 – 176.

赵化成. 周代棺椁多重制度研究 [C] //袁行霈. 国学研究：第五卷. 北京：北京大学出版社，1998：27 – 74.

赵化成. 秦统一前后秦文化与列国文化的碰撞及整合 [C] //宿白. 苏秉琦与当代中国考古学. 北京：科学出版社，2001：619 – 632.

赵化成. 从商周"集中公墓制"到秦汉"独立陵园制"的演化轨迹. 文物，2006（7）：41 – 48.

赵士祯．关中秦墓葬分析［J］．文博，2006（4）：49－51．

钟侃、韩孔乐．宁夏南部春秋战国时期的青铜文化［C］//中国考古学会．中国考古学会第四次年会论文集．北京：文物出版社，1983：203－213．

周新芳、叶明芹．齐文化与秦文化之比较［J］．齐鲁学刊，2003（5）：13－16．

（日）松崎恒子．从湖北秦墓看秦的统一和战国传统文化的融合［J］．中国史研究，1989（1）：120－124．

（日）藤田胜久．里耶秦简与秦帝国的情报传达［C］//中国社会科学院考古所等．中国里耶古城·秦简与秦文化研究——中国里耶古城·秦简与秦文化国际学术研讨会论文集．北京：科学出版社，2007：158－171．

后 记

　　这本书，是在博士论文的基础上修改而成的。从选题、撰写、修改到最终出版，整整十个春秋。

　　遥想十年之前，负笈北上，就读于北京大学历史学系，投入朱凤瀚先生门下，至今记忆犹新。先生高山仰止，治学严谨，研究领域广泛。在治学方法上，先生尤其重视多学科交叉和三重考据法。在先生的谆谆教导下，在求学的五年时间里，笔者得到了系统和扎实的学术训练。

　　选题很顺利，但写作过程很漫长。在此书的写作过程中，恩师朱凤瀚先生付出了巨大的心血，大到从论文的选题、章节的安排、概念的辨析以及每个标题的命名等诸多方面，小到一个词语的使用，恩师都反复推敲，给予了许多精辟和画龙点睛的指导和建议，当时，恩师已年过花甲，科研任务繁重，却不厌其烦地，一遍遍地给我们批改论文，批改的细致程度，着实让学生为之感动。

　　在论文开题、写作以及预答辩和答辩等各个环节中，陈苏镇、赵化成、岳庆平、张帆、蒋非非、何晋、陈絜和刘源等老师以及参与匿名评审的各位专家，均给予了指导和建设性的修改意见，使得论文增色不少。中国社会科学院考古研究所的刘庆柱先生在百忙之中主持了我的论文答辩。在成长过程中的每位老师，学生铭记于心。

　　感谢父母的支持！十年里，父母已由花甲之年步入古稀之年。十年里，自己不仅没有尽孝道，反而给他们增添很多烦恼。每遇事业上的不顺之时，总要向他们倾诉。他们总是不厌其烦地开导我，鼓励我。唯愿此书，稍慰他们望子成龙之心。

　　还要感谢各位同门和好友，在成书过程中提供的各种帮助。

　　此书仅仅是求学道路上的总结，学术探索之路依旧充满着好奇和艰辛！

陆青松

2017 年 6 月

写于苏州吾悦花园

责任编辑　郭珍珍　贾西周

封面设计　新纪元文化传播

文化的视野：

秦统一问题的再研究

ISBN 978-7-5518-1515-4

三秦出版社天猫旗舰店

三秦出版社微信公众号

定价：150.00元